高等职业教育"新形态"精品系列教材·汽车类

汽车及配件营销

（第 4 版）

主 编 李 刚

"互联网＋"教材

全书配套资源

北京理工大学出版社
BEIJING INSTITUTE OF TECHNOLOGY PRESS

内 容 简 介

为提高人才培养质量，深入贯彻落实《国家职业教育改革实施方案》（国发〔2019〕4号）、《教育部财政部关于实施中国特色高水平高职学校和专业建设计划的意见》（教职成〔2019〕5号）等文件精神，本书根据教育部颁布的《汽车运用与维修专业领域技能型紧缺人才培养培训教材指导方案》及交通行业职业技能规范和技术工人标准组织修订，系统阐述了汽车整车及配件营销的策略、艺术和具体方法。

本书内容主要包括汽车营销人员的要求、汽车市场营销基本原理、汽车产品知识、汽车市场营销环境分析、汽车市场营销战略、汽车市场特征及购买行为分析、汽车企业市场细分与目标市场选择、价格管理与定价策略、汽车配件销售管理、汽车产品的分销、汽车产品的促销、轿车选购的知识和原则、汽车产品的售后服务。

本书可作为高等院校汽车类有关专业的教学用书，也可供从事汽车、工程机械及其配件营销的技术人员阅读及相关单位职工培训参考使用。

版权专有　侵权必究

图书在版编目（CIP）数据

汽车及配件营销／李刚主编．—4版．—北京：北京理工大学出版社，2019.11（2019.12重印）

ISBN 978-7-5682-7919-2

Ⅰ．①汽…　Ⅱ．①李…　Ⅲ．①汽车-市场营销学-高等职业教育-教材②汽车-配件-市场营销学-高等职业教育-教材　Ⅳ．①F766

中国版本图书馆CIP数据核字（2019）第253289号

出版发行　／北京理工大学出版社有限责任公司
社　　址　／北京市海淀区中关村南大街5号
邮　　编　／100081
电　　话　／(010) 68914775（总编室）
　　　　　　82562903（教材售后服务热线）
　　　　　　68948351（其他图书服务热线）
网　　址　／http：//www.bitpress.com.cn
经　　销　／全国各地新华书店
印　　刷　／唐山富达印务有限公司
开　　本　／787毫米×1092毫米　1/16
印　　张　／20.25　　　　　　　　　　　　　　　文案编辑／王玲玲
字　　数　／476千字　　　　　　　　　　　　　　文案编辑／王玲玲
版　　次　／2019年11月第4版　2019年12月第2次印刷　责任校对／刘亚男
定　　价　／43.00元　　　　　　　　　　　　　　责任印制／李志强

图书出现印装质量问题，请拨打售后服务热线，本社负责调换

前　言

我国加入 WTO 后，随着国内市场与国际市场的全面接轨，我国的汽车市场已由卖方市场转化为买方市场。在汽车工业不断壮大和汽车市场不断扩张的过程中，我国的汽车生产、销售企业逐渐认识到了汽车、工程机械及其配件市场营销的重要性，汽车企业已开始真正重视和研究本企业的市场营销课题。

为提高人才培养质量，深入贯彻落实《国家职业教育改革实施方案》（国发〔2019〕4号）、《教育部财政部关于实施中国特色高水平高职学校和专业建设计划的意见》（教职成〔2019〕5号）等文件精神，武汉软件工程职业学院汽车营销与服务专业的教师按照教育部颁布的《汽车运用与维修专业领域技能型紧缺人才培养培训教材指导方案》的要求，紧密结合目前汽车服务行业的实际需求，修订了《汽车及配件营销》教材，供汽车营销与服务专业和汽车运用与维修专业教学使用。

本书在修订编写过程中，认真总结了多年的教学经验，注意吸收先进的职业教育理念和方法，在内容上注重汽车后市场职业岗位对人才的知识、能力要求，力求与相应的职业资格标准衔接。

汽车及配件营销是汽车营销与服务专业的专业课程，也可作为汽车运用技术其他专门化方向的专业选修课，主要内容包括汽车营销人员的要求、汽车市场营销基本原理、汽车产品知识、汽车市场营销环境分析、汽车市场营销战略、汽车市场特征及购买行为分析、汽车企业市场细分与目标市场选择、价格管理与定价策略、汽车配件销售管理、汽车产品的分销、汽车产品的促销、轿车选购的知识和原则、汽车产品的售后服务共 13 章。

本书按照"项目驱动、行动导向型教学法"进行讲解，理论和实际相结合，注重职业能力的培养，按照汽车营销岗位所需知识和处理相关问题的方法与技能，与汽车销售企业的培训销售流程和技巧同步，学生通过学习可以较快地适应汽车及配件销售岗位。

参加本书修订工作的有：武汉软件工程职业学院汽车工程学院李刚（第1章、第2章、第7章、第8章、第10章、第11章）；武汉软件工程职业学院汽车工程学院何乔义（第3章、第4章）；武汉软件工程职业学院汽车工程学院陈珊（第5章、第6章、第9章）；武汉星奥达汽车服务有限公司朱鸿涛（第12章、第13章）。全书由李刚担任主编。

在本书的编写过程中，参考了国内外市场营销及有关汽车营销的书籍和论文等文献，在此谨向原作者表示谢意。

由于编著者水平及掌握资料的限制，加之时间所限，书中不足之处在所难免，恳请同行专家及读者指正。

编　者

目录

模块一　汽车营销基础知识

第一章　汽车营销人员的要求

1.1　汽车销售人员概述 / 005
1.2　汽车营销人员的职责 / 007
1.3　销售人员应具备的素质和能力 / 009

第二章　汽车市场营销基本原理

2.1　我国汽车工业和汽车市场的发展 / 014
2.2　现代市场营销观念的确立 / 034
2.3　我国汽车市场营销研究的必要性 / 041

第三章　汽车产品知识

3.1　汽车品牌 / 048
3.2　汽车的主要性能指标和商务价值 / 052

模块二　汽车营销分析

第四章　汽车市场营销环境分析

4.1　汽车市场营销的宏观环境 / 090
4.2　汽车市场营销的微观环境 / 099

第五章　汽车市场营销战略

5.1　汽车市场营销战略概述 / 106

5.2 汽车服务战略 / 113
  5.3 顾客满意战略 / 117
  5.4 汽车市场竞争战略 / 120

第六章 汽车市场特征及购买行为分析

  6.1 私人消费汽车市场特征及购买行为 / 127
  6.2 集团组织汽车市场特征及购买行为 / 136

模块三 汽车营销管理

第七章 汽车市场细分与目标市场选择

  7.1 汽车市场的细分 / 148
  7.2 汽车企业市场定位 / 153
  7.3 汽车目标市场战略 / 156

第八章 价格管理与定价策略

  8.1 影响汽车定价的主要因素 / 163
  8.2 企业定价的主要方法 / 168
  8.3 汽车产品的定价策略 / 171

第九章 汽车配件销售管理

  9.1 汽车配件销售基础知识 / 184
  9.2 汽车配件供应工作中的质量管理 / 189
  9.3 汽车配件供应 / 195

模块四 汽车产品的分销和促销

第十章 汽车产品的分销

  10.1 汽车分销渠道及中间商类型概述 / 208
  10.2 汽车分销艺术 / 215

第十一章 汽车产品的促销

  11.1 汽车产品促销策略及促销方式 / 225
  11.2 人员推销——市场开拓法 / 230
  11.3 人员推销——顾问式销售法 / 247
  11.4 广告的选择与策略 / 259
  11.5 营业推广的形式及促销方式 / 263
  11.6 公共关系促销的方法和策略 / 264

模块五　汽车的销售和售后服务

第十二章　轿车选购的知识与原则

12.1　轿车的车型选择与购车流程 / 273

12.2　贷款买车 / 278

12.3　机动车辆保险 / 283

12.4　轿车选购的主要原则 / 291

第十三章　汽车产品的售后服务

13.1　汽车企业的售后服务工作 / 296

13.2　售后服务内容 / 297

13.3　汽车生产商的售后服务 / 300

13.4　汽车经销商和维修公司的售后服务 / 303

13.5　汽车产品质量管理与召回 / 307

附录

附录一　缺陷汽车产品召回管理规定 / 312

附录二　机动车维修管理规定 / 312

附录三　汽车贸易政策 / 312

附录四　工作计划表 / 313

附录五　工作检查表 / 314

参考文献 / 315

模块一

汽车营销基础知识

第一章

汽车营销人员的要求

学习目标

了解汽车营销人员的含义、任务以及特征。
理解汽车营销人员的职业规范。
明确销售人员的职责。
了解汽车销售人员应具备的素质。

情景导入

一个合格的汽车销售人员应该具备什么技能及什么素质呢？任何一个人是否都有可能成为优秀的汽车销售人员呢？让我们先来看一个例子。

这是美国中部一个普通城市里一个普通地区的一家比较知名的车行，这个车行展厅内有6辆不同类型的越野车。这天下午，阳光明媚，微风吹拂，让展厅看起来格外明亮，店中的7个销售人员都各自在忙着自己的事情。

这是一个普通的工作日，一对夫妻带着两个孩子走进了车行。凭着做了10年汽车销售的直觉，乔治认为这对夫妻是真实的买家。

乔治热情地上前打招呼——汽车销售的第一个步骤——并用目光与他们一家人交流。目光交流的同时，他做了自我介绍，并与夫妻俩分别握手。之后，他看似不经意地抱怨天空逐渐积累起来的云层，以及周末可能到来的雨雪天气，自言自语地说，也许周末的郊游计划要泡汤了。然后他很自然地将话题转向正题，他诚恳地问："两位需要什么帮助？"——消除陌生感，拉近与陌生人之间的距离。

这对夫妇说他们现在开的是福特金牛，考虑再买一辆新车，他们对越野车非常感兴趣。乔治开始了汽车销售流程中的第二步骤——收集客户需求的信息。他开始耐心、友好地询问："什么时候要用车？谁开这辆新车？主要用它来解决什么困难？"在彼此沟通之后，乔治开始了汽车销售的第三个步骤——满足客户需求，提高客户将来再回到自己车行的可能性。

他们开始解释说，周末要去外省看望一个亲戚，他们非常希望能有一个宽敞的四轮驱动的汽车，可以安全以及更稳妥地到达目的地。

在交谈中，乔治发现了这对夫妻的业余爱好，他们喜欢钓鱼。这样的信息对于销售人员来说是非常重要的。这种客户信息为销售人员留下了绝佳的下一次致电的理由。销售不是一个容易学习和掌握的流程性工作，它不像体育运动，体育运动是只要按照事先规定的动作执行，执行到位就可以取得比一般人好的成绩，而在销售工作中既有流程性质的内容，也有非常灵活的非规则性质的内容。比如，了解及掌握客户业余爱好的能力，就是被大多数销售人员所忽视的，甚至根本就不会去考虑。在优秀的销售人员中，他们一直认为自然界中"变色龙"的技能对销售最为有用。客户由此感知到的将是一种来自销售人员的绝对真诚、个性化的情感投入和关切，在这种感知下，客户会非常放心地与销售人员交往。由此，在上述的案例中，乔治展现出自己也对钓鱼感兴趣，至少可以获得一个与客户有共同兴趣的话题，从而与客户建立起汽车采购以外的谈资。

乔治非常认真地倾听来自客户的所有信息，以确认自己能够完全理解客户对越野车的准确需求，之后他慎重而缓慢地说，车行现在的确有几款车可以推荐给他们，因为这几款车比较符合他们的期望。在销售流程中的第四个步骤——产品展示，他随口一问，计划月付多少车款。此时，客户表示，他们先要知道所推荐的都是些什么车，到底有哪些地方可以满足他们的需要，之后再谈论价格的问题。（客户的水平也越来越高了）

乔治首先推荐了"探险者"，并尝试着谈论配件选取的不同作用。他邀请了两个孩子到车的座位上去感受一下，因为两个孩子好像没有什么事情干，开始调皮。父母对乔治的安排表示赞赏。

这对夫妻看来对汽车非常内行。乔治推荐的许多新技术和新操控，客户都非常熟悉。由此可见，这对夫妻之前一定收集了各种汽车方面的资讯。目前，客户在采购之前尽量多地收集信息的现象是越来越普遍了。40%的汽车消费者在采购汽车之前都会通过互联网搜索足够的信息来了解汽车。这些客户多数都是高收入、高学历，而且多数倾向购买较高档次的汽车（如越野车），这也会给车行带来更高的利润。其实，客户对汽车越是了解，对汽车的销售人员就越有帮助，但是，现在有许多销售人员都认为这样的客户不好对付，太内行了。乔治却认为，越是了解汽车的客户，越是没有那些一窍不通的客户所持的小心、谨慎和怀疑的态度。

这对夫妻看来对"探险者"非常感兴趣，但是，乔治也展示了"远征者"，一个较大型的越野车，因为后者的利润会多一些。这对夫妻看了一眼展厅内标有价格的招牌，叹了口气说，超过他们的预算了。这时，乔治开了一个玩笑："这样吧，我先把这个车留下来，等你们预算够了的时候再来。"客户哈哈大笑。

乔治此刻建议这对夫妇到他的办公室来详细谈谈，这也就是汽车销售流程中的第五个步骤——协商。协商通常都是价格协商。在通往办公室的路上，他顺手从促销广告上摘了两个气球下来，给看起来无所事事的两个孩子玩，为自己与客户能够专心协商创造了更好的条件。

汽车行销售人员的办公桌一般都是两个倒班的销售人员共同使用的。但是，尽管如此，乔治还是在桌上放了自己和家人的相片，这其实是另外一个与客户有可能谈到的共同话题。他首先写下夫妻俩的名字、联系方式，通常采购汽车的潜在客户都不会是第一次来就决定购买，留下联系方式，将来再联系客户成功性会高许多。他再一次尝试着问了客户的预算是多少，但客户真的非常老练，反问道："你的报价是多少？"乔治断定他们一定已经通过多种渠道了解了该车的价格情况，因此，他给了一个比市场上通常的报价要低一点的价格。但是，客户的开价仅比车行的进价高 1%。乔治表示无法接受，他说，如果按照他们的开价，恐怕一些配置就没有了。于是，乔治又给了一个比进价高 6% 的报价。经过再次协商，双方最终达成了比进价高 4% 的价格。对于乔治来说，这个价格利润很薄，不过还算可以了，毕竟，客户第一次来就能够达到这个程度已经不错了。而这个价格则意味着车行可以挣到 1 000 美元，乔治的提成是 250 美元。

  乔治很快做好了相关的文件，因为需要经理签字，只好让客户稍等片刻。通常，对于车行的销售经理来说，最后检查销售人员的合同并予以确定，是对缺乏经验的销售人员进行辅导的一次好机会。乔治刚带回经理签过字的合同，客户却表示还需要再考虑一下。此时，乔治完全可以使用另外一个销售技巧，那就是压力签约，他可以运用压力迫使客户现在就签约。但是他没有这样做，他宁愿让他们自由地离开。这其实也是这个车行的自我约束规则，这个规则表明，如果期望客户再回来，那么不应使用压力，应该让客户在放松的气氛下自由地选择（受过较高的教育的客户绝对不喜欢压力销售的方式）。乔治相信这个客户肯定回来，他给了他们名片，欢迎他们随时与他联系。

  两天以后，客户终于打来电话，表示他们去过其他车行，但是不喜欢，准备向乔治购买他们喜欢的车，虽然价格还是高了一点，但是可以接受。他们询问何时可以提车，令人高兴的是，车行里有现车，所以乔治邀请他们下午来。

  下午客户来了，接受了乔治推荐的延长保修期的建议，安排了下一次维护的时间。乔治还向他们介绍了售后服务的专门人员，这是汽车销售流程的最后一个步骤——售后服务的安排。专门的维护人员确定了 90 天后回来更换发动机滤清器。这个介绍实际上是要确保该客户对车的维护、保养都会回到车行，而不是去路边廉价的小维修店。

  这是一个真实的例子，也是非常典型且有代表性的例子。通过这个例子，我们可以看到一个汽车销售人员不仅需要有一个流程性的销售技能表现，还需要许多个人素质方面的技能，如沟通的细节问题、拉近距离的方法、发现客户个人兴趣方面的能力，以及协商能力。尽管汽车销售流程会给汽车销售人员规定一个明确销售流程，但是，具体的软性销售素质还需要靠灵活的、机智的和聪颖的个人基本实力。虽然很多的销售基本实力不容易得到量化，但是，根据我们对汽车销售人员的长期研究，我们提炼了 7 种必需的销售基本实力，这 7 种基本实力分别是：行业知识、客户利益、顾问形象、行业权威、赞扬客户、客户关系、压力推销。

1.1 汽车销售人员概述

本节内容简介

  汽车销售人员又称为汽车销售顾问。汽车销售顾问必须让自己成为集汽车销售顾问、厂家和客户之间的桥梁以及汽车厂商利润中心的三位一体的专业汽车销售顾问，还要成为客户的朋友。

1.1.1 汽车销售人员的含义

汽车销售人员又称为汽车销售顾问，是指为客户提供顾问式的专业汽车消费咨询和导购的汽车销售服务人员。即以客户的需求和利益为出发点，向客户提供符合客户需求和利益的产品销售服务，其具体工作有：客户开发、客户接待、销售导购、客户跟进、销售洽谈、销售成交等，还可能涉及汽车保险、上牌、装潢、交车、理赔、年检等业务的介绍、成交或代办等。

1.1.2 汽车销售人员的特征

在较长的时期内，包括现在仍然有许多人认为汽车营销人员就是指汽车推销人员。其实现代的汽车销售人员已不是汽车推销人员的同义词了，我们赋予了他们一个新的名称——汽车销售顾问。汽车销售顾问不仅仅是普通的销售代表，还应是汽车经销商、厂家和客户之间的桥梁，更是汽车厂商利润的中心，扮演着三位一体的角色。如图1-1所示，在销售进行到不同的阶段，销售顾问应该随时转换自己的角色，实现客户与厂商的双赢。

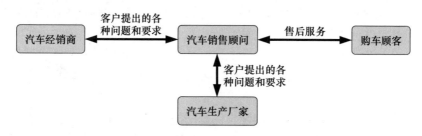

图1-1 汽车销售顾问的角色

1. 客户的汽车销售顾问——客户购车的参谋

专业的销售顾问都是客户购车时的参谋，通常能站在客户的角度考虑问题，帮助客户消除对经销商的疑虑，给予客户一个较为宽松的购车环境，让客户实实在在地体会到销售顾问是在为他们着想，并帮助他们进行最有效的投资。

汽车销售顾问不同于一般推销员之处就是，他们不仅能用通俗易懂的语言表达出顾客关心的事，而且由于具有专业汽车销售方面的知识，足以让客户从他们的一句简单介绍中就掂量出专业的分量。

2. 沟通汽车厂商与客户的桥梁——有效传递信息、反馈和要求

汽车销售顾问的工作并不仅仅是销售汽车，同时他们要在客户晋升为车主后，继续做客户和厂商间沟通的桥梁，及时通知客户相关厂商的优惠政策，并向厂商反馈客户提出的各种产品和服务方面的问题和要求，力求使产品和服务更加完善，并力争使厂商、经销商与客户达到多方共赢。

3. 汽车厂商的利润中心——寻求企业最大利润

汽车销售顾问虽然要站在客户的角度考虑问题，但归根结底还是汽车厂商的工作人员，因此在整个销售过程中要始终考虑厂商的利益，应该在确保厂商利益的基础上满足客户的需要，同时让客户购车愉悦。此外，也不忘在厂商利益最大化的同时，赢得客户良好的口碑与后续市场的盈利能力，要让客户意识到厂商是随时把客户放在重要的位置上。

汽车销售顾问不仅要让自己成为汽车经销商、厂家和客户之间的桥梁，还要成为客户的朋友。他们既是可以捕捉客户心理变化的心理学家，同时也是能化暴戾为祥和的外交家。表1-1列举了汽车销售顾问与推销人员的主要区别。

表1-1 汽车销售顾问与推销人员的区别

项目	推销员	汽车销售顾问
观念不同	推销观念	现代市场营销观念
中心不同	以卖方利益为中心	以满足客户需求为中心
出发点不同	从卖方出发	从客户需求出发
目的不同	考虑如何把产品变为现金	力争使厂商、经销商与客户达到多方共赢
任务不同	采用推销手段开展推销活动	实施一系列满足客户需求的市场营销活动

1.2 汽车营销人员的职责

本·节·内·容·简·介

汽车营销人员的职责是指作为汽车营销人员必须进行的工作和承担的相应责任。汽车营销人员是销售过程中的主体，是联系企业与顾客的桥梁和纽带，既要对企业负责，又要对顾客负责。因此，汽车营销人员的职责并非仅限于把企业的产品销售出去，而是承担多方面的任务。明确汽车营销人员的职责范围，不仅是对汽车营销人员的具体要求，也是挑选、培养汽车营销人员的条件、目标和方向。

具体来说，汽车营销人员的职责包括以下几个方面。

1.2.1 发掘市场

销售人员是营销活动的主体，顾客是营销活动的对象。没有顾客，营销活动就没有目标。因此，销售人员的职责之一是必须不断寻找既有购买意愿，又有购买能力的潜在顾客。而且，销售人员的眼光不能只局限于现有的推销领域，还要在推销活动中不断地寻找或发掘新的潜在顾客，以开拓新的市场。

1.2.2 传播企业信息与市场信息反馈

在销售活动中销售人员的第二个职责是传播企业的各种信息与市场信息反馈。一方面，向顾客传播企业的各种信息，如产品的颜色、品种、规格、质量、性能特点、使用与保养方法、维修方法等，同时要向顾客说明产品的价格、销售渠道、广告推广等营销因素及其计划，以争取顾客；另一方面，又要把顾客和消费者的各种意见及需求及时地反馈给企业的决策层，以便企业改进产品性能、改善售后服务和加强内部管理，使企业的产品和售后服务满足消费者的需求，同时使企业获得更多的利润。

通常，企业要求汽车营销人员搜集、总结的信息主要包括：①市场供求关系的现状及其变化趋势；②消费者特征、消费结构方面的情况；③顾客需求现状及变化趋势；④顾客对产品的具体意见和要求；⑤顾客对企业销售政策、售后服务等的反映；⑥同类产品的竞争状况。

1.2.3 推销产品

推销产品是销售人员最基本的任务。推销的核心是说服顾客购买你的产品。因此销售人员必须能够灵活运用各种推销手段接近顾客，展示产品，引起顾客的注意和兴趣，激发他们的购买欲望，促使交易成功。

1.2.4 为顾客提供最佳服务

销售过程就是为顾客提供服务的过程，包括售前服务、售中服务和售后服务。因此，销售人员的职责就是为顾客提供最佳的服务。热情的售前服务可以激发顾客的购买欲望；周到的售中服务，可以使顾客在获得物质满足的同时获得心理的满足；完善的售后服务，可以提高顾客对产品和企业的信任度，从而争取回头客。售前服务包括产品知识介绍、产品知识咨询等；售中服务包括对用户进行技术培训，安排送货服务、安装服务、财务融通服务等；售后服务包括定期对顾客进行回访，了解他们对产品的满意度，对顾客遇到的问题提供及时的帮助等。其中，售后服务是市场竞争的重要筹码。

1.2.5 建立良好的企业形象

销售人员是企业在市场上的代表，企业的形象往往通过销售人员来体现。因此销售人员的形象和表现，直接影响着顾客对企业及企业产品的认同，影响企业的信誉和形象，同时也会影响到个人的销售业绩。

汽车营销人员是连接企业与顾客的纽带，他要把企业的商品、服务及有关信息传递给顾客。汽车营销人员在进行销售时，完全代表企业的行为。在顾客面前，汽车营销人员就是企业，顾客是通过汽车营销人员来了解、认识企业的。因此能否为企业树立良好的形象，也就成为衡量汽车营销人员的重要标准之一。建立良好的企业形象，汽车营销人员需要做一系列扎实的工作。首先，要销售自己，以真诚的态度与顾客接触，使顾客对汽车营销人员个人产生信赖和好感；其次，使顾客对整个购车交易过程满意；最后，使顾客对企业所提供的各种售后服务满意。汽车营销人员还应尽量帮助顾客解决有关企业生产经营方面的问题，向顾客宣传企业，让顾客了解企业。

知：识：拓：展

我们是谁？

我们是销售人员，我们卖汽车；卖配件；卖工时……

以前我们的名字是：销售员/销售代表；业务接待/维修接待。

现在我们有了一个新名字：销售顾问；业务顾问。

顾问要扮演的角色：朋友＋有专业知识的人＋六星级贴身管家服务。

1.3 销售人员应具备的素质和能力

本节内容简介

素质是指一个人的素养，它可以是先天具有、与生俱来的，也可以通过后天的努力学习获得。作为销售人员，具有先天良好的素质天赋固然重要，但通过后天努力获得的素质更为重要。因为营销行业是一种具有强烈竞争的行业，在人们的消费观念迅速变化，产品快速更新换代的现代社会，销售人员必须不断地更新自己的销售理念，努力提高自己的销售业务素质和工作能力，适应不断变化的消费需求，来迎接销售环境变化的挑战。

销售部门是企业对外联系的窗口之一，销售人员是企业形象的代表。销售人员素质的高低，直接反映了企业的经营管理水平，因此要求销售人员要具有适应销售工作的相应的素质。

1.3.1 具有良好的职业道德素质

各行各业都有自己的职业道德规范，营销业也不例外，它的职业道德规范是整个社会道德规范的重要组成部分，是销售人员在经营活动中处理与顾客关系时应遵守的行为准则。

（1）在经营活动中，遵守国家的各项法律、法规，守法经营。

（2）遵守公平买卖、公平竞争的市场规则，不以不正当的手段打击竞争对手，如窃取对手的商业秘密、低价倾销、诋毁对手信誉等。

（3）维护企业的商业信誉，抵制假冒、伪劣商品。

（4）正确对待顾客。以真挚、热情、友善的态度对待顾客，使人感到和蔼可亲，诚实可信。

（5）正确对待企业，自觉地维护企业利益和企业形象。在销售活动中不能流露出对企业领导、同事不满的情绪。对外必须表现得团结一致，只有对企业充满信心，才会使顾客对你的企业、对你所销售的商品产生信任感。

（6）正确对待客户的贿赂、回扣等问题，不贪小便宜，不损人利己，不损公肥私，维护企业与顾客的正当利益。

（7）工作中严于律己，认真负责，不懈怠，不懒散。

1.3.2 具有现代营销观念

现代营销观念是在销售活动中要把企业利益和顾客的利益协调起来，企业的一切计划、策略都应以顾客需求为中心，满足消费者的需求与愿望是企业的责任。在满足消费者需求的基础上，实现企业长期的合理赢利。现代营销观念认为企业不仅要在满足消费者的需求与欲望的基础上获得利润，而且生产的产品符合消费者与社会的长远利益，此外，企业还应正确处理消费者的欲望、利益与社会长远利益之间的矛盾。

1.3.3 具有良好的心理素质

正确对待与顾客之间的矛盾。销售的主要任务是说服顾客购买自己所销售的商品。由于买卖双方对商品的评价不同，双方的社会背景、性格、爱好、愿望等观念也不同，在推销商品的过程中，经常会产生买卖双方的矛盾和冲突，也可能会被推销对象拒之门外，遭受冷遇。因此，销售人员必须正确对待矛盾冲突和冷遇，能够承受各种压力、误解和孤独。对顾客的偏见不能以牙还牙，而要以宽容、礼貌的态度容忍顾客的言论和行为，以稳定的心理状态迎接工作的挑战。

能够超越失败。人在遇到挫折的时候很容易产生自卑感，畏缩不前或打退堂鼓，甚至一蹶不振。也有些人遇到挫折后常常会首先替自己找借口，然后千方百计原谅自己，这些都是心理素质不佳的表现。作为现代销售人员，必须能够承受失败，超越失败，在失败面前，能够迅速地、积极地调整自己的状态，再度出击，东山再起。

 1.3.4 具有强烈的事业心和责任感

强烈的事业心和责任感是销售人员取得成功的基本前提。销售人员必须要热爱自己所选择的职业，忠实于自己的企业，忠实于自己的顾客，自尊、自信、自强。

 1.3.5 具有丰富的商品知识和业务知识

1. 商品知识

对于汽车销售人员来说，必须熟知所销售的汽车的品牌、规格、结构、相关技术参数、技术性能以及使用、维护和修理的相关知识，并能够为顾客进行操作示范表演。同时，还应该熟悉其他企业所销售的同类汽车的性能、结构等，以便在进行推销时，通过将自己所推销的产品的优缺点与其他产品进行比较，突出自己所推销产品的优势，以增强对顾客的说服力。

对于汽车配件销售人员来说，必须熟知所经营的配件的名称、俗名、用途、性能、使用寿命周期和零件互换常识，并能熟练地查阅汽车配件目录；熟悉不同厂家生产的相同车型配件的质量、价格和性能差异；熟悉汽车所用的金属材料和非金属材料的基本知识，以便在销售的过程中解答顾客提出的相关问题，当好顾客的参谋，指导顾客正确选购配件。

2. 掌握销售实务知识

销售人员必须熟练地掌握销售业务的各种手续、环节及各环节之间的联系，以便更好地为顾客服务，提高成交率。

3. 法律知识

销售人员做成一笔交易，买卖双方就形成了合同法律关系，即相互之间承担相应的权利和义务，因此作为销售人员必须了解与销售有关的法律知识，依法经营，用法律保护自己的合法权益不被侵害。

4. 市场和消费心理学知识

销售人员要善于分析竞争对手的特点，掌握市场营销的基本理论，掌握市场调查和预测的方法，了解市场竞争规律和市场行情。

销售人员要掌握消费者心理和行为科学的基本知识，善于分析顾客心理特点，以便采取具有针对性的推销策略。

5. 商务谈判知识

市场销售是基本的商务活动。销售人员在进行商务活动时，尤其在进行大宗买卖时，往往要和买方进行洽谈。就买卖的相关问题订立买卖合同，洽谈合同的过程称商务谈判。作为销售人员，必须掌握相关商务谈判的基本知识和要领，以便在谈判桌上争取主动，减少风险，避免损失，争得效益。

6. 风俗文化知识

销售人员因所处地域的不同，要接触不同民族、不同地区的顾客。因此销售人员必须要了解自己工作地的国家、地区、民族的风俗习惯，风土人情，"入境问禁""入乡随俗"，只有这样才能取得当地顾客的信任，使销售工作顺利进行。

7. 企业知识

销售人员要了解企业的发展历史、企业文化、经营现状、经营规模和经营方针及其在同类企业中的地位，在经营活动中时时处处注意维护企业的形象，运用企业的销售策略促进销售工作。

 1.3.6　具有对市场的观察和预测能力

销售人员要具有对市场的敏锐观察能力和市场预测能力。在销售工作中，善于观察已经上市产品的销售情况，消费者反映情况，消费者对产品的质量、规格、性能等潜在需求及同行业竞争者的销售经营情况，及时地对未来的市场消费需求、市场走向及同行业竞争者的动态做出科学预测，为企业的决策层确定企业未来的经营策略、产品策略、竞争策略和营销策略提供依据。

 1.3.7　具有良好的个性和习惯

销售人员在推销产品的过程中实际上也是在推销自己，只有具有良好个性和文明习惯的人才能受到顾客的欢迎和尊重，使顾客愿意和他做交易，从而提高交易的成功率，因此要求销售人员必须具有良好的个性和习惯。销售人员良好的个性特征是：坚定而又灵活，豪爽而又随和，严谨而又幽默，富有人情味而又有分寸感，坦诚而又热情，沉稳而不刻板，有风度而不做作。销售人员还必须养成良好的行为习惯。在顾客面前保持端庄的仪容，整洁得体的服饰，文雅的谈吐，礼貌的举止等是销售人员必须具备的良好习惯。良好习惯和个性可以通过个人努力不断培养而成。

 1.3.8　具有良好的控制能力

在销售工作中，经常会有一些意想不到的情况发生，使销售人员处于不利形势。面对突发事件，销售人员必须能够处乱不惊，具备对局面的控制能力。不论在什么情况下，都要能够把自己的情感、言论和行为控制在合适的范围内，以自己的冷静和果断，挽救可能出现或已经出现的失误，将失误带来的损失降到最低限度。

 1.3.9　具有创新精神

创新是时代的要求，在日趋激烈的市场竞争环境下，有无积极的创新精神是衡量销售人员素质的重要条件，也是企业生存和发展的基础。勇于创新，善于创新，就能在市场疲软、销售滑坡等不利局面下，提出扭转局面的良策，使企业走出困境。如果企业的销售人员都能够具有一定的创新精神和能力，那么这个企业就一定会充满生机与活力。

知识拓展

销售人员应具备这样几种人的素质和长处。

宗教家：传教士的精神；

哲学家：穷理致知，求知求真；

科学家：有系统、有条理、有步骤、有组织能力；

运动员：设定目标，并打破纪录；

社会改良家：永远要做最棒的。

本章知识点

销售过程是一个非常复杂的过程，任何产品的销售都不例外，即使像油饼、豆浆的销售，都可以是一种成规模的销售格局，尤其复杂的就是销售技术含量非常高的产品，如汽车。世界上许多优秀的销售大师销售的第一个产品都是汽车，如美国的顶尖销售大师齐格勒；日本的国家级销售高手本田村木；欧洲的保险销售专家德莱美隆。他们的成就都是国家级的荣誉，如果一个国家没有销售人员，它就不是商业化的现代社会的国家。这些专家几乎一致地认为，如果一个销售人员可以将汽车卖好，那么世界上就没有什么东西是他不会卖的了。

可见，销售汽车并不是简单的事情。我们面对的是完全不同的客户，这些客户在不同时间，不同状态下会有不同的需求和表现。作为销售高手，既要满足客户的需求，又要达到销售的目的；既要让不同层次的客户满意，又要为公司赢得利润。所以，销售是一门艺术，而销售汽车更是一门豪华艺术。处理客户产生的各种怀疑、误解和偏见是一个销售高手的基本技能。

课后训练

任 务	要 求
1. 自我介绍训练。 2. 上门拜访老推销员	学生事先写好自我介绍的文字，在班上进行自我介绍，要求突出自己的特色。 （1）学生自行选择联系一家企业，上门访问请教一位第一线的推销员，着重了解的内容：①推销员在企业生产经营和市场营销中起什么样的作用；②该推销员的岗位职责和日常工作内容，着重了解如何做推销前的准备工作；③该推销员一次比较典型的推销经历。 （2）写出简要报告，要求：①描述访问调查的过程；②用数字说明推销员在所访问企业经营中的作用；③用"推销层次"的道理分析该推销员或自己的推销经历，进行适当评价；④这家企业推销员的岗位职责和他日常所做的工作；⑤总结本次出访的经验与教训。 填写工作计划表（附录四）和工作检查表（附录五）

拓展知识

案例分析

学习素材

第二章 汽车市场营销基本原理

学习目标

明确汽车工业和汽车市场的发展和形成过程。
掌握和理解与市场营销相关的一系列基本概念。
了解市场营销的产生和发展。
认识现代市场营销观念对企业经济活动的指导意义。

情景导入

亨利·福特去参观屠宰场,看见一整条猪被分解成各个部分,分别出售给不同的消费群体。于是福特的脑海中产生了灵感,为什么不能把汽车的制造反过来,将汽车的生产像屠宰场的挂钩流水线一样,把零部件逐一安装起来,组装成整车。福特把他的想法付诸实践,使原来单件小批量的生产转变成大批量生产,生产效率大幅度提高,产量大大增长,财富也高度积聚。亨利·福特甚至说:"不论顾客需要什么类型的车,但我们只提供黑色 T 型车。"

1908 年,福特总结了过去的经验教训,及时调整了经营思想和经营战略,按照当时百姓的需要,作出了明智的战略决策:致力于生产规格统一、品种单一、价格低廉、大众需要又买得起的"T 型车",在产品标准化的基础上组织大规模生产。此后十余年,福特汽车公司销售迅速增加,产品供不应求,获得巨大的商业成功,成为当时世界上最大的汽车公司。

到 20 世纪 20 年代,随着美国经济增长及人们收入及生活水平的提高,形势发生了变化。公路四通八达,路面大大改善,消费者开始追求时髦。所以,简陋而千篇一律的"T 型车"虽然价格低廉,但已不能吸引顾客,销量开始下降。面对这种现实,福特仍自以为是,一意孤行,坚持其生产中心观念,宣称"无论你需要什么颜色的汽车,我只有黑色的"。1922 年,他在公司推销员全国年会上听到关于"T 型车"需要根本性改进的呼吁,静坐了两个小时后说:"先生们,依我看福特车的唯一缺点是我们生产得还不够快。"此时,通用汽车公司发现良机,及时地做出了适当的战略性决策:适应市场需要,坚持不断创新,增加一些新的颜色和式样的汽车。于是"雪佛兰"车开始排挤"T型车",1926年"T型车"销量陡降。到1927年6月,福特不得不停止生产"T型车",改产"A型车"。但福特汽车公司从此失去了车坛霸主地位,而通用汽车公司占据了车坛的首席宝座。

问题
1. 福特成功的经验是什么?
2. 通用是如何成功地超越福特的?

2.1 我国汽车工业和汽车市场的发展

本 节 内 容 简 介

中国汽车工业发展历程经历了3个历史发展时期,经过50年的风雨历程,中国汽车工业已有了长足的发展。我国已在1990年,明确将汽车工业列为国民经济的支柱产业并对其以扶植和发展。虽然我国的汽车工业与20世纪相比已经有了长足的进步,但是,目前我国汽车工业与发达国家相比仍存在着比较大的差距,整体竞争力不强。在国内销售的进口轿车中以欧、美、日、韩四大车系为主,尽管各国轿车向更安全、更环保、更经济的共同目标发展,但由于各国的地理环境和民族文化背景的不同,四大车系也会存在着一定的差异,具有各自的特点。

2.1.1 世界汽车发展简史

装备轻便动力、自行推进的轮式道路车辆——汽车,在发明之初并非是这个样子的,汽车的发展也有一个漫长的过程。其经100多年来的不断改进、创新,凝聚了人类的智慧和匠心,并得益于石油、钢铁、铝、化工、塑料、机械设备、电力、道路网、电子技术与金融等多种行业的支撑,成为今日这样具有多种型式、不同规格,广泛用于社会经济生活多个领域的交通运输工具。自1970年以来,全球汽车数量几乎每隔15年翻一番,2018年全球54个市场共销售8 600万辆新车。2018年中国大陆新注册登记机动车3 172万辆,机动车保有量已达3.27亿辆,其中汽车2.4亿辆,小型载客汽车首次突破2亿辆;机动车驾驶人达4.09亿人,其中汽车驾驶人3.69亿人。

根据咨询机构 LMC Automotive 发布的世界汽车展望(Global Light Vehicle Overview)预测,未来几年世界汽车产量情况见表2-1。

表2-1 未来几年世界汽车产量情况

万辆

项目	2017年	2018年	2019年预测	2020年预测
世界汽车产量	9 748.78	10 105.47	10 477.26	10 864.85
其中:亚洲汽车产量	5 123.22	5 379.38	5 648.35	5 930.76
欧洲汽车产量	2 168.01	2 211.37	2 255.59	2 300.70
北美洲汽车产量	1 848.93	1 885.91	1 923.63	1 962.10

续表

项目	2017年	2018年	2019年预测	2020年预测
南美洲汽车产量	415.19	427.65	440.48	453.69
其他地区汽车产量	193.43	201.17	209.22	217.58

数据来源：公开数据整理。

根据 Navigant Research 公司发布的《交通运输业预测：轻型汽车》（Transportation Forecast：Light Duty Vehicles）报告，2017—2020年世界汽车保有量情况见表2-2。

表2-2　2017—2020年世界汽车保有量情况

万辆

项目	2017年	2018年	2019年预测	2020年预测
世界汽车保有量	129 371.04	134 301.66	139 406.86	144 695.43
其中：中国汽车保有量	21 048.75	23 043.36	25 100.02	2 7223.33
其他亚洲国家汽车保有量	25 659.51	27 175.95	28 758.86	30 411.96
欧洲汽车保有量	38 096.63	38 784.14	39 488.36	40 209.53
美洲汽车保有量	40 268.24	40 971.07	41 696.33	42 444.27

数据来源：公开数据整理。

1. 有真正意义的第一台蒸汽机

1712年，英国人托马斯·纽科门发明了不依靠人和动物来做功而是靠机械做功的蒸汽机，被称为纽科门蒸汽机。

1757年，木匠出身的技工詹姆斯·瓦特（图2-1）被英国格拉斯戈大学聘为实验室技师，有机会接触纽科门蒸汽机，并对纽科门蒸汽机产生了兴趣。1769年，瓦特与博尔顿合作，发明了装有冷凝器的蒸汽机。1774年11月，他俩又合作制造了真正意义的蒸汽机（图2-2）。蒸汽机曾推动了机械工业甚至社会的发展，并为汽轮机和内燃机的发展奠定了基础。

图2-1　詹姆斯·瓦特

图2-2　瓦特发明的蒸汽机

2. 蒸汽汽车的诞生

1769年,法国人N.J.居纽(图2-3)制造了世界上第一辆蒸汽驱动的三轮汽车(图2-4)。这辆汽车被命名为"卡布奥雷",车长7.32 m,车高2.2 m,车架上放置着一个像梨一样的大锅炉,前轮直径1.28 m,后轮直径1.50 m,前进时靠前轮控制方向,每前进12~15 min需停车加热15 min,运行速度3.5~3.9 km/h。1771年造出第二部车,没有真正跑过,现置于法国巴黎国家艺术馆展出。尽管居纽的这项发明失败了,但却是古代交通运输(以人、畜或帆为动力)与近代交通运输(动力机械驱动)的分水岭,具有划时代的意义。

图2-3 居纽　　　　　　　图2-4 居纽研制的蒸汽驱动的汽车

1804年,脱威迪克又设计并制造了一辆蒸汽汽车,这辆汽车还拉着10 t重的货物在铁路上行使了15.7 km。

1825年,英国人斯瓦底·嘉内制造了一辆蒸汽公共汽车(图2-5),18座,车速为19 km/h,开始了世界上最早的公共汽车运营。

图2-5 斯瓦底·嘉内制造的蒸汽公共汽车

1831年,美国的史沃奇·古勒将一台蒸汽汽车投入运输,相距15 km的格斯特和切罗腾哈姆之间便出现了有规律的运输服务。

后来,蒸汽机发展成为铁道车辆和船舶使用的外燃动力源。

3. 实用内燃机的发明

1794年,英国人斯垂特首次提出了把燃料和空气混合,形成可燃混合气,以供燃烧的设想。

1801年,法国人勒本提出了煤气机的原理。

1824年，法国热力工程师萨迪·卡诺在《关于火力动力及其发生的内燃机考察》一书中，揭示了"卡诺循环"的学说。

1859年，法国的勒努瓦用煤气和空气混合气取代往复式蒸汽机的蒸气，通过电火花点火爆发燃烧，制成二冲程煤气内燃机，法国和英国都制造了一小批。

1861年，法国的德·罗夏提出了进气、压缩、做功、排气等容燃烧的四冲程内燃机工作循环方式，于1862年1月16日被法国当局授予了专利。

1866年，德国工程师尼古拉斯·奥托（图2-6）成功地试制出动力史上有划时代意义的立式四冲程内燃机。1876年，又试制出第一台实用的活塞式四冲程煤气内燃机。这台单缸卧式功率为2.9 kW的煤气机，压缩比为2.5，转速为250 r/min。这台内燃机被称为奥托内燃机而闻名于世（图2-7）。奥托于1877年8月4日获得专利。后来，人们一直将四冲程循环称为奥托循环。奥托以内燃机奠基人载入史册，其发明为汽车的发明奠定了基础。

图2-6 尼古拉斯·奥托

图2-7 奥托内燃机

曾和奥托共过事的德国人G. 戴姆勒发明了燃烧炼制灯用煤油副产品的汽油蒸汽内燃机，1883年取得专利，其于1885年把这种内燃机装在了木制自行车上，翌年又装到了四轮马车上。同年，德国的本茨把汽油内燃机装上了三轮车，这些自行推进的车辆，被后人称为是汽车和摩托车的初始。

4. 第一台柴油机的诞生

本茨和戴姆勒发明的都是汽油机，当时的人们在尝试用汽油作为燃料的同时，也尝试用其他燃油作为燃料。

1897年，德国人鲁道夫·狄塞尔（1858—1913）（图2-8）成功地试制出了第一台柴油机（图2-9），柴油机从设想变为现实经历了20年的时间。柴油机是动力工程方面的又一项伟大的发明，它的出现不仅为柴油找到了用武之地，而且它比汽油省油、动力大、污染小，是汽车又一颗良好的"心脏"。鲁道夫·狄塞尔的发明改变了整个世界，人们为了纪念他，就把柴油机称作狄塞尔柴油机。

图 2-8　鲁道夫·狄塞尔

图 2-9　狄塞尔发明的第一台柴油机

5. 第一辆内燃机汽车的诞生

世界上第一辆汽车是由德国人卡尔·本茨（1844—1929）（图 2-10）于 1885 年 10 月研制成功的，一举奠定了汽车设计基调。他于 1886 年 1 月 29 日向德国专利局申请汽车发明的专利，同年 11 月 2 日专利局正式批准发布。因此，1886 年 1 月 29 日被公认为是世界汽车的诞生日，本茨的专利证书也成为世界上第一张汽车专利证书（图 2-11）。

图 2-10　卡尔·本茨

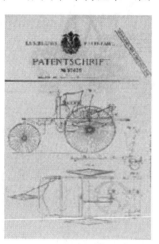

图 2-11　卡尔·本茨的专利证书

其实，在本茨之前还有一些人在研制汽车发动机和汽车，法国报刊早在 1863 年就报道过雷诺发明的汽车，车速不到 8 km/h，但是它还是从巴黎到乔维里波达来回跑了 18 km。1884 年，法国人戴波梯维尔运用内燃机作为动力源，制造了一辆装有单缸内燃机的三轮汽车和一辆装有两缸内燃机的四轮汽车。

早在第一辆汽车发明之前，与它相关的许多发明就已经出现了，如铅酸蓄电池、内燃机点火装置、硬橡胶实心轮胎、弹簧悬架等，所以汽车是许多发明或技术的综合运用。

6. 卡尔·本茨的三轮汽车

1879 年，德国工程师卡尔·本茨首次实验成功了一台二冲程试验性发动机。1883 年，本茨创立了"本茨公司和本茨莱茵发动机厂"。1885 年，他在曼海姆制成第一辆本茨专利发动机汽车。

本茨的车为三轮汽车（图2-12），采用一台二冲程单缸0.9马力①的汽油机，此车具备了现代汽车的一些特点，如火花点火、水冷循环、钢管车架、钢板弹簧悬架、后轮驱动、前轮转向和制动把手。但该车的性能并不十分完善，行驶速度、装载能力、爬坡性能也不十分如意，并且在行驶中经常出故障。但是，它的巨大贡献不在于其本身所达到的性能，而在于观念的变化，即自动化的实现和内燃机的使用。因为这种车能自己行走，所以人们用希腊语中的Auto（自己）和拉丁语中的Mobile（会动的）构成复合词来解释这种类型的车，这就是Automobile一词的由来。

图2-12　本茨研制的世界上第一辆汽车

本茨的第一辆三轮汽车是世界上最早的汽车雏形，这辆汽车被收藏在德国的本茨汽车博物馆内。

7. 哥特里布·戴姆勒的四轮汽车

1881年，德国人哥特里布·戴姆勒（1843—1900）（图2-13）同威廉·迈巴赫合作开办了当时第一家所谓的汽车工厂。1883年8月15日，戴姆勒和迈巴赫发明了汽油内燃机。1885年年末，戴姆勒将马车改装，增加了转向、传动装置，安装了功率为1.1 kW的内燃机，装上四个轮子，车速达到了14.4 km/h。

1885年，戴姆勒发明了第一辆四轮汽车（图2-14）。

图2-13　哥特里布·戴姆勒　　**图2-14　戴姆勒研制的汽车**

本茨和戴姆勒是人们公认的以内燃机为动力的现代汽车的发明者，他们的发明创造成为

---

① 1马力=735.498 75瓦。

汽车发展史上最重要的里程碑，他们两人因此被世人尊称为"汽车之父"。

8. 手工装配单件小量生产

1887年法国庞哈德·莱瓦索马车制造公司获得戴姆勒高速汽油机在法国生产的专利权。按买主要求，依靠技巧娴熟工匠用手工在装配大厅配制每辆各不相同的轿车（图2-15）。1889年生产的汽车可称得上是今日汽车的原型，发动机放在车前部，乘客分排坐在后面，车上装备有离合器、变速器和后驱动轴（图2-16）。当时的法国巴黎道路宽阔，且有奢华风尚，带动了汽车需求，该公司汽车产量大增，1894年公司每年能生产几百辆汽车，是世界领先的轿车公司。1900年前，继德国、法国之后，美国、英国和意大利出现了多间这种作坊式汽车生产公司，1900年欧美共生产汽车9 504辆。

图2-15 庞哈德·莱瓦索汽车

图2-16 1889年生产的汽车

9. 汽车史上首次大批量生产

1896年福特试制出第一台汽车。1903年建立福特汽车公司。初期，租赁马车制造厂做总装厂，装配两座带篷船式车身A型车，售价850美元。发动机、化油器、变速器、车桥、车身均外购。后建比凯·阿庇纽新厂，三层式厂房，一层机加缸体、曲轴等18个大件，二层机加工小件，三层最后组装，已具备大量生产的基本形态。

1908年，亨利·福特（图2-17）及其伙伴将奥尔兹、利兰及其他人的设计和制造思想结合成一种新型汽车——T型车（图2-18），这是一种不加装饰、结实耐用、容易驾驶和维修、可行于乡间道路、大众市场需要的低价位车。T型车装4缸20马力汽油机，前置于发动机罩内，两个前进挡一个倒挡行星齿轮变速器，充气轮胎，双排座，蓬船形车身。该车投放市场即获好评，接到大量订单。1909年开始，T型车单一品种生产，当年售价950美元，产量达万辆。1914年，他将泰勒的流水生产线技术运用到汽车上，这种技术被后人称为装配线。装配线不仅有助于在装配过程中通过生产设备使零部件连续流动，而且便于对制造技能进行分工，把复杂技术简化、程序化（图2-19、图2-20）。组装一辆汽车由原定置式的750 min缩短为93 min，工厂单班生产能力达1 212辆。

图2-17 亨利·福特

图2-18 福特T型车

当时有专用机床约1.5万台，工人1.5万人，这就是后来被全世界汽车厂继承的汽车大批量生产方式的原型。

图2-19 福特的流水线

图2-20 工人在流水线上工作

与此同时，福特公司调整销售组织，在销售服务子公司基础上，开设现地组装厂，把从底特律运来的散件组装成车。这样，可以用普通货车运输，大量削减运输费用，且节省底特律的占库面积。大批量生产和分装使生产成本逐年下降，1924年年底T型车售价下降到290美元。1917年，福特公司市场占有率逾42%，1921年达55.45%，成为当时美国最大的汽车制造商。T型车1927年停产前共售出1 500万辆，同一车型连续生产长达19年，这是T型车和大批量生产创造的辉煌。

大批量流水线生产的成功，不仅使T型车成为有史以来最普遍的车种，而且使家庭轿车的神话变为现实。福特发明的流水线生产方式的成功，不仅大幅度地降低了汽车成本、扩大了汽车生产规模、创造了一个庞大的汽车工业，而且使当时世界上的大部分汽车生产从欧洲移到了美国。1929年，美国生产汽车54.5万辆，出口占10%，占领了美国之外的世界市场的35%。

10. 车型种类和技术的发展时期

1914年第一次世界大战爆发，先是出现装甲车用于作战，又动员民用汽车运送兵员和补给品，连巴黎的出租车都参加了急送兵员的行列。战争使各国参谋部领悟到汽车对实现军队机动化是不可或缺的,战争推进了汽车尤其是载货汽车的发展,使汽车类型逐渐完善,趋于多样化,同时,各种汽车新技术也层出不穷。

20世纪20年代,美国杜森伯格、皮尔斯-箭、帕卡德、林肯、施图兹和凯迪拉克等公司按顾客意愿设计车身,服务于经济富裕买主;欧洲豪华型轿车制造公司劳斯莱斯、苏依莎、佛雷曲尼竞相设计高雅车型,如英国宾利、法国布加迪、意大利阿尔法·罗密欧等供富人享用,还有专为赛车手推出的车型。1922年英国推出奥斯汀7(图2-21)挑战福特T型车。

1922年,美国哈得逊公司率先出售封闭式厢型轿车(图2-22),这种型式车身很受欢迎,1923年在美国市场占有率超过传统的敞篷式轿车,到1929年在美国市场占有率高达90%。

图2-21　奥斯汀7

图2-22　封闭式厢型轿车

20年代轿车车身不断加长,还出现了新型大客车。1921年美国加州奥克兰法乔尔安全汽车公司制造出第一辆真正意义的大客车。这种车具有低车架、大轮距、轴距更长、轮胎胎面宽、发动机前置的特点。四年后,该公司又制造出一辆整体式构架,车顶、侧壁和地板均为承载构件的全承载式车身,并和底盘完整结合的大客车,发动机置于地板下,空出了车厢内部空间,驾驶室在车辆最前方,便于驾驶且有利于行车安全。

随着汽车车身结构的演变,在汽车使用材料方面主要开发出薄钢板轧制新技术。1923—1929年美国约新建650座新工艺薄板轧制厂,为汽车工业供应的薄钢板和第一次世界大战前相比,板厚仅为其数分之一,幅宽增大数十个百分点,板长由不足2.5 m延伸到百米以上,这使车身、车前板和保险杠等薄钢板件得以从一张薄钢板下料。此外,平板玻璃连续处理技术使汽车用上了安全玻璃;汽车涂装的快速干燥技术及汽车燃油炼制方面开发出的高辛烷值汽油炼制工艺,为提高发动机设计水平提供了有力支撑。

在汽车结构方面的技术创新还有:1920年杜森伯格公司在四个车轮上全部采用液压制动器。在此之前,仅后轮装制动器便可满足当时稀疏交通和低速行车的需要。随着车速提高,四轮液压制动逐步普及,直到30年代才全部取代拉索连杆式后两轮制动方式。汽车自动起动已经普及,这项技术是1912年凯迪拉克公司首先采用的。1927年帕卡德公司开始在后驱动桥主传动采用双曲线伞齿轮,使得传动轴、地板和车身高度降低,整车重心下降,提高了在美国大部分已是铺装道路上高速行车的稳定性。低压轮胎取代了早期汽车使用的多种硬质、高压胎。除性能要求最简单的车子,所有汽车都具备了风雨防护结构。

11. 厄尔时代

德国发明了汽车，美国则把这个行业带入了艺术设计的圣殿，而哈利厄尔则是有史以来最伟大的汽车设计大师，对现代汽车的影响不可估量。

哈利厄尔进入通用公司，1927 年设计出凯迪拉克 lasalle，哈利厄尔时代开始。Lasalle 有着圆润的线条，锥形的尾部，修长低矮的轮廓。1928 年，哈利厄尔在汽车设计中加入了镀铬装饰，30 年代开始，他建立的艺术色彩使通用汽车逐渐成为最强大的汽车帝国。1938 年，他设计出世界上第一款概念车别克 Y job（图 2-23）。其为船形车身，复杂曲面构建的流线型车身都是此后几十年厂商模仿的对象。Y job 还第一次引入黏土模型技术，使汽车外形更加灵活，该技术一直沿用至今。

图 2-23　第一款概念车 Y job

12. 斯隆模式

1923 年，杜邦启用 A.P. 斯隆任通用汽车公司总裁，斯隆面对新的广阔需求市场，整合公司内部资源，改变福特单一廉价车大量生产模式，按轿车售价高低分成从凯迪拉克到雪佛兰 5 个系列，由 5 个独立事业部分别生产，把不同收入的现实与潜在用户需求全部包容，同时，组成集中生产 5 个车型配套零部件事业部，如德科部生产发电机、萨吉诺部生产转向器、罗切斯特部生产化油器等。每个事业部都是利润中心，这就是多品种大量生产的斯隆模式，该模式解决了为降低生产成本希望产品单一化和满足用户需求多样化的矛盾。

13. 汽车技术进步时期

30 年代，在美国，大众车的性能和造型向中、高级车靠拢。中、高级车的奇异造型和昂贵的特殊配置竞相出局，更注重实用性。车型设计开始重视空气动力学效应，整体结构车身备受瞩目，流线型车身就是在这样时期诞生的。如 1933 年皮尔斯-箭公司推出的银箭原型车、1934 年克莱斯勒和迪索多公司的气流型车，虽然都是挡泥板和车身分开的传统结构，但其造型与流线却浑然一体。

这一时期出现了竞赛汽车，如美国克莱斯勒公司的超级战马，其性能开始超过高级车；前轮独立悬架结构几乎普及化；德国奥迪、法国雪铁龙和美国科德公司推出前轮驱动轿车；1934 年，梅赛德斯-奔驰公司制造出首部柴油动力轿车；1936 年，中级车格雷厄姆取得值得称道的汽车动力性和燃料经济性双优；1937 年，美国哈德逊公司创造出了免离合器的电动换挡。

1937年，德国政府成立大众汽车公司，计划生产名为甲壳虫的VW33型国民车（图2-24）；1938年，费尔迪南德·波尔舍（又译保时捷）完成车型设计，该车采用风冷发动机，后置后驱动。在批量投产之前，公司成为吉普车制造厂，用该车风冷发动机的德制吉普车，在第二次世界大战中用于北非战场。第二次世界大战迫使汽车转入战时体制，轿车生产几近终业。1942年年初，美国民用轿车暂时停止生产。汽车工厂主要生产从吉普车到大型载货车类军用汽车和某些兵器，也获得了装备增强和战时利润。汽车技术进步主要在发动机、燃料、润滑油方面；也促进了合成橡胶的发展；德国从煤中提炼合成燃油；欧洲、亚洲许多地区采用发生炉煤气，也有地区使用酒精代替汽油。汽油、润滑油和轮胎等物资匮乏困扰着汽车运行。

图2-24 甲壳虫

14. 汽车产品多样化时期

第二次世界大战后，世界进入汽车时代，汽车无论是在外形、性能还是颜色上，都发展变化很快，汽车外形演变的每一个时期都在不断地开拓着汽车新的造型，除了使汽车性能得到提升，同时也是汽车美学的发展。

汽车产品的多样化时期从20世纪50年代开始至20世纪70年代，到1973年是世界汽车发展的黄金时段。20世纪50年代，美国汽车业界已形成通用、福特、克莱斯勒三大公司鼎立局面，并且以压倒性的优势雄居世界汽车市场。同时期的欧洲厂商也开始实行量产化，另外，欧洲厂商具有卓越的产品设计性能，从而生产出各式各样的跑车，转而销往美国，从而出现欧美两霸并存的局面。

1948年，美国独占沙特阿拉伯石油资源，大量石油使汽车燃料和生产汽车所需电力及各类材料得到低价充分供应，美国不但有充足的汽油供燃用，且有低价格和低汽油税。厂家生产高档车利润丰厚，促进了美国轿车的大型化与豪华化，小型发动机达到3.2 L，大者超过7 L。自动变速、助力制动、动力转向和车身与底盘成一体的结构已普及，大型尾翼、多款镀铬件和优质涂料把汽车打造得光亮夺目。汽车耐用期已增到10年，但崇尚消费的美国平均3年换新车成为社会规范，各厂家纷纷以产品换型、变更式样，用大型、大马力、高操纵性形成的高价格化获取最大限度利润。这一时期，出现了搭载大排量V8发动机、具有强劲马力、外形富有肌肉感的各式跑车——美国肌肉车型，美国人称其为"Muscle Car"，如雪佛兰科迈罗（Camaro）、道奇挑战者（Dodge Challenger）（图2-25）及福特野马（Mustang），在 60 年代的美国极其盛行并受到人们追捧。

图 2-25　1970 年道奇挑战者（Dodge Challenger）

　　欧洲燃油不充分，油税也高，战后经济复兴中重点发展了小型车。欧洲汽车厂商改进国内生产的产品，以适应各国大不相同的市场情况。如意大利，国民收入低，燃料税率高，人们集中在街道狭窄、停车条件受限制的古老城市。这些条件结合起来导致消费者需求集中在小型汽车。在瑞典，燃料税低，国民收入高，城市人口密度小，冬天的驾驶条件恶劣，消费者要求大而耐寒的车辆，耗费更多的燃料也在所不惜。当时的许多欧洲制造商也在寻求对不同设计要求的多样化技术答案。有的偏爱功率大的发动机，有的设计别出心裁的气缸，有的使用后置式发动机，也有的集中研究前悬挂式发动机和后轮驱动。竞争的领域不仅表现在组合车身的设计上，而且柴油发动机和汽油发动机也在里面。

　　欧洲汽车设计轻巧，各具特色又省油，成为主要的出口工业品，名品有德国的甲壳虫，英国的希尔曼、莫利斯，法国的雷诺，意大利的菲亚特。各国普遍实行大量生产方式。20 世纪 60 年代，英国奥斯汀迷你牌小型车采用发动机前横置，前轮驱动结构，使之占用空间更小，车子更紧凑，这一开山之作几乎成为当代轿车的标准布置方式（图 2-26）。

图 2-26　英国的迷你微型轿车

　　欧洲还发展了许多款跑车，如英国的捷豹和奥斯汀·希利，德国的保时捷和奔驰，意大利的菲亚特和阿尔法·罗密欧，这类车行驶性能优越，采用了许多新技术。如奔驰 300SL 为更好地参加比赛，采用了如柴油机供油式的汽油喷射；捷豹 C 型跑车采用了盘式制动器。

到20世纪70年代，前轮盘式制动器成为轿车的标准配置，欧洲的跑车主要出口美国。

日本的石油完全依赖进口，故主要发展了省油的小型车和柴油商用车。日本引进欧美先进产品和制造技术，把美国管理技术融合为日本方式，推行全面质量管理，整合零部件和材料供应商形成系列化协作配套体系，推行大量生产和装备持续现代化。1963年，丰田汽车公司全面推行把工件号、数量、时间、工程和用途等指令计入看板，实现了精益生产方式，这是组织汽车生产的又一重要技术进步。日本政府和企业共同推进产品出口，参加世界汽车拉力赛，促进了汽车水平的发展，提高了国际竞争力。1973年，日本出口汽车达到200万辆，其中轿车145万辆。

15. 汽车产品低价格时期

1973年、1979年世界出现两次石油危机，汽车需求锐减，小型省油车市场看好，对世界汽车发展和汽车工业格局影响很大。这一影响历经10年，1984年之后才步入新一轮增长期。由于20世纪70年代石油危机，日本车商以省油耐用的低价格小汽车赢得当时消费者的青睐，至此，世界汽车形成了美、日、欧并存的格局。

日本生产的小型车耐用、便宜，性价比高，符合国外排放、安全标准，尤其是省油的特点，受到国际市场欢迎，特别是对美国出口猛增。1980年汽车出口近600万辆，汽车产量达1 100万辆，首次超过美国居世界第一位，并保持到1993年，1994年被美国超过。

石油危机极大地促进了汽车节能技术。例如，发展小型车，减轻汽车自重，提高汽车传动效率，无内胎钢丝子午线轮胎普及化并改善轮胎花纹，降低汽车风阻；发动机的稀薄燃烧和电子控制配气、供油与点火及增压技术，热效率比汽油机高的柴油机成为商用车的主体动力，柴油轿车的比例日益提高；使用压缩天然气、液化石油气，以及掺烧甲醇、乙醇、植物油等代用燃料；开发了电动、混合动力和燃料电池等新能源汽车。

16. 全球化

各强势汽车工业集团以其技术和资本优势，在产品、生产成本、信息技术、电子商务、销售及各类售后服务和资本运作等领域展开了全方位激烈竞争。一方面向发展中国家输出剩余资本、技术；另一方面相互兼并、重组，吸纳全球资源，扩大全球市场份额，谋求利益最大化，进一步推进了汽车全球化。1998年，德国戴姆勒－奔驰公司和美国克莱斯勒汽车公司合组成立戴－克集团；1999年，美国福特汽车公司收购瑞典沃尔沃公司轿车事业部；法国雷诺集团向日本日产汽车公司出资36.8％，向日产柴油机工业公司出资22.5％。至此，全球形成6＋3汽车集团格局，即通用、福特、戴－克、丰田、大众和雷诺6个集团化程度高的大集团，以及本田、宝马和标致－雪铁龙3个集团化程度小的公司。但金融危机加速了全球汽车版图调整的速度，最主要体现在北美三巨头的变化上，其中，克莱斯勒分立两年后，无法独立生存而重新被菲亚特整合；通用汽车和福特汽车不断分拆，出售自己的下属子品牌或资产以自保。一系列变化导致全球汽车产业出现新的"6＋3＋X"的格局。新的6个集团包括日本丰田集团、德国大众集团、新通用和福特，日欧联合车企雷诺－日产联盟，以及新的菲亚特－克莱斯勒联盟。新的3个小集团包括现代－起亚、本田和标志－雪铁龙。另外，戴姆勒、宝马和包括铃木在内的多家日本车企业、不断成长的中国和印度新兴市场的汽车公司也是全球汽车版图中的不可忽视的力量。

17. 汽车电子化、智能化

进入20世纪80年代，汽车逐渐步入电子化、智能化，新兴的电子技术取代汽车原来单纯的机电液操纵控制系统，以适应对汽车安全、排放、节能日益严格的要求。最初有电子控制的燃油喷射、点火、排放、防抱死制动、驱动力防滑、灯光、故障诊断及报警系统等。90年代以后，陆续出现了智能化的发动机控制、自动变速、动力转向、电子稳定程序、主动悬架、座椅位置、空调、刮水器、安全带、安全气囊、防碰撞、防盗、巡航行驶、全球卫星定位等不胜枚举的智能化自动控制系统。还有车载音频、视频数字多媒体娱乐系统、无线网络和智能交通等车辆辅助信息系统。

随着汽车电子技术的发展，汽车智能化技术正在逐步得到应用，苹果公司于2014年3月3日宣布推出车载系统CarPlay，此系统是将用户的iOS设备及iOS使用体验与仪表盘系统无缝结合。如果用户汽车配备CarPlay，就能连接iPhone等设备，并使用汽车的内置显示屏和控制键或Siri免视功能与之互动。用户可以轻松、安全地拨打电话、听音乐、收发信息、使用导航等，也再次点燃了大家对车载智能的热情。如果将汽车电子化定义为"功能机"时代，那么汽车智能化将步入"智能机"时代。汽车网络化，即车联网，将依托于汽车制造商、经销商与运营商，汽车电子化与智能化实现"人—车"互动，车联网实现"人—车—网络"互动，而智能交通将实现"人—车—网络—路"互动。可以预见，汽车的电子化、智能化还将出现许多新系统、新成果，使驾乘汽车变得更加安全、环保、节能、舒适和愉悦。

18. 汽车节能、环保和安全

在汽车保有量快速增长的背景下，1960年以后突显汽车排气污染环境和交通事故等社会问题，还出现了"反汽车论"。美国1966年实施汽车排气污染防止法，1967年实施联邦汽车安全标准（FMVSS）；日本1966年实施汽车排气标准，1968年实施汽车安全标准。此类标准随时间推移而愈加严格，实施的国家和区域渐次增多。从此，汽车环保和安全成为引领汽车技术发展的重要课题，推动了如发动机稀薄燃烧、高能点火、尾气催化转化等环保技术和ABS、安全气囊等汽车安全技术的出现与发展。

汽车新技术的推出并不能完全避免汽车使用过程中对环境的污染，所以绿色能源逐渐会是汽车的首选，新能源汽车和电动汽车技术将是一个主要的发展方向。其中，电动汽车在全球范围内正逐渐被消费者广泛接受。目前从世界范围内的整个形势来看，日本是电动汽车技术发展速度最快的少数几个国家之一，特别是在混合动力汽车的产品发展方面，日本居世界领先地位。目前世界上能够批量产销混合动力汽车的企业，只有日本的丰田和本田两家汽车公司。汽车产业链各个层面都在研发节能技术，通用、福特、大众、戴姆勒－克莱斯勒、丰田、本田等汽车制造商都在积极研制可以利用无线电技术充电的小型电动汽车。

2.1.2 中国汽车工业发展历程

1. 创建阶段（1953—1965年）

1953年7月15日，一汽在长春打下第一根桩，拉开了新中国汽车工业筹建工作的帷幕。第一辆国产汽车于1956年7月13日驶下总装配线。这是由中国第一汽车制造厂生产的"解放牌"载货汽车。

一汽是我国第一个汽车工业生产基地。同时也决定了中国汽车业自诞生之日起就重点选择中型载货车、军用车及其他改装车为主的发展战略，使得中国汽车工业的产业结构从开始就形成了"缺重少轻"的特点。

1957年，一汽开始仿照国外样车自行设计轿车。1958年，先后试制成功了CA71型

"东风牌"小轿车和CA72型"红旗"牌高级轿车;同年9月,又一辆国产"凤凰牌"轿车在上海诞生。

1958年以后,国家实行企业下放,形成了中国汽车工业发展史上第一次"热潮",建成了一批汽车制造厂、汽车制配厂和改装车厂,汽车制造厂由当初(1953年)的一家发展为16家(1960年),维修改装厂由16家发展到28家。

1966年以前,汽车工业共投资11亿元,主要格局是形成"一大四小"五个汽车制造厂及一批小型制造厂,年生产能力近6万辆,共9个车型品种。

1965年年底,全国民用汽车保有量近29万辆,国产汽车17万辆(其中一汽累计生产15万辆)。

2. 成长阶段(1966—1980年)

1964年,国家确定在"三线"建设以生产越野车为主的第二汽车制造厂,二汽是我国汽车工业的第二个生产基地,与一汽不同,二汽是依靠我国自己的力量创建起来的工厂,采取了"包建"和"聚宝"的方法,同时在湖北省内外安排新建、扩建26个重点协作配套厂。二汽的建成,标志着中国汽车工业上了一个新台阶。在此期间,一汽、南汽、上汽、北汽和济汽5个老厂分别承担了包建和支援三线(二汽、川汽、陕汽和陕齿)的建设任务。1976年,全国汽车生产厂家增加到53家,专用改装厂增加到166家。

1966—1980年,我国生产各类汽车累计163.9万辆;1980年生产22.2万辆,是1965年的5.48倍,全国民用汽车保有量169万辆,其中载货车148万辆。

3. 全面发展阶段(1981年以后)

经过50年的风雨历程,中国汽车工业已有了长足的发展。目前,我国汽车行业约有100家汽车生产企业,主要以"五大""十小"为龙头,"五大"是指一汽集团、上汽集团、东风集团、北汽集团、长安集团;"十小"是指哈飞集团、金杯汽车、广汽集团、跃进集团、昌河集团、上汽奇瑞、安徽江淮、东南汽车集团、江铃汽车集团、长城汽车10家企业。15家企业的生产规模约占整个行业的90%。1981年以后我国汽车生产情况见表2-3。

表2-3 历年我国汽车产量分析表

年份	汽车产量/万辆	轿车产量/万辆	轿车比例/%
1981	17.50	—	—
1982	19.60	—	—
1983	23.90	0.60	2.50
1984	31.60	0.60	1.90
1985	44.30	0.52	1.20
1986	37.30	1.20	3.20
1987	47.30	2.10	4.40
1988	64.70	3.69	5.70
1989	58.70	4.20	4.90
1990	50.90	8.10	8.20
1991	70.90	16.30	11.40
1992	106.20	23.00	15.30

续表

年份	汽车产量/万辆	轿车产量/万辆	轿车比例/%
1993	129.70	25.00	17.30
1994	135.20	32.50	18.50
1995	145.00	39.10	22.40
1996	147.50	48.70	26.50
1997	158.20	50.70	30.80
1998	162.90	57.00	31.10
1999	183.00	60.50	31.10
2000	206.91	70.30	29.20
2001	233.40	109.10	29.90
2002	325.10	108.90	33.50
2003	444.40	201.81	45.40
2004	500.00	240.00	48.00
2005	570.77	275.00	48.20
2006	700.00	386.95	55.20
2007	888.24	504.30	56.80
2008	934.51	675.56	72.30
2009	1 379.10	1 038.38	75.30
2010	1 826.47	1 389.71	73.3
2011	1 841.89	1 448.53	78.6

2.1.3 我国汽车工业的战略地位

1990年，我国已明确将汽车工业列为国民经济的支柱产业并对其加以扶植和发展。

所谓支柱产业，是指产品市场广阔，在国民经济中具有辐射面广、关联度大、牵动力强的产业。由于其启动和发展可以促进其他产业的发展，甚至对国民经济的起飞起直接的推动作用，进而可以提高一个国家的综合国力和科技水平。支柱产业应符合4个特征：①符合支柱产业选择的"两基准"准则；②在国民经济中具有突出地位，对其他产业波及效果大，牵动力强；③有利于优化产业结构，促进产业结构和出口结构的高级化；④能够创造大量的就业机会。

1. 汽车工业符合支柱产业选择的"两基准"准则

20世纪60年代，日本经济学家筱原三代平提出了支柱产业选择的"两基准"准则：①需求收入弹性高；②生产率上升率高。

所谓需求收入弹性（E_R），是指国民对某种产品需求量的变化受收入（国民收入）变化的影响程度。公式关系如下：

$$E_q = \Delta Q/Q$$
$$E_r = \Delta R/R$$
$$E_R = E_q/E_r$$

式中，Q——需求量；
　　ΔQ——需求量变化；
　　R——人均国民收入；
　　ΔR——人均国民收入变化。

需求收入弹性基准从需求方面描述某一产业的发展前景，动态地反映了随着国民收入的增加，某一产业相应产品的市场需求增长潜力的大小。E_R 越大，表明随着经济发展和国民收入的增加，这种产品的市场需求越大。支柱产业一般需要较高的需求收入弹性，这是由支柱产业的性质决定的。

按照需求收入弹性基准，我国的汽车工业应当具有广阔的前景。首先，我国作为一个幅员辽阔的大陆国家，人们对公路交通的需求犹如日本对船舶的需求一样不可缺少；其次，作为"改变人类生产方式、生活方式、战争方式和时空观"和"制造速度、制造效率和延长生命"的机器，人们不可能骑着自行车迈向现代化，汽车进入家庭并广泛普及是中国经济发展的必然趋势。

所谓生产率上升率，是指生产率的变化程度，即产出的增长率与投入的增加率之比。这里"投入"的概念，被理解为综合投入，包括资金、技术、设备、劳动力等全部要素的投入。在现代社会里，科学技术是第一生产力，影响产出或生产率的最主要因素是科学技术，简单分析时可以用科技投入代替综合投入。当一个产业的科技吸收力强时，便意味着其产出增加得多，生产率上升得快。所以生产率上升指标，可以用某个产业对科技成果的吸收能力反映，吸收能力强表明生产率提高快。

从汽车工业对科技成果的吸收率看，由于汽车工业的技术内涵很高，技术进步可以大幅度提高汽车工业的劳动生产率，福特的流水线和日本人的"无人工厂"都是例证。汽车工业又是消化吸收科技成果最强的工业部门之一。汽车工业的水平几乎代表着一个国家的制造水平、工业化水平和科技水平。我国改革开放后，汽车工业的劳动生产率增长位于整个机械工业之首，在全部工业中亦名列前茅。由此可见，汽车工业符合生产率上升基准。

2. 汽车工业在国民经济中占有突出地位

汽车工业是综合性加工产业，其生产涉及冶金、橡胶、化工、机械制造、电子、纺织、材料等一系列加工工业，汽车产品的流通和使用又涉及运输、维修、保险、商业等众多第三产业，是典型的波及效应大的产业，波及效应数倍于汽车工业本身的效益。

汽车工业不仅波及效应大，其自身的经济效应也大。20 世纪 80 年代，在先进汽车生产国，汽车工业完成的工业增加值在其国内生产总值的比重，西欧平均为 7%，日本在 10% 以上，美国也超过 5%。因而，有人从数量上理解支柱产业完成工业增加值占国内生产总值或国民生产总值的比例应不小于 5%。目前我国汽车工业完成的工业增加值占国内生产总值或国民生产总值的比例在 2% 左右，表明汽车工业的发展速度在我国经济中的地位尚未达到支柱产业的要求。

3. 汽车工业的发展有利于优化产业结构

汽车工业在产业结构链中占重要地位。如美国的产业结构，由 1880 年以纺织、食品、木材加工为主体，发展到 1950 年以汽车、钢铁、石油、机械制造为主体。经过 70 年的时间，完成了产业结构由轻工业向重工业乃至深加工产业结构的转换。在转换中，汽车工业的发展起了极为重要的作用，钢铁、石油、橡胶、机械制造等产业的发展都是由于汽车工业发展而被带动起来的。

又如日本汽车工业的发展相对于美国发展速度更快，其国民经济产业结构的转换也更为迅速。战后日本工业的发展先后出现过三组带头主导产业：第一组是电力工业；第二组是石油、石化、钢铁等工业；第三组是汽车工业。前两组带头工业的发展为汽车工业的大规模发展创造了条件。而汽车工业在形成一定规模后，反过来又带动前两组产业的更大发展。至20世纪70年代，日本由于汽车工业已具有相当的规模，其产业结构也基本完成了向深加工产业结构的转换。

美日两国产业结构的演进，也直接促进了两国出口产品结构的改变，形成了以深加工、高附加值产品为主的出口产品结构。美国在20世纪70年代以前，一直是汽车、机电产品的出口大国。而日本却后来者居上，在20世纪80年代和90年代初，仅汽车出口就占日本全部出口商品价值的60%以上。

4. 提供众多的就业机会

汽车工业及其相关产业的发展可以创造大量的就业机会。以日本为例，1983年日本汽车工业从业人员达到69.6万人，约占整个制造业从业人员的6.6%。更为重要的是，汽车工业相伴发展的其他相关产业部门提供的就业机会则更多。据调查分析，20世纪80年代，日本与汽车工业相关的产业和部门的从业人员达900万人，是汽车工业从业人员的12.8倍，占日本就业总人数的18%。也就是说，每6个就业人员就有一个直接或间接地从事着汽车生产和服务。目前，我国这一比例也达到10%左右。

综上所述，汽车工业具有支柱产业的特征。把汽车工业列入支柱产业予以扶植和发展，是保证我国经济持续、健康发展的重要举措之一。

2.1.4 中国汽车工业与世界汽车工业的比较

虽然我国的汽车工业与20世纪相比已经有了长足的进步，但是，目前我国汽车工业与发达国家相比仍存在着比较大的差距，整体竞争力不强，主要表现在以下几个方面：

（1）规模偏小，难以形成规模效益。在全国100余家汽车企业（集团）中，年产量超过50万辆的只有2家，超过10万辆的只有8家。从国际汽车工业看，年产100万辆以下的汽车企业已经不能单独生存。

（2）产业组织结构不合理。我国有32家轿车整车生产企业，分布在全国20个省（包括自治区、直辖市）。上海成为我国最大的轿车生产基地，产量达到60万辆，而广西、云南的轿车产量仅有500辆。同时，我国汽车产业集中度比较低（前3家的产量总和占全行业的50%左右），而美国和日本前3家汽车公司产量均超过本国汽车总产量的70%，汽车集中度相当高。

（3）技术水平落后。目前我国汽车工业企业的工艺、监测和试验水平距国际先进水平有很大差距。从产品类型上看，我国汽车产品的技术水平基本只能达到国际20世纪七八十年代的水平，引进的汽车新型产品的国产化程度不高。我国汽车工业中的核心技术对国外技术的依赖过大，在一定程度上成为制约我国汽车工业发展的"瓶颈"，这一特点在汽车电子技术上的反映尤为显著。产品更新周期比较长。

（4）研发能力低下。研发能力一直是我国汽车工业最薄弱的环节。这主要是因为我国汽车行业科研人员缺乏并分散，科研投资少。另外，我国汽车行业目前的研发范围比较窄，主要还是以产品开发、工艺设计为主，应用技术研究薄弱，基础研究几乎是空白。而国外汽车厂商的研发范围则比较宽，他们重视基础理论和技术的研究，并已经形成了基础研究、应用研究和成品开发3个研究层次。

（5）经营管理薄弱。目前，发达国家的汽车生产商已经实现了在全球范围内配置资源。在经营上，普遍采取汽车联盟和本土化战略；在零配件采购上，实行了全球化和模块化。而我国汽车工业的发展还局限在国内，即使在国内也难以实现资源的优化配置。整车生产企业都有独立的生产体系，生产的专业化水平较低，管理粗放，缺乏先进的管理理念和手段。

（6）销售及服务尚处于初级阶段。目前国产汽车的营销服务体系与国际惯例相比差距较大。国际通行的销售和服务模式是建立在汽车销售代理制基础上的，而我国的品牌代理经营尚处于初级阶段，基本上还是现货现款的销售方式，缺乏信贷、购车储蓄、分期付款和租赁销售等促销手段，同时在综合服务保证和四位一体功能（即汽车销售、维修保养、配件供应、信息反馈）方面与国际相比还有明显的差距。

2.1.5 欧、美、日、韩四大车系的特点

在国内销售的进口轿车中以欧、美、日、韩四大车系为主，尽管各国轿车向更安全、更环保、更经济的共同目标发展，但由于各国的地理环境和民族文化背景的不同，四大车系也会存在着一定的差异，具有各自的特点。

1. 欧洲轿车：个性明显

欧洲车泛指德国、意大利、法国和瑞典等国家生产的轿车。欧洲是现代汽车的发源地，欧洲汽车具有卓越的产品开发能力，各欧洲汽车厂开发的各种经济节油的微型车和小型车、精工细作的豪华车、个性奇特的跑车，都深受人们的喜爱。作为现代汽车的鼻祖，欧洲汽车在汽车技术领域中作出了重要贡献，比如，目前已被广泛采用的子午线轮胎、前轮驱动、盘式制动、独立悬架、燃油喷射等先进技术，无不是首先应用在欧洲汽车上的。伴随着先进技术的使用，欧洲汽车发展成为最有品位与个性的汽车。

欧洲汽车的品位与个性主要表现在以下方面。

（1）乘坐舒适。由于阿尔卑斯山脉纵穿欧洲大陆，丘陵地带多，平原少，城镇星罗棋布，因此欧洲轿车的底盘较高，悬挂系统较好，震感小，乘坐也就更舒适。

（2）操作性能好。由于要适合丘陵地带的需要，欧洲车操作性能较好，扭力大，爬坡快，加速度高，短距离超车得心应手。

（3）有韵味。欧洲车注重传统风格，车型设计富有艺术韵味，远远一看就知道它属于哪一家的产品。欧洲车最有名的四大品牌更是异彩纷呈：奔驰豪华、高贵的品质已成为尊贵的象征；宝马则带给追求驾驶极限的新贵以最高层次的享受；奥迪的一贯主张是技术领先，同时以其很高的性价比征服着越来越多已步入成功的家庭；沃尔沃被称为世界上最安全的轿车，其目标市场直指一切追求速度的现代家庭。

2. 美国汽车：以大为美

众所周知，美国车以车身宽大闻名于世，在美国的小型车到了中国也许就是大车了，美国车的造型多少都受到当地的地域环境和人文气息的影响。美国的城市大都面积辽阔，道路宽敞，而高速公路更是网布全国；美国人性格开放，不喜约束，崇尚个性自由。因此，一般美国车功率大，加速性能好，底盘高度适中，轮胎较宽，具有较好的稳定性和抓地力，车厢

宽敞空间大，乘坐起来没有压抑感且舒适感好。"人的生命价值至高无上"已经深深烙入汽车设计者的思想之中，加上美国法律面面俱到，略有差错就有可能吃官司，因此一些美国轿车的钢板比较厚实，质量重，车身造型刚劲，安全防御能力强。车上的辅助设备简单实用，少见令人眼花缭乱的一排排控制开关。车内装饰有浓厚的欧洲风格，这与大多数美国人是欧洲后裔有关，但做工一般没有欧洲车细腻。

不过，在国人的印象中，美国车比较耗油。这句话放在20年前还是对的，但现在情况已经有了很大的变化。自20世纪70年代的石油危机之后，美国汽车企业痛下决心向国外汽车企业特别是日本汽车企业学习，从管理、技术、设计都吸取了别人的长处，汽车的燃油经济性有了很大提高，从而极大地提升了美国汽车的竞争力，美国汽车工业因此夺回了一度失落的全球霸主的地位。可以说，如今美国车的燃油经济性已毫不逊色于国际同类产品，甚至表现更好。

3. 日本汽车：以小见长

日本汽车具有质量轻、经济省油、外形中庸、改型快、符合中国人的审美观的特点。日本国土狭窄，能源短缺，人口密度大且集中于城市，人们善于精打细算，讲究效率。早在20世纪50年代，日本政府为了发展汽车工业，制定了"轻四轮法"鼓励各汽车厂开发适合日本国情的小型汽车。目前，不少闻名于世的日本汽车公司就是在这种情况下发展起来的。因此，轻巧、省油、相对便宜就成了日本汽车的形容词。

除了经济省油之外，日本汽车的另一个显著特点是车型变化较快，有一种中庸之道，符合东方人的审美观。与欧美汽车不同的是，日本汽车不讲究标新立异，而是注重总体设计，而其中庸的外观更为不想露富的中国人所喜爱。

4. 韩国汽车：新潮价廉

韩国轿车最大的特点就是设计新潮，价格低廉，但品牌形象还有待提升。

提起韩国轿车，人们首先想到的就是价格便宜。其实，韩国轿车的设计也有独到之处。现代、大宇两家都已发展成为全球性的汽车公司，他们在欧洲和美国都有研发中心，因此外形设计十分新潮，能跟上世界车坛发展的趋势，同时又结合了欧洲车和日本车的优点，因而受到年轻一代的欢迎。此外，韩国车的配置一般较全，内饰也十分精细。

知识拓展

中国的自主品牌在30多年的发展过程中，经历了几个关键节点，如图2-27所示。

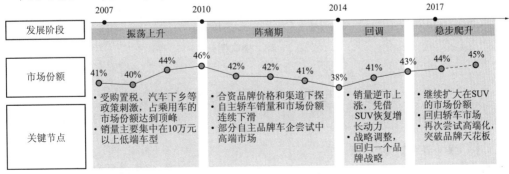

图 2-27　中国的自主品牌发展过程

从2018年起，自主品牌的发展全面进入3.0时代。在3.0阶段，外部竞争环境变得更为复杂，政策、技术变革和消费方式的转变成为引导产业发展的主要驱动力量。自主品牌内部将开启末位淘汰制，组织方式更灵活、资本优势更大，民营企业得益于前期企业战略调整和技术投入，并进一扩大领先优势；大型国有车企之间的整合将提速，并且从非关键领域向关键领域延伸，从人事调整向技术、体系融合深化。

如果以销量、增速和市场占有率为指标，可以初步将自主品牌进行梯队划分（图2-28）。

第一梯队，绝对销量上突破了百万辆规模，并且增速持平或高于行业平均，同时已经在自主乘用车市场中占据相当体量的市场份额，代表企业包括吉利、长城和长安。预计第一梯队企业将继续保持领先优势，第二梯队中仍有1~2家企业有望跻身第一梯队。

第二梯队，销量即将或已经迈上50万辆台阶，但企业之间增速差异较大，部分车企得益于产品周期开启和前期研发投入的变现，取得远高于行业平均的销量增速；而一些自主品牌仅仅因为高基数而跻身该区间，其未来增长面临较大压力，面临掉队的风险。

第三梯队，聚集了最多数量的自主品牌车企，其产销规模介于10万~50万辆之间，预计这一矩阵内的车企将率先进入淘汰通道。

自主品牌的梯队划分并不存在固化的界限，而是动态演变的过程。随着车企开启产品周期、补齐产品结构短板、提升产品力和品质能力，部分自主品牌有望挤进上一级梯队。

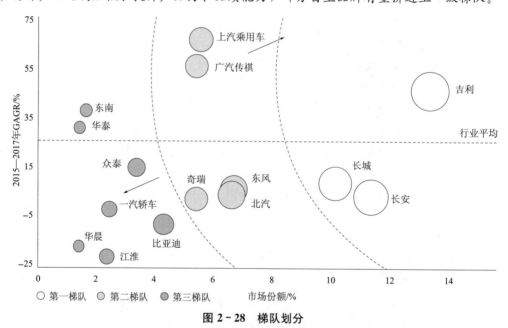

图2-28 梯队划分

2.2 现代市场营销观念的确立

🔑 本 节 内 容 简 介

市场营销是一个与市场紧密相关的概念，在这里将市场营销的概念表述如下：市场营销是与市场有关的人类活动，即以满足人类各种需要和欲望为目的，通过市场变潜在交换为现实交换的活动。

在这里可以从以下几个方面来理解这一概念：

（1）市场营销是一种人类活动，是有目的、有意识的行为。

（2）市场营销的研究对象是市场营销活动和营销管理。

（3）满足和引导消费者的需求是市场营销活动的出发点和中心。企业必须以消费者为中心，面对不断变化的环境，做出正确的反应，以适应消费者不断变化的需求。满足消费者的需求不仅包括现在的需求，还包括未来潜在的需求。现在的需求表现为对已有产品的购买倾向，潜在需求则表现为对尚未问世产品的某种功能的愿望。

（4）市场营销活动的主要内容是分析环境，选择目标市场及开发产品，还包括产品定价、分销、促销和提供服务，并对它们进行最佳组合。市场营销组合中有4个可以人为控制的基本变数，即产品、价格、渠道和促销方法（4PS）。企业市场营销活动所要做的就是密切注视不可控制的外部环境的变化，恰当地组合4PS，适应外部环境的变化。

（5）实现企业目标是市场营销活动的目的。不同的企业有不同的经营环境，不同的企业也处在不同的发展时期，不同的产品所处生命周期的阶段亦不同，因此，企业的目标是多种多样的。无论是什么样的目标，都必须与顾客达成交易后，通过有效的市场营销活动完成交换，方能实现。

所谓市场营销观念，也叫市场营销哲学，是企业在开展市场营销活动过程中，在处理企业、顾客和社会三者利益方面所持的态度、思想和观念，它是处理企业、顾客和社会三者利益比重的关键。

现代企业的市场营销观念可归纳为5种，即生产中心观念、产品观念、推销中心观念、市场营销观念、社会营销观念。

2.2.1 生产中心观念

生产中心观念是指导销售者行为的最古老的观念之一。这种观念产生于20世纪20年代前。生产中心观念是在卖方市场条件下产生的。在资本主义工业化初期及第一次世界大战末期和战后一段时期内，由于物资短缺，市场产品供不应求，生产中心观念在企业经营管理中颇为流行。我国在计划经济旧体制下，由于市场产品短缺，企业不愁其产品没有销路。工商企业在其经营管理中也奉行生产中心观念，具体表现为：工业企业集中力量发展生产，轻视市场营销，实行以产定销；商业企业集中力量抓货源，工业生产什么就收购什么，生产多少就收购多少，也不重视市场营销。

除了物资短缺、产品供不应求的情况之外，有些企业在产品成本高的条件下，其市场营销管理也受产品观念支配。例如，亨利·福特在20世纪初期曾倾全力于汽车的大规模生产，努力降低成本，使消费者购买得起，借以提高福特汽车的市场占有率，企业的这种经营不是从消费者需求出发，而是从企业生产出发。

对生产中心观念的评价：

（1）思想中心。企业的一切经营活动应以抓生产为中心，企业能生产什么就生产什么，生产什么市场就卖什么，即"以产定销"。

（2）经营理念。产量扩大，成本和价格就会下降，于是顾客就会增多，从而又支持产量扩大，形成良性循环。

适用条件：①市场需求超过供给，买方争购，商品选择余地不多。②产品的确有市场前景，但因成本和售价太高，只有通过大力提高产量，降低成本，从而扩大销路。

2.2.2 产品中心观念

产品中心观念也是一种较早的企业经营观念。它认为，消费者最喜欢高质量、多功能和具有某种特色的产品，企业应致力于生产高附加值产品，并不断加以改进。它产生于市场产品供不应求的"卖方市场"形势下。

最容易滋生产品观念的场合，莫过于企业开发一项新产品时，此时企业最容易产生的"市场营销近视"，即不适当地把注意力放在产品上，而不是放在市场需要上，在市场营销管理中缺乏远见，只看到自己的产品质量好，看不到市场需求在变化，致使企业经营陷入困境。

案例： 美国×××钟表公司自1869年创立到20世纪50年代，一直被公认为是美国最好的钟表制造商之一。该公司在市场营销管理中强调生产优质产品，并通过由著名珠宝商店、大百货公司等构成的市场营销网络分销产品。1958年之前，公司销售额始终呈上升趋势。但此后其销售额和市场占有率开始下降。造成这种状况的主要原因是市场形势发生了变化：这一时期的许多消费者对名贵手表已经不感兴趣，而趋于购买那些经济、方便、款式新颖的手表；许多制造商为迎合消费者需要，已经开始生产低档产品，并通过廉价商店、超级市场等大众分销渠道积极推销，从而夺得了×××钟表公司的大部分市场份额。×××钟表公司竟没有注意到市场形势的变化，依然迷恋于生产精美的传统样式手表，仍旧借助传统渠道销售商品，认为自己的产品质量好，顾客必然会找上门。结果，致使企业经营遭受重大挫折。

对产品中心观念的评价：

（1）思想中心。企业致力于生产高附加值产品，并不断加以改进。

（2）经营理念。消费者最喜欢高质量、多功能和具有某种特色的产品。

适用条件：市场产品供不应求的"卖方市场"形势下，消费者最喜欢高质量、多功能和具有某种特色的产品。

2.2.3 推销中心观念

推销中心观念产生于20世纪30年代初期，当时由于资本主义世界经济大萧条，大批产品供过于求，销售困难，卖方竞争加剧，企业担心的不是生产问题，而是销路问题。它认为，消费者通常表现出一种购买惰性或抗衡心理，如果顺其自然的话，消费者一般不会足量购买某一企业的产品，因此，企业必须积极推销和大力促销，以刺激消费者大量购买本企业产品。推销中心观念在现代市场经济条件下，被大量用于推销那些非渴求物品，即购买者一般不会想到要去购买的产品或服务。许多企业在产品过剩时，也常常奉行推销中心观念。

推销中心观念产生于资本主义国家由"卖方市场"向"买方市场"过渡的阶段。在1920—1945年间，由于科学技术的进步，科学管理和大规模生产的推广，产品产量迅速增加，逐渐出现了市场产品供过于求，卖主之间竞争激烈的新形势。尤其在1929—1933年的特大经济危机期间，大量产品销售不出去，因而迫使企业重视采用广告术与推销术去推销产品。许多企业家感到：即使有物美价廉的产品，也未必能卖得出去，企业要在日益激烈的市场竞争中求得生存和发展，就必须重视推销。例如，美国皮尔斯堡面粉公司在此经营观念导向下，当时提出"本公司旨在推销面粉"。推销中心观念仍存在于当今的企业营销活动中，如对于顾客不愿购买的产品，往往采用强行推销手段。这种观念虽然比前两种观念前进了一步，开始重视广告术及推销术，但其实质仍然是以生产为中心。推销中心观念为后来市场营销观念的形成奠定了基础。

对推销中心观念的评价：

（1）基本理念。企业经营的中心工作不再是生产问题，而是销售问题。促销的基本手段就是依靠广告和人员推销。

（2）思想特点。只是注重对既定产品的推销，至于顾客需要什么，购买产品后是否满意等问题，则未给予足够重视。

适用条件："卖方市场"向"买方市场"过渡的阶段。

2.2.4 市场营销观念

市场营销观念是作为对上述诸观念的挑战而出现的一种新型的企业经营哲学。这种观念以满足顾客需求为出发点，即"顾客需要什么，就生产什么"。

尽管这种思想由来已久，但其核心原则直到20世纪50年代中期才基本定型。当时社会生产力迅速发展，市场趋势表现为供过于求的买方市场，同时广大居民个人收入迅速提高，有能力对产品进行选择，企业之间的竞争加剧，许多企业开始认识到，必须转变经营观念，才能求得生存和发展。市场营销观念认为，实现企业各项目标的关键，在于正确确定目标市场的需要和欲望，并且要比竞争者更有效地传送目标市场所期望的物品或服务，进而比竞争者更有效地满足目标市场的需要和欲望。市场营销观念的出现，使企业经营观念发生了根本性变化，也使市场营销学发生了一次革命。市场营销观念同推销中心观念相比具有重大的差别。

西奥多·莱维特曾对推销中心观念和市场营销观念做过深刻的比较，指出推销中心观念注重卖方需要，市场营销观念则注重买方需要。推销中心观念以卖主需要为出发点，考虑如何把产品变成现金；而市场营销观念则考虑如何通过制造、传送产品及与最终消费产品有关的所有事物，来满足顾客的需要。可见，市场营销观念的4个支柱是：市场中心、顾客导向、协调的市场营销和利润。推销中心观念的4个支柱是：工厂、产品导向、推销、赢利。从本质上说，市场营销观念是一种以顾客需要和欲望为导向的哲学，是消费者主权论在企业市场营销管理中的体现。

许多优秀的企业都是奉行市场营销观念的，如日本本田汽车公司要在美国推出雅阁牌新车，在设计新车前，他们派工程技术人员专程到洛杉矶地区考察高速公路的情况，实地丈量路长、路宽，采集高速公路的柏油，拍摄进出口道路的设计。回到日本后，他们专门修了一条9英里[①]长的高速公路，就连路标和告示牌都与美国公路上的一模一样。在设计行李箱时，设计人员意见有分歧，他们就到停车场看了一个下午，看人们如何取放行李，这样一

---

① 1英里＝1.609 344千米。

来，意见马上统一起来。结果本田公司的雅阁牌汽车一到美国就备受欢迎，被称为全世界都能接受的好车。

对市场营销观念的评价：

（1）基本理念。以顾客需要为导向、一切从顾客出发。

（2）思想支柱。目标市场、整体营销、顾客满意、赢利率。

与传统观念相比，根本区别有4点：起点不同，以市场为出发点；中心不同，以市场需要为中心；手段不同，整体营销；终点不同，将利润看作是顾客需要得到满足后愿意给出的回报。

市场营销观念从选定的市场出发，通过整体营销活动，让顾客满意，从而提高赢利率。在这里，消费者的需求是市场营销活动的起点和中心。以"市场营销观念"为策略导向的公司遵循以下几个基本宗旨：

（1）顾客是中心。没有顾客，公司毫无存在的意义。公司的一切努力在于满足、维持及吸引顾客。

（2）竞争是基础。公司必须不断地分析竞争对手，把握竞争信息，充分建立和发挥本公司的竞争优势，以最良好的产品或服务来满足顾客的需求。

（3）协调是手段。市场营销的功能主要在于确认消费者的需要及欲望，将与消费者有关的市场信息有效地与公司其他部门相沟通，并通过与其他部门的有机协作，努力达到满足及服务于消费者的目的。

（4）利润是结果。利润不是公司操作的目的，公司操作的目的是极大地满足顾客，而利润是在极大地满足顾客后所产生的结果。

2.2.5 社会市场营销观念

随着社会经济的发展，大量不可再生资源日益枯竭，生态环境遭到破坏，环境污染日益严重，通货膨胀、忽视社会服务等，严重威胁着社会公众利益和消费者的长远利益，威胁着人类生活水准和福利的进一步提高，也威胁着经济的可持续发展。

在"市场营销观念"被西方工商界广泛接受以后，最近十余年来，人们开始对"市场营销观念"持怀疑态度。人们对"市场营销观念"的主要批评在于：尽管一个公司的最大利益的获取是建立在极大地满足顾客的基础上，该公司很可能在满足自己的顾客和追求自己最大利益的同时损害他人及社会的利益，如为吸烟爱好者提供了需求满足，但科学研究发现，烟草对与吸烟者在一起生活和工作的人的危害比对吸烟者本人的危害要大得多；口香糖制造商虽然极大地满足了部分消费者爽口清心的需求，但同时也造成了街道卫生的问题，难怪新加坡政府曾通过立法，禁止在新加坡销售和购买口香糖。

社会市场营销观念是对市场营销观念的修改和补充，它产生于20世纪70年代，西方资本主义国家在出现能源短缺、通货膨胀、失业增加、环境污染严重、消费者保护运动盛行的新形势下。市场营销观念回避了消费者需要、消费者利益和长期社会福利之间隐含着冲突的现实，而社会市场营销观念认为，企业的任务是确定各个目标市场的需要、欲望和利益，并以保护或提高消费者和社会福利的方式，更有效、更有利地向目标市场提供能够满足其需要、欲望和利益的物品或服务。

社会市场营销观念要求市场营销者在制订市场营销政策时，要统筹兼顾三方面的利益，即企业利润、消费者需求和社会利益。

"社会市场营销观念"的决策主要由 4 个部分组成：用户的需求、用户利益、企业利益和社会利益。事实上，"社会市场营销观念"与"市场营销观念"并不矛盾，问题在于企业是否把自己的短期行为与长期利益结合起来。一个以"市场营销观念"为指导思想的企业，在满足自己目标市场需求的同时，应该考虑到自己的长期利益目标和竞争战略，把用户利益和社会利益同时纳入自己的决策系统。只有这样，这个企业才会立于不败之地。

对社会市场营销观念的评价：

基本理念是企业将自己的经营活动与满足顾客需求、维护社会公共利益和长远利益作为一个整体来对待，不急功近利，自觉（并不总是依靠政策和法律强制推进）限制和纠正营销活动的副作用，并以此为企业的根本责任。

上述 5 种企业经营观，其产生和存在都有其历史背景和必然性，都是与一定的条件相联系、相适应的。当前，我国企业正在从生产型向经营型或经营服务型转变，企业为了求得生存和发展，必须树立具有现代意识的市场营销观念、社会市场营销观念。但是，必须指出的是，由于诸多因素的制约，当今我国企业不是都树立了市场营销观念和社会市场营销观念，事实上，还有许多企业仍然以产品观念及推销观念为导向。

2.2.6 当代营销观念的创新

1. 顾客满意

基本理念：通过满足需求使顾客满意，最终实现包括利润在内的企业目标。

顾客满意，是顾客的一种主观感觉状态，是顾客对企业的产品和服务满足其需要程度的体验和综合评估。通常可以用顾客的让渡价值去研究顾客满意问题。顾客让渡价值是指客户与企业的交往过程中，客户从企业那里获得的总价值与客户支付的总成本的差额。

客户获得的总价值包括产品价值、服务价值、人员价值、形象价值。客户支付的总成本包括支付的货币资金，耗费的时间、精力、体力。

企业为了争取顾客，战胜竞争对手，巩固或提高企业产品的市场占有率，往往容易采取顾客价值最大化策略。但追求顾客让渡价值最大化常常会增加成本，减少利润。因此，在市场营销实践中，企业应掌握一个度，而不是片面强调顾客价值最大化，以确保实现顾客让渡价值所带来的利益超过因此增加的成本费用。换言之，企业的顾客让渡价值的大小应以能够实现企业的经营目标为原则。

2. 绿色营销

基本理念：谋求消费者利益、企业利益与人类环境利益的协调。

绿色营销具有广义和狭义两个概念。广义的绿色营销是指企业营销活动中体现社会价值观、伦理道德观，充分考虑社会效益，既自觉维护自然生态平衡，又自觉抵制各种有害营销。狭义的绿色营销，主要指企业在市场营销活动中谋求消费者利益、企业利益与人类环境利益的协调。

实施绿色营销的企业，对产品的创意、设计和生产，以及定价与促销的策划和实施，都要以保护生态环境为前提，力求减少环境污染，保护和节约自然资源，维护人类社会的长远利益，实现经济的可持续发展。

3. 整合营销

基本理念：要求各种营销因素方向一致，形成合力，共同为企业的营销目标服务。

整合营销观念改变了将营销活动作为企业经营管理的一项职能的观点，它要求企业把所有的活动都整合和协调起来，努力为顾客的利益服务。同时强调企业与市场之间互动的关系和影响，努力发现潜在顾客和创造新市场，注重企业、顾客和社会的共同利益。

企业把与顾客之间的交流、对话、沟通放在特别重要的地位，并形成以顾客为中心的新的营销组合。

4. 关系营销

基本理念：将建立与发展同所有利益相关者之间的关系作为企业营销的关键变量，把正确处理这些关系作为企业营销的核心。

它把营销活动看成是一个企业与消费者、供应商、分销商、竞争者、政府机构和其他公众发生互动作用的过程，企业营销活动的核心在于建立并发展与这些公众的良好关系。企业和这些相关成员（包括竞争者）的关系并不是完全对立的，它们所追求的目标存在相当多的一致性。关系营销的目标在于建立和发展企业和相关个人及组织的关系，取消对立，成为一个相互依赖的事业共同体。

关系营销更为注意的是维系现有顾客，认为丧失现有顾客无异于失去市场、失去利润的来源。这就要求企业要及时掌握顾客的信息，随时与顾客保持联系，并追踪顾客的动态。因此，仅仅维持较高的顾客满意度和忠诚度还不够，还必须分析顾客产生满意感和忠诚度的根本原因。满意的顾客会对产品、品牌乃至公司保持忠诚，忠诚的顾客会重复购买某一产品或服务，不为其他品牌所动摇，而且会购买企业的其他产品；同时顾客的口头宣传，也有助于企业树立的良好形象。

5. 客户关系营销

基本理念：以客户价值和客户让渡价值为核心，通过完善的客户服务和深入的客户分析来满足客户的需求，在使客户让渡价值最大化的同时，实现企业的价值。

客户关系营销源于关系营销，但又不同于关系营销。客户关系营销认为客户是企业最重要的资源，高质量的客户关系正在成为企业唯一重要的竞争优势。所以客户关系营销比关系营销更注重企业与客户的关系。

客户关系营销既是一种营销管理思想，又是一套管理企业与客户关系的运作体系。一方面，客户关系营销要求以"客户为中心"来构架企业，追求信息共享，完善对客户需求的快速响应机制，优化以客户服务为核心的工作流程，搭建新型管理系统；另一方面，客户关系营销实施于企业与客户相关的所有领域，使企业与客户保持一种卓有成效的"一对一"关系，向客户提供更快捷、更周到的优质服务，以吸引和保持更多的客户资源。

6. 网络营销电子商务

基本理念：企业以电子信息技术为基础，以互联网为媒介进行的各种营销活动。

网络营销符合顾客主导、成本低廉、使用方便、充分沟通的要求，使得企业的营销活动始终和三个流动要素（信息流、资金流、物流）结合并流畅运行，形成企业生产经营的良性循环。

电子商务主要是指借助计算机网络系统完成商品交易。其中计算机网络系统包括企业网络和互联网，网上完成的商务内容包括网上商品资源查找、网上定价、在线谈判、网上签约、网上支付等具体与商品销售环节相关的手续。电子商务不能等同于网络营销，它只是网络营销的部分业务。无论网络营销还是电子商务，都需要物流配送的支持才能最终完成有形商品的实物销售。

网络营销和电子商务丰富了营销或销售的形式，但其主要意义并不是促进营销观念的变革，而是在于它们促进了营销方式和手段的创新。

7. 营销道德

基本理念：维护和增进全社会和人民的长远利益。

道德是评价某决定和行为正确与否的价值判断，并用来评价某决定和行为是否被大众所接受。市场营销道德则指消费者对企业营销决策的价值判断，即判断企业营销活动是否符合广大消费者及社会的利益，能否给广大消费者及社会带来最大的幸福。这势必涉及企业经营活动的价值取向，要求企业以道德标准来规范其经营行为及履行社会责任。

最基本的道德标准已被规定为法律和法规，并成为社会遵循的规范，企业必须遵守这些法律和法规。营销道德则不仅指法律和法规，还包括未纳入法律范畴而作为判断营销活动正确与否的道德标准。企业经营者在经营活动中应当遵循这两种类型的营销道德。营销道德是调整企业与所有利益相关者之间关系的行为规范的总和，是客观规律及法律以外的约束企业行为的又一要素。营销道德最根本的原则是维护和增进全社会和人民的长远利益。

企业营销活动中道德问题的产生，或是由于经营者个人道德哲学观同企业营销战略、策略、组织环境的矛盾；或是由于经营者为实现赢利目标同消费者要求获取安全可靠的产品、合理价格、真实广告信息之间的矛盾；或是由于企业领导者错误的价值取向迫使经营者违背道德经营，诸如为增加利润及提高产品市场占有率，有些经营者窃取竞争对手的商业秘密，或有意将伪劣产品推向市场等。

知：识：拓：展

企业具有"经济人"及"社会人"双重身份。作为"经济人"，追求利润最大化成为其根本目的，因而，对社会责任往往难以自觉履行。作为"社会人"，要求企业自觉承担社会责任。人们对自觉承担社会责任的企业应当给予肯定和支持，对不尽社会责任的企业要加以约束和限制，以至惩处。

对不履行社会责任的企业应如何调控？

从宏观方面看，政府要采用法律、行政监督管理手段及社会公众的监督手段，从外部对企业经营行为进行规范和控制，促使企业履行社会责任；

从微观方面看，企业进行自律是对企业社会责任调控的重要方式。企业自律是指企业从法律与道德角度对其经营指导思想及营销行为进行规范、约束和控制。

2.3 我国汽车市场营销研究的必要性

本：节：内：容：简：介

我国汽车流通方式从金字塔式的多层次营销体系向厂家直接控制的单层营销体系转变。

我国汽车销售形成了以 4S（整车销售、售后服务、零配件供应和信息咨询）店经营模式为主、多种形式并存的现状。

2.3.1 我国汽车市场的形成与发展

我国的汽车市场是通过经济体制改革来建立的，这与西方国家在商品经济发展过程中自然形成的汽车市场相比存在着重大差别。根据市场机制在我国汽车生产、流通各环节中引入的程度和作用不同，我国汽车市场的形成过程大体经历了如下三个阶段：

1. 孕育阶段

从 1978 年宏观经济体制开始转轨，到 1984 年城市经济体制改革着手实施，这 7 年是我国汽车市场的孕育阶段。从汽车产品的流通看，这一阶段开始从严格的计划控制，到局部出现松动，但仍具有较浓的"计划"色彩。

1978 年，中共中央《关于加快工业发展若干问题的决定》指出：加强物资管理，要统一计划，统一调控，但中央对一部分计划外分配的国产汽车，允许各省、市、自治区自行安排分配。1981 年，国务院批准《关于工业品生产资料市场管理暂行规定》，规定各生产企业在完成国家计划前提下，有权自销部分产品。企业自身利益开始得到承认，汽车产品流通也开始向市场化转变。这时期汽车产品分配仍属在国家计划控制之下，只是在管理方式和严格程度上有所改变。汽车产品的指令性计划由 1980 年的 92.7％下降到 1984 年的 58.3％，表明计划管理有了较大的松动。由于在这一阶段，指令性计划对汽车的生产与流通仍占主导地位，企业自销与市场机制只是处于补充地位，计划体制没有根本改变，汽车生产尚未真正形成。

2. 诞生阶段

1985 年以后，市场机制在汽车产品流通中的作用日益扩大，并逐步替代了传统的计划流通体制，汽车流通的"双轨制"向以市场为主的"单轨制"靠拢，市场机制开始成为汽车产品流通的主要运行机制。这一阶段的特点是正面触及旧体制的根基即计划分配体制，大步骤缩小指令性计划，大面积、深层次地引入市场机制，为形成汽车市场创造了条件。

至 1988 年，国家指令性计划只占当年国产汽车产销量的 20％，1993 年进一步下降到 7％，并在上海、天津建立了全国性的汽车交易市场和零部件市场，在全国还建立了不少汽车自选市场、展销市场等有形市场。

这一阶段，市场机制对汽车生产、流通和使用的作用越来越大，并上升至主导地位，我国的汽车生产已全面形成。

3. 快速成长阶段

这一阶段以 1999 年我国开始全面进入市场经济建设为标志。成长阶段的主要特点是：在一段时期内，国家继续对少数骨干企业的重点产品保留少数的指令性计划，市场机制被充分尊重，并对汽车的生产与流通起绝对主导作用。汽车市场的规模迅速扩大，市场趋于完善，原来那些影响和制约汽车市场发育过程的因素逐渐得以消除，为汽车市场走向成熟创造有利条件。如上所述，中国汽车市场的形成与发展充实了我国汽车市场营销活动的内容。企业对此要有足够认识，并给予充分的重视。

2.3.2 我国汽车销售模式的演进

我国汽车销售模式经历了3个阶段。

1. 计划分配阶段（新中国成立初期—1984年）

这个时期，汽车一直作为国家的统配物质，实行高度的计划分配，汽车几乎不存在流通问题，也就谈不上汽车的经营模式。

2. 变革组合阶段（1984年—20世纪90年代中期）

这个时期，随着国家改革开放不断发展，汽车经营权力不断下放，汽车市场和汽车运输市场不断开放，到1994年，94%的汽车进入市场流通。20世纪90年代中期，我国汽车流通体制发生较大变化，逐渐演变成5大流通体系：

（1）国内贸易部系统。以中国汽车贸易总公司及其下设机构、各地方物资部门的机电公司及汽车贸易公司为代表。

（2）中国汽车工业总公司汽车销售系统。以中国汽车工业销售总公司、汽车工业进出口公司及各地方汽车公司的销售部门为代表。

（3）汽车生产企业建立的自销体系。

（4）军工企业的生产销售体系。

（5）其他流通部门兼营的汽车销售企业。

3. 规范接轨阶段（20世纪90年代中期至今）

国内汽车市场由卖方市场转变为买方市场，原有的汽车流通渠道瓦解，国外汽车流通方式引入国内。汽车流通方式从金字塔式的多层次营销体系向厂家直接控制的单层营销体系转变。我国汽车销售形成了以4S（整车销售、售后服务、零配件供应和信息咨询）店经营模式为主，多种形式并存的现状。

 ### 2.3.3 我国汽车营销研究的必要性

汽车营销就是汽车企业为了更好、更大限度地满足市场需要而达到企业经营目标的一系列活动，其基本任务有两个：一是寻找市场（需求），二是实施一系列更好地满足需要的活动（营销活动）。

在营销活动方面，显然西方汽车营销活动比较成熟，有许多可以借鉴的理论和经验。但我国的汽车市场处在发展之初，我国的国情、民情、商情等一系列与市场营销活动有关的因素都同西方有较大的差别。因此，西方汽车营销的经验有多少可以借鉴，又怎样借鉴呢？我国面临的汽车营销课题更重大和更为紧迫一些，这种必要性表现在以下方面。

（1）我国正处于市场经济建立的过程中，旧体制将被彻底打破，新体制将逐步确立，我国汽车营销将面临最重要的营销环境的变化。社会主义市场经济体制的建立，将逐步为企业创造一个公平竞争的营销环境，同时使企业成为市场主体，并享有作为相对独立的商品生产者和经营者应有的各种权利。市场作用的发挥，经营自主权的落实，有利于促进资源的流动和合理配置，增强企业活力。对汽车工业来说，一些长期阻碍其健康发展的因素，随着市场经济体制的逐步建立将在很大程度上得到解决。最终在市场经济规律的作用下，我国汽车工业必然按照自身的特点和世界汽车工业的一般规律，向高度集约化、集团化的方向加速发展。如果企业能够敏锐地洞察并积极、主动地顺应这一历史趋势，抓住营销机会，就可能更多地为自己争取到发展的机会。

（2）我国汽车工业将在产业政策的扶植下，迎来一个发展的黄金时期，并成为支柱产业。市场营销活动的特点将大不同于以往。

（3）中国汽车工业将必然走向世界，同国际大公司展开一场竞争。这场竞争实质上是一场市场营销大战。世界汽车工业发展的现状表明，在全球汽车市场不景气的形势下，国际汽车行业之间的竞争加剧。为了提高各自的竞争实力，国外一些汽车公司纷纷改组、合并，世界汽车工业进一步走向集中和垄断，国际汽车工业列强们基于现实的困境和长远战略考虑，早已垂涎中国这个巨大的潜在市场，中国内地被认为是世界上最后一块处女地。就是一些曾不愿与中国打交道的国外汽车公司也纷纷来投资设厂或建设销售网和维修服务站，试图"瓜分"成长中的中国汽车市场，中国汽车工业面临来自国际竞争对手日趋严峻的挑战。可以预见，一场没有硝烟的世界汽车工业大战将很快围绕争夺我国汽车市场而展开。

以上分析表明，搞好我国汽车市场营销比以往任何时候的压力都大，当然，机会也更多。销售人员必须借助科学的营销策略，认清新的营销特点，探索新的营销规律，创造新的营销方法来开展市场营销活动，促进汽车市场及营销活动的发展。

 2.3.4　研究汽车营销学的意义

研究汽车营销学是为我国的汽车工业企业服务，为他们分析研究国内外汽车市场及各种营销策略提供理论和方法指导，甚至直接协助国内汽车企业制订克敌制胜的方略，帮助中国汽车企业迎接新的国际挑战，促进国内汽车工业的发展，进而有利于我国经济成长。

（1）我国正处于市场经济建立的过程中，旧体制虽已基本被打破，但新体制的完善还有待时日，经济活动中的不规范现象常常发生。我国加入世贸组织，表明我国汽车营销将面临更为复杂的营销环境。

（2）随着我国经济的快速增长及人们收入水平的提高，我国的汽车工业尤其轿车工业，会面临一个黄金机会，但同时来自国内外的市场竞争将空前激烈，这表明我国汽车市场营销活动的特点将大不同于以往，我国汽车企业的营销活动还缺乏成熟性，尤其是受到需求活跃的影响时，我们还没有掌握调节需求的营销艺术。

（3）中国经济已经开始同世界经济接轨，已经迈出全面参与国际经济大循环的步伐。我国的汽车工业被迫在国际、国内两个汽车市场上同国际汽车工业短兵相接，展开营销大战。

以上分析表明，搞好我国汽车市场营销研究比以往任何时候都有更大的现实意义和历史意义。

 2.3.5　汽车营销学的研究对象

一般市场营销学的研究对象大多也是汽车营销学需要研究的对象，但要与汽车营销的具体特点相结合，保留那些合适的对象内容，去除不合适的对象内容。汽车营销学研究的基本内容如下：

（1）营销概述：市场与市场营销、市场营销观念、我国汽车工业及汽车市场形成与发展。

（2）营销管理：汽车企业的战略规划、汽车营销管理、实施与控制。

（3）市场调研：汽车营销环境、汽车用户购买行为、市场调查与预测。

（4）营销战略：目标市场营销、竞争战略。

（5）营销策略：汽车产品策略、汽车定价策略、汽车分销策略、汽车促销策略、汽车服务策略。

（6）汽车营销应用：国际汽车营销、汽车市场需求研究、汽车营销实务。

对我国汽车营销的研究，必须结合我国汽车市场的具体特点，以及我国汽车企业面临的国内外营销环境进行，以便更好地为我国汽车企业的市场营销服务。

2.3.6 汽车营销学的研究方法

1. 产品研究法

这是一种传统的研究方法，它针对具体产品（商品）进行研究，这是汽车营销学的主要研究方法和手段之一。

2. 职能研究法

研究市场营销的各个职能及执行这些职能中所遇到的问题及解决方法。

3. 管理研究法

从管理决策的角度研究市场营销问题。将企业营销决策分为目标市场和营销组合两大部分，研究企业如何根据其营销环境的要求，结合自身资源条件，进行合理的目标市场决策和营销组合决策。

营 销 知 识

新能源汽车

新能源汽车是指除汽油、柴油发动机之外所有其他能源的汽车。包括燃料电池汽车、混合动力汽车、氢能源动力汽车和太阳能汽车等。其废气排放量比较低。据不完全统计，全世界现有超过400万辆液化石油气汽车、100多万辆天然气汽车。目前中国市场上在售的新能源汽车多是混合动力汽车和纯电动汽车。按照中华人民共和国国家发展和改革委员会公告定义，新能源汽车是指采用非常规的车用燃料作为动力来源（或使用常规的车用燃料、采用新型车载动力装置），综合车辆的动力控制和驱动方面的先进技术，形成的技术原理先进，具有新技术、新结构的汽车。

2019年3月26日，财政部等四部委发布了《关于进一步完善新能源汽车推广应用财政补贴政策的通知》，自3月26日起实施。

营销备忘——相信营销观念的理由

（1）没有顾客的存在，公司的财产就没有什么价值。

（2）公司的中心任务是创造和抓住顾客。

（3）顾客由于优质的产品和需求的满足而被吸引。

（4）营销的任务就是向顾客提供优质供应和保证让顾客满意。

（5）顾客满意实际上受到其他部门业绩的影响。

（6）要使顾客满意，营销者需要对其他合作部门施加影响。

本章知识点

支柱产业是指产品市场广阔，在国民经济中具有辐射面广、关联度大、牵动力强的产业。由于其启动和发展可以促进其他产业的发展，甚至对国民经济的起飞起直接的推动作用，进而可以提高一个国家的综合国力和科技水平。支柱产业应符合四个特征：①符合支柱产业选择的"两基准"准则；②在国民经济中具有突出地位，对其他产业波及效果大，牵动力强；③有利于优化产业结构，促进产业结构和出口结构的高级化；④能够创造大量的就业机会。

所谓市场营销观念，也叫市场营销哲学，是企业在开展市场营销活动过程中，在处理企业、顾客和社会三者利益方面所持的态度、思想和观念，它是处理企业、顾客和社会三者利益之间比重的关键。

现代企业的市场营销观念可归纳为五种，即生产中心观念、产品观念、推销中心观念、市场营销观念、社会营销观念。

我国汽车流通方式从金字塔式的多层次营销体系向厂家直接控制的单层营销体系转变。我国汽车销售形成了以4S（整车销售、售后服务、零配件供应和信息咨询）店经营模式为主、多种形式并存的现状。

课后训练

任　务	要　求
1. 由学生配对扮演销售人员和客户，然后再互相调换角色在班上公开进行模拟推销演练，自选推销的产品或服务及产销企业。 2. 学生互相评价他们的角色扮演的优缺点，主要对他们在销售过程中营销思想的体现进行评价	学生事先写好解说词，要求突出自己的特色。 （1）学生销售过程要反映自己的营销思想，选择适合本产品销售的营销策略。 （2）注意仪表仪态。 填写工作计划表（附录四）和工作检查表（附录五）

拓展知识

案例分析

学习素材

第三章

汽车产品知识

学习目标

了解汽车品牌的意义和特征,了解汽车产品商标的特殊作用。
掌握和理解汽车的主要性能参数和指标的含义,熟悉汽车的卖点。
掌握汽车产品主要的品牌知识、品牌策略。

情景导入

以奥迪 A6 2.4 L 技术领先型的车型来解释作为一个汽车销售人员应该了解的技术知识点。
变速器形式:手动/自动一体式;
整车性能参数:
- 最大输出功率:121/6 000 kW/(r·min^{-1});
- 最大输出扭矩:230/3 200 N·m/(r·min^{-1});

风阻系数:0.321;
最高车速:214 km/h;
0~100 km/h 的加速时间:11.1 s;
经济性:90 km/h 的等速油耗,6.8 L/(100 km);
整车尺寸:
- 行李箱容积:487 L;
- 整车质量:1 560 kg;
- 邮箱容积:70 L;
- 长×宽×高:4 886 mm×1 810 mm×1 475 mm;

发动机形式:2.4 L/V6/5 气门电控多点燃油喷射/双置顶凸轮轴/可变相位/可变长度进气歧管;
轮胎:205/55R 16V;

轮毂：7J×16 7 幅；

安全性配置：ABS 电子防抱死系统，ASR 电子防滑系统，EVB 电子制动分配装置，EDS 电子差速锁，驾驶及副驾驶安全气囊，侧安全气囊，带爆炸式张紧装置的三点式安全带，前后座椅头枕，高位第三刹车灯，行驶稳定悬挂系统，防止乘客舱变形的车身积压区，四加强侧防撞梁车门；

防盗系统配置：遥控中央门锁及行李箱锁，发动机启动防盗锁止系统，防盗报警系统；

功能性配置：驾驶信息系统，前后及高度可调式转向柱，加热式玻璃清洗喷嘴，雨刷间隔控制器，电动加热外后视镜，车门显示灯，前后脚灯，4 个阅读灯，化妆镜照明灯，8 个扬声器"音乐厅"音响，手机准备系统，前后座椅中间扶手，急救用品箱，前后杯架，舒适型自动空调，隔热玻璃，外部温度显示器，灰尘、花粉过滤器；

豪华舒适型：真皮座椅，前后座椅加热装置，真皮转向盘，木纹装饰条，电动后风窗防晒帘；

技术领先型车型配置：带记忆电动外后视镜，带记忆前电动座椅，APS 倒车报警装置，定速巡航装置，动力转向随速助力调节系统；

附加选装配置：双氙灯，灯光范围自动调节装置，大灯清洗装置，前电动座椅，座椅腰部支撑，六碟 CD 换碟机。

问题：总结该车的性能优势和利益优势。

3.1 汽车品牌

 本节内容简介

进入 21 世纪以来，出现了各种各样的营销模式和营销理念，从而极大地提升了企业的营销能力和营销拓展思路。对于汽车行业而言，跨国汽车巨头已基本完成在中国市场的布局。跨国汽车厂商争夺中国市场的策略和投资战略已从传统的产品推销、资本渗透转向品牌输入，中国汽车市场正在成为国际国内汽车品牌角逐的主战场。

自 1886 年世界第一辆汽车——奔驰牌汽车诞生至今 120 多年时间里，很少有产品的品牌能够像汽车品牌这样种类繁多且经久不衰。"奔驰""宝马""克莱斯勒""凯迪拉克""劳斯莱斯""别克""雪佛兰""福特""大众""奥迪""雷诺""雪铁龙""保时捷""标致""菲亚特""法拉利"等世界著名品牌，给一代又一代的消费者和车迷留下深刻而美好的品牌印象。品牌反映了产品的定位、产品的价值取向、企业文化的积淀等，品牌实际上代表企业的社会形象。

中国汽车市场正在进入品牌竞争的时代，可以说，车型、价格、广告的竞争只是一个暂时的手段，而品牌竞争才是一场没有终点的"持久战"。因此，提升品牌竞争力是汽车厂商不得不做的头等大事。

3.1.1 品牌的概念

一、品牌的概念

"品牌（brand）是一个名称、术语、符号、图案，或者这些因素的组合，用来识别产品

或服务的制造商和销售商,以区别于竞争对手。"由于消费者视品牌为产品的一个重要组成部分,因此建立品牌能够增加产品的价值。

品牌包括品牌名称和品牌标志。品牌名称为品牌中可以称呼的部分,如"宝马""林肯""荣威"等。品牌标志是品牌中易于识别,但无法以口语称呼的部分,如记号、图案、颜色等。

建立品牌在许多方面有利于购买者。品牌名称帮助消费者找到有利于他们的产品,品牌还为消费者提供产品质量信息。经常购买同一种品牌的消费者知道他们每次都会买到相同的特点、好处和质量的产品。建立品牌也为销售者带来许多优势。品牌名称成为报道产品特殊质量的基础,品牌名称和商标还为独有的产品特色提供法律保护,否则就有可能会被竞争者仿制。建立品牌能帮助销售者细分市场。

二、品牌的含义

品牌从本质上说,传递的是一种信息。一个品牌能表达6层意思:

(1) 属性。一个品牌首先代表一种特定的属性。例如,梅赛德斯代表优良制造、工艺精良、快捷、耐用、高声誉、昂贵等。多年以来,梅赛德斯的广告是:"其工程质量全世界其他汽车无可比拟。"这是为显示该汽车特定属性而精心设计的定位纲领。

(2) 利益。消费者购买的是利益而不是属性,属性需要转换成功能和情感利益。属性耐用可以转化为功能利益,如"由于汽车的耐用可以好几年不用买新车"。属性昂贵可以转化为情感利益,如豪华车体现了某人的地位、财富,让人羡慕。

(3) 价值。品牌体现某制造商的某种价值。沃尔沃体现了安全、高性能和威信。近百年来,劳斯莱斯和本特利豪华轿车总共才十几万辆,它不仅是一种交通工具,还是英国富豪生活方式的一种标志。

(4) 文化。品牌可能附加和象征了一种文化,劳斯莱斯象征着英国贵族,梅赛德斯体现德国文化——有组织、有效率、高品质。

(5) 个性。品牌代表了一定的个性。梅赛德斯使人想起一位风度翩翩、不会无聊的老板,一头有权势的狮子,或一座质朴的宫殿。

(6) 使用者。品牌还体现了购买或使用这种产品的是哪一类消费者,这一类消费者也代表一定的年龄、文化、个性。奔驰属于上流社会的成功人士,劳斯莱斯是身份显赫的贵族,福特犹如中产阶级白领。

所以,品牌是一个复杂的符号。一个品牌不单单是一种名称、术语、标记、符号及设计,或是它们的组合运用,更重要的是品牌所传递的价值、文化和个性。

 3.1.2 品牌的作用

一、品牌对生产者的作用

(1) 有助于销售产品和占领市场。品牌一旦拥有一定的知名度和美誉度,企业就可以利用品牌优势扩大市场,培养消费者的品牌忠诚,品牌忠诚使企业在竞争中得到某些保护,并使它们在制订市场营销计划时具有较大的控制力。知名品牌一般代表较高的质量和特定的性能,容易吸引新的消费者,从而降低企业营销费用。

(2) 有助于稳定产品价格,降低价格弹性,减少经营风险。由于品牌具有排他专用性,在市场激烈竞争的条件下,一个强有力的知名品牌可以使消费者减少购买中的风险,同时,消费者也乐意为此付出代价，保证企业销售量的稳定。而且品牌具有不可替代性，是产品差异化的重要因素，可以减少价格对需求的影响程度。

(3) 有助于市场细分和市场定位。品牌有自己的独特风格，除有助于销售外，还有利于企业进行市场细分，企业可以在不同的细分市场推出不同品牌以适应消费者的个性差异，更好地满足消费者需要。

(4) 有助于新产品的开发，节约新产品投入市场成本。一个新产品进入市场，风险是相当大的，而且投入成本也相当大，但是企业可以成功地进行品牌延伸，借助已成功或成名的品牌，扩大企业的产品组合或延伸产品线，采用现有的知名品牌，利用其一定知名度和美誉度推出新产品，可以大大降低新产品的开发风险。

(5) 有助于应对竞争者的进攻，保持竞争优势。新产品推向市场后，如果非常畅销，则很容易被竞争者模仿，但品牌是企业特有的一种资产，它可通过注册得到法律保护。品牌忠诚是竞争者无法通过模仿得到的，当市场趋向成熟，市场份额相对稳定时，品牌忠诚是抵御行业竞争的最有力的武器。

(6) 有助于塑造和宣传企业文化。品牌体现了一种企业文化，通过品牌个性可以宣传企业精神，起到扩散企业文化的作用。

二、品牌对消费者的作用

(1) 有利于消费者识别产品的来源或产品的生产者，从而有利于保护消费者的利益。《中华人民共和国消费者权益保护法》规定：保护消费者的合法权益是全社会的共同责任，消费者因购买、使用商品或者接受服务受到人身、财产损害的，享有依法获得赔偿的权利。同一品牌商品表明其应该达到同样的质量水平和其他指标，这样消费者在选购商品时只要认清品牌，就能够获得性能适当的商品，如果性能低于应有的标准，消费者就可以与企业进行交涉，保护自己的利益。

(2) 有助于消费者选购商品，降低消费者购买成本。由于消费者经过长期积累，对品牌会有一定的认识，他们很容易辨别哪类品牌适合自己，对品牌的了解大大减少了搜索相关信息的成本。品牌是一个整体概念，它代表着产品的品质、特色、服务，在消费者心中成为产品的标志，这就缩短了消费者识别产品的过程和购买时间，从而降低了购买成本。

(3) 品牌有利于消费者形成品牌偏好。消费者一旦形成品牌偏好，就可以增加消费者的认同和满足感，在继续购买该品牌时，会认为他们购买了同类产品中较好的商品，从而获得一种满足。

3.1.3 汽车品牌的特色、内涵与核心

要构筑一个良好的品牌资产，需要具备六大要素，即品牌知名度、品牌认知度、品牌忠诚度、品牌美誉度、品牌联想和其他资产，如图3-1所示。

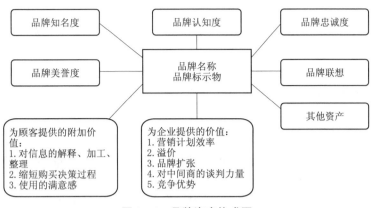

图 3-1 品牌资产构成图

要构筑一个丰满、鲜活的汽车品牌，必须具有 4 大要素：安全优良的产品品质、个性化的外观及内饰风格、深厚的历史人文背景和独特的精神主张（理念），如图 3-2 所示。前两者属于产品的物质层面，后两者则属于精神层面。

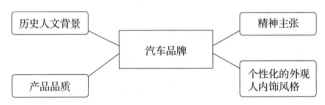

图 3-2 汽车品牌要素

要素一：安全优良的产品品质

汽车是为数不多的需要高速移动的商品，与此相应的安全和品质保障，是每一个消费者对企业提出的最基本要求。在这方面，以奔驰和沃尔沃为代表的欧洲轿车堪称典范，同时这也恰恰是中国轿车企业最难克服的障碍。毫不夸张地说，产品的品质和安全就等同于品牌的生命，因为在每一个缺陷和故障隐患的背后，都关系到消费者的生命和安全。虽然产品召回制度给了厂商弥补的机会，但应该注意到，无论是福特汽车的轮胎问题、三菱汽车的制动问题，还是丰田汽车的油门问题，每一次的召回都不仅是财产的损失，更是品牌资产的损失。

要素二：个性化的外观及内饰风格

有人说，汽车本身就是一件艺术品，无论是法拉利还是保时捷，无论是劳斯莱斯还是 MINI Cooper，的确，汽车以其优美流畅的线条和造型，风格迥异的大灯和中网，简洁明快的标志塑造出每辆汽车的艺术个性。

人们之所以可以远远看一眼就辨认出是什么牌子的车，或可以仅凭一两个细节，如尾灯、车门甚至是发动机运转的声音，就能判定它的厂家，全在于它们个性十足的外形、内饰和综合特性。从某种角度来看，一个品牌的个性，或张扬、或稳重、或动感、或机智，更大程度上依赖于品牌统领下产品本身风格的不断创新。

要素三：深厚的历史人文背景

消费者对某个品牌或产品的认同总是以认同它的文化为背景的。比如人们对"上海大众"和"广州本田"存在普遍的信任和好感，并不是完全来自对车本身的深刻了解，而是源于对德国、日本严谨务实的风格、品质、先进科技和企业实力的认同。

当汽车品牌和消费者的属性成为一种社会认同,并通过传播推广根深蒂固地留存在消费者的脑海中时,这种认同也成为轿车品牌的特有的"牌格",这种"牌格"一旦形成,就会沉淀为深厚的品牌资产,越是历史悠久的品牌,其深厚的底蕴就越发魅力无穷,这也是众多轿车品牌百余年来生生不息的原因之一。

要素四:独特的精神主张(理念)

随着更多汽车品牌的涌现及产品外形和技术的日益同质化,单一的大文化背景已经不能成为区分产品、品牌的标志,比如,同属日本文化背景下的丰田、本田和日产,如果要形成差异,除了产品本身风格略有差异外,更多的是依靠各自鲜明的个性和独特的主张。

3.2 汽车的主要性能指标和商务价值

本节内容简介

本节主要介绍汽车的主要性能指标及其产生的商务价值。以比亚迪F1等车型为例,见表3-1。

表3-1 典型车型及其商务价值

卖点	内容	代表车型
卖点一	精品小车	比亚迪F1:F1是比亚迪汽车汇聚千名工程师,历经3年,耗资亿元,精心打造的一款造型炫酷、设计时尚的A00级轿车。具有全球最新的设计、全球最酷的外形、全球最强发动机的F1实为新年轻人量身打造的第一辆车,在动力和安全装备上可谓独树一帜
卖点二	自主混合动力	广汽AHEV:是由广汽自主研发的一款先进的混合动力概念车,它的设计理念是对"未来都市生活"的大胆诠释,不仅拥有前卫的外观和时尚、精致的内饰,还采用大量的先进技术,尤其是装备了广汽集团自主研发、拥有专利技术的电磁耦合混合动力系统,即GEM混合动力系统
卖点三	安全	沃尔沃XC60:全新的XC60最引人注目的是沃尔沃独创的城市安全系统(City Safety)。城市安全系统自动监测前方低速行驶的汽车,并在预测到可能发生危险的时候发出警示或自动刹车,帮助司机减轻甚至避免在市内交通拥堵时,经常发生的低速碰撞和追尾事故,使驾驶变得更为轻松而富有乐趣
卖点四	运动	海马3运动版:海马3运动版是在海马3的基础上,大胆采用全新红黑色调的内饰,以及极富运动气息的包裹式运动座椅、三幅运动转向盘、金属变速杆、金属踏板等运动组件;新增的运动侧裙、尾翼以及采用全新的205宽胎、16寸(1寸=3.33厘米)轮毂,不仅能减少进入车底的气流,削弱升力,而且使整车的抓地性能大大增强
卖点五	安全节能环保	奇瑞:奇瑞的低污染柴油车、混合动力车、燃料电池车集中展示了它在节能环保新能源车领域的进步。奇瑞五娃在设计上能达到国内C—NCAP碰撞测试四星标准,A3具备五星水准

3.2.1 主要性能指标

1. 汽车质量

(1)额定载质量。指汽车上所许可的额定装载量,货车以"吨"表示,客车以乘客的"座位数"或"人数"表示。

(2)空车质量。指标准装备的汽车质量,除了包括发动机、底盘、车身的质量外,还包括燃油、润滑油、冷却水、随车工具及备用轮胎的质量。空车质量轻表示汽车动力性和经济性好。

（3）汽车总质量。空车质量加上额定载质量表示汽车总质量。

（4）质量利用系数。汽车的额定载质量与空车质量之比称为质量利用系数。一般轻、中型载重汽车，其质量利用系数近似为1，重型载货汽车的质量利用系数大于1。

2. 轴距与轮距

（1）轴距。表示前后轮中心之间的距离。轴距长短是限制轿车大小的一个因素，也是表示轿车等级的一个标志，轴距长乘坐较舒适。

（2）轮距。表示左右轮胎中心之间的距离，前后轮可以不同，轮距大转向性能较好。轮距与轴距都是决定轿车总布置的主要因素，必须统一考虑。

3. 最小离地间隙

表示地面与车底最低部位之间的距离。离地间隙越大，行驶时越不容易碰到路面的障碍物，但车辆稳定性差。

4. 接近角与离去角

（1）接近角：车身前突出点向前轮引切线时，切线与路面之间的夹角。

（2）离去角：车身后突出点向后轮引切线时，切线与路面之间的夹角。

5. 最小转弯半径

用汽车转向盘打到底缓行时，最外侧轮胎接触地面的中心形成圆的半径来表示。如果路面宽度小于最小转弯半径的2倍，就不能一次完成U形转弯。

6. 爬坡度

汽车在额定载质量和1挡状态下能上最大坡的倾斜角度，通常以最大倾斜角的正切来表示。

7. 最大车速

是指汽车在良好的平路上可达到的瞬时最高行驶速度。

8. 制动距离

汽车在一定速度行驶紧急制动时，从踩制动踏板开始到完全停车为止的距离。通常以初速度为50 km/h时的制动距离来表示。

3.2.2 汽车的使用性能

一、汽车的动力性

是指汽车在良好路面直线行驶时，由汽车受到的纵向外力决定的所能达到的平均行驶速度。汽车的动力性主要有以下3个评价指标：

（1）汽车的最高车速 u_{amax}。

（2）汽车的加速时间 t。表示汽车的加速能力，常用原地起步加速时间与超车加速时间来表示汽车的加速能力。原地起步加速时间，指汽车由1挡或2挡起步，并以最大的加速强度逐步换至最高挡后，到某一预定的距离或车速所需的时间。超车加速时间，指用最高挡或次高挡由某一较低车速全力加速至某一高速所需的时间。

（3）汽车的最大爬坡度 i_{max}。汽车满载时，在良好路面上的最大爬坡度，表示汽车的上坡能力。汽车的最大爬坡度是指1挡最大爬坡度。轿车一般不强调它的爬坡能力，若它的1挡加速能力大，则爬坡能力强。货车必须具有足够的爬坡能力，一般货车 i_{max} 在30%，即16.7°左右。越野车爬坡能力是一个很重要的指标，它的最大爬坡度可达60%，即31°左右。

二、汽车的燃油经济性

汽车燃油经济性有 3 个评价指标：

（1）单位行驶里程的燃油消耗量，其单位为 kg/(100 km) 或 L/(100 km)。只能用于比较同类型汽车或同一辆汽车的燃油经济性。

（2）单位运输工作量的燃油消耗量，其单位货车为 kg/(100 t·km) 或 L/(100 t·km)，客车为 kg/(100 人·km) 或 L/(100 人·km)。可以用来比较不同类型、不同装载质量的汽车的燃油经济性。

（3）消耗单位燃油所行驶里程，主要为美国采用，其单位为 MPG 或 mile/Usgal，指的是每消耗一加仑燃油能行驶的英里数。其数字越大，汽车的燃油经济性越好。

三、汽车的制动性

为了保障行驶安全以及使汽车动力性得以发挥，汽车必须具有良好的制动性。对于行车制动而言，汽车的制动性能是指汽车行驶时，能在短距离内停车且维持行驶方向稳定，以及在下长坡时维持较低车速的能力。它主要用以下 3 方面指标来评价：

（1）制动效能。是指汽车迅速减速直至停车的能力，包括制动减速度、制动距离、制动时间及制动力等。汽车的制动效能除和汽车技术状况有关外，还与汽车制动时的速度及轮胎和路面的情况有关。

（2）制动效能的恒定性。在短时间内连续制动后，制动器温度升高导致制动效能下降，称为制动器的热衰退。汽车涉水后，由于制动器被水浸湿，制动效能也会降低，称为制动器的水衰退。连续制动效能的稳定程度称为制动效能的恒定性。选用优质的摩擦材料，改进制动器的结构和散热方式等方法有助于提高制动效能的恒定性。盘式制动器由于容易散热，制动效能的恒定性较好。汽车涉水后，应踩几脚制动踏板，使制动蹄与制动鼓间因摩擦而产生热量，使制动器迅速干燥，使制动效能恢复正常。

（3）制动时方向的稳定性。是指汽车在制动过程中不发生跑偏、侧滑和失去转向的能力。当左右侧制动力不一样时，容易发生跑偏；当车轮"抱死"时，易发生侧滑或者失去转向能力；前轮"抱死"后，汽车将失去转向操纵能力；后轮"抱死"后，汽车后部很可能发生侧滑甩尾。安装防抱死制动系统（ABS）的汽车，不但可提高制动效能，更重要的是能保持制动时方向的稳定性。

四、汽车的操纵性和稳定性

（1）汽车的操纵性。是指根据道路、地形和交通情况，汽车能够正确地遵循驾驶员通过操纵机构所给定的方向行驶的能力。轮胎的气压和弹性，悬挂装置的刚度及汽车重心的位置都对该性能有重要影响。

（2）汽车的稳定性。是指汽车在行驶过程中具有抵抗力图改变其行驶方向的各种干扰、并保持稳定行驶的能力。操纵性和稳定性有紧密的关系。操纵性差，导致汽车侧滑、倾覆，汽车的稳定性就被破坏了。稳定性差，则会失去操纵性。

五、汽车的行驶平顺性和乘坐舒适性

汽车的行驶平顺性是指汽车在一般行驶速度范围内行驶时，避免因汽车在行驶过程中所产生的振动和冲击，使人感到不舒服、疲劳，甚至损害健康，或者使货物损坏的性能。由于行驶平顺性主要根据乘员的舒适程度来评价，所以又称为乘坐舒适性。汽车行驶平顺性的评价方法，通常是根据人体对振动的生理反应，以及对保持货物完整性的能力制定的,并用振动的物理量,如频率、振幅、加速度,等作为行驶平顺性的评价指标(表3-2)。

表3-2 舒适环境因素及界限

因素	舒适带	不快带	不舒适或有害
减速度/$(m \cdot s^{-2})$	0~3	2~4	4以上
振动/cm	0.2~2	2~15	15以上
噪声/dB	45~65	65~120	120以上
暑/℃	22~27	27~43	43以上
寒/℃	18~15	15~0	0以上
湿度/%	70~30	30~15	15以上
换气/$(m^3 \cdot min^{-1})$	0.6~0.35	0.35~0.14	0.14以上
CO质量分数/%	0~0.1	0.01~0.03	0.03以上
CO_2质量分数/%	0.03~3	3~10	10以上

六、汽车的通过性

汽车的通过性是指汽车在一定的载质量下能以较高的平均速度通过各种坏路地带及无路地带和克服各种障碍物的能力。采用宽断面胎、多胎可以减小滚动阻力;较深的轮胎花纹可以增加附着系数而不容易打滑;全轮驱动的方式可使汽车的动力性得以充分发挥;结构参数的合理选择,可以使汽车具有优良的克服障碍的能力,如较大的最小离地间隙、接近角、离去角、车轮半径和较小的转弯半径、横向和纵向通过半径等都可以提高汽车的通过能力。

七、汽车的安全性

汽车的安全取决于人、车、环境和法规4个方面。安全性是指汽车在行驶时避免发生碰撞事故以及碰撞后可减轻损失或伤亡的性能。汽车的安全性又可分为主动安全性和被动安全性两项。

(1) 主动安全性。是指汽车对操纵稳定性和制动性能等事故的预防能力。主动安全系统装置主要有:汽车制动防抱死装置系统(ABS)、电子控制制动力分配系统(EBD)、驱动防滑控制系统(ASR)、电子增稳系统(ESP)及灯光安全系统等。

(2) 被动安全性。是指汽车发生不可避免的碰撞事故时,对驾驶员和乘员进行保护,尽可能减少其受伤害程度的能力,即提高汽车碰撞对人员的保护能力如保险杠性能、防撞车身结构、安全带效能、安全气囊效能、安全玻璃性能等。被动安全系统装置主要有安全带、安全气囊、撞击感应系统、吸能安全车身、安全转向柱、汽车防侧撞安全系统等。

八、汽车的可靠性和耐久性

汽车的可靠性是指汽车在正常条件下及规定的时间内完成必要的工作的能力。如果汽车的零部件在规定的使用期限内不能保证性能要求,就称为"故障"或"不可靠"。无论是汽车设计制造者还是使用者,都希望产品无故障、使用寿命长、维修次数和费用少。为了提高汽车的可靠性,就必须从汽车生产计划开始,在设计、制造、工厂管理、售后服务、使用跟踪、维护修理直至汽车最后报废的全过程的所有阶段开展扎实的保证活动。

汽车更新取决于有形磨损与无形磨损的时间长短及其相互关系,这存在三种情况:

(1) 汽车设备的有形磨损与无形磨损期相接近。这是理想的方案。

(2) 车辆已遭到完全有形磨损，而它的无形磨损期未到来，此时只需研究对该车进行大修是否合理。

(3) 无形磨损期早于有形磨损期，应根据经济效益和可能性进行分析比较，决定或是继续使用原有车辆，或是用更先进的新型车以更新原车辆。

3.2.3 当代汽车新型电子控制装置简介

一、电控发动机技术介绍

电控发动机是在对原发动机进行局部改进后得到的一种新型发动机，它增加了发动机控制模块（ECM）以及由其控制的传感器和执行器等电子设备。根据大气压力、汽车负载等外界条件的变化，由电子设备自动调整发动机的供油量、供油提前角等参数，对发动机的工况进行优化，满足功率输出和油耗、排放等要求。在实际应用中，由于发动机的使用环境有所变化，实现发动机的控制所需要的传感器和控制项目可能有相应的改变。目前电控发动机控制项目的主要内容如图3-3所示。

图3-3 电控发动机控制项目

汽车上常用发动机包括汽油发动机和柴油发动机，目前市场上有少量的燃气发动机和双燃料发动机，但双燃料发动机及燃气发动机均是由汽油机或柴油机改制而成的。因发动机类型不同，故实现电控所需传感器和执行器等电器元件的数量、种类也有所区别，但其电控原理是基本类似的。

1. 电控汽油喷射

发动机控制模块（ECM）实际上是个简易电脑，是个综合控制装置，是电控系统的中枢。它是通过安装在发动机及车身不同位置的传感器及请求开关，对发动机的工作状态进行分析后，再通过发动机及车身上的执行器对发动机及相应的机构进行控制。

ECM也是发动机与外界对话的窗口，通过ECM与电脑的连接，可以进行电控系统故障判断，也可以了解发动机的工作状况和维修历史等。通过对ECM中有关参数的设置可以改变发动机的功率、最高转速和最高车速等参数。

优点：

（1）根据进入的空气流量准确地计算并喷入相应汽油量，使混合气始终保持合理的空燃比，燃烧完全，油耗低，废气污染小。

（2）采用多点喷射时，可精确地向各缸进气管均匀地喷射汽油，避免了化油器对各缸供油不均的现象。

（3）没有化油器的喉管，进气支管的截面也可加大，因此进气阻力减小，充气效率提高，发动机功率可增加5%，转矩也可增加7%。

（4）可以采用增压技术，大幅提高发动机的功率。

（5）操作反应灵敏，启动性能好，加速、减速反应快，改善了驾驶性能。

2. 电控柴油喷射装置

在电控喷射方面柴油机与汽油机的主要差别是：汽油机的电控喷射系统只是控制空燃比，柴油机的电控喷射系统则是通过控制喷油时间来调节输出的大小，而柴油机喷油控制是由发动机的转速和加速踏板位置（油门拉杆位置）来决定的。因此，基本工作原理是计算机根据转速传感器和油门位置传感器的输入信号，首先计算出基本喷油量，然后根据水温、进气温度、进气压力等传感器的信号进行修正，再与来自控制套位置传感器的信号进行反馈修正，确定最佳喷油量。

高压共轨式燃油喷射系统具有可以对喷油定时、喷油持续期、喷油压力、喷油规律进行柔性调节的特点，该系统的采用可以使柴油机的经济性、动力性和排放性能有进一步的提高。

1）共轨式电控燃油喷射技术的原理

共轨式电控燃油喷射技术通过共轨直接或间接地形成恒定的高压燃油，分送到每个喷油器，并借助于集成在每个喷油器上的高速电磁开关阀的开启与闭合，定时、定量地控制喷油器喷射至柴油机燃烧室的油量，从而保证柴油机达到最佳的燃烧比和良好的雾化，并达到最佳的点火时间、足够的点火能量和最少的污染排放。共轨技术是指在由高压油泵、压力传感器和电子控制单元（简称ECU）组成的闭环系统中，将喷射压力的产生和喷射过程彼此完全分开的一种供油方式，由高压油泵把高压燃油输送到公共供油管，通过对公共供油管内的油压实现精确控制，使高压油管压力大小与发动机的转速无关，可以大幅度减少柴油机供油压力随发动机转速的变化，因此也就减少了传统柴油机的缺陷。ECU控制喷油器的喷油量，喷油量大小取决于燃油轨（公共供油管）压力和电磁阀开启时间的长短。

2）高压共轨系统的优点

高压共轨系统可实现在传统喷油系统中无法实现的功能，其优点有：

（1）共轨系统中的喷油压力柔性可调，对不同工况可确定所需的最佳喷射压力，从而优化柴油机综合性能。

（2）可独立地柔性控制喷油正时，配合高的喷射压力（120～200 MPa），可同时控制 NO_x 和微粒（PM）在较小的数值内，以满足排放要求。

（3）柔性控制喷油速率变化，实现理想喷油规律，容易实现预喷射和多次喷射，既可降低柴油机 NO_x，又能保证优良的动力性和经济性。

（4）由电磁阀控制喷油，其控制精度较高，高压油路中不会出现气泡和残压为 0 的现象，因此，在柴油机运转范围内，循环喷油量变动小，各缸供油不均匀可得到改善，从而减轻柴油机的振动，并减少排放。

由于高压共轨系统具有以上的优点，现在国内外柴油机的研究机构均投入了很大的精力对其进行研究。比较成熟的系统有：德国 BOSCH 公司的 CR 系统、日本电装公司的 ECD—U2 系统、意大利的 FIAT 集团的 UNIJET 系统、英国的 DELPHI DIESEL SYSTEMS 公司的 LDCR 系统等。

二、电控自动变速器（EAT）

1）优点

传动比的选择和换挡是自动进行的。驾驶员只需操纵加速踏板，变速器就可以根据发动机的负荷信号和车速信号来控制执行元件，实现挡位的变换，使轿车的操作变得简便，舒适性进一步改善。

2）电控自动变速器的功能

一般来说，汽车驱动轮所需的转速和转矩与发动机所能提供的转速和转矩有较大差别，因而需要传动系统来改变从发动机到驱动轮之间的传动比，将发动机的动力经济而方便地传至驱动轮，以适应外界负载与道路条件变化的需要。此外，停车、倒车等也靠传动系统来实现。适时地协调发动机与传动系统的工作状况，充分地发挥动力传动系统的潜力，使其达到最佳的匹配，这是变速控制系统的根本任务。自动变速能够根据动力传动系统内部和外部的状态，以及行驶工况的需求，自动地选择合适的传动比。

电控自动变速器的控制单元通过接受节气门开度、发动机冷却液温度、车速等传感器信号，在自动变速器 ECU 中按预置程序进行逻辑处理后，驱动换挡电磁阀会精确控制挡位的升降，并改善了换挡的平顺性。自动变速能够根据动力传动系统内部和外部的状态，以及行驶工况的需求，自动地选择合适的传动比，具有这种功能的变速器称为自动变速器，分有级和无级变化传动比两类。在自动变速过程中，有级传动比变速器的变速控制也称为换挡控制；而传动比可以连续无级变化的变速器称为无级变速器，无级变速具有理想的恒功率传动性能，变速过程连续平稳，没有动力中断，是人们一直追求的目标，而采用电子技术，特别是微电子技术控制变速系统，已经成为当前汽车实现自动变速功能的主要方法。

3）自动变速器的组成及工作原理（图3-4）

自动变速器主要由液力变矩器和齿轮变速器组成，ECU 根据传感器输入信号和开关信号，通过电磁阀控制换挡和变矩器锁止这两个工作过程，达到自动变挡的最佳控制精度。发动机曲轴与变矩器涡轮之间通过离合器接合的装置称为变矩器锁止，其作用是减轻变矩器涡轮与叶轮之间的打滑现象，提高燃油经济性。自动变速器的电子控制装置是由信号输入系统、计算系统和控制信号输出系统三部分组成。信号输入系统有：变速器输入速度传感器、变速器输出速度传感器、发动机冷却温度传感器、节气门位置传感器、发动机曲轴转速传感器、润滑油温度传感器、歧管压力开关、制动开关等。这些信号反馈到 ECU，在 ECU 进行计算然后输出控制信号，通过换挡电磁阀、离合器电磁阀等控制换挡和锁止动作。ECU 接到传感器反馈信号后，根据程序计算的结果发出控制信号，接通变矩器的离合器电磁阀电源，驱使电磁阀启动，使离合器接合；如果切断离合器电磁阀电源，则离合器分离。ECU 是根据汽车行驶状态来操纵电磁阀通电开关的开启或关闭。当汽车速度比较慢或停止时，ECU 不启动电磁阀，当汽车速度达到一定值时，ECU 就会启动电磁阀使离合器接合。

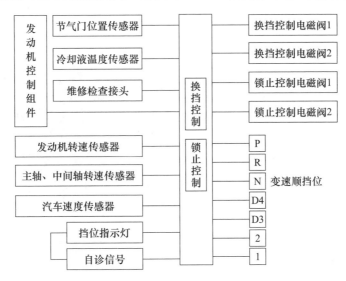

图 3-4 自动变速器工作原理

ECU 接到传感器反馈信号后，根据汽车车速、发动机转速及工作温度、节气门位置、歧管真空度、选挡位置等输入信号参数选择换挡。ECU 根据即时变速杆的位置，对照参数计算选择最佳的挡位位置，发出控制信号驱动换挡电磁阀，令变速器换挡。

4）自动变速器的挡位

一般来说，自动变速器的挡位分为 P、R、N、D、2 和 1 等。

P（Parking）：停车挡，它是利用机械装置去锁紧汽车的转动部分，使汽车不能移动。当汽车需要在一固定位置上停留一段较长时间，或在停靠之后离开车辆前，应该拉好手制动及将拨杆推进"P"的位置上。要注意的是：车辆一定要在完全停止时才可使用"P"挡，否则自动变速器的机械部分会受到损坏。另外，自动变速轿车上装有空挡启动开关，使得汽车只能在"P"挡或"N"挡才能启动发动机，避免了在其他挡位上的误启动致使汽车运动。

R（Reverse）：倒挡，用于车辆向后行使。通常要按下拨杆上的保险按钮，才可将拨杆移至"R"挡。要注意的是：当车辆尚未完全停定时，绝对不可以强行转至"R"挡，否则变速器会受到严重损坏。

N（Neutral）：空挡。将拨杆置于"N"挡上，发动机与变速器之间的动力已经切断分离。如短暂停留可将拨杆置于此挡并拉出手制动杆,右脚可移离刹车踏板稍作休息。

D (Drive):前进挡,用在一般道路行驶。由于各国车型设计不同,所以"D"挡一般包括从1挡至高挡或者2挡至高挡,此外,还会因车速及负荷的变化而自动换挡。将拨杆放置在"D"挡上,驾车者控制车速快慢只要控制油门踏板就可以了。

2 (Second Gear):2挡为前进挡,但变速器只能在1挡、2挡之间变换,不会跳到3挡和4挡。将拨杆放置在2挡位,汽车会由1挡起步,当速度增加时会自动转2挡。2挡可以用作上、下斜坡,此挡段的好处是当上坡或下坡时,车辆会稳定地保持在1挡或2挡位置,不会因上坡的负荷或车速的不平衡令变速器不停地转挡。在下坡时,利用发动机低转速的阻力作制动,不会使车子越行越快。

1 (First Gear):1挡也是前进挡,但变速器只能在1挡内工作,不能变换到其他挡位。它在严重交通堵塞的情况和坡度较大的斜坡上行驶时使用。上坡或下坡时,可充分利用汽车发动机的扭力。

三、安全气囊系统(SRS)

安全气囊系统(Supplemental Restraint System,SRS)作为被动安全性的研究成果,由于使用方便、效果显著、造价不高,得到迅速发展和普及。安全气囊是当今轿车上引人注目的高技术装置。有气囊装置的轿车发生正面撞车时,对于驾驶者的死亡率,大轿车降低了30%,中型轿车降低了11%,小型轿车降低了14%。

除了驾驶员侧有安全气囊外,有些轿车前排也安装了乘客用的安全气囊(即双安全气囊规格)。另外,有些轿车还在座位侧面靠门一侧安装了侧面安全气囊或者气帘,更加增强了汽车的安全性,减少对驾乘者的伤害。

1)优点

当汽车发生碰撞事故时,汽车和障碍物之间的碰撞称为一次碰撞;乘员和汽车内部结构之间的碰撞称为二次碰撞,由于惯性的作用,当汽车急剧降速时,乘员要保持原来的速度向前运动,于是就发生了乘员和转向盘、仪表板、挡风玻璃等之间的碰撞,从而造成了乘员的伤亡。汽车安全气囊的基本思想是,在发生一次碰撞后,二次碰撞前,迅速在乘员和汽车内部结构之间打开一个充满气体的袋子,使乘员扑在气袋上,避免或减缓二次碰撞,从而达到保护乘员的目的。

2)安全气囊的功能

安全气囊主要由传感器、微处理器、气体发生器和气囊等部件组成。传感器和微处理器用以判断撞车程度,传递及发送信号;气体发生器根据信号指示产生点火动作,点燃固态燃料产生气体向气囊充气,使气囊迅速膨胀,气囊容量为50～90 L。同时气囊设有安全阀,当充气过量或囊内压力超过一定值时会自动泄放部分气体,避免将乘客挤压受伤。安全气囊所用的气体多是氮气或一氧化碳。安全气囊一般由传感器(Sensor)、电控单元(ECU)、气体发生器(Inflator)、气囊(Bag)、续流器(Clockspring)等组成,通常气体发生器和气囊等做在一起构成气囊模块(Airbag module)。传感器感受汽车碰撞强度,并将感受到的信号传送到控制器,控制器接收传感器的信号并进行处理,当它判断有必要打开气囊时,会立即发出点火信号以触发气体发生器,气体发生器接收到点火信号后,迅速点火并产生大量气体给气囊充气。

安全气囊最重要的指标是可靠性,如果不该点火而点火打开气囊称为误点火;如果应该点火而没有点火称为漏点火；如果点火太晚则称为迟点火，无论是误点火、漏点火，还是迟点火，都是不能允许的。为了提高安全气囊系统的可靠性，防止电源线在碰撞中断线、电池遭到破坏，会在系统中备有储能电容或电池，以保证即使掉电也能够开气囊。

3）智能安全气囊

智能安全气囊就是在普通型的基础上增加传感器，以探测出座椅上的乘员是儿童还是成年人，他们系好的安全带及所处的位置是怎样的高度。通过采集这些数据，由电子计算机软件分析和处理控制安全气囊的膨胀，使其发挥最佳作用，避免安全气囊出现无必要的膨胀，从而极大地提高其安全作用。

智能安全气囊比普通型主要多了两个核心元件，即传感器及与之配套的计算机软件。目前使用的传感器主要有：重量传感器，根据座椅上的重量感知是否有人，是成人还是小孩；电子区域传感器，能在驾驶室中产生一个低能量的电子区域，测量通过该区域的电流，以确定乘员的存在和位置；红外线传感器，根据热量探测人的存在，以区别于无生命的东西；光学传感器，如同一台照相机注视着座椅，将其获得的图片与存储的空座椅的图像进行比较，以判别人体是否存在和位置；超声波传感器，通过发射超声波，然后分析遇到物体后的反射波来探明乘员是否存在和位置。

四、制动防抱死及牵引力控制系统

1. 制动防抱死系统（ABS）

ABS 是英文 Auti-lock Brake System 的缩写，即防抱死制动系统。汽车专家们早在 20 世纪 60 年代就研制出车用 ABS 防滑制动装置，但直到 20 世纪 80 年代末，ABS 装置才开始应用到一些高级轿车上。此后该装置得到快速发展，现在已经成为许多轿车的必装部件。

1）优点

有了 ABS，无论汽车在何种路况、驾驶员采取何种紧急与猛烈的制动操作，均能防止车轮抱死，并且能达到最大制动力；而且汽车的停车距离短、侧向稳定性好，能保持最佳的方向操纵性。实践证明，ABS 系统的使用可使汽车侧滑事故发生率大大降低，汽车的制动性能大幅提高。

ABS 的安全优势有：

（1）缩短制动距离。ABS 能使车轮处于既滚动又拖动的状况，拖动的比例占 20% 左右，这时轮胎与地面摩擦力最大，即所谓的最佳制动点或区域，而普通制动系统则无法做到这一点。

（2）增加制动稳定性。ABS 大大增加了汽车制动时的稳定性。汽车在制动时，四个轮子上的制动力是不一样的。若前轮先抱死，就无法控制方向；若后轮先抱死，则会出现侧滑、甩尾等现象。ABS 可防止四个轮子制动时被完全抱死，从而提高汽车在制动过程中的稳定性。

（3）减轻轮胎磨损。车轮完全抱死会造成轮胎不均匀磨损，使轮胎损耗增加，而 ABS 则可减轻轮胎磨损。

（4）使用方便，工作可靠。ABS 的使用与普通制动方式毫无两样，既方便又可靠。制动时只要把脚踏在制动踏板上进行正常制动即可。如果需要，ABS 就会自动进入工作状态。

2）制动防抱死系统的功能

工作过程：驾驶员踩下制动踏板时，制动主缸的液体压力传给各轮轮缸，使制动器制动。在制动的作用下各车轮开始减速，装在车轮上的轮速传感器检测车轮轮速的变化，并适时将轮速信息传送给控制单元，控制单元如果发现某个车轮出现抱死的信号，即控制执行器动作，减小作用在该轮制动器上的液压，使其重新开始滚动。而当该轮重新开始滚动后，控制单元又控制执行器增大该轮制动器上的液压，始终使车轮处于似停非停，又滚又滑的状态，使滑动与滚动的距离之比控制为1∶4左右。

ABS的实质是控制汽车轮胎的防滑率。由于轮胎的变形、打滑等原因，车轮速度与汽车速度之间总是存在着差值，这个差值与汽车速度的比率就是滑动率。实验证明，只有将滑动率控制在一定的范围之内，轮胎才具有最大的附着力，汽车运行才是最安全的。因此，ABS的主要功能就是将滑动率控制在一个设定的范围内。汽车上的ABS在工作过程中，通常将车轮的滑动率控制在10%～20%之间。

2. 防滑控制系统ASR

ASR是加速防滑调节系统（Acceleration Slip Regulation）的简称，是用来控制汽车牵引力的电子装置。牵引力控制系统可以根据主、从动车轮的轮速差，来判断主动（驱动）轮是否打滑，一旦出现打滑的迹象，就立即自动减小节气门的开度，降低发动机的功率输出，减少牵引力或对滑动的某个驱动车轮进行制动。这样，汽车在湿滑、泥泞或冰雪路面上起步、加速或转弯时，都可以恰到好处地发出所需的牵引力，而不会有驱动轮打滑的危险。

现在，许多国外高级轿车在安装ABS系统的同时，又安装了ASR系统。汽车上的ABS与ASR是属于同一性质的装置，统称"防滑控制系统"，两者的共性是"防滑"。有些汽车标注"TCS"，实际上与ASR是同一回事。

3. 牵引力控制系统（TCS、TRAC或ASR）

1）优点

它的作用是防止汽车在泥泞和冰雪路面上行驶时，特别是启动或加速时，驱动轮的滑转，从而提高起步和加速时的方向稳定性。

2）ASR的功能

控制滑动率是ABS与ASR的共同目的，但是它们又有显著的差别：ABS对所有车轮都可进行控制，而ASR只对驱动车轮进行控制；ABS只是一个控制制动的单环系统，而ASR既要控制制动，也要控制发动机输出的多环系统。目前，ABS在控制过程中，是通过车轮转速传感器反馈来的信号经ECU处理后，发出指令给电磁调节器，对各车轮的制动压力进行调节；而ASR在控制过程中，通常是借用ABS的车轮转速传感器反馈来的信号经ECU处理后，发出指令，通过控制节气门开度和点火提前角的方式来调节发动机的输出扭矩，从而调节对驱动车轮的驱动扭矩。因此，一些车上的ABS和ASR的部分构件是共用的，包括ECU和车轮转速传感器等。目前多数轿车安装ABS装置，只有一些中高级轿车和高级大客车安装了ABS/ASR装置。

五、电子稳定程序装置（ESP）

对于ESP电子稳定程序，有些公司采用自己的缩写称法，例如沃尔沃轿车称为DSTC，宝马轿车称为DSC，丰田凌志轿车称为VSC。

1）优点

ESP 负责监控轿车的状态，在紧急闪避障碍物时，或在转弯时出现转向不足、转向过度时，ESP 都能帮助轿车克服偏离理想轨迹的倾向。

2）电子稳定程序装置的功能

ESP 通过 ASR 装置牵制发动机的动力输出，同时指挥 ABS 对各个车轮进行有目的的制动，产生一个反偏航转矩，将轿车带回到所希望的轨迹曲线上来。例如：转向不足时，制动力会作用在曲线内侧的后轮上；而在严重转向过度时会出现甩尾，这种倾向可以通过对曲线外侧的前轮进行制动得到纠正。虽然各个厂家所用的软件不同，但他们的 ESP 都有下述硬件：转向传感器、车轮转速传感器、侧滑传感器、横向加速传感器。

装备车型：马自达 6（DSC）、凯迪拉克 CTS（ESP）、奔驰 E 级（ESP）、宝马 5 系（DSC）。

六、轿车导航系统

1. 汽车 GPS 导航系统介绍

汽车 GPS 导航系统由两部分组成：一部分由安装在汽车上的 GPS 接收机和显示设备组成；另一部分由计算机控制中心组成，两部分通过定位卫星进行联系。计算机控制中心是由机动车管理部门授权和组建的，负责随时观察辖区内指定监控的汽车的动态和交通情况，因此整个汽车导航系统有两大基本功能：一个是汽车踪迹监控功能，只要将已编码的 GPS 接收装置安装在汽车上，该汽车无论行驶到任何地方都可以通过计算机控制中心的电子地图指示出它的所在方位；另一个是驾驶指南功能，车主可以将各个地区的交通线路电子图存储在软盘上，只要在车上接收装置中插入软盘，显示屏上就会立即显示出该车所在地区的位置及目前的交通状态，既可输入要去的目的地，预先编制出最佳行驶路线，又可接受计算机控制中心的指令，选择汽车行驶的路线和方向。

2. 汽车 GPS 导航系统的组成

当前的汽车导航系统包括两部分：全球定位系统和车辆自动导航系统。汽车导航系统中的 GPS 信号接收器接收卫星发送的信号，根据卫星信号计算出地面接收机的当前位置。如果地面接收机同时收到 4 颗以上的卫星信号，就能根据卫星的精确位置及发送信号的时刻，通过计算以求得当前地点的位置。

汽车导航系统通过车轮传感器、地磁传感器和偏航传感器等传感器获取数据，确定汽车的速度和位置。车轮传感器记录车轮的速度，产生的脉冲信号用于定时计算行驶距离和方向变化。地磁传感器通过励磁绕组感应出电压脉冲，测量出沿途地磁场水平分量的大小与起始点磁场的比较，为车载电脑提供补偿数据。电子地图能够存储汽车运行区域的所有数据，车载电脑与存储道路网络数据不断比较，更正定位误差从而确定最佳行驶路径。

目前，先进的汽车导航系统多用单片机结构，嵌入式操作系统，软件代码存储于 ROM 中，代码简洁，运行可靠，启动及关闭迅速，具有几乎完整的 PC 组件和输入/输出端口，适应汽车恶劣的工作环境，在高温或低温以及剧烈振动环境下工作可靠性高。

3. 自主导航的主要工作过程

汽车自动导航系统的作用是根据 GPS 接收机提供的车辆当前位置和用户输入的车辆目的地，参照电子地图计算行驶路线，并在行驶中将信息提供给驾车者。目前世界上应用较多的是自主导航，其主要特征是每套车载导航设备都自带电子地图，定位和导航功能全部由车载设备完成。它的工作过程主要有以下步骤：

（1）输入数据信息。出发前，车主将目的地输入导航设备中，在系统显示的电子地图上直接点击选取地点，或者是借助某种输入方法，将目的地名称输入系统中。根据输入设备的不同，可以有不同的地名输入方法，依靠按键或触摸屏可以实现几乎所有的操纵功能。

（2）显示电子地图。汽车导航系统中至关重要的一部分是存储在光盘或内置存储器（如硬盘）中的电子地图，电子地图中存储了一定范围内的地理、道路和交通管制信息，与地点对应存储了相关的经纬度信息。汽车导航主机从 GPS 接收机得到经过计算确定的当前点经纬度，再通过与电子地图数据的对比，就可以随时确定车辆当前所在的地点。

一般汽车导航系统将车辆当前位置默认为出发点，在用户输入了目的地之后，导航系统根据电子地图上存储的地图信息，就可以自动计算出一条最合适的推荐路线。在有的系统中，用户还可以指定途中希望经过的途经点，或者指定一定的路线选择规则（如不允许经过高速公路、按照行驶路线最短的原则等），推荐的路线将以醒目的方式显示在屏幕上的地图中，同时屏幕上也时刻显示出车辆的当前位置，以提供参考。如果行驶过程中车辆偏离了推荐的路线，系统会自动删除原有路线，并以车辆当前点为出发点重新计算路线，并将修正后的路线作为新的推荐路线。

4. 车载卫星导航系统的四大要素

汽车卫星导航系统，有下述 4 个重要因素：卫星信号、信号接收、信号处理和地图数据库。

（1）卫星信号。汽车卫星导航系统需要依靠全球定位系统（GPS）来确定汽车的位置。一般的，GPS 需要知道汽车的经度、纬度，以及特殊情况下的海拔高度，才可以准确定位。有了这三组数据，GPS 定位的准确性经常可达 2～3 m。因为 GPS 需要汽车导航系统在同步卫星的直接视线之内才能工作，所以隧道、桥梁或是高层建筑物都会挡住这直接视线，使得导航系统无法工作。再者，导航系统是利用三角、几何的法则来计算汽车位置，所以汽车至少要同时在三个同步卫星的视线之下，才能确定位置。在导航系统直接视线范围内的同步卫星越多，定位就越准确。当然，大多数的同步卫星都是在人口密集的大都市的上空，所以当远离城区时，导航系统的效果就不会太好，甚至无法工作。

（2）信号接收。GPS 系统的工作原理是解析从同步卫星接收到的信号。投影在竖直的平面上，这些信号可以形象地表示为一个个倒漏斗形。当这些"漏斗"的下半部分有一定的重叠时，GPS 的解析程序就能够计算出汽车所在位置的坐标。在汽车行驶的过程中，一个类似于飞机或轮船导航用的陀螺仪的装置，可以连续地提供汽车的位置。但当卫星信号有所间断时，计速器所提供的数据就用来填补其中的空白，并用来记载行驶时间。

（3）信号处理。GPS 接收到的信号和计速装置所提供的信息，要通过接收器，提供给汽车导航系统，并由软件系统分析处理，重叠在存储的地图之上。

（4）地图数据库。当 GPS 提供的坐标信息重叠到电子地图上时，驾驶者就可以看到自己目前的位置以及未来行驶的方向。这最后一个环节叫做成图，也是车载导航系统中最重要的一环。离开了成图，导航系统就等于是没有了方向。

车载导航系统的地图数据库来自多种渠道，其中最主要的来源是城市政府机关提供的街区数据库。对一个好的车载导航系统来说，地图的数量、准确程度，以及数据的及时性都很重要。不管 GPS 提供的坐标位置多么准确，如果导航系统不能提供你所在地区的地图，或是提供的地图有错误，那么导航系统就可以说是毫无价值。

5. GPS 主要功能

（1）导航功能。也即是电子地图功能，这个功能才是 GPS 的正统功能。只要输入起点和终点，该系统便立即将两地之间的最佳路径显示给车主。汽车导航设备一般是由 GPS 天线、集成了显示屏幕和功能按键的主机以及输出设备构成。受车内安装位置的限制，一般汽车导航设备和汽车视屏音响合成在一起，可以播放 CD、VCD 和 DVD 碟，其中 DVD 驱动器负责读取电子地图 DVD 光盘，因此，一些汽车导航系统又称为 DVD 导航系统。

车载导航系统除了可以用来指路、导航之外，还有许多其他用途，如寻找附近的加油站、自动提款机、酒店或商店，以及防盗反劫、服务救援、远程监控、轨迹记录等功能。有的还可以告之驾驶者如何避免危险或是交通堵塞地区。

（2）防盗功能。当车主离开车辆，车辆处于安全设防状态时，如果有人非法开启车门或启动车辆，车辆会自动报警，此时车主手机、车辆监控中心同时会收到报警电话，同时车辆自动启动断油、断电程序。

（3）反劫功能。如果遇到劫车，车主只要按下报警开关，车辆会向监控中心发出遇劫报警。监控中心便立即启动自动跟踪系统，立刻获取车辆的位置信息，以便对车主进行及时营救。

6. 输出设备

汽车自动导航系统的输出设备包括显示屏和语音输出设备。主要显示内容包括：地图（包括相应的道路名称、公路编号、重要地点名称等）、车辆的当前位置、推荐路线等，根据用户的设定还可以显示附近的维修站、加油站、停车场及其他公共服务单位的名称及地理位置等信息，以方便用户。

汽车导航系统的操作要简便且有利于安全，因为不允许驾驶者一边开车一边看电子地图。因此，汽车导航系统有语音及语音识别技术，使用者通过语音代替按键操作发出指令，使导航系统完成相应的工作，导航系统通过语音代替图像文字，向驾车者发出信号或指令。

汽车导航系统的推广与应用关键是电子地图。电子地图刻录在 CD-ROM 光盘中。随着城乡建设及道路变化，电子地图光盘也应定期更新。

但是，即使最新版的电子地图也不能保证准确无误。针对这种情况，汽车导航系统又需要增加一定的辅助支援系统。目前在应用汽车导航系统比较广泛的地区（例如欧美和日本），汽车公司或其他商业公司建立的呼叫中心或公共交通信息电台，通过 GSM 移动通信形式发短消息或电台发送的最新的交通信息提供给汽车上的导航设备，可以对汽车上电子地图的信息随时进行修正。

VDODayton 公司的一种型号为 MS5700 的车载导航仪，它的最大特点就是能将地图显示在驾驶者比较容易兼顾的后视镜上。通过蓝牙连接，能够显示地图的后视镜和导航仪可以分开放置，若驾驶者需要查阅地图，可以随时将电子地图调出显示在后视镜上。

七、巡航控制系统（CCS）

现在许多轿车都有速度控制系统。速度控制系统（Speed Control System）又称为巡航控制系统（Crusle Control System），缩写为 CCS。CCS 这种名称被大多数装有速度控制系统的汽车所采用，在我国有些汽车上，CCS 的中文释义是"定速巡航控制系统"。

1）优点

这是一种减轻驾驶者疲劳的装置。目前多数中、高级轿车上都装备了巡航控制系统，当汽车在长距离的高速公路行驶时，启动巡航控制系统就可以自动将汽车固定在特定的速度上，免除驾驶者长时间脚踏油门踏板之苦。同时，在巡航状态下还能对预定的车速进行加速和减速的调节。另外，还有节省燃料和减少排放的好处，因为汽车都有对应的经济速度，当驾驶者将速度控制系统调置在经济速度上就可以起到省油的作用。

2）巡航控制系统的功能

速度控制系统的基本功能就是速度控制，当按下车速调置开关（Set）后，就能存储该时刻的车速，并能自动保持这个车速。当不需要速度控制时，只要踩下制动踏板，速度设定功能就会立即停止，但是速度信息继续存在。如果要恢复速度控制，按恢复开关（Resume）就能恢复原来存储的车速，汽车又能按照这个速度行驶。速度控制系统除以上基本功能外，还增有以下功能：加速（Accelerate）或减速（Coast）功能，继续按动开关进行连续加速或者减速，以不按动开关时的车速进入速度控制系统。还有低速自动消除功能，当车速低于 40 km/h 以下，系统的存储调置速度会自动消失并不能再恢复。速度控制系统是一种汽车电子控制系统，这种系统将车速传感器反馈的车速信号输入 ECU，再由 ECU 输出指令控制油门系统。在这样的系统中，可以根据行驶阻力的变化自动调节发动机节气门开度，使行驶车速保持稳定。

以当今汽车的电控式速度控制系统为例，它是由指令开关、车速传感器、ECU 和电动油门执行器四部分组成。指令开关一般安置在组合开关上，多数开关有 3 个挡位："调速/定速""断开"和"恢复"。按下开关不动，车速就会连续增加，当放开开关，此时的车速就是速度控制系统的调置车速。ECU 是速度控制系统的中枢，在这里每种车型最平顺的加速度和减速度都由设计者以编程确定。ECU 根据指令车速、实际车速及其他输入信号，经数据处理之后，发出输出信号驱动步进电机控制节气门开度。电动油门执行器一般采用步进电机控制，步进电机根据 ECU 的指令调整节气门开度，节气门位置由传感器反馈到 ECU。一旦速度控制系统开启，节气门就被"锁定"，当汽车阻力增大（上坡）和车速降低时，控制节气门开度增大，反之减小，使汽车能保持一定速度行驶。

八、智能安全、防盗装置

1. 中央门锁

中央门锁是指通过设在驾驶座门上的开关，可以同时控制全车车门关闭与开启的一种控制装置。中央门锁采用一个开关去控制另一些开关，它用电磁驱动方式执行门锁的关闭与开启。中央门锁执行机构分两种形式：一种是电磁线圈形式，另一种是直流电动机形式。两种形式都是通过改变直流电的极性来转换物体运动方向，执行关闭或开启动作。

目前，轿车的中央门锁多是电磁线圈式。电磁线圈式的工作原理是：锁门时给电磁线圈正向电流，磁铁带动连杆向左移动，扣住门锁舌片；开门时给电磁线圈反向电流，磁铁带动连杆向右移动，脱离门锁舌片。

直流电动机式的工作原理是：连杆驱动力由可逆转的直流电动机提供，利用电动机的正转和反转来完成锁门和开门的动作。

以上说的是中央门锁的工作原理。实际应用要复杂一些，要考虑电磁线圈或电动机的启动电流值，当轿车四门门锁同时动作的一瞬间，其电流值的变化会造成车上整个电路网络的不平衡。因此，除了中央门锁开关要经过继电器控制电磁线圈或电动机外，还要装置电容器电路，利用电容器的充放电特性避免车上电流发生大幅度波动。

2. 防盗电子锁技术

防盗电子锁技术是目前最流行的防盗装置，它配合遥控门锁，在窃贼企图窃车时会发出警报，一旦窃贼进入车内发动车，电子防盗系统还会自动切断电路或油路，使发动机无法启动。一般汽车电子锁按结构分为控制部分和执行部分，控制部分由输入、存储、编码、鉴别、驱动、显示、报警和保险等单元组成，其中编码和鉴别电路是整个控制部分的核心。编码就是设置一组 n 位二进制或十进制数，鉴别电路会对来自存储与编码的两组密码进行比较，当两组密码完全相同时，鉴别电路输出电信号，送到驱动及显示电路。执行部分一般是继电器，利用继电器触点的开合控制点火线路的通断。

汽车电子锁有多种形式，有电子钥匙式电子锁、按键式电子锁、触摸式电子锁等，目前常见的是电子钥匙式电子锁。这种电子锁的钥匙内藏有电子电路存储密码，通过光、电和磁等多种形式和主控电路联系。

以美国通用汽车公司从 20 世纪 80 年代开始使用的 VATS 防盗系统为例，它的钥匙根部镶嵌有一凸出的电阻片，与之匹配的控制部分（VATS 模块）安置在汽车隐蔽之处，VATS 模块控制着通往发动机控制模块（ECM）的信号电路及启动机磁吸开关电路。点火钥匙插入点火锁旋至启动位置，钥匙上的电阻值被 VATS 模块鉴别，当密码校验合格后 VATS 模块才会向发动机发出启动信号。

以西门子公司开发的车用防盗系统为例，它的电子钥匙式电子锁系统由电子编码发射器、读写线圈、控制器、诊断器及显示灯等部分组成。其中关键件是控制器，它是防盗系统核心，由一块集成块电路组成，连接车上 ECU 和电子编码发射器的通道。读写线圈是套在锁芯上的多匝线圈，专门传递电子编码发射器与控制器之间的数字信号，进行钥匙认证工作。当钥匙插入电子锁锁孔，隐藏在钥匙柄中的电子编码发射器就会发出密码信号，通过读写线圈与控制器进行双向数据通信，控制器的鉴别电路对密码进行比较运算，同时控制器还与发动机管理系统的 ECU 进行密码识别，只有两部分密码都"确认无误"，控制器的鉴别电路才会输出电信号，允许 ECU 进行下一步动作，使发动机启动。

通过电子技术还可以将钥匙区分"主次"身份，即主钥匙及副钥匙，主钥匙可以打开车上所有的锁，包括车门锁、行李箱锁、杂物箱锁、扶手箱锁等，副钥匙只能打开车门锁及点火锁。它的作用是保护车主私人财物不受侵犯。

安装电子锁必须有 ECU，也就是说只有电喷系统发动机的汽车才具备条件使用电子锁。由于汽车运行环境恶劣，因此电子锁元件的环境适应性及可靠性要求十分高，它既要保证电子元件在电磁环境下能可靠工作，又要保证电子元件能经受住振动及温、湿度的变化。随着电喷汽车的广泛使用，安装防盗电子锁的汽车也会越来越多。

3. 电子防盗止动器

轿车发动机锁止系统是防盗的关键，先进的防盗技术主要是指其发动机锁止系统。目前国内某些中高档车已采用了世界上最先进的防盗技术——点火钥匙中内置防盗芯片。通过核对钥匙手柄内电子集成电路片的编码，电子防盗止动器可防止他人非法驾驶本车。装有电子防盗止动器的车辆，只有用本车原配钥匙才能启动发动机。打开点火开关后，电子系统首先自动验证钥匙是否与本车相符，若组合仪表上指示灯亮一下，则表明系统确认钥匙密码无误。若使用未经编码的钥匙（例如复制的钥匙）开启轿车，则警报灯将持续闪亮，轿车将被锁住，不能启动。

4. GPS网络防盗系统

GPS是一种网络式防盗系统，是目前最安全的汽车防盗系统。当汽车被非法启动时，喇叭会报警，同时引擎被锁定，并且监控中心将收到报警信息。在自动锁车之后，汽车就被断电、断油，因此，此时偷车贼即使将整个防盗系统拆除也是无济于事的。此外，该系统隐蔽性好，不易被发现。GPS防盗系统除了防盗功能外，还有如下功能：

定位功能：通过GPS实现卫星定位，并以GPRS通信网络或SMS短信，将车辆目前的经纬度、速度、方位、海拔高度数据发回监控中心。

跟踪功能：在车辆被盗、抢劫后，服务中心能自动按时间或者按距离方式跟踪报警车辆。

智能车窗、车门关闭功能：下车之后，如果某个车窗没有关好，系统会自动把车所有的车窗关好。如果没有关好车门，系统会以间断的"嘟"声提醒，若30 s内还没有关好，系统就会电话通知车主关好车门。

GPS就像个聪明的"电子保姆"，还有许多很方便的附加功能。例如遥控恢复车辆行驶、寻找车辆停放位置、中控门锁遥控、遥控开启行李箱、路边停车警示、遥控启动空调、行驶轨迹储存查询等。GPS除了上述所说的防盗、定位、信息、监控功能外，不少品牌还可以向车主提供免费查询天气预报、股市行情、车辆情况等30多项服务，满足车主的各种需要。

5. 智能钥匙

奔驰CLK双门轿车已采用了智能钥匙，这种智能钥匙能发射出红外线信号，既可打开一个或两个车门、行李箱和燃油加注孔盖，也可以操纵汽车的车窗和天窗，更先进的智能钥匙则像一张信用卡，当司机触到门把手时，中央锁控制系统便开始工作，并发射一种无线查询信号，智能钥匙卡作出正确反应后，车锁便自动打开。只有当中央处理器感知钥匙卡在汽车内时，发动机才会启动。

6. 防盗器遥控卡

以往防盗系统只需将启动机、发动机同系统锁止即可，现在有些车上所采用的遥控防盗系统，不只能将启动机、发动机燃油系统锁上，更配备了一套启动发动机系统的控制功能，以控制发动机启动/熄火。

防盗器遥控卡控制发动机启动、熄火的注意如下：

（1）如果由排挡杆上的"启动/停止"开关启动发动机，在发动机发动期间切勿将遥控卡取走，否则仪表板上会出现"Card not recognized"——遥控防盗器无法辨识。

（2）同时使用遥控防盗卡及点火开关钥匙时，会将优先权给予遥控防盗卡。待发动机熄火且挡位置于"P"挡，这时优先权才交付至点火开关钥匙。

（3）用遥控防盗卡启动发动机时，须用遥控卡将车门打开，踩下制动且挡位在"P"挡，压下排挡杆上的"启动/停止"开关，方可启动发动机。若须再次启动发动机则须踩制动踏板，并压下排挡杆上的"启动/停止"开关。

（4）启动发动机时，Keylessgo电脑首先接收遥控防盗卡送来的信号，并侦测制动灯开关及排挡杆挡位信号（此信号由点火开关控制电脑经CAN资料传输线传输至遥控防盗Keylessgo 电脑），经确认无误后控制启动继电器动作——启动发动机。

（5）如果要将发动机熄火，则先踩下制动踏板，再压下排挡杆上的"启动/停止"开关，而且排挡杆须放至"P"挡位，发动机方可熄火。

（6）发动机熄火时，遥控防盗 Keylessgo 电脑接收来自点火开关控制电脑（EIS）的挡位信号。在确认遥控防盗卡信号后即切断点火开关上的控制电源——发动机熄火。

九、轿车防撞系统

1. 倒车雷达

倒车雷达可帮助司机躲避后方障碍物，避免发生碰撞。在中高档轿车上，倒车雷达一般为标准配置，在经济型轿车上也可以选装倒车雷达。

2. 本田新型防追尾制动系统 CMS

轿车防撞系统是防止轿车发生碰撞的一种智能装置。由三部分组成：测距装置、电脑和警报及执行装置，系统检测到有追尾的危险时，可通过报警促使驾驶员及时采取防止措施，控制刹车并降低速度。

本田成功开发出"追尾减轻制动系统"（Collision Mitigation Brake System，CMS），当系统检测到有追尾的危险时，可通过报警促使驾驶员及时采取防止措施，控制刹车并降低速度和在冲撞发生前自动收紧安全带。

CMS 和电子安全带预紧器可通过报警音及身体感觉提示驾驶员有追尾的危险，促使其采取防止措施，并通过弥补驾驶者刹车踏力不足的制动助力器（Brake Assist）、提高约束力的安全带控制及在发生冲撞前进行刹车控制、降低车速，以减轻追尾时的伤害。

CMS 和电子安全带预紧器可通过微波雷达检测前方 100 m 以内行驶的车辆，测算和前方车辆的距离及相对速度。而且，可通过偏航速率传感器（Yaw Rate Sensor）、舵角传感器、轮速传感器及制动压力传感器等掌握所驾车辆的行驶状态，预测前进道路。这些信息通过 VSA-ECU 一体型油压装置传输到 CMS 的控制 ECU，由 CMS 的控制 ECU 来判断是否有冲撞的危险。CMS 的控制 ECU 在与前行车辆有冲撞危险及车距缩短时，通过峰鸣音及在仪表多功能信息显示器（Multi-Information Display）上显示"BRAKE"，告知驾驶者有冲撞的危险。CMS 的控制 ECU 与电子安全带预警器、汽车动态稳定控制系统（VSA）及里程表随时交换信息，按照 CMS 的控制 ECU 的刹车指示信号和电子控制式制动助力器的信号，电子安全带预紧器的控制 ECU 发出收紧安全带的指令。

当与前行车更加接近时，CMS 会自动轻微刹车，电子式安全带预紧器也会柔和收缩安全带 2~3 次，通过身体感觉告知驾驶者有冲撞的危险。此时如果驾驶者脚踏刹车，将会被判断为紧急制动，制动助力器就会启动以辅助进行避免追尾的操作。当 CMS 认为已无法避免冲撞时，电子安全带预紧器将强力收缩安全带，提高冲撞时启动的"火药式"安全带预紧器对乘客的保护效果。此时，CMS 也会自动进行强力刹车，降低冲撞速度。即使在 CMS 不启动时，电子安全带预紧器也会因驾驶者强力刹车、启动制动助力器而收紧安全带。

十、蓝牙技术在轿车中的应用

1. 什么是蓝牙技术

蓝牙技术是一种无线数据与语音通信的开放性全球规范，它将取代目前多种电缆连接方式，以低成本的近距离无线连接为基础，使各种电子装置在无线状态下相互连接传递数据。蓝牙无线业务采用的是不需要申请的 2.4 GHz 的 ISM 波段，并采用额定速率为 1 600 跳点/s

的高速跳频来减少干扰。由于蓝牙面向小功率、便携式的应用，因此，一个典型的蓝牙设备只有大约 10 m 的有效范围。蓝牙能够传送语音和数据业务，并能够同时支持同步通信和异步通信。采用蓝牙技术，可以通过嵌入在电子装置上的一个写有程序的微电子芯片，使所有相关设备在有效范围内完成相互交换信息、传递数据的工作。它省去了那些将移动电话、个人信息处理系统及其他一些电子设备相互连接的电缆装置。

2. 蓝牙的优点

（1）蓝牙带宽。蓝牙在理论上的最高传输速率为 1 Mb/s，虽然 802.11 b 的传输速率最高可达 11 Mb/s，但是 802.11 b 的实现成本高，而且 802.11 b 的硬件实现所需的空间较大，不能像蓝牙一样植入电子设备中，另外一点，蓝牙 1 Mb/s 的传输速率对于传输音频和数据显得绰绰有余。

（2）抗干扰。工作在 ISM 频段的无线电设备有很多种，为了很好地抵抗来自这些设备的干扰，蓝牙采取了跳频（Frequency Hopping）方式来扩展频谱（Spread Spectrum），将频段分成 79 个频点，相邻频点间隔 1 MHz。蓝牙设备在某个频点发送数据后，再跳到另一个频点发送，而频点的排列顺序是伪随机的，每秒钟频率改变 1 600 次，每个频率持续 625 μs。

（3）信息安全。蓝牙无线网络安全管理任务体现在三个方面：服务的可获取性、授权与密钥管理、身份识别与完整性，而这三个方面最终体现在鉴权和授权两个问题上。鉴权是验证请求者是谁的过程，利用蓝牙设备地址来实现。授权是允许请求者究竟可以做哪些事情的过程。针对蓝牙无线信道的开放性，需要对所有射频信道数据进行加密传输，而正确解密的前提是用户身份的认证。只有在完备的身份认证机制的基础上，才可实现数据的完整性保护。

（4）同其他替代技术的比较。蓝牙技术是一种理想的汽车 PAN 通信协议，但并不意味着该技术是万能的，其他多种无线通信技术正在被评估，以决定是否适合于汽车内、外的安全，远程通信，商务，信息传递以及娱乐等方面的应用。这些通信技术包括超宽带（Ultra-Wideband）、DSRC、802.11 b 等。

3. 蓝牙技术与汽车

蓝牙技术虽然出现不久，但已受到许多方面的关注。它在汽车电子装置上的应用前景非常好。德尔福汽车系统公司已经开发出可以让驾乘人员用语音进行操控的车载蓝牙设备；摩托罗拉公司还为汽车生产商推出了一种蓝牙汽车工具包。有了它，用户操控手持蓝牙设备，就能够与汽车设备之间进行无线联系，比如无线遥控打开车门、与车内车辆检测系统无线交换数据库。采用蓝牙技术的车载装置将使人们很容易在车内通过因特网下载音乐、视频和发送电子邮件。

司机在开车过程中使用手机带来的交通安全隐患不能忽视，为此不少大中城市都禁止驾车打电话。为解决这个问题，人们采取了多种手段来实现免提功能，如把声频信号用电缆引出，或是把信号调制发射后利用车上的调频广播接收放大，但这些方法或多或少带来其他方面的不便，不能很好地解决行车安全与便捷地使用手机之间的矛盾，而蓝牙技术的普及无疑为解决这些难题带来更好的选择。

用户还可以通过电话收电子邮件，通过移动电话屏幕阅读邮件标题，使网络汽车的功能得以实现。可以预见，将来的汽车一旦发生故障，驾车者可以立即将故障码显示在显示屏幕上,并通过蓝牙技术 E-mail 到维修中心,维修中心的师傅查看故障代码并从数据库中调出该车资料,判断出故障的位置、原因和解决方案,立即指示车主如何去做。

蓝牙技术的广泛应用会彻底改变人们对互联网的认识。电脑不再是接入网络的唯一途径,信息网络将走向包括汽车在内的各方面。一旦汽车各数据处理器实现无线联系,车上任何装置都可以实现数字化,包括汽车车厢、座椅、发动机、底盘、汽车电器等,从而使汽车真正实现网络化与智慧化。

另外,汽车蓝牙后视镜可显示来电和地图。在长途行车中,常常需要低头查阅电子导航地图,但是这样很容易引发交通事故。安全后视镜却能够为驾驶者避免这种问题。它的最大特点就是能将地图显示在驾驶者比较容易兼顾的后视镜上。通过蓝牙连接,使能够显示地图的后视镜和导航仪可以分开放置。当驾驶者需要查阅地图的时候,可以随时将电子地图调出显示在后视镜上。

使用蓝牙和 LED 显示技术,在后视镜的下方有一款隐藏的显示屏,平时它是普通的镜面,只要将它和手机进行无线连接,当电话打来的时候,来电号码就会显示在镜面上。

4. 蓝牙在汽车中的应用展望

蓝牙在汽车中有其他无线传输方式不可替代的应用优势,它的低功耗、小体积、低价位等特点使其在汽车工业中具有很强的竞争力,目前蓝牙的应用主要表现在把便携电子产品,例如将 PDA、蜂窝电话等同车载设备连接起来,但是蓝牙未来的应用更趋向与同车载设备集成在一起,通过蓝牙来连接车辆上的多个系统,比如电源管理系统、制动系统、减震系统和后座娱乐系统等,从而减轻车辆重量和车内布线的复杂度,实现汽车的智能化。

十一、纳米技术在轿车制造领域中的应用

1. 纳米技术的优点

中国纳米技术在全球占有一席之地,中国首辆采用纳米材料的汽车已在广州亮相,它的车身比一般钢板轻 30%,防撞强度却可提高 200%,而且比同排量车节能达 20%。在上海举办的纳米科技研讨会上,"纳米汽车"成为主题,涉及纳米隔热涂层、自洁汽车玻璃、高耐磨水性涂料、车内空气净化、尾气净化等。但在纳米技术应用上,梅赛德斯·奔驰公司走在了全球前列——除了纳米陶瓷轴承的应用外,新款 C 级车采用了基于纳米技术的新型防划伤车漆。总之,纳米技术在汽车生产领域中将依托会聚技术彻底改变 21 世纪汽车的产业结构。

2. 纳米技术在汽车制造领域中的应用

纳米是一个计量单位。人们熟知的 1 m=1 000 mm,而 1 mm=1 000 000 nm(一百万纳米),也就是说,1 nm=1/1 000 000 mm(百万分之一毫米),这么微小再微小的空间,实际上就是组成物质的基本单位——原子和分子的空间。自从 20 世纪 80 年代初发明了电子扫描隧道显微镜后,世界就诞生了一门以纳米为单位的微观世界研究学科——纳米科学,在 100 nm 以下的微小结构中对物质进行研究处理的技术则称为纳米技术。

汽车技术的发展有赖于材料技术的发展,而纳米技术的应用,为材料技术的发展奠定了基础。如果国产橡胶材料应用上述技术,困扰国产汽车的漏油、渗油等问题将得到解决。汽车应用塑料数量将越来越多。纳米塑料可以改变传统塑料的特性,呈现出优异的物理性能:强度高,耐热性强,比重更小。由于纳米粒子尺寸小于可见光的波长,纳米塑料可以显示出良好的透明度和较高的光泽度,这样的纳米塑料在汽车上的应用将有光明的前途。经过纳米技术处理的部分材料耐磨性是黄铜的 27 倍、钢铁的 7 倍,例如纳米陶瓷轴承已经应用在奔驰等高级轿车上。

目前，我国已经研制出一种用纳米技术制造的乳化剂，以一定比例加入汽油后，可使像桑塔纳一类的轿车降低10%左右的耗油量。纳米技术应用在燃料电池上，可以节省大量成本。因为纳米材料在室温条件下具有优异的储氢能力，根据实验结果，在室温常压下，约2/3的氢能可以从这些纳米材料中得以释放，可以不用昂贵的超低温液氢储存装置。

当然，若能将汽车的所有部位都纳米化，其附加价值必然大增，但其成本与售价也将大幅提高。因此，迄今为止，真正纳米化且商业化的汽车零组件仍极为有限。理论上纳米技术可应用在汽车的任何部位，车身、底盘、内装、轮胎、传动系统、排气系统等均可因纳米技术的运用而产生不同的功能特性。例如车身部分，纳米技术可强化钢板结构，使车体更耐撞而达到安全的要求，另外，利用纳米涂料烤漆，可使车身外观色泽更为光亮，且更耐蚀、耐磨；内装部分，可利用纳米粒子特有的抗菌、除污特性，达到消费者所重视的清洁、健康的要求；传动系统部分，包括引擎及各种零件，若经过纳米化处理，将能提升汽车性能同时延长使用寿命；在排气系统方面，利用纳米金属为触媒，其转换效果更佳，能有效减少污染。

1）橡胶

汽车用橡胶材料以轮胎的用量最大。在轮胎橡胶的生产中，橡胶助剂大部分成粉状，如炭黑、白炭黑等补强填充剂、促进剂、防老剂等。对粉状物质来说，纳米化是现阶段的主要发展趋势。事实上，纳米材料和橡胶工业原本关系相当密切，大部分粉状橡胶助剂粒径都在纳米材料范围或接近纳米材料范围，例如炭黑粒径11~500 nm，白炭黑粒径在11~110 nm。在橡胶产品生产中使用纳米材料的历史开始于20世纪炭黑补强的使用，而在20世纪40年代成功开发纳米白炭黑补强橡胶制造轮胎。目前，世界上著名的轮胎制造厂均逐渐用白炭黑来代替炭黑制造绿色轮胎和节能轮胎，据调查，已取代5%~10%的炭黑。

2）触媒材料

随着中国等发展中国家经济持续大幅成长，全球汽车保有量也逐年攀升，而所衍生的汽车排气污染问题日益严重，已成为各国政府关注的重要课题。加装触媒转换器，是目前解决汽车排气污染的主要方式。用于汽车排气净化的触媒有许多种，而主流是以贵金属铂、钯、铑作为三元触媒，其对汽车排放废气中的CO、HC、NO_x具有很高的触媒转化效率。但贵金属具有资源稀少、取得不易、价格高昂，易发生Pb、S、P中毒而使触媒失效等特性。因此，在保持良好转化效果的前提下，部分或全部取代贵金属，寻找其他高性能触媒材料已成为必然的趋势。

以纳米级稀土材料取代贵金属作为触媒，是目前的发展趋势之一。稀土元素功能独特，原子结构特殊，活性高，几乎可与所有元素发生作用，因而具有独特的触媒作用和性质。将其加入贵金属触媒中可大幅提高贵金属触媒的抗毒性能、高温稳定性，同时可降低贵金属用量，因此稀土元素可说是相当理想的汽车排气触媒或其助剂。另外，由于材料制成纳米粒后，具有表面和尺寸小等效应，使材料性能发生突变，从而产生其他更为优异的性能，因此将稀土材料制成纳米粒子，应用于汽车触媒转换器将有着其他材料无法比拟的效果。而除了纳米级稀土材料之外，其他纳米金属材料，如纳米级过渡金属材料钴（Co）及锆（Zr）的氧化物，对CO及NO_x等污染物，亦有相当不错的转换效率。

3）烤漆涂料

汽车烤漆的剥落与老化，是造成汽车美观程度变差的主要因素，其中又以老化为棘手且难以控制的变量。影响烤漆老化的因素很多，但其中最关键的当属太阳光中的紫外线，紫外线容易使材料的分子链断裂，进而使材料性能老化。具体地说，因为紫外线会引起涂层中主要成膜物质的分子链断裂，形成非常活泼的游离基，这些游离基进一步引起整个主要成膜物质分子链的分解，最后导致涂层老化、变质。对有机涂层而言，由于紫外线是所有因素中，最具侵蚀性的，因此若能避开紫外线的作用，则可大幅提高烤漆的耐老化性能。目前，最能有效遮蔽紫外线的材料，首推 TiO_2 纳米粒子。TiO_2 纳米粒子是 20 世纪 80 年代末发展起来的主要纳米材料之一。纳米 TiO_2 的光学效应随粒径而变，尤其是纳米金红石型 TiO_2，具有随角度变色效应，是汽车烤漆中最重要和最有发展前途的改质材料。纳米 TiO_2 对紫外线的屏蔽以散射为主，粒径是影响散射能力的重要因素之一。由理论推导得出，纳米 TiO_2 粒径在 65～130 nm 之间，其对紫外线的散射效果最佳。

4）电池

若电池用纳米材料制作，体积很小，但储氧能力极大，解决了电动汽车轻量化的难题。届时将会看见汽车如同现在的玩具汽车，以电池为动力在路上奔驰不停。

5）纳米汽油

纳米汽油是我国汽车业与纳米技术链接的开端，采用最新纳米技术研制开发的汽油微乳化剂，能对汽油品质进行改善，最大限度地促进汽油燃烧。使用时，只要将微乳化剂以适当的比例加入汽油即可。通过实验数据可以看出汽油在加入微乳化剂后，可降低车辆油耗 10%～20%，提高动力性 25%，并使尾气中的污染物降低 50%～80%，还可清除积碳，提高汽油的综合性能。

6）纳米润滑技术

纳米润滑剂是采用纳米技术改善润滑油分子结构的纯石油产品，它不对任何润滑油系列添加剂、处理剂、稳定剂、发动机增润剂或减磨剂等产生作用，只是在零件金属表面自动形成纯烃类单个原子厚度的一层保护膜。由于这些极微小的烃类分子间的相互吸附作用，能完全填充金属表面的微孔，它们如液态的小滚珠，最大可能地减少金属与金属间微孔的摩擦。与高级润滑油或固定添加剂相比，其极压可增加 3～4 倍，磨损面减少 16 倍。由于金属表面得到了保护，减少了磨损，耗能大大减少，使用寿命成倍增长，而且无任何副作用。

7）纳米塑料在汽车上的应用

历经 10 年研究和探索，我国科学家最近研制出一系列令人惊奇的纳米塑料，为塑料家族增添了新成员，而且使纳米产业化在我国成为可能。纳米塑料呈现出优异的物理力学性能，强度高、耐热性好且密度较低。由于纳米粒子尺寸小于可见光波的长度，纳米塑料更显示出良好的透明度和较高的光泽度。纳米塑料在各种高性能管材、汽车、机械零部件、电子及电器部件等领域应用前景广阔。

阻燃塑料是以纳米级超大比表面积的无卤阻燃复合粉末为载体，经表面改性制成的阻燃剂可利用纳米技术添加到聚乙烯中。由于纳米材料的粒径超小，经表面处理后具有相当大的表面活性，当燃烧时其热分解速度迅速，吸热能力强，从而降低基材表面温度，冷却燃烧反应。同时，当阻燃塑料燃烧时，超细的纳米材料颗粒能覆盖在被燃材料表面并生成一层均匀的碳化层，此碳化层起到隔热、隔氧、抑烟和防熔滴的作用，从而起到阻燃作用。这种阻燃塑料具有热稳定性高、阻燃持久、无毒性等优点，消除了普通无机阻燃剂由于添加量大而对材料力学性能和加工材料污染环境带来的缺陷，可以取代有毒的溴类、锑类阻燃材料，有利于环境保护。

增强塑料是在塑料中填充经表面处理的纳米级无机材料蒙脱土、$CaCO_3$、SiO_2 等，这些材料对聚丙烯的分子结晶有明显的聚敛作用，可以使聚丙烯等塑料的抗拉强度、抗冲击韧性和弹性模量提高，使塑料的物理性能得到明显改善。增强增韧塑料可以代替金属材料。由于它们比重小，质量轻，因此若广泛用于汽车可使汽车质量大幅度减轻，达到节省燃料的目的。这些用纳米技术改性的增强增韧塑料，可以用于汽车上的保险杠、座椅、翼子板、顶篷盖、车门、发动机盖、行李舱盖等，甚至还可用于变速器箱体、齿轮传动装置等一些重要部件。

抗紫外线老化塑料是将纳米级的 TiO_2、ZnO 等无机抗紫外线粉体混炼填充到塑料基材中。这些填充粉体对紫外线具有极好的吸收能力和反射能力，因此这种塑料能够吸收和反射紫外线，比普通塑料的抗紫外线能力高 20 倍以上，据报道，这类材料经过连续 700 h 热光照射后，其扩张强度损失仅为 10%，如果作为暴露在外的车身塑料构件材料，能有效延长其使用寿命。

抗菌塑料是将无机的纳米级抗菌剂利用纳米技术充分地分散于塑料制品中，可将附着在塑料上的细菌杀死或抑制生长。这些纳米级抗菌剂是以银、锌、铜等金属离子包裹纳米 TiO_2、$CaCO_3$ 等制成，可以破坏细菌生长环境。据介绍，无机纳米抗菌塑料加工简单，广谱抗菌，24 h 接触杀菌率达 90%，无副作用。高效的抗菌塑料可以用在车门把手、转向盘、座椅面料、储物盒等易污垢部件，尤其是公交车扶手采用无机纳米抗菌塑料，可以大大减少疾病的传播，改善车内卫生条件。

美国通用汽车和蒙特北美公司目前已成功开发出新一代纳米塑料材料，称为聚烯烃热塑性弹性体，它是一种高性能聚烯烃品，在常温下成橡胶弹性，具有密度小、弯曲大、低温抗冲击性能高、易加工、可重复使用等特点。聚烯烃热塑性弹性体在车内应用的最大潜在市场是取代聚氯乙烯应用于大型配件，与聚氯乙烯相比，除了可回收外，还有长期耐紫外线、色泽稳定、质量较轻等优点。该产品在汽车配件中的应用相当广泛。在汽车外装件中，主要用于保险杠、散热器、底盘、车身外板、车轮护罩、活动车顶及其他保护胶条、挡风胶条等；在内饰件中，主要用于仪表板和内饰板、安全气囊材料等。

总之，纳米材料在塑料中的应用不仅起增强作用，还能改变传统塑料的特性。例如，纳米粒子尺寸小、透光性好，加入塑料中使塑料变得很致密，使塑料呈现出优异的物理性能：强度高、耐热性强、比重更小。由于纳米粒子尺寸小于可见光的波长，纳米塑料可以显示出良好的透明度和较高的光泽度。此外，传统塑料抗老化性差，影响其推广使用。这是由于太阳光中的紫外线波长在 200～400 nm 之间，此波段容易使高聚物的分子链断裂，从而使材料老化，而只要在塑料材料中添加能吸收紫外线的纳米粒子，即能解决此项问题，如 SiO_2、TiO_2 等。凡此种种，可见纳米塑料在汽车上应用的广泛性。

8）碳纳米材料在汽车上的应用

纳米级的碳材料合成十分困难，大量低成本、高效率的合成更难。科学家在进一步的研究中发现，纳米材料在室温下具有优异的储氢性能，储氢能力可达 4% 以上，至少是稀土的 2 倍。根据实验结果推测，室温常压下，约 2/3 的氢能从这些可被多次利用的纳米材料中释放。此种新材料能储存和凝聚大量的氢气，并可做成燃料电池驱动汽车。

十二、车载信息系统

车载信息系统的作用是根据需要将轿车上的各种电子控制装置的信息向驾驶员显示，使驾驶员及时了解轿车的工作情况。

信息通常有：已耗燃油、行车时间、平均油耗、平均车速、燃油尚可行驶距离、上次更换发动机机油或轮胎后行驶的里程、日历和日常计划、增压压力、空调运行状况等。

车载信息系统中的其他电子装置有：

(1) 夜视系统。

(2) 风窗玻璃仪表显示。它可以把重要的信息映射在风窗玻璃的全息镜面上，使驾驶员行车时不必低头就能看清重要的信息。

(3) 免提电话系统。

(4) 声音报警装置。

(5) 驾驶员监控装置。①是否饮酒；②是否瞌睡。

(6) 轿车黑匣子。可以准确记录事故前10分钟的各种数据。

(7) 车载个人电脑系统。

十三、其他电子控制系统

1. 电控动力转向系统

基本作用是通过控制转向力，保证汽车停驶或低速行驶时转向较轻便，而高速行驶时又确保安全。

目前一些轿车已经使用电动助力转向器，使汽车的经济性、动力性和机动性都有所提高。

电动助力转向系统的英文缩写叫"EPS"（Electrical Power Steering），它利用电动机产生的动力协助驾车者进行转向。此类系统一般由转矩传感器、电控单元（微处理器）、电动机、减速器、机械转向器和蓄电池电源所组成，如图3-5所示。汽车转向时，转矩传感器检测到转向盘的力矩和转动方向，将这些信号输送到电控单元，电控单元根据转向盘的转动力矩、转动方向和车辆速度等数据向电动机控制器发出信号指令，使电动机输出相应大小及方向的转动力矩以产生助动力。当不转向时，电控单元不向电动机控制器发信号指令，电动机不工作。同时，电控单元根据车辆速度信号，通过电液转换器确定输给转向盘的作用力，减少驾驶者在高速行驶时转向盘"飘"的感觉。由于电动助力转向系统只需电力，不用液压，与机械式液压动力转向系统相比，省略了许多元件：没有液压系统所需要的油泵、油管、压力流量控制阀、储油罐等，零件数目少，布置方便，质量轻。而且无"寄生损失"和液体泄漏损失。因此电动助力转向系统在各种行驶条件下均可节能80%左右，提高了汽车的运行性能。因此在近年得到迅速的推广，也是今后助力转向系统的发展方向。

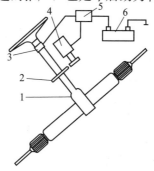

图3-5 电动助力转向系统

1—机械转向器；2—减速器；3—转矩传感器；4—电动机；5—电控单元ECU；6—蓄电池电源

有一些汽车冠以电动助力转向,其实不是真正意义上的纯电动的助力转向,它还需要液压系统,只不过由电动机供油。传统的液压动力转向系统的油泵由发动机驱动。为保证汽车原地转向或者低速转向时的轻便性,油泵的排量是以发动机怠速时的流量来确定的。而汽车行驶中大部分时间处于高于怠速的速度和直线行驶状态,只能将油泵输出的油液大部分经控制阀回流到储油罐,造成很大的"寄生损失"。为了减少此类损失,采用了电动机驱动油泵,当汽车直线行驶时,电动机低速运转,汽车转向时,电动机高速运转,通过控制电动机的转速,调节油泵的流量和压力,减少"寄生损失"。

2. 电控悬架系统

当今汽车中的悬架有两种,一种是从动悬架,另一种是主动悬架。从动悬架即传统式的悬架,是由弹簧、减震器(减震筒)、导向机构等组成,它的功能是减弱路面传给车身的冲击力,衰减由冲击力而引起的承载系统的振动。其中弹簧主要起减缓冲击力的作用,减震器的主要作用是衰减振动。由于这种悬架是由外力驱动而起作用,因此称为从动悬架。而主动悬架的控制环节中安装了能够产生抽动的装置,采用一种以力抑力的方式来抑制路面对车身的冲击力及车身的倾斜力。由于这种悬架能够自行产生作用力,因此称为主动悬架。主动悬架可以根据不同路面平整度状况、载质量、行驶速度、转向盘转角及速率、踩制动踏板等工况,自动控制车辆底盘的高度、悬架的阻尼特性及弹性刚度,改善车辆行驶稳定性、操纵性和乘坐舒适性。

悬架主要影响汽车的垂直振动。传统的汽车悬架是不可调整的,在行车中车身高度的变化取决于弹簧的变形。因此就自然存在了一种现象:当汽车空载和满载的时候,车身的离地间隙是不一样的。尤其是一些轿车采用比较柔软的螺旋弹簧,满载后弹簧的变形行程会比较大,导致汽车空载和满载的时候离地间隙相差有几十毫米,使汽车的通过性受到影响。

汽车不同的行驶状态对悬架有不同的要求。一般行驶时,需要柔软一点的悬架以求舒适感,当急转弯及制动时,又需要硬一点的悬架以求稳定性,两者之间有矛盾。另外,汽车行驶的不同环境对车身高度的要求也是不一样的。一成不变的悬架无法满足这种矛盾的需求,只能采取折中的方式解决。在电子技术发展的带动下,工程师设计出一种可以在一定范围内调整的电子控制悬架来满足这种需求,这种悬架称为电控悬架,目前比较常见的是电控空气悬架形式。

1) 主动悬架的原理和组成

现在轿车用的电控悬架引入空气悬架原理和电子控制技术,将两者结合在一起。主动悬架是近十几年发展起来的,是由电脑控制的一种新型悬架,具备三个条件:①具有能够产生作用力的动力源;②执行元件能够传递这种作用力并能连续工作;③具有多种传感器并将有关数据集中到微电脑进行运算,并决定控制方式。因此,主动悬架汇集了力学和电子学的技术知识,是一种比较复杂的高技术装置。

典型的电控悬架由电子控制元件(ECU)、空气压缩机、车高传感器、转向角度传感器、速度传感器、制动传感器、空气弹簧元件等组成,如图3-6所示。

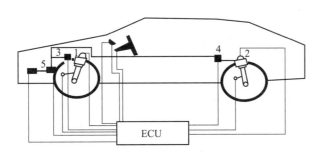

图 3-6　电控悬架的组成
1、2—空气弹簧元件；3、4—阀门；5—压缩机

空气弹簧元件由电控减震器、阀门、双气室组成。电控减震器顶部有一个小型电动机，可通过它转动一个用于调整量孔大小的控制杆将阻尼分成多级，从而实现控制阻尼的目的。阀门起调节气流的作用，通常双气室是连通的，合起来的总容积起着空气弹簧的作用，比较柔软；但当双气室之间的阀门关闭时，则以一个气室的容量来承担空气弹簧的作用，弹簧就会变得硬，因此阀门起到控制"弹簧"变软变硬的作用。

图 3-6 所示为 ECU、压缩机、阀门、空气弹簧元件。电控悬架工作时，阀门的相互作用控制通向空气弹簧元件的气流量。传感器检测出汽车的行驶状态并反馈至 ECU，ECU 综合这些反馈信息后计算并输出指令，控制空气弹簧元件的电动机和阀门，从而使电控悬架随行驶及路面状态不同而变化：在一般行驶中，空气弹簧变软、阻尼变弱，可获得舒适的乘坐感；在急转弯或者制动时，则迅速转换成硬的空气弹簧和较强的阻尼，以提高车身的稳定性。同时，该系统的电控减震器还能调整汽车高度，可以随车速的增加而降低车身高度（减小离地间隙），减少风阻以节省能源；在车速比较慢时车身高度又可恢复正常。

2) 汽车主动悬架的应用

例如装置了主动悬架的法国雪铁龙桑蒂雅，该车悬架系统的中枢是一个微电脑，悬架上有 5 种传感器，分别向微电脑传送车速、前轮制动压力、踏动油门踏板的速度、车身垂直方向的振幅及频率、转向盘角度及转向速度等数据。电脑不断接收这些数据并与预先设定的临界值进行比较，选择相应的悬架状态。同时，微电脑独立控制每一只车轮上的执行元件，通过控制减震器内油压的变化产生抽动，从而能在任何时候、任何车轮上产生符合要求的悬架运动。因此，桑蒂雅轿车备有多种驾驶模式选择，驾车者只要扳动位于副仪表板上的"正常"或"运动"按钮，轿车就会自动设置在最佳的悬架状态，达到最好的舒适性能。

另外，主动悬架具有控制车身运动的功能。当汽车制动或拐弯时产生的惯性引起弹簧变形时，主动悬架会产生一个与惯性力相对抗的力，减少车身位置的变化。例如德国奔驰 2 000 款 CL 型跑车，当车辆拐弯时，悬架传感器会立即检测出车身的倾斜和横向加速度，电脑根据传感器的信息，与预先设定的临界值进行比较计算，立即确定在什么位置上将多大的负载加到悬架上，使车身的倾斜减到最小。

3. 全自动空调系统

1) 汽车空气调节系统概述

汽车空气调节系统简称汽车空调系统，主要目的是在任何气候和行驶条件下，为乘员提供舒适的车内环境。

适宜的温度、适宜的湿度、适宜的气流和清洁的空气，构成了空调三要素：温度、湿度和洁净度。一个完整的汽车空气调节系统是通过调节温度、湿度、风速和换气等来达到营造车厢内舒适环境的目的。汽车空调系统作为影响汽车舒适性的主要因素之一，为汽车提供制冷、取暖、除霜、除雾、空气过滤和湿度控制功能。其中，采暖系统可使乘员避免过量着装、为车窗提供除雾和除霜功能，提供舒适性和安全服务；冷气系统则通过制冷、除湿来提高舒适性；采暖和冷气系统还可提供除尘、除臭的功能。这些功能已成为车辆必不可少的要求。

虽然目前轿车的燃油余热足够满足轿车内的采暖和除霜的需要，但近期研制的高效汽油、柴油发动机的余热会进一步减少，对于新一代的环保型汽车，如电动、混合动力、燃料电池和其他低排放车辆，由于本身动力远小于传统动力车辆，能够提供给空调系统的动力极为有限。拥有一套节能高效、性能可靠的空调系统至关重要。

若汽车空调系统仅是起到调节温度的作用，其作用是不全面的。人们对冷暖的感觉不仅决定于温度的高低，也受到湿度和风速的影响。温度相同而湿度和风速不同，也会产生不同的温感。

2）全自动汽车空调的特点

汽车的手动空调、风力操作机构都是由简单的旋钮或滑动臂组成，这些旋钮、滑动臂在手的拨动下牵动内部拉线直达风门、空调，从而完成对车内的空气调节，手动操作虽然可以依据个人感觉来选择需求，但却难以实时监控，温度时冷时热，风力控制挡位较少。自动空调系统首先改善了冷热风向角度控制（吹脸风门、吹脚风门、吹脸和吹脚风门、吹脸和前除霜风门、前除霜风门）、风量控制、空调控制方式，对冷风启动风量限制，避免寒风吹袭。以最佳的控制来保障最低的能耗比，节省燃油，使冬天不再燥热，夏天不再寒冷。可用计算机判别汽车内外空气条件、日照、车速及发动机水温，并可自动调节温度、湿度、风量、风向，自动除霜、降低噪声。

3）影响因素

汽车空调的效果与车身隔热质量和玻璃传热程度密切相关。由车外传入车内的热负荷主要通过两个途径：一个是传导途径，通过车厢篷顶、车厢壁、地板、前围隔板、车窗玻璃等传热面而侵入热量，包括外部环境及发动机、底盘机械件及电机等散发出的热量；另一个是辐射途径，通过车厢篷顶、车厢壁、地板、车窗玻璃等所吸收的辐射热，包括太阳直射辐射热与周围环境温度的散射辐射热的热量。

为了减少车厢热负荷，就必须注意车厢的密封性和隔热性。车厢的密封性和隔热性的优劣，不但反映了空调利用率的高低，也反映了车辆运行噪声的大小程度。因此，很多轿车采用具有反射红外线的隔热玻璃做车窗玻璃。

车内换气一般采用动压通风及强制通风两种方式：动压通风，是利用汽车行驶时产生的风压，在适当位置开设进风口及排气口，实现自然通风；强制通风，是采用小型电动风扇强制将外界新鲜空气引入。中高级轿车多采用动压通风与强制通风结合的方式，并通过空气过滤器等净化装置进行气体过滤，同时与冷风装置、暖风装置组合在一起，形成整体式的空调系统。

4）现代轿车空调系统的功能

现代轿车的空调系统按照功能分为通风及空气净化装置、冷风装置、暖风装置三大类。通风及空气净化装置的功能是换气及过滤隔离空气的有害尘埃；冷风装置的功能是降温、除湿；暖风装置的功能是采暖、换气。轿车自动空调能自动控制车内的温度、湿度及空气流量，使车厢内部自动维持在某一指定的温度。轿车自动空调典型的电控系统传感器包括冷却剂湿度传感器、车内温度传感器、外部温度传感器、车速传感器、节气门位置传感器、热负荷传感器等。它们将信号传递到计算机，计算机检测全部的变量参数及乘员选定的温度要求，用这些数值计算出控制点值，将控制点温度与实际温度相比较，用两者之差作为参考值来控制冷气或者暖风及空气流量。

4. 电子制动力分配装置（EBD）

EBD通过合理作用在各个车轮上的制动力来保证车身在制动过程中的直线行驶性和车身状态的平衡。

汽车制动时，如果四只轮胎附着地面的条件不同，四个轮子与地面的摩擦力不同，如有时左前轮和右后轮附着在干燥的水泥地面上，而右前轮和左后轮却附着在水中或泥水中，这种情况会导致在汽车制动时四只轮子与地面的摩擦力不一样，容易造成制动时打滑、倾斜和车辆侧翻事故。EBD的功能就是在汽车制动的瞬间，高速计算出四个轮胎由于附着不同而各异的摩擦力数值，分别对四只轮胎附着的不同地面进行感应、计算，得出不同的摩擦力数值，并根据汽车制动时产生制动力的不同，自动调节前、后轴的制动力分配比例，然后调整制动装置，达到制动力与摩擦力（牵引力）的匹配，并在运动中不断高速调整，提高制动效能，保证车辆的平稳、安全，并配合ABS提高制动稳定性。EBD在本质上可以说是ABS的辅助功能，可以提高ABS的功效。所以在安全指标上，配备有EBD的汽车的性能更胜一筹。当重踩刹车时，EBD会在ABS作用之前，依据车辆的重量和路面条件，自动以前轮为基准去比较后轮轮胎的滑动率，如发觉此差异程度必须被调整时，刹车油压系统将会调整传至后轮的油压，以得到更平衡且更接近理想化刹车力的分布。所以EBD＋ABS就是在ABS的基础上平衡每一个轮的有效抓地力，改善刹车力的平衡，防止出现甩尾和侧移，并缩短汽车制动距离。

5. 电子制动辅助装置（EBA）

电子制动辅助装置通过附加的制动力来克服驾驶者在紧急情形下因制动力度不够导致制动距离过长带来的安全事故。

EBA电子制动辅助装置设计的初衷是基于这样一种现象：当司机面临紧急情形时，他们意识到了危险的存在，但紧迫的情况却使得他们没能准确地把握住此时应有的刹车力度（这主要发生在初学者身上），其直接的后果是刹车距离的浪费，并因此酿成或大或小的事故。基于这一现象，工程师便想出了一个解决的办法，即通过电子系统的作用来弥补这种关键时刻刹车力度上的不足，所以在有的专业媒体上它也被翻译成"紧急制动力辅助"。

目前市面上基于这一目的的电子安全系统主要有EBA、EBV和BA等。由于开发厂商的不同和系统性能上的差异，故叫法不一，但功能上却大同小异。其工作原理如下：当驾驶者的脚发出刹车指令即踩下刹车时，刹车踏板的作用力会打开一个机械阀门（这是一个连通外界空气和内部气压工作室的阀门），此时外界的空气就会通过阀门进入气压相对较低的内部工作室，使得在内部工作室中形成一个较大的压力区，而此时与该内部工作室毗邻的真空区域由于受到压力的作用而产生收缩，与此同时，贴附在活动底盘膜片上的活塞杆就会发生位移变化，而此时与活塞杆头紧密相连的电子位移探头便可探测到驾驶者做出的制动指令。当位移探头探测到驾驶者做了紧急刹车指令时，它便会将这种信号传递给电脑进行处理换算,并命令其控制的电磁控制阀以一定的频率进行工作,随即空气经过这个电磁阀门飞快地进入内部气压工作室,和内部真空室形成极大的压力差,进而带动电磁阀门形成足够大的刹车力,以获得最短的刹车距离,避免事故的发生。总而言之,EBA的实质就是在探测到驾驶者的紧急制动指令后产生一个足够大的刹车力度来获取最短的刹车距离,以避免不应发生的事故。

6. 预防性安全系统

(1) 作用。事故能否避免,有时候仅仅千分之一秒即可决定,在这些决定性时刻,能够及时识别险情并迅速、果断地做出反应,对避免碰撞事故是至关重要的。这套高科技系统能够在这两方面为驾驶员提供有效的支持,明显改善道路安全性。

(2) 主动安全性能。在识别潜在事故方面,装在前保险杠后端的两个近距离雷达传感器及装在水箱格栅上的长距离雷达将提供帮助。这些雷达忠实记录着前方的交通路况,近距离雷达(24 GHz)工作距离为30 m,有效角度达到80°,而长距离雷达(77 GHz)开度角为9°,工作距离为150 m。车载计算机将分析两种雷达传来的数据。

(3) 功效。可避免事故发生或明显降低事故严重程度,部分自动刹车拥有双重功效:系统介入干预,使注意力不够集中的驾驶员意识到当前形势,提醒他们危险,使其做出反应,以避免事故发生。紧急制动时,辅助制动系统迅速计算出特定情况下的最佳制动力。如果驾驶员突然转向,系统将稳定轿车并降低侧滑的风险。

如果碰撞不可避免,系统将帮助减轻事故严重程度,在模拟器对比测试中,参与者分别驾驶装配和未装配这套系统的轿车,并故意模拟分神状态,结果显示,自动部分刹车使碰撞车速由平均40 km/h降低到35 km/h,这意味着减少了40%的碰撞能量,并明显降低驾驶员及前排乘客的伤亡程度,碰撞导致的人体最大承压也因此减少了20%。换句话说,在追尾事故中,系统充当缓冲区的作用,在事故发生前即降低了碰撞能量。

(4) 自动激活的成员预先保护机制。这套最新系统是PRE-SAFE®成员保护机制的核心部分,它利用了从识别事故危险到激活内部保护系统(进一步加强成员安全性)间的宝贵时间。由于该系统和ABS、辅助制动以及传感器均是联网布置的,系统还可以识别各种动态操控性不稳定工况(例如严重的侧滑或制动过度),并处理传感器信息,预先使成员获得更佳的安全性。

紧急制动时,前排座椅安全带预先自动收紧,动力调节座椅(选配)上的气室自动膨胀,以支撑驾驶员、前后排乘客,并将他们安全地固定在座椅中。此外,前排座椅在纵向位置、坐垫及靠背倾角方面调整到最佳位置,以确保安全带及气囊能够产生理想效果,调节后排的靠背倾角及坐垫设置,并提高头部靠枕位置。

产生侧滑风险时,系统自动关闭侧窗及滑动天窗,这意味着,在发生侧面碰撞或翻滚情况下侧窗气囊将能够提供更好的保护,此外PRE-SAFE®系统还降低了成员通过开启的车窗和滑动天窗被甩出或者被车内尖锐物体刺伤的风险,提高了预防性,以及保护系统的可靠性。当危险临近时,若驾驶员未能对系统警告提示做出反应并进行制动,前述的众多安全性措施将被激活,系统自动进行部分刹车,前排安全带自动收紧,动力调节座椅处的支撑坐垫自动充气膨胀,前排乘客座椅移动到最佳位置。

3.2.4 汽车产品及服务的差异化——特色突出的商务价值

现代汽车市场上的产品不仅品种繁多，而且各有特色，消费者有着自己的价值取向和认同标准，企业要想在目标市场上获得竞争优势和更大利益，就必须在充分了解消费者和竞争者的基础上，确定本企业的市场位置，即为企业树立形象，为产品及服务赋予特色，将汽车产品差样化，以寻求不同的商务价值。

汽车产品差异化是指在同质市场上，汽车企业为强调自己的产品与竞争产品有不同的特点，避免价格竞争，尽可能地显示出与其他产品的区别，以在不完全竞争市场上占据有利地位，突出不同的商务价值。比如两种汽车产品在动力性、安全性能上没有差别，但可采用不同的设计、造型等，突出不同的商业价值（卖点）。

1. 产品差异化

汽车是一种可以高度差异化的产品，其差异化表现在特色、性能、一致性、耐用性、可靠性、可维修性、风格和设计上。企业可通过改变汽车产品特性，吸引顾客，扩大销售。汽车产品差异化可通过两个途径来实现：一是提高产品质量，主要是改善汽车产品特性，如提高汽车的动力性、经济性、操纵稳定性、舒适性、制动性和可靠性等，以适应消费者期望提高质量的要求，形成卖点；二是提高汽车产品的功能，即提高汽车产品的使用功效，如提高轿车的观瞻性、舒适性、安全性等。具体体现在以下几个方面：

（1）特色。特色是指产品在基本功能的基础上进行的某些增补，如对于汽车来说，该产品的基本功能就是代步和运输，汽车产品的特色就是在基本功能上的增加，如 ABS 系统、电动车窗、安全气囊等。

产品的特色体现了制造商的创造力，一个新特色的产生可能为产品带来意想不到的生命力。

（2）性能质量。性能质量是指汽车产品主要特点在运用中的水平。时间的变化会使企业对产品质量管理进行不断的调整，不断改进产品，如大众的高尔夫已推出第八代，产品性能不断改进。

（3）一致性质量。一致性质量是指汽车产品的设计和使用与预定设计标准的符合程度。如帕萨特设计为每百千米耗油 5.8 L，那么如果流水线上的每一辆帕萨特轿车都符合这个标准，该汽车就具有高度的一致性；反之，一致性就差。一致性质量体现了制造商的信誉，高度一致性可以增强消费者对该产品的信任。

（4）耐用性。耐用性是衡量一个产品在自然条件下的预期操作寿命。一般来说，消费者愿意为耐用性较长的产品支付更高的费用。但是，如果该产品的时尚性较强，耐用性就可能不被重视，因为，流行一旦过去，该产品就失去价值。对汽车产品来说，耐用性是反映该产品优劣的一个重要指标，生产商完全可以将耐用性作为卖点的差异化因素加以宣传。

（5）可靠性。这是指在一定时间内产品将保持不坏的可能性。消费者一般愿意为产品的可靠性付出溢价。由于汽车产品属于耐用商品，因此可靠性和耐用性一样，是受到汽车消费者重视的指标。

（6）可维护性。可维护性是指一个产品出了故障或用坏后进行维修保养的容易程度。一辆由标准化零件组装起来的汽车容易调换零件，其可维修性也就高。除了汽车设计水平和生产质量决定了该汽车的可维护性之外，为该汽车提供的售后服务也可看作是可维护性的衡量指标之一。

(7) 风格。风格是产品给予顾客的视觉和感觉效果。许多汽车消费者愿意出高价购买一辆车的原因就是被该车的外观所吸引。风格比质量或性能更能给消费者留下印象。同时,风格具有难以模仿的优势。

(8) 设计。设计是指从顾客要求出发,能影响一个产品外观和性能的全部特征的组合。设计必须兼顾特色、性能、可靠性、可维护性、风格等方面的一致性,突出特色。从顾客的角度来看,设计良好的产品应该看上去是令人愉快的,同时又是容易使用和维修的。

(9) 使用费用。汽车使用过程中,耗油量是一个十分重要的指标。消费者在购车时,耗油量是其考虑的一个重要因素,但不要以为,最省油的轿车一定是最受消费者欢迎的。

2. 服务差异化

在整车销售中,服务的重要性正日渐为企业所重视,并成为决定企业销售业绩的一项重要因素。特别是在实体产品较难差异化时,在竞争中取得成功的关键常常有赖于服务的增加和服务的质量。在汽车销售中,服务的差异化主要体现在:订货方便、客户培训、客户咨询、维修和其他各种服务上。

(1) 订货方便。这是指如何使顾客以最为便捷的方式向公司订货。网络的普及和电子商务的产生为顾客提供了一种随时随地可以订货的购物方式,这种便捷的订货方式已经开始被广泛使用,因此,作为汽车销售商和生产商,发展电子商务是必然的趋势。

(2) 客户培训。客户培训是指对客户单位的雇员和用户进行培训。特许经营是当今汽车销售行业中比较常见的渠道策略,大多数汽车企业都会对它的特许经销商进行培训,以便他们更好地经营。此外,在汽车销售中,客户培训也可以是教顾客如何使用他们的新汽车,这项工作并不一定要靠销售人员来进行,一本详细的使用说明书也可以起到客户培训的作用。

(3) 客户咨询。客户咨询是指卖方向买方无偿或有偿地提供有关资料、信息和建议等服务。如现在很多销售企业要求销售人员为客户提供提醒服务,其中包括:提醒消费者按时享受生产商或经销商的承诺服务(如 5 000 km 的免费保养);提醒消费者注意某些常规使用规范,如进行年检、购置保险等。

(4) 维修。维修是指消费者所能获得的修理服务。由于汽车是一种耐用商品,消费者购买后一般总希望能尽可能长时间地使用。因此,消费者非常关心他们从卖主那里可以获得的维修服务质量。优秀的汽车制造商和销售商都会注重维修服务的提供,并将其作为他们重要的竞争手段。

(5) 多种服务。通过提供各项客户需要的服务来增加服务价值,企业可以将上述各个因素融合起来,为客户提供全方位的服务。

3. 形象差异化

汽车在销售过程中,形象的差异化是一个不可忽视的销售卖点。要使一个产品具有有效形象,需要达到三点:第一,它必须能传递特定的信息,这一信息包括产品的主要优点和定位;第二,它必须通过一种与众不同的途径传递这一信息,从而使其与竞争产品相区分;第三,它必须能产生某种感染力,从而触动顾客的心。

汽车是受品牌形象影响很大的商品,品牌形象本身就可以看作是一类汽车甚至是一家汽车制造商的标志。品牌的差异是产品定位甚至是企业定位的体现。如世界著名品牌奔驰和宝马属于同一档次的轿车,但各自都有特定的目标市场:奔驰的购买者是年龄偏大、事业有所成就、社会地位较高、收入丰厚的成功人士；而宝马则属于那些富有朝气、年轻有为、不受传统约束的新一代人士。这些消费者的特点也正代表了奔驰和宝马的品牌形象。为了树立汽车品牌形象，可以利用标志、文字和视听媒体、气氛和特殊事件来完成。

（1）标志。汽车的标志和品牌是密不可分的一个整体，它们共同作用来体现汽车的形象。标志将品牌名称视觉化和形象化，传达出某种文化、精神和追求。通过标志人们可以轻而易举地辨认出不同类别的汽车品牌，将自己对某种汽车品牌的情感与标志在视觉上联系起来。

（2）文字和视听媒体。企业所选择的标志必须通过各种广告来传递其个性信息。上海大众曾经推出过一个形象广告：一个学生在德语课上被要求翻译"德国精神"这个单词时，没有注意听课的孩子在黑板上画出了由 V 和 W 两个字母层叠而成的上海大众的标志，表示在他的印象里，上海大众的形象就是以严谨、务实著称的德国精神。上海大众在推出帕萨特轿车时，也制作了大量带有帕萨特标志的信封、信纸、提包、T 恤等宣传用品，以求加深帕萨特在消费者心目中的印象。

（3）事件。企业可以通过由其赞助的各类活动营造某个形象。在汽车营销中表现最明显的就是每年举行的一级方程式赛车。世界著名的赛车生产厂家不但为该比赛提供用车，有的还自己组织车队参赛，在比赛中展示本企业产品的卓越品质，也通过赛车手的出色表现赋予赛车不同的精神面貌。

知：识：拓：展

汽车燃油经济性的影响因素主要有以下因素：

1. 汽车结构方面

（1）发动机方面：

①比较成熟的技术有汽油喷射发动机。

②发动机的压缩比。发动机的压缩比提高时，热效率增加，使发动机动力性、经济性得以改善，但压缩比的提高有一定的限度。

③选用小排量发动机、提高发动机的负荷率。发动机在转速一定的条件下，负荷率在 $80\% \sim 90\%$ 时，有效耗油率最低，一般汽车在良好路面上，以常速行驶时，只利用到相应转速下发动机最大功率的 20% 左右，因此，汽车上不宜装用大功率的发动机。

（2）变速器挡数的影响：

在一定的行驶条件下，变速器应尽量用高挡位，这样发动机的负荷率较高，燃油消耗量较低。变速器挡位增多后，选择适当的挡位机会增多，这样使汽车处于燃油消耗量较低的机会增多。但挡数太多，会使结构复杂，操作不便。

（3）汽车质量：

减小汽车质量是降低油耗最有效的措施之一。

（4）汽车外形与轮胎：

改善汽车外形，减少空气阻力系数，有显著的节油效果。如空气阻力系数由 0.5 下降到 0.3，可使油耗降低 22%。汽车轮胎的选用，主要影响动力性和经济性。如子午线轮胎与一般斜交轮胎相比可节油 $6\% \sim 8\%$。

2. 汽车使用因素的影响

(1) 发动机的启动升温、油路、电路、急速和点火提前角的正确调整及发动机预热,是顺利启动的前提。

(2) 汽车起步加速。试验表明,发动机水温上升到40 ℃以上起步,具有较好的节油效果。

(3) 挡位的选择和变换。在良好路面,在节气门开度不超过90%的条件下,应尽可能使用高挡。汽车上坡时,应及时减挡。减挡过早,不能充分利用汽车惯性爬坡;减挡过晚,车速降低过多,常需要多换一次挡,增加油耗。

(4) 汽车行驶速度。汽车满载在良好路面上行驶时,存在一个使得等速燃料消耗最小的车速,即技术经济车速。

(5) 离合器的运用。两脚离合器换挡是规范化操作,而一脚离合器换挡法可以节油。

(6) 加速踏板的使用。汽车行驶时,加速踏板要轻踏,柔和控制,减少加速泵供油机会。

(7) 行车温度的控制。汽车行车温度包括冷却水温度、机油温度、发动机罩内气温、变速器和驱动桥齿轮油温度等。正常的发动机水温,有利于燃料的雾化和混合气的分配均匀,使得发动机有良好的燃料经济性和动力性,并保证机油的黏度和润滑能力,减少发动机的磨损。

(8) 合理利用滑行。汽车滑行可分为减速滑行、加速滑行、下坡滑行。

(9) 汽车底盘技术状况。常用滑行性能检查底盘的综合技术状况,它对汽车运行油耗的影响很大。

 本·章·知·识·点

一、汽车品牌

"品牌(brand)是一个名称、术语、符号、图案,或者这些因素的组合,用来识别产品或服务的制造商和销售商,以区别于竞争对手。"品牌从本质上说,是传递一种信息。一个品牌能表达六层意思:

(1) 属性。一个品牌首先给人带来特定的属性。例如,梅赛德斯代表制造优良、工艺精良、快捷、耐用、高声誉、昂贵等。多年来,梅赛德斯的广告都是:"其工程质量全世界其他汽车无可比拟。"这是为显示该汽车特定属性而精心设计的定位纲领。

(2) 利益。消费者购买的是利益而不是属性,属性需要转换成功能和情感利益。属性耐用可以转化为功能利益,如"由于汽车的耐用可以好几年不用买新车"。属性昂贵可以转化为情感利益,如豪华车体现了某人的地位、富有及让人羡慕。

(3) 价值。品牌体现某制造商的某种价值。沃尔沃体现了安全、高性能和威信。近百年来,劳斯莱斯和本特利豪华轿车总共才十几万辆,它不仅是一种交通工具,还是英国富豪生活方式的一种标志。

(4) 文化。品牌可能附加和象征一种文化。劳斯莱斯象征着英国贵族,梅赛德斯体现德国文化:有组织、有效率、高品质。

(5) 个性。品牌代表了一定的个性。

(6) 使用者。品牌还体现了购买或使用这种产品的是哪一类消费者,这一类消费者也代表一定的年龄、文化、个性。

构筑一个良好的品牌资产需要六大要素,即品牌知名度、品牌认知度、品牌忠诚度、品牌美誉度、品牌联想和其他资产。

二、汽车的使用性能

1. 汽车的动力性

(1) 汽车的最高车速 u_{amax}。

(2) 汽车的加速时间 t。

(3) 汽车的最大爬坡度 i_{max}。

2. 汽车的燃油经济性

(1) 单位行驶里程的燃油消耗量,其单位为 kg/(100 km)或 L/(100 km)。

(2) 单位运输工作量的燃油消耗量,其单位货车为 kg/(100 t·km)或 L/(100 t·km),客车为 kg/(100人·km)或 L/(100人·km)。

(3) 消耗单位燃油所行驶里程,主要是美国采用,其单位为 MPG 或 mile/Usgal,指的是每消耗一加仑燃油能行驶的英里数。

3. 汽车的制动性

(1) 制动效能。

(2) 制动效能的恒定性。

(3) 制动时方向的稳定性。

4. 汽车的操纵性和稳定性

(1) 汽车的操纵性。

(2) 汽车的稳定性。

5. 汽车的行驶平顺性和乘坐舒适性

6. 汽车的通过性

7. 汽车的安全性

(1) 主动安全性,是指汽车对操纵稳定性和制动性能等事故的预防能力。

(2) 被动安全性,被动安全是指汽车发生不可避免的碰撞事故时,对驾驶员和乘员进行保护,尽可能减少其所受的伤害,即提高汽车碰撞对人员的保护能力。

8. 汽车的可靠性和耐久性

三、汽车产品及服务的差异化——特色突出的商务价值

(1) 产品差异化。

(2) 服务差异化。

(3) 形象差异化。

课 后 训 练

任 务	要 求
1. 由学生收集市场信息,对市场中的新车型的卖点进行分析。 2. 学生互相评价他们的分析观点	学生事先写好解说词,要求突出自己的特色。 (1) 学生介绍汽车卖点,并说明这些卖点给顾客带来的利益。 (2) 注意仪表仪态。 填写工作计划表(附录四)和工作检查表(附录五)

拓展知识

案例分析

学习素材

模块二

汽车营销分析

第四章

汽车市场营销环境分析

学习目标

了解汽车营销环境的概念和特点。
掌握影响汽车营销决策的微观环境与宏观环境因素。
掌握汽车营销环境的主要要素及环境分析的方法。

情景导入

1970年，美国发布了限制汽车废气排放的《马士基法》，而丰田早在1964年就把省油和净化技术列为自己的技术发展战略，并一直进行相应的技术研究。为了研制废气再循环装置和催化剂转换器，丰田在7年间投入了10 000亿日元的资金和1万人的力量。仅废气处理系统就开发出丰田催化方式、丰田稀薄燃烧方式、丰田触媒方式三种，并很快在"追击者"高级轿车上安装了这装置，从而在这一技术领域把美国远远甩在了后边。同时，丰田还与其他日本汽车厂家一起开发了节约燃油25%~30%的省油车，此后又开发出了防止事故发生和发生事故后保证驾驶人员安全的装置。这些对受石油危机冲击后渴望开上既经济又安全轿车的美国人来说，无异于久旱逢甘霖。5年间，在其他厂家的汽车销售直线下降的情况下，丰田美国的销售却增加了2倍。

2009年，在全球金融危机的影响下，全球汽车行业受到沉重打击，通用、福特申请政府保护，全球各国政府纷纷出台振兴经济的措施。中国政府根据实际情况出台了振兴经济的措施，把汽车行业作为要振兴的十大行业之一，为刺激消费，将汽车购置税减半，推出汽车下乡政策等。在这些政策的刺激下，中国的汽车市场异常火爆，全年销量达1 380万辆，创历史新高。

问题

市场宏观环境和微观环境对企业市场营销如何产生影响？企业应如何应对？

4.1 汽车市场营销的宏观环境

本节内容简介

汽车市场营销的宏观环境是指那些给汽车企业造成市场营销机会和形成环境威胁的外部因素,是客观存在的不可控制因素。汽车企业只有分析和掌握市场营销环境,不断调整其市场营销策略来适应客观规律,才能在大环境下创造自己的"小气候"。这些因素主要有:自然与人口环境、经济环境、技术和社会文化环境及政治与法律环境。

4.1.1 自然、人口环境与汽车营销

自然是经济发展的基础,而人口也是客观存在的自然。在相当多情况下,二者是结合在一起发挥作用的。当自然资源与人口密度表现和谐时,可以促进汽车的发展;反之,将会影响汽车的发展。

一、自然环境与汽车营销

自然环境是指汽车市场营销所面临的地理因素和资源因素等。主要包括:

1. 地理环境

地理因素主要包括一个地区的地形地貌、山川河流等自然地理因素和交通运输结构等经济地理因素。

汽车是所有机械设备中对地理环境最为依赖的机器,只有适应当地地理环境的汽车才会受到消费者的欢迎。

华东是我国经济发达地区,轿车的需求量很大。同时,由于地域的关系,上海轿车的产品销售在这里占据了明显的优势。但是,一汽投放华东地区的奥迪轿车,上海市的购买量就占了近一半。江、浙两省的销售量也明显上升。显然,奥迪的成功,是与其目标市场的高层次定位分不开的。上海市的四大领导班子从1989年起开始选用奥迪轿车,从威信效应的角度看,也为奥迪的成功起了推波助澜的作用。但是,对于华北、西北和青藏高原来说,二汽生产的东风卡车却具有不可动摇的地位。显然,东风的成功,也是与其目标市场的高性能定位是分不开的。

2. 公路交通

公路交通是指一个国家或地区公路运输的作用,各等级公路的里程及比例,公路质量,公路交通量及紧张程度,公路网布局,主要附属设施等因素的现状及其变化。公路交通对汽车营销的影响有:①良好的公路交通条件有利于提高汽车运输在交通运输体系中的地位。②汽车的普及程度增加也有利于改善公路交通条件,从而对企业的市场营销创造更为宽松的公路交通使用环境。目前我国已提前建成"国家道路主干线快速系统"。该系统总规模305万千米,全部由高速公路、一级公路、二级汽车专用公路组成。这一系统以"五纵七横"12条路线连接首都、各省会、直辖市、中心城市、主要交通枢纽和重要口岸,通过全国200多个城市,覆盖全国近一半的人口,可实现400～500 km 范围内汽车当日往返,800～1 000 km 范围内可当日到达。

3. 城市道路交通

城市道路交通是汽车尤其是轿车使用环境的又一重要环境，它包括城市的道路面积占城市面积的比例、城市交通体系及结构、道路质量、立体交通、车均道路密度及车辆使用附属设施等因素的现状及其变化。这一使用环境对汽车市场营销的影响，与前述公路交通基本一致。但由于我国城市的布局刚性较大，城市布局形态一经形成，改造和调整的困难很大，加之人们对交通工具选择的变化，引发了对汽车需求的增加，使中国城市道路交通的发展面临巨大的压力。因而该使用环境对汽车市场营销的约束作用就更为明显。

4. 车用燃油

车用燃油包括汽油和柴油两种成品油。它对汽车企业营销活动的影响有：

（1）车用燃油受世界石油资源不断减少的影响，将对传统燃油汽车的发展产生制约的作用。例如，20世纪在两次石油危机期间，全球汽车产销量大幅度下降。

（2）车用燃油中汽油和柴油的供给比例影响到汽车工业的产品结构，进而影响到具体汽车企业的产品结构。例如，柴油短缺对发展柴油汽车就具有明显的制约作用。

（3）燃油品质的高低对汽车企业的产品决策具有重要影响。随着燃油品质的不断提高，汽车产品的燃烧性能也应不断提高。

车用燃油是汽车使用环境的重要因素，汽车企业应善于洞察这一因素的变化，并及时采取相应的营销策略。例如，日本各汽车企业在20世纪70年代就成功地把握住了世界石油供给的变化趋势，大力开发小型、轻型、经济型汽车，在两次石油危机中赢得了营销主动，为日本一跃成为世界汽车工业的强国奠定了基础。而欧美等国的汽车企业因没有把握好这一因素的变化，以至于形成日后竞争被动的局面。

自然环境对汽车企业市场营销的影响是：①自然资源的减少将对汽车企业的市场营销活动构成一个长期的约束条件。由于生产和使用汽车需要消耗大量的自然资源，汽车工业越发达，汽车普及程度越高，生产汽车消耗的自然资源也就越多，而自然资源总的变化趋势是日益短缺。②生态环境的恶化对汽车的性能提出了更高的要求。生态与人类生存环境日趋恶化，而汽车的大量使用又会明显地产生环境污染，因而环境保护对汽车的性能要求将日趋严格，这对汽车企业产品开发等市场营销活动将产生重要影响。

二、人口环境与汽车营销

人口环境是指汽车市场销售所面临的人口数量和人口结构。从市场营销的角度看，人口数量意味着消费数量，即市场容量和市场潜量；而人口结构，如年龄、性别、职业、地位及文化程度、经济状况等，即人的个性心理特征和个性心理倾向，显然代表着消费选择和消费结构。

从发展的角度看，全世界有50多亿人口，一人一车或者十人一车，都是一个无限广阔的市场。在某些发展中国家，虽然现在的汽车消费者以法人居多，但潜在的汽车消费者将最终以自然人占据绝对优势。一般来说，人口环境对汽车市场营销的影响主要表现在以下两个方面。

1. 消费者的年龄结构与汽车市场营销

在传统观念里，汽车只是青年的大玩具，如果以此定位，汽车市场的容量显然非常有限。人口环境是指汽车市场营销所面临的人口数量和人口结构。为了扩大市场容量，汽车生产厂家必须将目标市场向前和向后延伸。例如，为了占领老年汽车市场，需要生产出符合老年消费者汽车。美国福特汽车公司最近率先推出了"福特老人"系列轿车。该类汽车是专门为60岁以上的老年人设计的。考虑到老年人大多腿脚不方便、反应迟钝,"福特老人"不但车门较低、门槛较低,而且特别配备了助动型驾驶座、放大的仪表盘和后视镜,按钮刹车及自动锁车系统等,以方便老人出入。当然,汽车价格也较正常价格低,以照顾退休老人收入有所降低的特点。有关资料显示,世界上年龄最大的汽车驾驶员是加拿大阿尔伯塔省卡尔加里市一位名叫汤姆的世纪老人。1998年,当他已经101岁的时候,仍然顺利通过了视力检查和家庭医生的批准,领到了为期两年的新驾驶执照。

2. 消费者的性别结构与汽车市场营销

在传统观念里,汽车只是男性的专利,但随着职业女性的增加和经济地位的提高以及其自立、自主意识的增强,已经有越来越多的女性,特别是西方国家的女性,成为现实的或者潜在的汽车消费者。在德国,不但57%的女性拥有自己的汽车,而且她们还希望与男性平分秋色,要求拥有专为女性设计的汽车。为此,妇女组织还以性别歧视为由,向政府递交了一份抗议书。在美国,女性消费者不但占据了汽车销售额的51%,而且还影响着80%以上的购车决定。显然,女性已经成为汽车消费市场中一支举足轻重的力量。在我国,一些女大款和女大腕也开始成为汽车一族。为此,汽车厂家和商家都回过头来,转而向女性"频送秋波"。

三、关于环保汽车

所谓环保汽车,也可称为绿色汽车或者清洁汽车,是指在其生产、运行和报废后,均不对自然环境造成污染的汽车。严格地讲,由于科学技术发展水平的限制,真正的绿色汽车离我们还相当遥远。现在所说的绿色汽车,充其量只是低公害而已,而且大多是从汽车动力的角度考虑的。一般来说,绿色汽车应当具有以下两个方面的特点。

1. 在运行中不污染环境的汽车

人们认为传统燃料是容易造成污染的燃料。其中汽油和柴油是两种最基本的传统燃料。日本采取的是"节能政策",美国各大汽车生产厂家都在加紧研制非汽油燃料汽车。就目前而言,使用替代燃料的汽车主要有以下几种:甲醇汽车、乙醇汽车、氢气汽车、生物汽车。液化石油气LPG和压缩天然气CNG是目前使用最为普遍的替代燃料。

(1) 关于电动汽车问题。现代的电动汽车是集机、光、化、电等各类工程技术中的最新技术于一体的集成产物。

(2) 关于混合动力问题。所谓混合动力汽车(Hybrid Power Vehicles),就是同时使用内燃机和蓄电池两种能源作为动力的汽车。

(3) 关于自然动力问题。所谓自然动力汽车,是指通过利用自然界里客观存在的自然资源作为动力的汽车。这些能源不仅其本身是清洁的,如风力、空气和太阳能等,而且在使用之后也不会造成任何环境污染,因而可以视为真正意义上的绿色能源。英国人戴维·伯恩斯是世界上第一部风力汽车的发明者。

2. 在报废之后不污染环境的汽车

据德国宝马汽车公司测算,目前,仅欧洲每年退出使用的汽车就高达2 000万辆。其中,宝马公司为25万辆。因此,如何有效回收和重新利用汽车就成了防止环境污染的现实问题。他们先是把废旧汽车上价值较高的零部件,如发动机、电动机等拆卸下来,加以翻新后再重新出售,然后再把剩余的部分进行回炉。其实关于汽车报废之后的污染问题,不应从报废之后,而应从生产之前抓起。在汽车设计时就应考虑到零部件是否容易回收和循环使用,并考虑到汽车材料的易分解性和低公害性,这将是汽车结构学和汽车材料学的发展方向。

 4.1.2 经济环境与汽车营销

市场是由人和购买力构成的。购买力是社会成员收入、价格、储蓄和借贷可能性等因素的综合体现。营销人员应根据不同时期社会成员的收入、价格、储蓄、信贷等情况的变化,适时推出适应不同层次消费者需求的不同产品。

一、消费者的收入状况

消费者的收入主要是指消费者的工资、奖金、补贴、福利及他们的存款利息、债券利息、股票利息、版权稿酬、专利拍卖、遗产继承等一切可以视为收入的全部现金收入。但是,消费者往往并不能将其全部收入用于消费,而是首先扣除作为一个公民所必须承担的社会责任和义务,如所得税、人口税等,这是由国家支配的部分。其次才是消费者个人可以支配的收入。家庭经济承受能力是轿车进入家庭的先决条件,国际上通常以轿车的价格与人均GDP的比值R来衡量家庭的购车能力,一般来说,当R值在2~3之间时,私人最倾向于购买轿车。高收入家庭的汽车拥有率为6%,是中等收入家庭的5倍,是低收入家庭的8.6倍。

可见经济收入决定汽车拥有程度,并且经济收入还决定了汽车的更新速度、车型选择和付款方式等。

二、消费者储蓄和信贷的变化

在消费者实际收入既定的前提下,其购买力的大小还要受储蓄与信贷的直接影响。从动态的观点来看,消费者储蓄是一种潜在的、未来的购买力。在正常状况下,居民储蓄同国民收入成正比变动,但在超过一定界线的通货膨胀的情况下,消费者储蓄向实际购买力的转变就极易成为现实。

我国是一个提倡艰苦奋斗的国家,并在一个相当长的时期内向人民灌输着"勤俭节约""储蓄爱国"的思想。因此,相当多的人都把拥有自己的汽车视为可望而不可即的事情。1996年以来,我国实施了积极的财政政策,先后7次降低利率,以求达到刺激消费、激活市场的目的。1998年,国家有关部门公布的一项关于储蓄动机的调查显示,首先存钱准备购房者约占储户的1/3,其次是用于子女上学,最后是用于医疗、养老和应急,将购车列入储蓄计划者微乎其微。无钱买车和有钱也不买车,是中国汽车市场营销必须面对的直接现实。

三、消费结构

消费结构是指消费者各类支出所占的比重,它主要影响市场的商品结构,进而影响企业的投资方向,如衣、食、住、行等支出结构。

从市场细分的角度看,汽车市场营销同样有一个目标市场和市场定位的问题。以少数人为目标,定位于达官贵人,追求轿车的豪华性,其市场容量显然非常有限;以多数人为目标,定位于普通百姓,追求轿车的经济性,其市场容量非常广阔。国务院发展研究中心、汽车工程学会联合发布《2009年中国汽车产业蓝皮书》预测,未来10年,消费群体重心将逐渐向户年均收入20万~50万元的群体移动,从2010年的15%左右上升到2020年的33%以上，年收入在10万～20万元水平的家庭用户作为乘用车消费主体的地位将继续保持，预计到2020年，这一阶层的家庭用户将在乘用车消费群体中占据45％的份额。

乘用车价位的特点表现为：未来10年，价位在10万～20万元的乘用车将成为消费者的大部分选择，预计其市场份额将从2010年的50％上升到2020年的60％。价格在25万元以上级别的乘用车，其市场份额也将小幅缓慢提升。

排量消费结构的特点表现为：将逐步过渡并以1～2 L为主，1 L以下的小排量汽车未来10年的市场份额或将下降到5％以下，而2 L以上的中高档乘用车将有望突破15％的份额。

显然，汽车市场的产销量并不是由汽车企业的生产能力决定的，而起决定作用的因素往往是消费者数量的多少。

现在，世界上许多国家的汽车生产厂家，都把开发国民轿车生产项目作为一项重要的经营策略。长安铃木汽车公司曾经在《汽车周报》上公布了一次奥拓轿车的最低零售价格，同是奥拓轿车，其价格却分了4个档次。其中，奥拓普及型为44 800元、奥拓标准型为48 800元、奥拓都市贝贝为52 800元、奥拓都市贝贝电喷为60 800元。从没有空调的普及型到电喷高级型，同是经济型轿车，价格也基本在6万元左右及以下，却拉开了4个档次，显然是为了照顾消费者的差异。

4.1.3 科学技术、社会文化环境与汽车营销

一、科学技术与汽车营销

科技环境是指一个国家和地区整体科技水平的现状及其变化。"科学技术是第一生产力"，同时也是汽车市场营销的力量。科学技术的发展必然会带来汽车性能、汽车材料、生产方式和营销技术的变化。成功的营销者还要密切关注技术的发展变化及其对市场营销的影响。

（1）新技术是一种"创造性的毁灭力量"。每一种新技术都会造就新的市场机会，产生新的行业，同时，也会给某个行业的企业造成威胁，使这个旧行业受到冲击甚至被淘汰。

（2）新技术革命有利于企业改善经营管理。目前，许多企业在经营管理中使用电脑、传真机等设备，促进了企业经营效益与工作效率的提高。

（3）新技术革命影响零售商业结构和消费者的购物习惯。比如，网上营销、电视购物等正在对营销产生巨大的影响。随着信息时代的到来和虚拟市场的出现，一线通天下、网络连万家，全球的汽车销售业务必然会产生一次惊心动魄的革命。利用互联网销售汽车，企业不但可以轻而易举地走向世界市场、深入千家万户，而且可以省去漂洋过海的艰辛、跋山涉水的劳顿，以最低的代价得到最大的效益。同时，对于消费者来说，可以实现"坐地日行八万里，巡天遥看一千河"的梦想，坐在家里阅尽天下汽车、比完天下价格，买到自己满意的汽车。"互联网上看照片、连锁店里看实物、金融中心交货款、配送中心开汽车"作为一种崭新的汽车销售模式，已经被越来越多的汽车生产厂家所青睐。

二、社会文化环境与汽车营销

社会文化环境是指一个国家、地区或民族的传统文化。它包括核心文化和亚文化。核心文化是人们持久不变的核心信仰和价值观，它具有世代相传、由社会机构予以强化和不易改变等特点。亚文化是指按民族、经济、年龄、职业、性别、地理、受教育程度等因素划分的特定群体所具有的文化现象，它根植于核心文化，但比核心文化容易改变。

社会文化环境通常是由社会成员的价值观、信仰、兴趣、行为方式、社会群体及相互关系等内容所构成。在企业所面临的诸环境中，社会文化环境是较为复杂的。它不像其他环境那样显而易见和易于理解，却又时刻影响着企业的市场营销活动。

社会文化环境对汽车营销的影响有：①它影响着人们的行为（包括购买行为），对企业不同的营销活动（如产品设计、造型、颜色、广告、品牌等）具有不同的接受程度。不同的文化环境，人们对汽车的理解是不同的。在西方发达国家，作为代步工具的汽车被称为"乘用车"，作为运载工具的汽车被称为"商用车"。但是，在中国人眼里，作为代步工具的东西就是"轿车"。显然，轿车系由轿子派生而来，是与身份和权势密切相关的。这种文化传统根深蒂固，强烈地影响了桑塔纳和富康两种轿车的命运。桑塔纳有"轿"，威风凛凛，尽管在国际市场上已经淡出，但在中国轿车市场独领风骚；富康无"尾"，小巧玲珑，尽管在国际市场上领先一步，却在中国轿车市场上难觅知音。只是后来添了尾巴，而且将"东风"改为"神龙"，将"富康"改为"神龙-富康"或"神龙-富康988"，既得天助，又送吉祥，才渐渐引起了国人的青睐。②亚文化的发展与变化，决定了市场营销活动的发展与变化。

4.1.4 政治、法律环境与汽车营销

政治、法律环境又叫政治环境，是指能够影响企业市场营销的相关政策、法律及制定它们的权力组织。在任何社会制度下，企业的营销活动都必须要受到政治与法律环境的强制制约和约束。这种政治与法律环境，是由那些强制和影响社会上各种组织和个人行为的法律、政府机构、公众团体所组成。企业总是要在一定的政治与法律环境中运行。

在计划经济条件下，政企不分，汽车生产厂家被国家所下达的指令性计划和上级主管部门的行政命令所困扰。如果经济是短缺经济，市场是卖方市场，而且实行统购统销、包购包销的汽车分配制度，那就谈不上什么汽车市场营销。

在市场经济条件下，政企分开，真正有发言权的是市场。按经济规律管理经济，按市场规律管理市场，极大地调动了汽车生产厂家的积极性和创造性。

国家的汽车政策主要包括汽车产业政策、汽车企业政策、汽车产品政策和汽车消费政策等4个方面。

一、汽车产业政策

为适应不断完善的社会主义经济体制的要求，以及加入世贸组织后国内外汽车产业发展的新形势，推进汽车产业结构调整和升级，全面提高汽车产业国际竞争力，满足消费者对汽车产品日益增长的需求，促进汽车产业健康发展，2004年，国家颁布了《汽车产业发展政策》。

随着市场的变化，汽车产业政策不断得到调整，如：

1. 合资股比放开

2018年6月28日，国家发展和改革委员会、中华人民共和国商务部发布了《外商投资准入特别管理措施（负面清单）（2018年版）》，自2018年7月28日起施行。

受此政策影响，汽车产业也发生了一些变化。事件一：2018年10月11日晚间，华晨汽车发布公告称拟在2022年前向宝马出售华晨宝马汽车25%的权益，交易价格290亿元人民币，该交易价格是在华晨宝马100%股权1 158亿元估值上参考调整而来。事件二：2018

年7月10日,特斯拉与上海临港签署投资协议计划在临港地区独资建厂,项目年产量达到50万辆整车生产规模,届时国产Model 3等车型将国产。

2. 产品准入放宽/严控新增燃油车产能

2018年10月24日,工业和信息化部公布《道路机动车辆生产企业及产品准入管理办法》,自2019年6月1日起施行;2018年12月10日,国家发展和改革委员会主任办公会议审议通过《汽车产业投资管理规定》,自2019年1月10日起施行。

这两项政策尤其对造车新势力企业带来了很多利好,目前代工模式已经在新造车势力中应用,比如蔚来ES8是由江淮汽车代工生产,小鹏G3是由海马汽车代工生产,江铃为爱驰代工,奇点找北汽昌河代工,新特找一汽代工……政策落地后,相信会有更多新造车势力加入代工行列。

3. 国六提前实施

2016年12月23日,环境保护部、国家质检总局联合发布《轻型汽车污染物排放限值及测量方法(中国第六阶段)》;2018年7月3日,国务院印发《打赢蓝天保卫战三年行动计划》。

按照《轻型汽车污染物排放限值及测量方法(中国第六阶段)》要求,自2020年7月1日起,所有销售和注册登记的轻型汽车应符合国六(a)限值要求。自2023年7月1日起,所有销售和注册登记的轻型汽车应符合本国六(b)限值要求;而按照国务院印发的《打赢蓝天保卫战三年行动计划》明确指出,重点区域、珠三角地区、成渝地区提前实施国六排放标准。

4. 购置税立法

《中华人民共和国车辆购置税法》已由中华人民共和国第十三届全国人民代表大会常务委员会第七次会议于2018年12月29日通过,自2019年7月1日起施行。决定车辆购置税的税率仍为10%。对于汽车购置税减免政策,尽管国家层面没有减免,但是当下已经有不少主机厂自发地为用户承担购置税:在2018年12月1日至12月31日期间,奇瑞旗下的瑞虎8、艾瑞泽GX、艾瑞泽EX、瑞虎5x(1.5T车型)及瑞虎3x等车型以厂家补贴的方式提供购置税减半的优惠政策。2018年12月1日,哈弗也宣布启动"新车50%购置税补贴的"活动。

5. "降关税"遇到"中美贸易战"

2018年5月22日,国务院关税税则委员会发布了《国务院关税税则委员会关于降低汽车整车及零部件进口关税的公告》;2018年12月14日财政部发布了《国务院关税税则委员会关于对原产于美国的汽车及零部件暂停加征关税的公告》。

《国务院关税税则委员会关于降低汽车整车及零部件进口关税的公告》指出,自2018年7月1日起,降低汽车整车及零部件进口关税。将汽车整车税率为25%的135个税号和税率为20%的4个税号的税率降至15%,将汽车零部件税率分别为8%、10%、15%、20%、25%的共79个税号的税率降至6%。

好景不长,中美贸易战正式拉开帷幕:2018年6月15日美国发布了加征关税的商品清单,将自7月6日起对从中国进口的约500亿美元商品加征25%的关税,中国国务院关税税则委员也决定对原产于美国的659项约500亿美元进口商品加征25%的关税。

6. 商业车险费率改革

2018年7月20日,银保监会发布《中国银保监会办公厅关于商业车险费率监管有关要求的通知》,本通知自发布之日起施行。

商业车险费率改革历经2015年的试点先行、2016年的全面推进、2017年的二次费改、2018年的三次费改后进入新阶段,其节奏不可谓不快。保险费改方向是越来越市场化,将车险产品定价权逐步交由公司自主确定。未来,不同客户的车险定价会越来越差异化,优质客户的保费会更加便宜,经常出险的客户则要付出的价格会越高,甚至被拒保。

7. "双积分"考核

2018年7月2日,工信部装备工业司发布《关于乘用车企业平均燃料消耗量和新能源汽车积分交易平台上线的通知》,明确积分交易平台地址、交易平台账号获取及功能开通、积分交易相关要求、积分交易审核等内容。

从2019年度正式开始设定新能源汽车积分比例要求,2019年度、2020年度新能源汽车积分比例要求分别为10%、12%。

8. 新能源汽车补贴退坡

2018年2月,财政部在其官网上正式发布《关于调整完善新能源汽车推广应用财政补贴政策的通知》。

2019年新能源汽车补贴至少要在2018年的基础上再降低30%。根据2018年《通知》规定,享受新能源补贴的纯电动乘用车工况续驶里程不得低于150 km,插电式混合动力(含增程式)乘用车工况续驶里程不得低于50 km。而根据此前的补贴退坡机制,2017—2018年补助标准在2016年基础上下降20%,2019—2020年补助标准在2016年基础上下降40%。

9. 取消二手车限迁

2017年3月,商务部会同公安部、环境保护部联合印发《商务部办公厅公安部办公厅环境保护部办公厅关于请提供取消二手车限制迁入政策落实情况的函》;2016年12月,环境保护部办公厅、商务部办公厅联合印发《关于加强二手车环保达标监管工作的通知》。

国家鼓励汽车、零部件生产企业和金融、服务贸易企业借鉴国际上成熟的汽车营销方式、管理经验和服务贸易理念,积极发展汽车服务贸易。

为保护汽车消费者的合法权益,使其在汽车购买和使用过程中得到良好的服务,凡在境内市场销售自产汽车产品的国内外汽车生产企业,必须尽快建立起自产汽车品牌销售和服务体系。该体系可由国内外汽车生产企业以自行投资或授权汽车经销商投资方式建立。2005年起,汽车生产企业自产乘用车均要实现品牌销售和服务。2006年起,所有自产汽车产品均要实现品牌销售和服务。

培育以私人消费为主体的汽车消费市场,改善汽车使用环境,维护汽车消费者权益,积极发展汽车服务贸易,以推动汽车消费。国家支持发展汽车信用消费。国家鼓励二手车流通,交易价格由买卖双方商定。汽车保险制度要根据消费者和投保汽车风险程度的高低来收取保险费。鼓励保险业,以推进汽车保险产品多元化和保险费率市场化。

二、汽车企业政策

1997年我国推出了优待重点汽车企业的政策,规定凡是国家规定的重点汽车企业,享受以下6条优惠政策:固定资产投资方向调节税为零;优先安排其股票和债券的发行与上市；银行在贷款方面给予积极支持；在利用外资计划中优先安排；对经济型轿车、轿车关键零部件的模具、锻造工具，适当安排政策性贷款；企业集团的财务公司，经国家有关部门批准，可以扩大业务范围。

三、汽车产品政策

（1）对汽车的宏观结构进行调整的政策。1999年10月31日，《公路法》批准实施，使汽车产品结构进一步得到改善。

（2）对汽车微观结构进行调整的政策。

四、汽车消费政策

一般来说，汽车消费政策可以分为鼓励汽车消费的政策和鼓励汽车更新的政策两种类型。典型的汽车消费政策如2010年7月，国家发展改革委发布公告称，安徽江淮、比亚迪、北京现代、重庆长安等16家企业的71个车型入围第一批节能汽车（1.6 L及以下乘用车）推广目录。中央财政将对消费者购买以上车型的节能汽车给予每辆3 000元的补助，由生产企业在销售时兑付给消费者。

知识拓展

《中华人民共和国车船税法实施条例》经2011年11月23日国务院第182次常务会议通过，2011年12月5日中华人民共和国国务院令第611号公布，该《条例》共27条，自2012年1月1日起施行，见表4-1。

表4-1 中华人民共和国车船税标准

类型	税目	计税单位	车辆税税额标准/元
乘用车（按发动机气缸容量（排气量）分档）	1.0 L（含）以下	每辆	60～360
	1.0～1.6 L（含）		360～660
	1.6～2.0 L（含）		660～960
	2.0～2.5 L		960～1 620
	2.5～3.0 L		1 620～2 460
	3.0～4.0 L		2 460～3 600
	4.0 L以上		3 600～5 000
商用车	大型客车（核定载客人数20（含）人以上）	每辆	1 140
	中型客车（核定载客人数大于9人且小于20人）	整备质量每吨	960
	货车		96
挂车		整备质量每吨	按照货车税额的50%计算
其他车辆	专用作业车	整备质量每吨	96
	轮式专用机械车		96
摩托车		每辆	120

4.2　汽车市场营销的微观环境

本节内容简介

微观环境是指与企业关系密切、能够影响企业服务顾客的能力的各种因素——企业自身、供应商、销售渠道、顾客、竞争对手及公众。这些因素构成企业的价值传递系统。分析微观营销环境的目的在于更好地协调企业与这些相关群体的关系，促进企业营销目标的实现。

微观环境因素对企业的影响，尤其是供应商、顾客、竞争者对企业发展的影响巨大。供应商、顾客、竞争者对企业发展和营销对策有着多方面的影响，为此，企业营销活动既要适应环境，又要设法改变环境，才能在激烈的市场竞争中立于不败之地，持续、健康、稳步地发展。

4.2.1　企业内部环境

企业的内部环境是指企业的类型、组织模式、组织机构及企业文化等因素，主要是指企业的经营能力。所谓经营能力，是以企业效益、产品销量和销售增长率等为特征表现出来，是支撑企业市场营销成功的精神基础，它为企业的生存和发展提供一片或大或小的空间。

我国湖南长丰（集团）有限公司的前身——中国人民解放军7319工厂，曾经是一家修理军械的工厂。"靠天吃饭"当然谈不上效益。1984年，该公司董事长李建新当了厂长后，开始了7319工厂的"第二次创业"，使公司由修理军械转产越野车。1994年，长丰在国内同行中抢先一步，与日本三菱汽车公司拉起手来，滚动引进了三菱"帕杰罗"车的生产和管理技术，从而开始了7319工厂的"第三次创业"。1996年10月，长丰适时改制，脱胎换骨为集团公司，从而走上了现代企业的发展道路。现在的长丰集团已经是一个现代化的轻型越野车制造公司。1996—1999年，该公司生产的"猎豹"汽车，以年销售增长率300%的"猎豹速度"向上狂升。与此同时，长丰的资产规模也由1984年的1 800万元增值为10亿元人民币。长丰（集团）公司由一个名不见经传的军械小厂，发展成为一个名扬天下的"越野之王"，这不但是一次成功的企业蜕变，而且是一次成功的资本扩张。善于经营者，可以使企业的资产和规模不断扩大；不善经营者，则会使企业发展契机稍纵即逝。

一般来说，影响企业经营能力的关键因素主要有领导素质、营销决策、合作伙伴三个方面。

1. 领导素质

"管理就是决策"。因此，企业领导的素质如何，尤其是决策的能力如何，往往是影响企业兴衰成败的首要因素。关于资产重组的热潮一浪高过一浪，其实，比资产重组更为重要的是人才重组。只有通过资本或资产的运营，才能达到以钱生钱的目的。而这些都需要人或人才对资本或资产的调遣。

宝马汽车公司前总裁皮切里特在国际汽车行业曾经是一位如雷贯耳的人物，在他的领导下，宝马公司的实力得到大幅增强，经济效益也逐年上升。特别是1998年同大众汽车公司争夺劳斯莱斯时，皮切里特与大众汽车公司总裁皮埃希斗智斗勇，最后仅以4 000万英镑就拿下了劳斯莱斯品牌使用权；而大众以4.3亿英镑的高昂代价，却仅仅得到劳斯莱斯的工厂。因为按照现代市场营销学的观点，品牌显然比工厂更有价值。但是，后来在皮切里特因其下属的罗孚公司长期亏损而被迫辞职，但他的对手皮埃希却请他去当大众西特汽车公司的总裁。而在此之前，大众西特公司总裁施特密已经被雷诺汽车公司挖走，从而填补了日产首席运营官戈恩离开后留下的空白。

2. 营销决策

正确的决策可以使企业兴旺发达，错误的决策只能使企业全盘皆输。长丰（集团）公司在"第二次创业"时，由修理军械转向生产猎豹轻型越野车，既实现了自己成功的跨越，也实现了自己成功的飞跃。显然，是其正确的营销决策促成了长丰今日的成功。

如果说长丰（集团）公司做法属于选择投资方向的策略，那么，广州本田汽车公司的做法则属于选择投资方法的策略。该公司改变了过去"大规模兴建新厂、建成后举步维艰"的传统做法，采取了"以市场为导向、少投入、快投产、滚动发展"的投资方法策略。其中，少投入与快产出、滚动发展是相辅相成的。没有快产出和滚动发展，少投入也就失去了其存在的合理性。在短短的9个多月时间里，广州本田仅投入了4亿多元人民币，就完成了350余项技术改造工程，使原来生产标志轿车的工厂达到年产3万辆广州本田雅阁轿车的生产规模和技术要求。雅阁（Accord）品牌颇负盛名，当年投入、当年产出，创造了一鸣惊人的"广州本田速度"。

3. 合作伙伴

马克思认为："一个人的发展取决于或者直接，或者间接与他交往的其他一切人的发展。"其实，企业的前途和命运也是如此，良好的合作伙伴可以使企业如虎添翼；不良的合作伙伴，则可能成为企业的累赘。因此，选择有价值的合作伙伴，也是提高企业经营能力的重要举措。

"广州本田"是由"广州标志"与"日本本田"合资而来的。在此之前，广州标志为寻找合作伙伴曾经考察了奔驰、宝马、欧宝、丰田、本田、三菱、现代、福特、马自达、菲亚特、克莱斯勒等多家外国著名汽车生产厂家。经过筛选，仅有欧宝、现代、本田三家入围。刚开始时，它其实已经与欧宝签署了合作基础协议。但是，通过对经济实力、企业信誉、合作车型、生长规模、国产化率等20多种因素的综合比较，广州标志最终选择了日本本田作为自己的合作伙伴。就此而言，我们认为，虽然促使"广州本田速度"的产生因素很多，但是选择了理想的合作伙伴，也是一个重要的因素。

一般来说，选择合作伙伴时，应当选择那些确有所长并可补短的伙伴。除经济实力之外，产品结构、产品销售、生产平台、生产技术等也可以作为合作的基础。

4.2.2 企业外部环境

企业外部环境包括市场营销中介、顾客、竞争者和公众。

一、市场营销中介

市场营销中介帮助企业将其产品促销、销售并分销给最终购买者，包括供应商、经销商、货物储运商、营销服务机构和金融中介。

（1）供应商。供应商是公司整个顾客"价值传递系统"中的重要一环，他们提供公司生产产品及服务所需的资源。供应商的变化对营销有重要影响，营销部门必须关注供应能力，因为这在短期内会影响销售，在长期上会影响顾客的满意程度。营销部门也必须关注公司主要原料的价格趋势，因为供应成本上升会使公司产品价格上升，从而影响公司的销售。

（2）经销商。经销商是销售渠道公司，能帮助公司找到顾客或把产品卖给顾客。经销商包括批发商和零售商。寻找经销商并与之合作，并不是一件容易的事。现在制造商们不能像从前那样从很多独立的小型经销商中任意选择，而必须面对大型且不断发展的销售机构。这些机构往往实力不凡，甚至能将某个制造商拒于市场的门外。

（3）货物储运公司。货物储运公司帮助公司从原产地到目的地存储和移送货物。在与仓库、运输公司打交道中，公司必须综合考虑成本、运输方式、速度及安全性等因素，从而决定运输和存储货物的最佳方式。

（4）营销服务机构。它包括市场调查公司、广告公司、传媒机构和营销咨询公司，它们帮助公司正确地定位和销售产品。由于这些公司在可信度、质量、服务及价格方面变化较大，公司在做选择时必须多加小心。

（5）金融中介。包括银行、信贷公司、保险公司及其他机构。它们能够为交易提供金融支持或对货物买卖中的风险进行保险。大多数公司和客户都需要借助金融中介来为交易提供资金。

二、顾客

公司应仔细研究其顾客市场。

顾客市场分为以下 5 类。

（1）消费者市场。由个人和家庭组成，他们仅为自身消费购买商品和服务。

（2）企业市场。购买产品和服务是为了进一步深加工或在生产过程中使用。

（3）经销商市场。购买产品和服务是为了转卖，以获得利润。

（4）政府市场。购买产品和服务是为了服务公众或作为救济发放。

（5）国际市场。由其他国家的购买者构成。

每种市场各有自己的特点，销售人员需要对此进行仔细研究。

三、竞争对手

营销观念认为，一个公司要想获得成功，就必须比竞争对手做得更好，让顾客更满意。因此营销部门不仅要考虑目标顾客的需要，而且要在消费者心里留下比竞争对手更有优势的印象，以赢取战略上的优势。

在现代市场经济条件下，存在 4 个层次的竞争者。

（1）愿望竞争者。即满足消费者的各种目前愿望，与本企业争夺同一顾客购买力的所有其他企业。

（2）一般竞争者。即提供不同类的产品，满足购买者某种愿望的企业。

（3）产品形式竞争者。即提供同种但不同型号的产品，满足购买者愿望的企业。

（4）品牌竞争者。即提供同种产品的各种品牌，满足购买者某种愿望的企业。

四、公众

公众是指对企业营销活动有实际的潜在利害关系和影响力的一切团体和个人。

（1）金融公众。影响企业获得资金的能力，包括银行、投资公司和股东。

（2）媒体公众。由发表新闻、特写和社论的机构组成，包括报纸、杂志、电台和电视台。

（3）政府公众。管理层必须考虑政府动态。营销人员必须经常就产品安全性、广告真实性及其他事项向公司律师咨询。

（4）"市民行动"公众。一个企业的营销战略可能受到消费者组织、环境组织、少数民族组织的咨询。企业公关部门负责搞好它与消费者和市民组织的关系。

（5）一般公众。企业需要关注一般公众对其产品和活动的态度。企业的公众形象影响其产品的销售。

（6）内部公众。一个企业的内部公众包括它的员工、经理、董事会等。当员工对自己的企业感觉良好时，他们的积极态度会影响到外部公众。

知识拓展

企业微观环境分析方法

1. 潜在竞争对手分析

新进入某一行业或市场的竞争对手会带来新的生命力，他们具有在市场上站稳脚跟并获得市场份额的愿望，这就给现有企业带来威胁。新进入某个行业的企业威胁大小，取决于现有的进入障碍，同时也取决于进入者所进入的行业中现有竞争对手做出的反应。

2. 现有竞争对手的分析

（1）现有竞争对手的数目。市场上生产和销售同一产品的厂家越多，竞争就越激烈，行业利润会随竞争而下降。

（2）现有竞争对手的经营战略。如果几家竞争对手从战略上特别重视该行业或市场上价格竞争程度很高，就会降低各个厂家的利润。

（3）竞争对手的产品差异化。如果竞争对手产品差异化程度低，则行业或市场上价格竞争程度就高，从而降低各个厂家的利润。

（4）固定成本的高低。当竞争对手固定成本高时，由于市场萎缩造成生产能力过剩，也会出现激烈竞争。

（5）行业成长过剩。当整个行业日趋成熟时，行业成长变慢，导致为生存而产生的激烈竞争，利润下降。那些实力较弱的厂家会遭到淘汰。

市场上各企业之间的竞争表现在产品、价格、质量、服务等各个方面，这种竞争影响企业目标的实现。因此，竞争对手分析应是企业战略分析的最重要任务。

3. 替代产品或服务威胁的分析

实际上，各行业中的所有企业都在与生产替代产品的企业进行竞争。根据波特的理论，"替代产品通过规定某个行业内各企业可能获利的最高限价来限制该行业的潜在收益率"。

替代产品生产企业的威胁虽然比行业内主要竞争对手企业的威胁要小，但是会对企业的获利能力产生影响。

4. 供应商力量的分析

企业生产所利用的各种生产要素的成本和可用性是关系企业战略优势的重要方面。原材料、零部件、半成品、包装物乃至劳动力的成本高低以及来源渠道、可用性常受到企业和供应商之间关系的影响。

一个行业中如果五种力量都很强大，该行业的平均利润率将会很低。如果这些力量较弱，该行业的平均利润水平将会很高，行业吸引力大。另外，行业竞争的五种力量在行业发展的不同时期的表现不同，掌握五种力量在行业不同发展阶段的变化规律，对于企业制订有效的战略决策有着非常重要的作用。

5. 顾客力量的分析

顾客力量的分析是企业特定经营环境分析的重要内容。它包括企业产品消费群体分析、顾客购买动机分析等,有时还包括顾客消费承受能力分析。

某一行业消费群体拥有较大的力量,往往能通过压低价格,要求提高质量与服务水平,以及利用卖方之间的竞争来影响行业的盈利。一般来说,如果具备下列条件,则某个顾客或顾客群体的力量就强大:①客户购买大批量产品;②客户具有自己生产所需产品的能力;③客户可以向许多其他供应厂家购买该产品;④客户改变供应厂家不会增加成本。

本·章·知·识·点

企业外部环境又分为宏观环境和微观环境两个层次。宏观环境因素包括:政治环境、经济环境、技术环境、社会文化环境。这些因素对企业及其微观环境的影响力较大,一般都是通过微观环境对企业间接产生影响。微观环境因素,包括市场需求、竞争环境、资源环境等,涉及行业性质、竞争者状况、消费者、供应商、中间商及其他社会利益集团等多种因素,这些因素会直接影响企业的生产经营活动。归纳起来,企业外部环境因素及其构成如图4-1所示。

图 4-1 企业外部环境因素及其构成

企业外部环境有三个显著的特征:

(1) 波动性,即外部环境经常发生变化而且难以预测;

(2) 不可控性,即外部环境的变化不受单个企业的控制;

(3) 差异性,即外部环境对不同类型的企业影响各不相同。

企业内部环境包括企业的物质环境和文化环境。它反映了企业所拥有的客观物质条件和工作状况以及企业的综合能力,是企业系统运转的内部基础。因此,企业内部环境分析也可称为企业内部条件分析,其目的在于掌握企业实力现状,找出影响企业生产经营的关键因素,辨别企业的优势和劣势,以便寻找外部发展机会,确定企业战略。如果说外部环境给企业提供了可以利用的机会,那么内部条件则是抓住和利用这种机会的关键。只有在内外环境都适宜的情况下,企业才能健康发展。企业内部环境分析的内容和程序如图4-2所示。

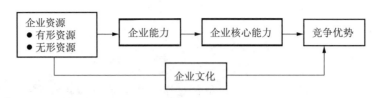

图 4-2　企业内部环境分析的内容和程序

课后训练

任　务	要　求
1. 针对本地区文化特征分析汽车消费特点。 2. 收集最新国家刺激积极发展的相关政策，分析它们对汽车消费的影响。 3. 学生互相评价他们的分析观点	学生事先写好分析报告，要求突出自己的特色。 （1）学生介绍自己的观点，分析影响个人消费决策的因素。 （2）注意仪表仪态。 填写工作计划表（附录四）和工作检查表（附录五）

拓展知识

案例分析

学习素材

第五章

汽车市场营销战略

学习目标

了解汽车市场营销战略的概念、特征和主要内容。
理解汽车服务战略的含义和与特征。
理解顾客让渡价值的意义。
掌握确立市场竞争地位和基本竞争策略的手段。

情景导入

可爱的甲壳虫

1934年,希特勒政府委托著名的汽车设计师波尔舍生产大众买得起的国民车——"大众"。1936年,波尔舍完成了大众汽车的设计,由于汽车外形轻巧可爱,当时很多守旧的德国人把这款车贬称为"甲壳虫",说它是丑陋的怪物,于是甲壳虫就有了大名。然而,正是这"丑陋的甲壳虫",以其滑稽的名称、可爱的外观设计,成为第二次世界大战后德国青年一代的时尚,并在世界汽车业创造了奇迹。1946年以后,甲壳虫的产量连年翻番:1950年,年产量10万辆;1951年,达15万辆。当时,欧洲汽车业相当保守,缺乏外向竞争意识,甲壳虫是第一个例外,波尔舍把手伸向了北美大陆,但是被派出的第一个北美推广小组却无功而返,因为经销商们对这种又丑又小的玩意不感兴趣。但其总裁诺尔多夫不死心,决定在美国成立子公司,负责产品的销售和服务。随后1 000多个统一使用德国大众蓝白标志的经销点遍布美国各地。广告攻势就像陡涨的潮水,德国式幽默把甲壳虫画得浑圆胖矮,滑稽可笑。广告词却说:美丑只是表面。结果短短几年间,大众就售出100多万辆甲壳虫,年销量超过美国汽车大王福特,成为美国青年故意追求的风格,美国人亲切地称这种车为"Beetle",甚至还拍了电影。20世纪80年代,当德国本土最后一辆甲壳虫下线,大众共生产了2 600万辆甲壳虫,创单一车型产量的世界最高纪录,大众公司一跃成为德国第一大汽车公司,居世界第五位。即使现在,甲壳虫仍然是世界各地车展的嘉宾。甲壳虫创造了汽车业的神话。

问题

大众公司采用了什么样的营销战略成功创造了"甲壳虫神话"?

5.1　汽车市场营销战略概述

本节内容简介

汽车企业要在激烈的市场竞争中获得长远的发展,必须正确地预测汽车市场中长期的发展变化,制定与汽车市场走势和汽车企业能力相适应的汽车市场营销战略,并组织实施和管理控制,使规划的战略目标得以实现,这是汽车企业成功经营的基础。

汽车市场营销战略可以根据其战略任务分为三种类型,即汽车服务战略、顾客满意战略和市场竞争战略。

汽车市场营销战略的内容包括营销战略思想、营销战略目标、营销战略重点和营销战略措施等。

5.1.1　汽车市场营销战略的概念与特征

一、汽车市场营销战略的概念

汽车市场营销战略是指汽车企业在现代市场营销观念的指导下,确定在将来的某个时期希望达到的营销活动目标及为了实现这一目标所预先要采用的行动方案。

汽车市场营销战略是当今汽车企业在市场竞争中广为关注的一项创意性营销活动。正是因为它带有一种主观创意,因此,企业营销战略除一些基本内容和原则外,并无固定的模式套用。在西方流传一句名言:"管理是企业的效益,创新是企业的生命,战略是企业的翅膀。"在我国市场经济的发育和发展过程中,制订营销战略,从总体上对企业的市场营销管理活动进行规划、指导和约束,对于营销机构来说具有十分重要的作用。

(1) 使汽车企业的营销活动"目标一体化"。也就是说,营销战略策划能够使汽车企业的各工作部门、各营销工作的环节都能按一个统一的目标来运行,为着同一目标而努力,形成一个很好的协调发展机制,使得企业实现整个营销战略活动具备相应的保障。

(2) 提高汽车企业对自身资源的有效利用。营销战略自身就是从很多的营销方案中挑选出对于企业本身来讲最好的方案。所以,营销战略策划必须制订得很合理和正确,并且得到了很好的贯彻执行。

(3) 增强营销活动的稳定性。由于营销外部环境不断发生变化,企业的营销战略也需要相应地做出调整。对战略的调整,不应该是主观的、随心所欲的或被动的。只有在营销战略计划的规定下,企业才能够主动地、有预见地、方向明确地按照营销环境的变化及时调整自己的营销战术,才可以在纷繁复杂的多变市场面前做到游刃有余,始终能够按既定的目标稳步前进。

(4) 制定营销战略是汽车企业参加市场竞争的有力武器。大量实践证明,即使企业制定的目标很科学,选择的市场很有潜力,确立的产品质量很好,价格合理,性能优越,但是,若企业组合战略不力,消费者就不能很好地认识和理解其产品,市场反应势必冷淡。反之，则会收到极佳的效果。例如，占领美国小汽车市场可以说是第二次世界大战后日本企业家的目标，但是，直到1969年，日本小汽车出口只达4 720万美元，尽管此时技术上已经拉平，然而太小的市场份额还无法与美国汽车公司形成抗衡。1972年，丰田公司推行一种"想象工程"，沟通了顾客与经销商之间的联系。公司举办国际研讨班，培训推销员；加大广告费用，每辆车的广告费达142.3美元（而美国汽车公司每辆车广告费只有44.4美元）；加大生产工序的自动化，降低制造成本；改进运输中的装卸条件，降低运费成本；发展零配件装配，避开关税壁垒；限制成品车出口，调动美国代理商的积极性等。由于这些举措，到1975年，丰田汽车在美国市场已占较大份额。而此时日本其他公司汽车输出也有很大提高，1975年，日本的小汽车总出口达6.5亿美元，是1969年的13.77倍。欧洲汽车行业称这一时期为日本汽车工业的"激光束型出口"。

（5）制订营销战略是广大汽车企业职工参与管理的重要途径。在战略计划工作中，让广大企业职工参与，不仅体现了管理的民主性，也有利于管理者吸收群众的智慧，使企业的所有员工都能明白企业的发展远景和目标，增强企业职工对企业的同心力和凝聚力，从而发挥职工的创造力和主人翁的责任感。

二、汽车市场营销战略的特征

汽车市场营销战略具有以下三个特征。

1. 系统性

汽车市场营销战略本身是一个系统，它包括了战略思想、战略重点、战略措施等相互联系的要素。同时，它还处于汽车企业经营总战略的更大系统之中。

2. 全局性

汽车市场营销战略的全局性包括两层含义：一是指汽车企业对市场营销策略进行整体规划；二是指汽车企业在市场营销中做出关系到汽车企业全局发展的关键策略。

3. 长远性

汽车市场营销战略的长远性是指战略着眼于未来，要指导和影响未来较长时间内的营销活动，是对未来营销工作的通盘筹划。因此，要立足当前，放眼未来，协调好近期和长远的关系。

 5.1.2 汽车市场营销战略的类型与内容

一、汽车市场营销战略的类型

汽车市场营销战略可以根据其战略任务分为3种类型，即汽车服务战略、顾客满意战略和市场竞争战略。这3种不同类型的战略是针对其不同的战略任务来确定不同的市场营销活动方向，规划其不同的市场营销策略。

1. 汽车服务战略

汽车服务战略是指汽车进入流通、销售、购买、使用直至报废、回收各个环节中，汽车企业为汽车消费者提供一系列服务营销的策略。

2. 顾客满意战略

顾客满意战略是指汽车企业通过价值链管理，来提高顾客让渡价值，提升顾客满意水平的一系列市场营销的策略。

3. 市场竞争战略

市场竞争战略是指汽车企业通过市场竞争环境、竞争对手以及企业自身市场竞争地位的分析后，确定汽车企业在市场竞争中总的制胜策略。

二、汽车市场营销战略的内容

汽车市场营销战略的内容包括营销战略思想、营销战略目标、营销战略重点和营销战略措施等。

1. 营销战略思想

营销战略思想是指导战略制定和实施的基本思想。它是营销战略的灵魂，是确定营销战略目标、营销战略重点和营销战略措施的纲领。不同的汽车企业或同一汽车企业在不同的时期，需将营销战略思想具体化，形成营销战略决策应遵循的一系列准则。

2. 营销战略目标

营销战略目标是指汽车企业全部营销活动所要达到的总体要求。营销战略目标规定了企业全部营销活动的总任务，决定企业发展的行动方向。

不同的企业有着不同的营销战略目标，同一企业也会有很多战略目标，这就使得目标基准的确定较为困难。例如，高销售增长率、高赢利、高市场占有率、良好的信誉等均可以作为汽车企业的战略目标。一般来说，选择市场营销战略目标要遵循以下3个基本原则。

（1）营销战略目标要符合企业的总体经营方针。现代经济学与管理学的发展表明，不同企业之间的企业领导者有不同的利益偏好。一些企业领导者可能追求利润极值，但另外的企业领导者可能追求企业稳定的经营、良好的信誉等，还有一些政府经营的企业的经营目标是提供最大限度的就业。另外，随着社会生产力发展的变化，企业所有者和经营者之间有不同的偏好，两权日益分离，两者之间可能产生极大的目标差异。

（2）营销战略目标要根据细分市场的不同而变化。市场细分，就是根据构成总体市场的不同消费者需求特点、购买行为和购买习惯，将他们细分为若干有着相类似需求倾向的消费者群体。企业营销战略目标并不是在每一产品细分市场上都是相同的，因为每一细分市场都有其自身特点，在企业总体战略制约下，汽车企业应该视产品的不同细分市场而做出不同的营销战略。

（3）营销战略目标应该视同一产品的不同发展阶段而有所不同。由于同一企业不同产品在同一时期处于其不同的生命周期，所以在其细分市场上营销战略目标就有着明显不同。但是，对于大多数汽车企业来说，追求一定量的令人满意的利润仍然是其头等目标，而利润又与市场占有率密切相关，市场占有率充分表明一个企业的竞争能力。同时，由于计量的方便，人们在细分市场上，仍然将这市场占有率和利润作为营销战略的重要目标。

3. 营销战略重点

围绕营销战略目标的实现，通过对汽车企业内外部、主客观条件的分析，找出各阶段影响市场营销的重要问题，把它作为营销战略重点。只有重点突出，才能有所突破，从而有效地实现战略目标。营销战略重点应随着不同时期和内部条件的变化而变化。

4. 营销战略措施

营销战略措施是为了实现营销战略目标所采取的措施。当汽车企业的市场营销战略方案确定后，还要将总体目标分解到战略的各个阶段，制定相应的战略措施，确保汽车企业战略总体目标的实现。

企业的营销战略和营销计划在执行过程中难免会受到各种因素的影响,这就需要营销部门根据情况的变化做出相应的反应,并及时调整营销组合策略,实现企业的有效经营。营销控制就是指企业根据营销计划执行的实际情况,对有关方面做出必要控制,以确保营销目标的实现。

营销控制的步骤如图5-1所示。

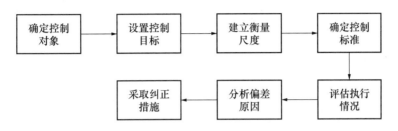

图5-1 营销控制步骤

(1) 确定控制对象。控制的内容越多、范围越广,可获得信息越多,但是任何控制活动本身都会引起费用支出,因此,在确定控制内容、范围、额度时,管理者应当注意使控制成本小于控制活动所能够带来的效益。

最常见的控制内容是销售收入、销售成本和销售利润三方面;对市场调查、推销人员工作、消费者服务、广告等营销活动,也应通过控制加以评价他们的效率;对试销、新产品开发、特别促销等专门项目,管理者常常采用临时性的控制措施。

管理人员在确定控制对象的时候,还必须决定控制量——频率和范围。某种控制对象或销售活动对公司成果的重要性越大,就越要对其进行集约性控制;如果某一销售地区或活动容易脱离计划,也要予以较多的控制。

(2) 设置控制目标。大多数目标最终要涉及销售收入和成本。销售管理者或许要关心效率,或许要关心效益,仅考虑一方面是不够的。如果只以产出为目标,不考虑所支出的成本,在产出追加的同时会导致费用增长过快;反之,仅注意投入和产出的比例,会引起费用支出过小。

(3) 建立衡量尺度。在很多情况下,企业的销售目标就决定了它的控制尺度,如目标销售收入、利润率、市场占有率、销售增长率等。但是还有些比较复杂的问题,如销售人员的工作效率,可以用一年内新增加的客户数目及平均访问频率来衡量;广告效果可以用记住广告内容的读者百分比数来衡量。

要建立衡量尺度,首先,要采取多种衡量尺度。由于大多数企业都有若干管理目标,所以,营销控制的衡量尺度也不止一种。其次,事后控制的一个难题,就是信息反馈过程非常慢。显然,事中控制可以避免这个问题。最后,要选择那种成本较低的衡量尺度,也就是说所提供的信息价值应超过其成本。

(4) 确定控制标准。控制标准是指以某种衡量尺度来表示控制对象的预期活动范围或可接受的活动范围,即对衡量标准定量化。如规定每个销售人员全年应该增加50个新客户;汽车新产品在该地区的市场占有率要达到35%。控制标准一般允许有一个浮动范围。

设立标准还须考虑到产品、地区、竞争情况不同而造成的差别,如考察销售人员工作效率时要考虑以下因素的影响:所辖区内的市场潜力;所辖区内汽车产品的竞争力;所推销汽车产品的具体情况；广告强度。

（5）评估执行情况。在将控制标准与实际结果进行比较时，如实际执行情况比计划目标市场好，则应总结经验，以便发扬；如果实际执行情况比计划目标好，则应进入下一步，找出问题所在。

（6）分析偏差原因。产生偏差有两种情况：实施过程中的问题，这种偏差比较容易分析；计划决策过程中的问题，确认这种偏差通常容易出错。确认偏差的最好办法是进行研究，但是这往往超过了管理人员所能够付出的技能和精力。因此，管理人员必须利用探查和询问的方法，尽可能详细地分析有关资料，以寻找问题的症结。

（7）采取纠正措施。汽车企业在查明计划目标与实际执行情况产生偏差的原因以后，就应该采取相应的纠正措施。如果在制订计划时，还制订了应急计划，改进就能够很快。

5.1.3 汽车市场营销战略的制定过程

汽车市场营销战略的制定过程，也就是汽车企业对营销活动的战略决策过程，它分为4个步骤。

（1）确定汽车企业任务。企业的任务具体表现为企业的业务经营范围和领域，是企业寻求和识别战略机会的活动空间和依据。制定营销战略任务，应该考虑汽车企业的发展历史、现有主要管理决策成员的当前偏好、环境因素和企业的资源等方面的内容。

（2）确定汽车企业的目标和目的。汽车企业所确定的营销战略目标应该符合：①突出重点。在"鱼和熊掌不可兼得"时，应该明确一个当前最为重要、更为需要实现的目标，或者是对实现企业的战略任务最有利的目标，也就是采取"有得必有失"的思维方法来解决相对优先或目前更为关键的问题。②目标可以测量。目标必须是具体和唯一的，即能够被执行者理解，且这种理解是唯一的。③一致性。也就是目标之间的协调性。如果目标之间是相互冲突、相互矛盾和排斥，这种目标往往可能在执行或者执行后会造成汽车企业巨大的损失。④可行性。目标的可行性是指按照现有汽车企业的资源条件，通过企业员工相应的努力是可以完成或实现的。⑤时间明确。对于明确的营销目标，都应该明确相应的完成时间，这样便于进行检查和控制。

（3）确定汽车企业业务投资组合。企业在一定时期内，其拥有的资源是有限的，它必须以有限的资源充分保证重点项目的顺利实施，这样势必影响其他经营业务项目的资源利用。确定汽车企业经营业务投资组合，就是将企业的资源在价值上的表现——资金，在各项经营业务项目之间，按照战略任务和目标的要求进行合理的分配。

分析现有业务组合，并决定对哪些业务追加、减少或不进行投资。战略规划制定的主要活动，就是业务组合分析。根据这种分析，管理部门可对企业各项业务进行评估。企业会对盈利的业务追加较多的资源，而对软弱的业务。则会逐渐减少投资或放弃。

第一步，鉴定企业的关键业务。这些业务被称为战略业务单位，所谓战略业务单位，是指具有单独的任务和目标，并可单独制订计划而不与其他业务发生牵连的企业的一个单位。战略业务单位可以是企业的一个部门或部门内的一个产品系列，有时可以是一种产品或品牌。

第二步，管理部门评估企业各个战略业务单位的经营业绩，以便做出资源配置决策。绝大多数标准组合分析方法评估战略业务单位时都采用两种重要尺度，即战略业务单位的市或行业吸引程度，以及战略业务单位在该市场或行业中的地位强度。图 5-2 所示为波士顿咨询集团的评价方法。

图 5-2 波士顿咨询集团的方法——增长率-占有率矩阵

（4）确定新业务的发展。一旦现有的经营业务预期的收入和利润量达不到确定的战略任务和目标，或者企业目前的经营业务不能够充分利用已出现或由企业所发现的新的市场营销机会时，就需要开展新的业务以扩大现有的经营领域。它有密集性发展、一体化发展和多样化发展三种基本的战略类型，见表 5-1。

表 5-1 战略类型

做法	密集性发展	一体化发展	多样化发展
1	市场渗透	后向一体化	同心多样化
2	市场开发	前向一体化	水平多样化
3	产品开发	水平一体化	复合多样化

密集性发展。密集性发展战略的基本含义，是增大现有经营业务的市场供应量和市场销售量，它适用于市场上尚有扩大潜力的现有业务。该战略有三种做法：

- 市场渗透。它是对企业现有的目标市场，利用现有的产品线，通过增加广告宣传等促销手段，或者开发新的分销渠道等，以扩大销售额及提高市场占有率。
- 市场开发。企业寻找新的、有可能进入但还未进入的细分市场，其重点应该放在市场调研、价格、渠道与促销等四个方面。
- 产品开发。是通过在现有的产品线上追加新的品种，增加产品项目中的产品系列，来扩大现有目标市场的销售额。产品开发有两种做法：一种是利用现有技术增加新产品；另一种是在现有产品的基础上，增加更多的花色品种或更多的规格。

一体化发展。一体化发展战略是指企业将其业务范围向供和（或）销的领域发展。其好处是可以有效地为企业建立比较稳定的营销环境。因为这样做可以使企业对供、产、销所组成的营销链进行自我独立的控制。其有三种做法：

- 后向一体化。是指收购或兼并几个原材料供应商，使本企业拥有自己的原材料供应系统。
- 前向一体化。是指收购或兼并几个经销商，或者自建分销系统或商店，将产品的分销渠道控制在企业自己手中。
- 水平一体化。即指收购或兼并几个同类型的竞争对手，或者既收购兼并供应商，也收购兼并经销商。这样,企业就可以组建供、产、销一条龙的营销体系,常常形成一种反托拉斯式的垄断。所以,此做法必须符合国家反垄断法,防止违反不正当竞争方面的相关规定。

多样化发展。多样化发展是指企业进入目前所未涉足的经营领域和其他的业务范围,也就是企业采取跨行业的多种经营。当企业的资金富裕,在已有的经营领域里没有更多的或更好的发展机会,或者企业在目前的经营领域里继续扩大业务量,会使风险过于集中时,可考虑采取多样化的发展战略。其也有三种做法。

• 同心多样化。企业利用现有的产品生产技术或产品线,生产类似的产品或使现有的产品增加新的特色或功能。

• 水平多样化。企业如果要进入一个新的市场,或者利用新的生产技术来生产有相同使用性质的产品,也就是说,企业如果生产与其现有技术或经营业务无多少关联,但在市场和分销渠道上具有相同性的产品或业务,就是水平多样化的做法。

• 复合多样化。即企业在同一战略周期内,将经营业务的范围扩大到与现有市场、现有生产技术、现有的分销渠道都无关联的其他经营领域。也就是企业进入了其他行业或经营领域,通常也将此称作"多角化经营"。

(5) 设计市场营销和其他职能战略。

市场营销在战略规划制定中的作用。第一,市场营销提供指导原则,即市场营销观念,建议企业战略应围绕满足重点顾客群的需要来制定。第二,市场营销通过帮助找到有吸引力的市场机会和估计这些机会所具有的潜能,来使战略规划制定者做出投资决策。第三,在各个具体业务单位之内,市场营销为达到单位目标而设计战略。

市场营销和其他业务职能关系。单有市场营销并不能为顾客创造卓越的价值。企业所有部门都必须通力合作来完成这一重要任务。

5.1.4 营销战略的实施

企业制定好营销战略后,还需做好营销战略的实施工作,以保证企业目标的顺利实现。应做好以下三方面的工作:

(1) 做好战略实施的组织工作。建立符合新战略要求的组织结构,合理分配企业人、财、物等资源,使全体职工能齐心协力、互相配合、积极工作。

(2) 做好战略实施的控制工作。严格按照战略规划的要求办事,适时对战略实施情况进行分析评估,以便确定是否按战略规划行动,有无必要对实施中的战略加以调整和补充。

(3) 做好业务实施的监督和信息反馈工作。如产品在各个市场的销售情况、顾客的需求变化和意见、竞争者的变化情况等,都应及时反馈到企业中来。如果战略形势的要素和战略选择的基本假设没有变化,就坚定不移地执行原定战略;反之,则应当对实施中的战略做相应的改变和调整。

知识拓展

明星类:市场增长率和发相对市场占有率都高的战略业务单位。
金牛类:市场增长率低但相对市场占有率高的战略业务单位。
问号类:市场增长率高但相对市场占有率低的战略业务单位。

瘦狗类：市场增长率和相对市场占有率都低的战略业务单位。

随着时间的转移，战略业务单位在增长率-占有率矩阵中变换着位置。每个战略业务单位都有生命周期。许多战略业务单位在初期都属于问号类，如果经营成功，就会成为明星类。以后，随着市场增长率的降低而成为金牛类，最后消亡或变成瘦狗类，直到完成整个生命周期。增长率-占有率矩阵存在的问题：方法本身很难，费时间，实施费用很高，这些方法都集中对现有业务进行分类，而对将来的计划制订没有提供多少建议。

5.2 汽车服务战略

本节内容简介

汽车市场营销的重要特点就是汽车产品与汽车服务的联系紧密，汽车服务已成为汽车企业竞争的焦点，谁能为广大汽车用户提供优质的服务，谁就能在竞争中克敌制胜。

顾客对汽车服务的期待质量，通常受到四个因素的影响，即市场营销沟通、顾客口碑、顾客需求和企业形象。接受汽车服务的顾客通常能直接接触到企业的资源、组织机构和运作方式等方面，企业形象会影响顾客对汽车服务质量的认知和体验。顾客心中的企业形象较好时，汽车服务过程中的个别失误会被谅解；如果原有形象不佳，则任何细微的失误也会造成很坏的影响。因此，企业形象称为顾客感知汽车服务质量的过滤器。

5.2.1 汽车服务的含义与特征

一、汽车服务的含义

关于服务的概念，菲利普·科特勒认为："服务是一方能够向另一方提供的基本上是无形的任何活动或利益，并且不导致任何所有权的产生。它的生产可能与某种有形产品联系在一起，也可能无关联。"另一位学者弗雷德里克认为："服务是为满足购买者某些需要而暂时提供的产品或从事的活动。"阿德里安·佩恩则认为："服务是一种涉及某些无形因素的活动，它包括与顾客或他们拥有财产的相互活动，它不会造成所有权的变更。条件可能发生变化，服务产出可能或不可能与物质产品紧密相连。"

由此可见，汽车服务的含义应当包含以下要点：

（1）汽车服务提供的基本上是一种活动，活动的结果可能是无形的，这种活动有时也与有形汽车产品联系在一起。

（2）汽车服务提供的是汽车产品的使用权，并不涉及所有权的转移，如提高了汽车维修服务，并不产生汽车所有权的改变。

（3）汽车服务对其需求者的重要性，并不亚于汽车产品。如汽车发生故障后，对维修需求比对汽车产品的需求还要重要。

二、汽车服务的特征

汽车服务特征主要有以下 4 点。

1. 无形性

无形性也称不可触摸性。顾客在购买汽车服务之前，一般不能看到、听到、嗅到、尝到或感觉到汽车服务。因此，广告宣传不宜过多介绍汽车服务本体，而应集中介绍汽车服务所能提供的利益,让无形的服务在消费者眼中变得有形。实际上,真正无形的汽车服务极少,很多汽车服务需要借助有形的汽车实物才可以产生。顾客购买某些汽车产品只不过因为它们是一些有效功能的物质载体,这些载体所承载的汽车服务才是最重要的。

2. 同步性

同步性也称同一性。汽车服务的供应者往往是以其劳动服务的形式直接提供给汽车购买者,汽车服务过程与汽车消费过程是同步进行的,两个过程是不可分离的。如汽车销售过程,对汽车购买者而言是消费过程,对汽车营销人员而言是服务过程,两个过程必然同步进行。这一特征表明,汽车营销人员只有在汽车购买者到场的情况下,才需要提供服务;而汽车购买者也只能身临其境,投入服务过程中去,才能得到服务。

3. 差异性

差异性也称异质性。汽车服务是以人为中心来提供汽车顾客所需要的服务项目,如汽车销售、汽车维修、汽车装饰等。由于提供服务的人员,其文化、修养、能力与专业水平存在差异,不同的汽车服务人员操作同一汽车服务项目,汽车服务的质量就很难达到一致;即使同一服务人员操作同样的汽车服务项目,因时间、地点、环境与心态的不同,汽车服务的成果也难以完全一致。因此,汽车服务必须特别强调服务规范和服务标准,力求始终如一,维持高水准,树立优质服务形象。

4. 即时性

即时性也称不可储存性。由于汽车服务与汽车消费的同步性及其无形性,决定了汽车服务不能进行储存和退换,也不能对汽车服务实施"售后服务"。而且很多汽车服务的使用价值,如不及时加以利用就会"过期作废",如汽车修理人员的等待和汽车维修设备的闲置等,均给汽车服务业带来不可补偿的损失。因此,汽车服务业的规模、定价与推广,必须力求人力和物力的充分利用。

5.2.2 汽车服务质量的内涵与评价

一、汽车服务质量的内涵

汽车服务质量同顾客的感受关系很大,它取决于顾客对汽车服务质量的期望同其实际感知的对比差距。整体汽车服务质量不仅取决于期望质量与感知质量之比,还取决于技术质量和职能质量水平。技术质量指汽车服务过程的产出,即顾客从汽车服务过程中所得到的东西。对此,顾客容易感知,也便于评价。职能质量则指汽车服务推广过程中,即顾客同汽车服务人员打交道的过程中,汽车服务人员的行为、态度、穿着等都直接影响顾客的感知,如何提供汽车服务和接受汽车服务的过程会给顾客留下深刻的印象。

顾客对汽车服务的期待质量,通常受到4个因素的影响,即市场营销沟通、顾客口碑、顾客需求和企业形象。接受汽车服务的顾客通常能直接接触到企业的资源、组织机构和运作方式等方面,企业形象会影响顾客对汽车服务质量的认知和体验。顾客心中的企业形象较好时,汽车服务过程中的个别失误会被谅解;如果原有形象不佳,则任何细微的失误也会造成很坏的影响。因此,企业形象被称为顾客感知汽车服务质量的过滤器。

二、汽车服务质量的评价

通常,可以从以下5个方面评价汽车服务质量。

1. 感知性

感知性指提供汽车服务的有形部分，如各种设施、设备、服务人员的仪表等。顾客正是借助这些有形的部分把握汽车服务的实质。有形部分提供了有关汽车服务质量本身的线索，同时也直接影响到顾客对汽车服务质量的感知。

2. 可靠性

可靠性是指汽车服务供应者准确无误地完成所承诺的汽车服务。可靠性要求避免汽车服务过程中的失误，顾客认可的可靠性是最重要的质量指标，它与核心的汽车服务密切相关。许多以优质服务著称的汽车服务企业，正是通过强化可靠性来建立自己的声誉的。

3. 适应性

适应性主要指反应能力，即随时准确地为顾客提供快捷、有效的汽车服务，包括矫正失误的能力。对顾客的各项要求能否予以及时满足，表明汽车服务企业的服务导向，即是否把顾客利益放在第一位。

4. 保证性

保证性主要指汽车服务人员的友好态度与胜任能力。汽车服务人员较高的知识技能和良好的服务态度，能增强顾客对汽车服务质量的可信度和安全感。在汽车服务产品不断推陈出新的今天，顾客同知识渊博而又友好和善的汽车服务人员打交道，无疑会产生信任感。

5. 移情性

移情性指汽车企业和汽车服务人员能设身处地为顾客着想，努力满足顾客的要求。这便要求汽车服务人员有一种投入的精神，想顾客之所想，急顾客之所急，了解顾客的实际需要，甚至特殊需要，千方百计地予以满足，给予顾客充分的关心和相应的体贴，使汽车服务过程充满人情味，这便是移情性的体现。

上述评价标准，可通过问卷调查或其他方式对汽车服务质量进行调查。调查应包括顾客的期望质量和感知质量两个方面，以便进行分析研究。汽车服务企业每年都应定期进行汽车服务质量的调查和评估。

 5.2.3　汽车服务质量的管理

汽车服务质量管理首要的就是能够对顾客期望进行正确的管理，并在实际汽车服务过程中做到接近或超出顾客期望。为达到这一目的，汽车企业可以从以下 5 个方面进行工作。

1. 确保承诺的实现性

明确的汽车服务承诺（如广告和人员推销）和暗示的汽车服务承诺（如服务设施外观、服务价格），都是汽车企业可以控制的，对其进行管理是管理期望的直接且可靠的方法。汽车企业应集中精力于基本的服务项目，通过切实可行的措施，确保企业对所作的承诺能够圆满兑现。过分的承诺如果难以兑现，将会失去顾客的信任，破坏顾客的容忍度，对汽车企业是不利的。

2. 重视服务的可靠性

在顾客对汽车服务质量进行评估的多项标准中，可靠性最为重要。提高汽车服务质量的可靠性能带来较高的现有顾客保持率，增加积极的顾客口碑，减少招徕新顾客的压力和再次汽车服务的开支。可靠的汽车服务有助于减少优质汽车服务重现的需要，从而合理限制顾客期望。

3. 坚持沟通的经常性

经常与顾客进行沟通，理解他们的期望，对汽车服务加以说明，或是对顾客光临表示感谢，可以更多地获得顾客的谅解。通过与顾客经常对话，加强与顾客的联系，可以在发生问题时处于相对主动的地位。汽车企业积极地发起沟通以及对顾客发起的沟通表示关切，都传达了和谐、合作的愿望，而这又是顾客经常希望而又很少得到的。有效的沟通有助于在出现汽车服务失误时，减少或消除顾客的失望心理，从而树立顾客对汽车企业的信心和理解。

4. 进行优质汽车服务传达

在汽车服务过程中，顾客亲身体验了提供的汽车服务技能和汽车服务态度，有利于保持更切合实际的期望和更多的理解。每次与顾客的接触都是一次潜在的机会，可使顾客感受到超出期望的汽车服务，而对顾客冷淡的员工则浪费了机会。

5. 加强力量，组织重现汽车服务

虽然对完美的汽车服务的追求是优质汽车服务的特征，但在第一次汽车服务出现失误时，一流的汽车服务的重现显得格外重要。汽车服务的重现是一个超出顾客期望的绝好机会，也为汽车企业提供了重新赢得顾客信任的机会。汽车企业必须加强力量组织好重现汽车服务，使汽车服务中的问题得到令人满意的解答。虽然在汽车服务重现期间，顾客对过程和结果的期望都会比平时更高，但顾客将比往常更加注意汽车服务的传递过程。汽车服务人员应以全身心投入来对待顾客的有效重现，使顾客顺心惬意，并为精心组织的汽车服务重现超出期望而感到惊喜。

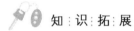 知：识：拓：展

服务工作所面临的挑战

服务工作是一项与人打交道的工作，因为该工作要把产品卖出去，要去了解、挖掘客户的需求，最终促成客户的购买。但是随着人们消费心理的日益成熟，市场机制的日益完善，产品市场的日益丰富，市场的天平已经由卖方向买方倾斜。目前，服务工作面临着越来越多的挑战，具体见图 5-3。

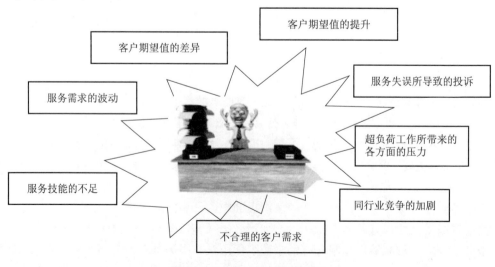

图 5-3 服务工作面临的挑战

5.3 顾客满意战略

本节内容简介

CS 战略即顾客满意战略，1986 年，一位美国心理学家借用 CS 这个词来界定消费者在商品消费过程中需求满足的状态，使 CS 由一个一般概念演变为一个科学概念。企业界对 CS 的内涵进行了扩展，把它从一种界定指标发展成一套营销战略，直接指导企业的营销甚至经营活动，并将其称为"CS 战略"。CS 战略的出现不是偶然的，它是在追求市场占有率战略 PIMS (Profit Impact of Market Share) 和 3Rs 战略 (Retentions, Relatedsales, Referrals) 的基础上发展而来的。

5.3.1 从 PIMS 战略到 CS 战略

一、追求市场占有率的 PIMS 战略

在传统的营销学理论中，企业营销活动的主要目的是扩大市场份额，企业围绕 4P（产品、价格、促销、渠道）营销因素组合，开展营销活动，尽力扩大市场份额。传统的营销是一种交易营销，强调将尽可能多的产品和服务提供给尽可能多的顾客，以提高市场占有率为目标。1972 年，美国战略规划研究所对 450 多家企业近 3 000 个战略业务单位进行了多年的追踪研究，形成了 PIMS 的研究报告。PIMS 研究结果表明：市场占有率是影响投资收益率最重要的变数之一，市场占有率越高，投资收益率越大。市场占有率高于 40% 的企业，其平均投资收益率相当于市场占有率低于 10% 的 3 倍。

但是，企业不能认为在任何情况下市场占有率的提高都意味着收益率的增长，这还要取决于为提高市场占有率所采取的营销策略是什么。有时为提高市场占有率所付出的代价会高于它所获得的收益，因此，企业在提高市场占有率时应考虑以下 3 个因素：①引起反垄断诉讼的可能性。②经济成本。当市场占有率达到一定水平时，再进一步提高市场占有率的边际成本非常大，甚至得不偿失。③企业在争夺市场占有率时所采取的营销组合策略。

二、关系营销（3Rs）战略

20 世纪 90 年代，美国哈佛大学商学院教授的研究表明，服务性企业的市场份额对利润并没有什么影响。他们发现：顾客忠诚度较高的企业更能赢利，忠诚的顾客可使服务性企业逐年获得更大利润，企业不应追求最大的市场份额，而应尽力提高市场份额质量（主要指忠诚的顾客比率）。因此，企业应采用 3Rs 关系营销战略，尽力留住老顾客，向顾客销售相关的新产品和新服务，鼓励顾客向亲友介绍他们满意的消费经历。

1. 留住老顾客

留住老顾客指企业与顾客保持持久、密切的关系，不断地向顾客销售他们原先购买的产品和服务。老顾客对企业的产品和服务已形成正确的期望，并了解企业的服务程序，企业为老顾客服务，可逐渐降低服务成本和费用。企业较容易为老顾客服务，不必花费大量时间和营销费用便可吸引老顾客购买。

2. 销售相关的新产品和新服务

与新顾客相比，向老顾客销售产品和服务，企业更能赢利。有些新顾客会讨价还价，要求企业降低他们购买的某种产品或服务的售价。而老顾客对新产品和新服务的售价却往往并不敏感。总的来说，企业与老顾客保持关系，可提高经济效益。

3. 顾客口头宣传

在购买决策过程中，为了降低自己感觉中的购买风险，许多潜在的顾客会向亲友收集信息，听取亲友的意见。美国服务业的一次调研结果表明：满意的顾客会向 5 人介绍自己的消费经历，不满意的顾客会向 11 人诉说自己的消费经历。对不同的服务行业来说，顾客影响的其他顾客购买行为的人数不同。但是，服务性企业管理人员都应充分理解顾客口头宣传对其他顾客购买行为与企业经济收益的重大影响。

三、顾客满意（CS）战略

美国市场营销大师菲利普·科特勒在《市场营销管理》一书中明确指出："企业的整个经营活动要以顾客满意度为指针，要从顾客角度，用顾客的观点而非企业自身利益的观点来分析考虑消费者的需求。"科特勒的观点成为现代市场营销观念的经典名言。从某种意义上说，只有使顾客感到满意的企业才是不可战胜的。

无论是从理论上还是从实践上看，CS 营销战略确实开辟了企业经营战略的新视野、新观点和新方法。对于我国汽车销售企业而言，充分认识、研究和培育汽车营销的 CS 理念，将推动汽车消费，使汽车消费市场趋于完善。美国哈佛商业杂志社发表的一项研究报告指出："再次光临的顾客比初次登门的人，可为公司带来 25%～85% 的利润，而吸引他们再来的因素中，首先是服务质量的好坏，其次是产品本身，最后才是价格。"据调查，一个满意的顾客会引发 8 笔潜在生意，其中至少有 1 笔成交；一个不满意的顾客会影响 25 个人的购买意愿。争取一位新顾客所花费的成本是保住一位老顾客所花成本的 6 倍。

5.3.2 顾客让渡价值与提升顾客满意水平

一、顾客让渡价值与顾客满意

1. 顾客价值的含义

顾客价值是指顾客购买某种产品与服务所期望获得的所有利益。顾客总成本是指顾客为获得某一产品所花费的时间、精力以及支付的货币等。

顾客价值包括四种含义：

（1）价值就是低廉的价格，一些顾客将价值等同于低廉的价格，表明其价值感知中所要付出的货币是最为重要的。

（2）价值就是自己在产品或服务中所需要的东西。

（3）价值就是自己的付出所能获得的质量。

（4）价值就是自己的全部付出所能得到的全部，因此，顾客价值也可以说是顾客基于其所获得和付出而对产品或服务效用的总体评价。

2. 顾客价值是一种相对价值

（1）顾客价值的大小是顾客购买该商品和服务时将付出的成本与得到的价值进行比较，付出的成本越小，得到的价值越大，顾客越满意。

（2）顾客在得到这种商品和服务时，他们还会将这种商品和服务与其他商家提供的商品和服务进行比较，如果他们认为自己得到的商品和服务比别人的好，他们就会感到满意；否则，就会认为"不值得"，自己上当受骗了。

（3）在商品技术品质相同的情况下，顾客更关注产品附加值和服务质量高的产品。

（4）从商家的角度来看，商家也会根据其收益指标来权衡顾客价值。

3. 顾客价值的构成

顾客价值的大小由顾客总价值与顾客总成本两个因素决定。顾客总价值由产品价值、服务价值、人员价值、形象价值构成。顾客总成本由货币成本、时间成本、精力成本构成。

顾客让渡价值是顾客总价值与顾客总成本的差额，如图5-4所示。

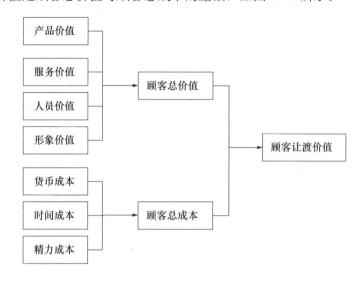

图5-4 顾客让渡价值

4. 顾客满意

顾客满意三定律：第一定律，杠杆比24倍，即一个顾客抱怨的背后有24个相同的抱怨声音。第二定律，扩散比12倍，一个不满意的顾客对企业造成的损失需要12个满意的顾客创造出的利润才能平衡。第三定律，成本比6倍，即吸引一个新顾客的成本是维护老客户的6倍。

《ISO9000：2000〈质量管理体系——基础术语〉》中对顾客满意的定义是：顾客满意是顾客对其要求已被满足的程度的感受。顾客抱怨是一种满足程度的最常见的表达方式，但没有抱怨并不一定表明顾客很满意。即使规定的要求符合顾客的愿望并得到满足，也不能确保顾客很满意。学者诺曼将影响顾客内心期望的因素分为保健因子和满意因子。做到保健因子，只能降低客户不满，不能提升顾客的满意。满意因子代表着顾客内心所期望能获得产品或服务的情境，如被理解、感到受欢迎、感到自己很重要、感到舒适。

顾客满意是品质、价值、服务等因素相互作用的结果。

$$CS=F(Q,V,S)$$

式中，CS代表顾客满意；Q代表品质；V代表价值；S代表服务。

企业竞争优势要在品质、价值、服务上体现。品质包括人员素质、设备工具、服务标准化、管理体制、厂房设施。价值包括价格合理、品牌价值、物有所值、服务差别、附加价值。服务包括信任因素和便利因素，信任因素包括厂房规划、专业作业、价格透明、兑现承诺、顾客参与、专业化；便利性包括地点、时间、付款、信息查询、商品选购、功能等。

二、提高顾客让渡价值，提升顾客满意水平

如何使顾客满意是一个永不过时的话题。购买者在购买产品或服务后是否满意，取决于与购买者的期望值相关联的供应品的功效,可以说,满意水平是可感知效果和期望值之间的函数。要提高顾客的满意水平,应从提高产品与服务的可感知效果入手。顾客让渡价值在某种意义上等价于可感知效果。因为顾客在选购商品或服务时,往往从价值与成本两个方面进行考虑,从中选出价值最高、成本最低,即顾客让渡价值最大的产品或服务,以之作为优先选购的对象。因此,提高顾客让渡价值是提高顾客满意水平的主要手段。

提高顾客让渡价值有两个可供选择的途径:增加总的顾客价值或减少总的顾客成本。由于总的顾客成本具有一定刚性,它不可能无限制地缩减,因而作用有限。更积极的方法是增加总的顾客价值,具体做法有:①增加产品价值;②提高服务价值;③提高人员价值;④提高形象价值;⑤降低货币成本;⑥降低时间成本;⑦降低精力成本。

企业领导者与全体员工都应充分认识到顾客满意的重要性,并积极参与到提升顾客满意水平的各项举措中去。企业为使顾客满意所做的各种努力,虽然会花费一定的成本,但只要控制得当,这种付出必将获得充分的回报——不仅可以增加企业的利润,提高短期效益,还能为企业获得长远利益奠定良好的基础。

知识拓展

顾客满意三定律:第一定律,杠杆比24倍,就是一个顾客抱怨的背后代表有24个相同的抱怨声音;第二定律,扩散比12倍,一个不满意的顾客对企业造成的损失需要12个满意的顾客创造出的利润才能平衡;第三定律,成本比6倍,就是吸引一个新顾客的成本是维护老客户的6倍。

5.4 汽车市场竞争战略

本节内容简介

汽车企业竞争环境的范围很广,既有社会因素,又有经济因素。一个汽车企业所面临的最直接、最关键的环境因素是汽车企业参与竞争所在的行业。汽车企业所在行业的竞争状态或竞争结构对于汽车企业确定自己的竞争原则和战略等有着深刻的影响。因此,对行业"竞争状态"或"竞争结构"的分析是企业竞争环境分析的核心。

5.4.1 汽车市场竞争环境与竞争者分析

一、汽车市场竞争环境

1. 企业面临的五种竞争力量

一个行业的竞争态势不是一种巧合,是由经济结构造成的,完全超出了现时竞争者行业的范围。有五种基本力量是关键,它们分别是行业内的现有竞争者、供应商、潜在的入侵者、替代品、购买者。对于汽车行业来说,这五种力量表现为:大量现有的汽车生产商,生产汽车动力、底盘、车身、内饰、电子系统等的供应商,准备进入汽车行业的潜在竞争者,能够替代汽车满足人们出行所需的其他交通工具,以及汽车经销商、代理商或最终消费者。

汽车企业竞争战略的目标是在行业中确立自己的地位，得到最佳的防御，抵抗各竞争力量或影响势力，使其对本汽车企业有利。企业通过对各个竞争压力根源的了解，将有助于汽车企业识别自身的优势与劣势，有助于汽车企业确定自己在本行业内的有利地位，有助于汽车企业发现战略变迁可能带来最大收益的领域，把握获利的良机，避免遭受威胁的可能。所以，行业竞争的结构性也就成了战略分析的出发点。

2. 竞争力量分析

一个行业的竞争状态由五种竞争力量决定，对每一种竞争力量的具体分析成为汽车企业制定竞争战略的基础。

（1）潜在入侵者的威胁。新进入者为行业带来新的生产能力，具有获取一定市场份额的强烈愿望，会对本行业构成很大威胁。入侵者的威胁取决于进入壁垒的高低，进入壁垒高，则威胁小。最具吸引力的行业具有进入的壁垒高、退出的壁垒低的特点，这样的行业新入侵者很难打入，而经营不善的企业可以安然撤退，新入侵者对该行业的威胁小。如果该行业进入和退出的壁垒都高，则其利润潜力就大，但往往伴随着高风险，因为经营不善的企业很难退出，必须坚持到底。如果进入和退出的壁垒都低，则企业可进退自如，获得的资金回报虽稳定，但是不高。最坏的情况是进入的壁垒低，退出的壁垒高，在积极良好时，大家都蜂拥而至，而在经济萧条时，却很难退出，生产能力过剩，收入下降。影响进入壁垒高低的因素主要有：规模经济、产品差异、资本要求、转换成本、销售渠道、不受规模支配的成本劣势、政府政策等。

（2）现有行业内竞争者间的抗衡。行业内现有企业间总是存在着竞争，不同的行业，由于其行业结构（行业结构有主要四种：完全独占、垄断、垄断竞争、完全竞争）不同，竞争激烈程度不同。

（3）来自替代品的压力。一个行业内所有企业都在与生产替代品的行业进行着竞争。轿车作为一种成熟的产品，替代品的竞争压力不是来自一种全新的轿车，而是来自科技的迅速发展。因为科技的发展将使轿车的配置、电子技术的应用随之变化，即出现新的技术对原有技术的冲击。

（4）购买者和供应者的讨价还价能力。决定一个购买者和供应者的讨价还价能力的主要因素有：行业集中度、交易量的大小、产品差异度、转换供货单位的费用、纵向一体化威胁的可信度、信息的充分程度。

二、竞争者分析

企业需要了解有关竞争者的五件事：谁是我们的竞争者？他们的战略是什么？他们的目标是什么？他们的优势与劣势是什么？他们的反应模式是什么？

1. 识别竞争者

营销观念认为，一个公司要想获得成功，就必须比竞争对手做得更好，让顾客更满意。因此营销部门不仅要考虑目标顾客的需要，而且要在消费者心里留下比竞争对手更有优势的印象，以赢取战略上的优势。

在现代市场经济条件下，存在四个层次的竞争者：

（1）愿望竞争者。即满足消费者的各种目前愿望，与本企业争夺同一顾客购买力的所有其他企业。

（2）一般竞争者。即提供不同类的产品，满足购买者某种愿望的企业。

（3）产品形式竞争者。即提供同种但不同型号的产品，满足购买者愿望的企业。

（4）品牌竞争者。即提供同种产品的各种品牌，满足购买者某种愿望的企业。

2. 弄清竞争者的目标和营销策略

企业在确定了自己的竞争者后，还要进一步弄清每个竞争者的目标和营销策略。为实现企业的目标，不同的企业在某一时期都有一组侧重点不同的目标组合，如获利能力、市场占有、技术领先和服务领先等。企业只有了解每个竞争者的重点目标是什么，才能正确地对不同的竞争行为做出相应反应。

3. 评估竞争者的优势和劣势

评估竞争者的优势和劣势的目的是避其锋芒，找其弱点，攻其不备。企业需要掌握竞争者的有关情况数据，如销售量、市场占有率、边际利润、投资收益率、销售网络、产品的地区覆盖率等。通过打分的方法评估竞争者的优势和弱点，用以比较自己在竞争地位上的优势和劣势。

4. 制定竞争策略

企业在对市场竞争格局、竞争者及其优劣势清楚了解后，更重要的是要制定本企业的竞争策略：进攻谁，回避谁等。

知:识:拓:展

金牌客户服务

你每天都要不停地接待你的客户，随时和你的竞争对手去抗衡。只有那些能给客户提供"金牌"客户服务的商家，才能在激烈的市场竞争中站稳脚跟。那么"金牌"客户服务主要表现在哪些方面呢？具体内容如图5-5所示。

图5-5 金牌客户服务

课后训练

任 务	要 求
1. 由学生收集市场信息，对市场中的新车型的卖点进行分析。 2. 学生互相评价他们的分析观点	学生事先写好解说词，要求突出自己的特色。 （1）学生介绍汽车卖点，说明这些卖点给顾客带来的利益。 （2）注意仪表仪态。 填写工作计划表（附录四）和工作检查表（附录五）

拓展知识

案例分析

学习素材

第六章 6

汽车市场特征及购买行为分析

学习目标

明确汽车市场的特征。
了解购买行为的形成过程。
掌握营销购买行为的因素及这些因素对购买行为的影响。

情景导入

阿雯选车的故事

阿雯是上海购车潮中的一位普通的上班族，35岁，月收入上万元。以下真实地记录了在2004年4月至7月间，她在购车决策过程中如何受到各种信息的影响。

阿雯周边的朋友与同事纷纷加入了购车者的队伍，看他们在私家车里享受如水的音乐而不必用力抗拒公车的拥挤与嘈杂，阿雯不觉开始动心。另外，她工作地点离家较远，加上交通拥挤，来回花在路上的时间要近三小时，她的购车动机越来越强烈。只是这时候的阿雯对车一无所知，除了坐车的体验，除了直觉上喜欢漂亮的白色、流畅的车型和几盏大而亮的灯。

初识爱车

阿雯是在上司的鼓动下上驾校学车的。在驾校学车时，未来将购什么样的车不知不觉成为几位学车者的共同话题。

"我拿到驾照，就去买一部1.4自排的波罗。"一位MBA同学对波罗情有独钟。虽然阿雯也蛮喜欢这一款小车的外形，但她怎么也接受不了自己会同样购一款波罗，因为阿雯有坐波罗1.4的体验，那一次是4个女生（在读MBA同学）上完课，一起坐辆小波罗出去吃中午饭，回校时，车从徐家汇汇金广场的地下车库开出，上坡时不得不关闭了空调才爬上高高的坡，想起爬个坡便要关上空调实实在在地阻碍了阿雯对波罗的热情，虽然有不少人认为波罗是女性的首选车型。

问问驾校的师傅吧。师傅总归是驾车方面的专家,"宝来,是不错的车"。问周边人的用车体会,包括朋友的朋友,都反馈过来这样的信息:在差不多的价位上,开一段时间,还是德国车不错,宝来好。阿雯的上司恰恰是宝来车主,阿雯尚无体验驾驶宝来的乐趣,但后排的拥挤却已先入为主了。想到自己的先生人高马大,宝来的后座不觉成了胸口的痛。如果有别的合适的车,宝来仅会成为候选吧。

不久,一位与阿雯差不多年龄的女邻居,在小区门口新开的一家海南马自达专卖店里买了一辆福美来,便自然地向阿雯做了"详细介绍"。阿雯很快去了家门口的专卖店,她被展厅里的车所吸引,销售员热情有加,特别是有这么一句话深深地打动了她:"福美来各个方面都很周全,反正在这个价位里别的车有的配置福美来都会有,只会更多。"此时的阿雯还不会在意动力、排量、油箱容量等抽象的数据,直觉上清清爽爽的配置,配合销售人员正对阿雯心怀的介绍,令阿雯在这一刻已锁定海南马自达了。乐颠颠地拿着一堆资料回去,福美来成了阿雯心中的首选。银色而端正的车体在阿雯的心中晃啊晃。

亲密接触

阿雯回家征求先生的意见。先生说,为什么放着那么多上海大众和通用公司的品牌不买,偏偏要买"海南货"?它在上海的维修和服务网点是否完善?两个问题马上动摇了阿雯当初的方案。

阿雯不死心,便想问问周边驾车的同事对福美来的看法。"福美来还可以,但是日本车的车壳太薄",宝来车主因其自身多年的驾车经验,他的一番话还是对阿雯有说服力的。阿雯有无所适从的感觉。好在一介书生的直觉让阿雯关心起了精致的汽车杂志,随着阅读的试车报告越来越多,阿雯开始明确自己的目标了,8万~15万元的价位,众多品牌的车都开始进入阿雯的视野。此时的阿雯已开始对各个车的生产厂家,每个生产厂家生产哪几种品牌,同一品牌的不同的发动机的排量与车的配置,基本的价格都已如数家珍。上海通用的别克凯越与别克赛欧,上海大众的超越者,一汽大众的宝来,北京现代的伊兰特,广州本田的飞度1.5,神龙汽车的爱丽舍,东风日产的尼桑阳光,海南马自达的福美来,天津丰田的威驰,各款车携着各自的风情,在马路上或飞驰或被拥堵的时时刻刻,向阿雯亮着自己的神采,阿雯常用的文件夹开始附上了各款车的排量、最大功率、最大扭矩、极速、市场参考价等一行行数据,甚至于4S店的配件价格。经过反复比较,阿雯开始锁定别克凯越和本田飞度。

特别是别克凯越,简直是一款无懈可击的靓车啊!同事A此阶段也正准备买车,别克凯越也是首选。阿雯开始频频地进入别克凯越的车友论坛,并与在上海通用汽车集团工作的同学B联系。从同学的口里,阿雯增强了对别克凯越的信心,也知道了近期已另有两位同学拿到了牌照。但不幸的是,随着对别克凯越论坛的熟悉,阿雯很快发现,费油是别克凯越的最大缺陷,想着几乎是飞度两倍的油耗,在将来拥有车的时时刻刻要为这油耗花钱,阿雯的心思便又活了。还有飞度呢,精巧,独特,省油,新推出1.5 VTEC发动机的强劲动力,活灵活现的试车报告,令人忍不住想说就是它了。何况在论坛里发现飞度除了因是日本车系而受到抨击外没有明显的缺陷。正巧这一阶段广州本田推出了广本飞度的广告,阿雯精心地收集着有关广本飞度的每一个文字,甚至于致电广本飞度的上海4S店,追问其配件价格。维修成员极耐心地回答令飞度的印象分又一次得到了增加。

到此时,阿雯对电视里各种煽情的汽车广告却没有多少印象。由于工作、读书和家务的关系，她实在没有多少时间坐在电视机前。而地铁里的各式广告，按道理是天天看得到，但受上下班拥挤的人群的影响，阿雯实在是没有心情去欣赏。

只是纸上得来终觉浅，周边各款车的直接用车体验对阿雯更有说服力，阿雯开始致电各款车的车主了。

朋友C已购了别克凯越，问及行车感受，说很好，凯越是款好车，值得购买。

同学D已购了别克赛欧，是阿雯曾经心仪的SRV，质朴而舒适的感觉，阿雯常常觉得宛如一件居家舒适的棉质衬衫，同学说空调很好的呀，但空调开后感觉动力不足。

朋友E已购了飞度（1.3），她说飞度轻巧、省油，但好像车身太薄，不小心用钥匙一划便是一道印痕，有一次去装点东西感觉像"小人搬大东西"。

周边桑塔纳的车主，波罗的车主，等等，都成为阿雯的"采访"对象。

花落谁家？

阿雯的梦中有一辆车，漂亮的白色、流畅的车型、大而亮的灯，安静地立在阿雯的面前，等着阿雯坐进去。但究竟花落谁家呢？阿雯自己的心里知道，她已有了一个缩小了的备选品牌范围。但究竟要买哪一辆车，这个"谜底"不再遥远……

问题：

(1) 阿雯选车是属于哪一类购买决策？为什么？

(2) 试运用消费者决策过程的五阶段模型分析阿雯选车所经历的相关阶段。

(3) 消费者决策过程中考虑的品牌组是一个逐渐筛选、淘汰过程，由全部品牌组、知晓品牌组、考虑的品牌组、选择品牌组决定，试根据此内容分析阿雯选车时在不同阶段品牌组的具体品牌构成。

（答：(1) 题：阿雯选车是属于复杂购买决策行为。因为她购买的车是一件贵重的、不常买的、有风险的而且又非常有意义的产品，由于产品品质差异大，她对产品缺乏了解，所以需要一个学习过程，她需要广泛了解车的各方面的性能、特点，最终决定是否要购买的一个复杂过程。

(2) 题：五阶段模式分析：①引起需要，问题确认：开始产生了买车的想法，然后购车动机越来越强烈，于是对买车有了更多的问题，她想要了解车的各个方面，这些便是问题确认的过程。②信息收集：阿雯从上司、同学、驾校师傅、邻居、丈夫、朋友、上网、杂志等渠道收集信息。③评价与选择：当搜集了很多信息后，通过朋友、丈夫和自己的评价后，选择了8万～15万的价位，在符合这一条件的车里继续寻找心仪的车。④购买决策：因为没找到梦中的车，所以阿雯没购买。⑤购后行为：没有。

(3) ①引起需要阶段：没有具体品牌。②信息收集阶段：知晓品牌组：波罗、宝来、福美来等品牌。③评价与选择阶段：考虑品牌组：别克凯越、别克赛欧、上海大众、一汽大众的宝来、北京现代的伊兰特、广州本田、神龙汽车的爱丽舍、东风日产的尼桑阳光、海南马自达的福美来、天津丰田等；选择品牌组：别克凯越和本田飞度。④购买决策阶段：无。⑤购后行为阶段：无。）

6.1 私人消费汽车市场特征及购买行为

本节内容简介

汽车用户有着明显的广泛性。依据各种用户在购买模式或购买行为上的共同性和差异性,汽车用户可以分为这样几种类型:

(1) 私人消费者。指将汽车作为个人或家庭消费使用,解决私人交通的用户,他们构成汽车的私人消费市场。

(2) 集团消费者。指将汽车作为集团消费性物品使用,维持集团事业运转的集团用户,我国通常称其为"机关团体、企事业单位"。他们构成汽车的集团消费市场。

(3) 运输营运者。指将汽车作为生产资料使用,满足生产、经营需要的组织和个人,他们构成汽车的生产营运者市场。这类用户主要包括具有自备运输机构的各类企业单位。将汽车作为必要设施装备的各种建设型单位、各种专业的汽车运输单位和个人等。

(4) 其他直接或间接用户。指以上用户以外的各种汽车用户及其代表,主要包括以进一步生产为目的的各种再生产型购买者,以进一步转卖为目的的各种汽车中间商,他们都是间接用户。由这类购买者构成的市场,对于汽车零部件企业或以中间性产品(如汽车的二、三、四类底盘)为主的企业而言,是非常重要的。

以上各类汽车用户,从总体上也可以分为消费者个人和集团组织两大类,前者构成汽车的消费者市场,后者构成汽车的组织市场。

6.1.1 私人消费汽车市场的基本特征

私人消费汽车市场由汽车的个人消费者构成。研究这个市场的发展规律及其购买特点,对于那些以私人消费为目标市场的企业而言,具有越来越重要的现实意义。当然,现代市场营销学对普通消费者市场研究的许多成果,可以为我们研究汽车的私人消费市场提供借鉴,但由于汽车商品本身的使用特点、产品特点及价值特点与一般商品又有很大差别,因而一般性结论是不可简单套用于汽车消费者市场的,必须研究其特殊的市场特点和购买行为。私人消费汽车市场具有以下基本特征。

1. 需求具有伸缩性

一方面,汽车的个人消费需求具有较强的需求价格弹性,即价格的变动对汽车的个人需求影响很大。另一方面,这种需求的结构可变。当客观条件限制了这种需求的实现时,它可以被抑制,或被转化为其他需求,或最终被放弃;反之,当条件允许时,个人消费需求不仅会得以实现,甚至会发展成为流行性消费。

2. 需求具有多样性

消费者由于其个人收入和文化观念上的差别,以及在年龄、职业、兴趣、爱好等方面的差异,会形成不同的消费需要,从而使个人购买者的需求表现出多层次性或多样性。就这种意义而言,汽车企业如果能够为消费者提供多种多样的汽车产品,满足消费者多样化的需求,无疑会为企业争取更多的营销机会。如 20 世纪 90 年代中期,当时人们都认为我国的"家用轿车"应当是经济实用型的。但一项调查表明并非如此,人们对家用轿车的需求是多样化的,从高档轿车到微型轿车都有自己的消费者。

3. 需求具有可诱导性

对大多数个人购买者而言,他们对汽车缺乏足够的专门知识,往往会受到周围环境、消费风气、人际关系、宣传等因素的影响,对某种特定的车型产生较为强烈的需求。因此,企业应注意引导、调节和培养某些被细分后的个人购买市场,强化广告和促销手段,提高企业的市场占有率。

4. 需求具有替代性

个人购买者在面临多种选择时,往往会对能够满足自己需要的商品进行比较、鉴别。只有那些对个人购买者吸引力强、引起的需求强度高的汽车产品,才会导致消费者的最终购买。也就是说,同时能够满足消费者需要的不同品牌汽车产品之间具有竞争性,需求表现出相互替代的特性。

5. 需求具有发展性

个人购买需求一般从简单到复杂、由低级向高级发展。在现代社会中,各类消费方式、消费观念、消费结构的变化总是与需求的发展和时代息息相关的。所以汽车产品个人购买需求的发展也会永无止境,如在不过分增加购买负担的前提下,消费者对汽车的安全、节能和环保等性能的要求总是越来越高。

6. 需求具有集中性和广泛性

一方面,由于私人汽车消费与个人经济实力关系密切,在特定时期内,经济发达地区的消费者或者收入相对较高的社会阶层,对汽车(或某种车型)的消费比较明显,需求表现出一定的集中性。另一方面,高收入者各地都有(尽管数量上的差异可能较大),而且随着经济发展会不断增多,所以需求又具有地理上的广泛性。

以上分析了私人汽车消费需求的一些特点,汽车营销者不仅要研究这些特点,还要研究私人汽车消费者的购买行为模式。

6.1.2 私人汽车消费者的购买行为模式

1. 个人购买者行为模式

一般来说,人的行为是基于心理活动而发生和发展的。所以,个人购买行为必然也要受个人的心理活动支配。心理学"刺激-反应(S-R)"学派的成果表明,人们行为的动机是一种内在的心理活动过程,是一种看不见、摸不着的"黑箱"。在心理活动与现实行为之间,外部的刺激必须在经过了盛有"心理活动过程"的黑箱才能引起反应,才能引起行为。

按照上面的行为动机生成机理观点,面对着庞大个人购买市场的现代企业,实际上所面对的是许多的个人购买动机。所以,企业要引导各类购买动机,满足个人购买者的各种需求,就必须全面认识个人购买者对营销刺激和其他刺激的反应,对购买者行为的总模式有较全面的认识,这种总模式如图6-1所示。

营销刺激:是指企业营销活动的各种可控因素,即产品、价格、分销、促销。

其他刺激:是指个人购买者所处的环境因素的影响。

所有这些刺激通过购买者"黑箱"产生反应,从而形成购买行为。从营销的角度来看,刺激与反应之间的购买者"黑箱"包括两部分:第一部分是购买者特性,这种特性通常要受多种因素的影响,并会进一步影响购买者对刺激的理解和反应;第二部分是购买者的决策过

图 6-1 购买者行为的总模式

程,它会影响最后的行为结构的状态。

2. 汽车个人购买行为的类型

(1) 理智型:理智地做出购买决策的行为。

特点:购买思维方式比较冷静,在需求转化为现实之前,这类消费者通常要做广泛的信息收集和比较,充分了解商品的相关知识,在不同的品牌之间进行充分的调查,慎重挑选、反复权衡比较。这类消费者的购买过程比较复杂。

现阶段,我国的私人汽车消费者的购买行为多为这种类型。因为他们多数是初次购买私人轿车的用户,购买汽车要花费他们较多的资金,且汽车结构复杂、专业性较强,普通消费者的汽车知识较少等。对于这类顾客,营销者应制订策略帮助顾客掌握产品知识,借助多种渠道宣传产品优点,发动营销人员乃至顾客的亲朋好友对顾客施加影响,简化过程。

(2) 冲动型:这是容易受到别人诱导和影响而迅速作出购买决策的行为。

特点:通常情感较为外向,随意性较强。这类消费者一般较为年轻,具有较强的资金实力,易受广告宣传、营销方式、产品特色、购买氛围、介绍服务等因素的影响和刺激,进而诱发出冲动性购买行为。

这种需求的实现过程较短,顾客较少进行反复比较挑选。但是这类顾客常常在购买后,会认为自己所买的产品具有某些缺陷,或认为其他同类产品有更多的优点,而产生失落感,怀疑自己购买决策的正确性。对于这类购买行为,营销者要提供较好的售后服务,通过各种途径,经常向顾客提供有利于本企业和产品的信息,使顾客相信自己的购买决定是正确的。

(3) 习惯型:指购买者个人对品牌偏好的定向购买行为。

特点:购买行为较少受广告宣传和时尚的影响,实际是一种认牌的购买行为。

其需求的形成,多是由于长期使用某种特定品牌并对其产生了信赖感,从而按习惯重复购买。

(4) 选价型:指对商品价格变化较为敏感的购买行为。

特点:以价格作为购买决策的首要标准。

选价型购买行为又有两种截然相反的表现形式,一种是选高价行为,即个人购买者更乐意选择购买高价优质商品,如那些豪华轿车购买者多是这种购买行为;另一种是选低价行为,即个人购买者更愿意选择低价商品,多数工薪阶层的汽车用户以及二手车的消费者主要是这种购买行为。

(5) 情感型:指容易受感情支配做出购买决策的行为。

特点:情感较为深刻,想象力特别丰富,审美感觉灵敏。较易受促销宣传和情感的诱导,他们多以商品是否符合个人情感需要作为购买决策的标准。

在情感型购买的实现过程中，较易受促销宣传和情感的诱导，对商品的选型、色彩及知名度都极为敏感，他们多以商品是否符合个人的情感需要作为做出购买决策的标准。国外家庭以女性成员为使用者的汽车用户多属于这种购买行为。

总体上讲，我国现阶段的汽车个人消费者，其购买行为类型以理智型占主导，其余类型只是在西方经济发达国家才经常见到，这也说明汽车营销者在开发国内国外两个市场时，应采取不同的营销模式。

6.1.3 影响汽车个人购买行为的因素

影响汽车产品个人购买行为的因素主要有文化因素、社会因素、个人因素和心理因素等几类。各类因素的影响机理是：文化因素通过影响社会因素，进而影响消费者个人及其心理的活动，从而形成消费者个人的购买行为。

一、文化因素

包括核心文化和亚文化。核心文化，是人类欲望与行为最基本的决定因素，是人们在成长的过程中，从家庭、学校、社会学习和感受而来的一套基本价值观。每个文化都包含了更小的团体所形成的次文化组合，它们提供成员特定的认同对象和社会化作用，并对人们造成更直接的影响，如东北公司老板，很爽快，与他交往要真诚；北京公司老板很能聊，需要你懂得全面知识；上海老板很精明；浙江老板很会做生意。

社会象征性，是人们赋予商品或服务的社会意义，使得购买某种商品和服务的消费者得到某种心理上的满足。

文化因素对购买行为的影响包括：①可以指导购买者的学习和社会行为；②文化的渗透性可以在新的区域中创造出新的需求；③文化自身具有的广泛性和普及性，使消费者个人的购买行为具有攀比性和模仿性。

二、社会因素

1. 社会阶层

营销学上划分阶层的主要标准是购买者的职业、收入、受教育程度、价值倾向等。不同层次的购买者由于具有不同的经济实力、价值观、生活习惯和心理状态，最终产生不同的消费活动方式和购买方式。

2. 相关群体

相关群体指能够影响消费者个人消费行为的个人或团体。分为3类：紧密型群体、松散型群体、渴望型群体。相关群体对汽车产品个人购买行为的影响主要表现在：

第一，为群体成员提供某一特定的生活方式和消费模式，促使群体内的成员根据特定的消费模式采取购买行为。

第二，运用群体力量影响个人购买者的购买态度，改变已有的产品观念。

第三，影响个人购买者对产品及品牌的选择。

3. 家庭

家庭可分为4类：丈夫决策型、妻子决策型、协商决策型、自主决策型。私人汽车的购买，在买与不买的决策上，一般是协商决策型或丈夫决策型；但在款式或颜色的选择上，妻子的意见影响较大。从营销观点来看，认识家庭的购买行为类型，有利于营销者明确自己的促销对象。

4. 角色地位

指个人购买者在不同的场合所扮演的角色及所处的社会地位。其需求及其购买行为要与其角色和地位相一致。

三、个人因素

1. 年龄和生命周期的阶段性

人们在不同的年龄阶段有不同的需求和偏好，随着年龄的增长会不断改变其购买行为，这是年龄对于个人购买决策的直接影响。

单身期：指离开父母后独居的青年时期。

新婚期：指新婚的年轻夫妇，无子女阶段。

满巢Ⅰ期：指子女在6岁以下，处于学龄前儿童阶段。

满巢Ⅱ期：子女在6岁以上，处于已经入学的阶段。

满巢Ⅲ期：结婚已久，子女已长成，但仍需抚养的阶段。

空巢Ⅰ期：子女已成人分居，夫妻仍有工作能力阶段。

空巢Ⅱ期：已退休的老年夫妻，子女离家分居阶段。

鳏寡就业期：独居老人，但尚有工作能力的阶段。

鳏寡退休期：独居老人，已经退休的阶段。

一般来说，处于年龄和生命周期不同阶段的家庭，其需求特点是不同的。企业在进行营销时，只有明确目标顾客所处的生命周期阶段，才能拟定适当的营销计划。对汽车营销而言，面临的家庭阶段主要是处于"满巢"期的各类顾客。

2. 职业

企业在制订营销计划时，必须分析营销所面对的个人购买者的职业，在产品细分许可的条件下，注意开发适合于特定职业消费者需要的产品。

3. 经济状况

经济状况实际上决定的是个人和家庭的购买能力。对于经济状况的把握，有助于企业了解个人购买者的个人可支配收入变化情况，以及人们对消费开支和储蓄的态度等。当企业对经济发展形势估计有误时，则应按实际经济状况重新调整企业营销策略，如重新设计产品、调整价格，或者减少产品和存货，或者采取一些其他应变措施。

4. 生活方式

生活方式不同，也会形成不同的消费需求。在企业与消费者的买卖关系中，一方面，个人购买者要按照自己的爱好选择商品，以符合其生活方式；另一方面，企业也要尽可能提供合适的产品，使产品能够满足消费者个人生活方式的需要。

5. 个性和自我观念

个性是影响个人购买行为的另一个因素，它所指的是个人的性格特征，以及与购买者相关联的自我观念或自我形象。对于企业营销来说，了解个人购买者的这些个性特征，可以帮助企业确立正确的符合消费者个性特征的产品品牌。

四、心理因素

个人购买者的购买决策通常受心理过程的影响，包括：动机形成、感知、学习、信念和态度。

1. 动机形成

社会心理学认为，人类的行为受动机的支配，动机则是由需要引起的。当个人的某种需要未得到满足，或受到外界刺激时，就会引发某种动机，再由动机而导致行为。在这种意义上，动机其实就是在一定程度上的需要。个人购买者的动机所支配的是个人购买者的购买行为。弄清个人购买者动机生成的机理，对于市场营销人员有重要意义。

在营销学的发展史上，研究个人购买者动机生成机理的重要理论，是美国著名心理学家马斯洛的"需要层次论"。这一理论的基本内容有：人类是有需要与欲望的，随时等待满足，至于需要的状况，主要决定于已实现的欲望。已满足的需要不会形成动机，只有那些未满足的需要才构成行为动机。人类的需要是分层次的，并且呈现出从低级到高级的特征演进，只有当低级的需要得到满足后，才会产生更高级的需要，而需要程度的大小则与需要层次的高低成反比。

"需要层次论"把人类需要分为五个主要层次，依次是生理需要、安全需要、社会需要、尊重需要和自我实现需要，如图6-2所示。

图6-2　需要层次论

购买动机虽源于需要，但商品的效用才是形成购买动机的根本条件，如果商品没有效用或效用不大，即使具备购买能力，购买者也不会对该商品产生强烈的购买动机。反之，如果效用很大，即使购买能力不足，购买者也可能筹措资金购买。

商品的效用是指商品所具有的能够满足用户某种需要的功效。不同的车型、不同品种的汽车具有不同的功效；同样的汽车，对不同的购买者和不同用途来说，其功效也是不同的。严格地说，消费者购买动机受商品"边际效用"的影响。边际效用越大，购买动机越强。边际效用是指购买者对某种商品再增加一个单位的消费时，该种商品能够为购买者带来的新的增量。客观上，随着消费数量的增加，商品的边际效用存在递减现象，这就是"边际效用递减法则"。

一般人购买商品的理由有：①商品符合他们的整体形象。整体形象的诉求最能满足个性、生活方式、地位显赫人士的特殊需求。②成长欲、成功欲。买车的理由是在满足个人成长的需求。③安全、安心。一位汽车销售人员在顾客选择汽车时，由于种类很多，很难取舍，但是只要在关键时机巧妙地告诉他某汽车在设计上是如何考虑到车辆安全的，顾客可能会决定购买。④人际关系。通过朋友、同学等介绍。⑤便利。使用便利，如自动变速器。⑥兴趣、嗜好。⑦价格。⑧服务。

销售人员带给客户特殊利益愈多，客户愈能得到最大的满足。我们可以从客户购买产品的理由中找出客户购买动机，发现客户最关心的利益点。

2. 感知

感知是指人们通过自己的身体感觉器官而对外界刺激物所做的反应。消费者的感知有3种方式。

（1）选择性注意：①与当前需要有关；②预期出现；③变化幅度大于一般的较为特殊的刺激物。

（2）选择性曲解。人们有一种先入为主的观念，这种按照个人意愿曲解信息的倾向就是选择性曲解。应重视对企业信誉和品牌的创立。

（3）选择性记忆。人们日常深刻记忆的大都是那些与自己观念相一致的东西，在购买行为上表现为只记住自己所喜爱的品牌。

3. 学习

学习是指个人购买行为方式并不是先天具有的，而是受后天的经验影响而形成和改变的。这种现象可以用"刺激-反应"学习模式来表示（图6-3）。

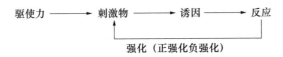

图6-3 "刺激-反应"学习模式

驱使力是指消费者个人产生购买行为的推动力，来源于未得到满足的需要。刺激物指能满足个人购买者需求的整体产品。诱因指能诱发个人购买行为的所有因素。反应指消费者为满足需要所采取的购买行为。强化是指消费者的购后评价。

市场营销工作必须能够有效地引导个人购买行为，重点放在以下几个方面。

（1）准确把握本企业的整体产品（刺激物）与潜在购买者的驱使力关系，运用产品差异化策略，设计别具一格的整体产品，以吸引个人购买者的注意力，刺激其购买欲望。

（2）善于及时有效地向个人购买者提供启发需求的提示物，强化促销策略，诱发个人实施购买行为。

（3）做好强化工作，加深个人购买者对企业及产品的良好印象，创造重复购买，扩大企业的知名度。

4. 信念和态度

信念是指人们对事物所持的认识。个人购买者的信念可以建立在不同的基础上，见解不同，信念就不同。购买行为中的信念，有的是建立在对名牌产品的信任基础上，有的可能是建立在某种偏见或讹传的基础上。而不同的信念又可导致不同的购买态度，如名牌商品会使个人购买者争相选购，而新品牌则往往遭到消费者怀疑。一般来说，改变个人购买者的态度是较为困难的，因而在企业的营销过程中，企业应当力求使自己的产品适应个人购买者的现有态度。

在需要改变个人购买者的态度时，企业必须有强大的广告宣传手段和有力的促销方式。例如，日本本田汽车公司的摩托车在进军美国市场时，一开始就面临公众对摩托车持否定态度的不利信念。由于受影视剧的影响，美国人常把摩托车同流氓犯罪活动联系在一起。本田公司为了扩大市场，便设法改变美国公众的态度。该公司以"你可以在本田车上发现最温雅的人"为主题，大力开展促销活动。广告画面上的骑车人都是神父、教授、美女等，才逐渐改变公众对摩托车的态度。在我国汽车界，也不乏品牌被砸导致企业蒙受巨大损失的例子。此外，我国的汽车购买者还具有一个明显的特征，即某个地区的购买者对每种车型一般只倾向于一个品牌，这也表明同一地区的购买者对某种产品具有相似的信念。

以上分析了影响个人购买行为的各种因素，营销者应对其进行全面的研究，才会掌握消费者的个人购买模式。

6.1.4　个人购买决策过程

消费者个人的购买过程，是相互关联的购买行为的动态系列，一般包括5个具体步骤：确认需要→收集信息→评估选择→决定购买→购后感受和评价。

上述购买过程是一种典型而完整的过程，但并不意味着所有的购买者都必须经过每个阶段。如有的购买者对汽车工业情况很了解，其购车过程经过的阶段就少；有的对汽车工业一无所知，其经过的阶段自然就更多。上面的购买决策模式表明，购买过程实际上在实施实际购买行为之前就已经开始，并且要延伸到购买之后的很长一段时间才会结束。基于此，企业营销人员必须研究个人购买者的整个购买过程，而不能只是单纯注意购买环节本身。

用户购后感受阶段对企业的市场营销有着重要意义。因为用户在购买汽车后，总是要在使用中证实自己的购买决策是正确的，并希望达到预期的目的，从而形成购后感受。这种感受可分为满意、基本满意、不满意三种。用户感到满意或基本满意，将会对企业的销售有利，这些用户会向他的相关群体做满意的信息传播。同样，如果用户感到不满意，则会向其相关群体做不利于企业的信息传播。所以企业在宣传、广告等售前服务中，一定要实事求是地介绍自己的产品，不可搞虚假宣传，那样不仅会引起用户的失望，还可能会被指控为不正当竞争，而受到相关法律的制裁。此外，企业从用户的购后感受中，还可以了解到许多改进产品、改进服务的信息。营销人员通过了解用户的购后感受，保持同用户的联系，既是搞好公共关系、树立良好企业形象的重要途径，又是巩固市场的重要手段。

6.1.5　消费流行

1. 消费流行的概念

消费流行是指在个人购买行为上所表现出的社会性追赶时髦、迎合时尚的现象。它有四种表现形式，即时髦、式样、花色品种和消费时尚。营销学中的时髦是指在一类个人购买者中，大多数人在一个时期所接受的一种特殊式样。而花色品种是式样的一种变异，当式样时髦的时候，花色品种就会增加。时尚是一种在短时间内，引起众多个人购买者共同感兴趣的新奇事物，时尚一般会传播到公众中而成为时髦，成为某种消费文化。

消费流行有自然性消费流行与商业性消费流行，前者是由文化和非人为因素所形成的流行，后者则是由商业利益集团所策动的流行。

2. 消费流行周期

消费流行周期是指一种流行式样的兴起、高潮和衰落的过程。消费流行周期的长短与信息传递、交通运输的发展水平、消费者的经济实力以及对个性追求的强烈程度等因素密切相关。一般地，信息传递越便利，交通运输条件越好，消费者的经济实力越强，对个性化追求的倾向越明显，消费流行的周期就越短。

3. 消费流行与企业营销策略

消费流行通常所影响到的不仅是个人购买者，还包括集团组织购买者中的制造商和零售商。对于现代市场经济来说，消费流行可以使个人购买者通过购买新产品，替换那些尚可使用但已经过时的商品，使制造商大规模生产新型产品，让批发商和零售商出售更多的流行性产品，从而可以使经济在总体上保持繁荣。

在消费流行的过程中，企业的营销策略必须追随个人购买者，满足他们对新产品或优势产品的需求，必须密切注意时髦式样的周期，了解所经营的商品处于哪个周期阶段。在对待消费流行方面的营销策略应包括两个基本要点。

（1）适应个人购买者。对企业来说，适应个人购买者不断变化的兴趣和需求，是保证企业营销效率的前提。最常见的方法有两个：一是重新设计当前产品的式样，二是通过改进工艺技术生产出全新的产品。

（2）适时废弃旧式样。这是指当企业重新设计的新产品已显示出与原有产品的明显区别时，必须注意适时放弃过时式样。

在现代市场经济社会中，消费流行更多的是被"制造"出来的，精明的企业在捕捉到社会状况、经济环境和相关文化心理后，便会立即制造出某种"流行需求"来，从而为其带来可观的经济回报。

 知 识 拓 展

消费者购车的三种心态

• 一见钟情派

有些消费者买车就像找女朋友，看重所谓的"第一眼感觉"。一款车或者是其外观，或者是其整体风格如果能够引起他的认同和舒适感，再加上足够的品牌质量系数，"移情别恋"的可能性就很小了。

• 慎重比较派

就消费者目前的购买力而言，添置一辆车对大多数人来说毕竟不是小事，很多消费者买车除了自己在汽车市场转悠一段时间外，还要拉上自己的亲戚朋友给自己出谋划策。说到买什么车，很多人无所适从地表示，从经济的角度考虑，日系、韩系车比较省油，但欧系、美系车的使用寿命又要长一些，真不知道怎么选择。

• 理性分析派

有些消费者对车的了解比较深入，他们也就完全有资本站在专业的角度对目前的车市进行一番分析再下定论。他们认为买车不仅要看车的情况，还要看本地的路况适合什么车。

6.2 集团组织汽车市场特征及购买行为

本节内容简介

集团组织市场是相对私人消费市场而言的。前者的购买者是各类集团组织,我国老百姓经常称其为"公家",后者的购买者是广大消费者个人。组织市场是指工商企业为从事社会生产或建设等业务活动,以及政府部门和非营利性组织为履行职责而购买汽车产品所构成的市场,即组织市场是以某种组织为购买单位的购买者所形成的市场,是消费者市场的对称市场。就卖方而言,消费者市场是"个人"市场,组织市场是"法人"市场。各类不同的汽车用户,对汽车的需求及其购买行为,有着不同的表现,有必要进行分门别类的研究。

6.2.1 集团组织汽车市场的购买者及需求特点

1. 集团组织汽车市场的购买者类型

(1) 企事业集团消费型购买者。这类购买者包括企业组织和事业单位两大类型。企业组织是社会的经济细胞,是从事产品或服务生产与经营的各种经济组织,其特点是自负盈亏、按章纳税、自我积累和自我发展。事业单位是从事社会事业发展的机构,是为某些或全部公众提供特定服务的非营利性组织,其特点是接受财政资助或得到政策性补贴,也可以在规定的范围内向其服务对象收取一定费用。事业单位主要包括学校、医院、红十字会、卫生保健组织、新闻出版机构、图书馆、博物馆、文艺体育团体、基金会、福利和慈善机构等,这里我们将各种职业的或业余的团体、宗教组织、专业协会和行业协会等也纳入"事业单位"范畴,一并讨论。企事业集团消费型购车,目的是满足企业组织的商务经营活动和事业单位开展事业活动的需要,如满足企事业组织机构的各级领导干部、职工的工作和出行需要等。

(2) 政权部门公共需求型购买者。这类购买者包括各种履行国家职能的非营利性组织,是指服务于国家和社会,以实现社会整体利益为目标的有关组织。具体包括各级政府及其下属部门、保卫国家安全的军队、保障社会公共安全的各类警察组织、管制和改造罪犯的监狱、负责立法的各级人大(含政协)机关,在我国还包括各级设有独立机构的党委组织等。这些部门的特点是其运行经费全部来自各级财政的行政经费支出或军费支出。

(3) 运输营运型购买者。这类购买者是指专业从事汽车运输服务的各类组织或个人,具体包括各种公路运输公司、旅游运输公司、城市公共汽车运输公司、城市出租汽车运输公司、具有自备运输的大型企业或某些行业系统的专业运输部门、各种私人运输经营户等。

(4) 再生产型购买者(含再转卖型)。再生产型购买者包括采购汽车零部件的企业或汽车中间性产品(如汽车的二、三、四类底盘)进行进一步加工、生产制造出整车的汽车生产企业,如各种主机生产企业、重要总成装配厂家、各种特种车专用车生产厂家等。再转卖型购买者指各种从事汽车流通的中间商组织,他们是汽车厂家分销渠道上的成员。由于汽车分销渠道的特点,中间商一般不构成汽车厂家的市场,在这一点上汽车产品与普通日用商品是有区别的。但少数汽车厂家也采取了将产品推给中间商后就视为销售完毕的销售方式,故在此将中间商购买行为研究也纳入进来一起讨论。

(5) 装备投资型购买者。这类购买者包括那些将汽车作为装备投资，把汽车用作生产资料的各类组织，主要是各种基本建设单位，如农业生产和林业生产单位，其特点是汽车主要限于基本建设工地、农场或者林区范围内使用。

2. 集团组织市场的特点

与个人购买市场相比较，由于在目的、方式、性质、规模等方面的不同，集团组织市场具有自己的特点。

（1）购买者数目相对较少。虽然集团组织购买者在地理上较为分散，但购买者的类型却比较集中。相对个人购买者而言，集团组织市场的购买者要少得多。这样的特点使得企业可以采取人员推销的销售方式，但并不意味着销售工作就变得轻松容易。相反，它需要更高的营销技巧和技术素质。科特勒在谈到这一点时曾举例说："美国的固特异轮胎公司的命运，在很大程度上要看其是否能够从全美三大汽车制造商那里拿到订单。"这就是说，这时它所面对的只是极少数用户，但销售工作的难度和挑战性很高。

（2）购买数量一般较大。除了企事业集团消费型购买和私人专业运输户购买外，其他集团组织购买者一般都具有购买数量大的特点。对某些汽车厂商来说，往往是几家大买主就分担了厂家的绝大部分的销售量，有时一张订单的金额就可能高达数千万元甚至数亿元。

（3）供求双方关系融洽、联系密切。集团组织购买者希望有稳定的货源渠道，而汽车厂商更需要稳定的销路，因此供求双方常常需要保持较为密切的联系。有时购买者希望供应商能够按自己的要求提供产品，在技术规格、产品功能、结构性能、交货日期或服务项目等方面提出特殊要求，供应商应经常与购买者沟通，详细了解他们的需要并尽力满足。

（4）购买者专业性较强。集团组织购买者大多对产品有特殊要求，且采购过程复杂，由受过专业训练的人员完成采购，故很少有冲动性购买现象。因此，汽车厂商的营销者应多从产品功能、技术和服务的角度介绍本企业的优势，尽量提供详细的技术资料和特殊服务。

（5）有些组织购买者的地理位置较为集中。例如，再生产型购买者和设备投资型购买者在地理位置上就比较集中，这是社会生产布局或长期形成的生产格局决定的，这种地理布局通常难以在短期内发生根本性改变。

（6）影响购买决策的人员众多。同个人购买者的购买决策相比较，影响集团组织购买决策的人员更为众多，通常由若干技术专家和最高管理者阶层共同参与采购工作。鉴于此，汽车厂家应当派出训练有素、有专业知识和人际交往能力强的推销代表，与买方的采购人员或决策者打交道。

（7）购买的行为方式比较特殊。直接购买，集团组织购买者往往直接向生产厂家采购所需的产品，而不通过中间商环节。互惠购买，是指在供应商与采购者之间存在互购产品项目时，各自向对方提供优惠，实施互惠采购。租赁，是指在不占有产品所有权的条件下，通过支付租金来取得某些产品使用权的采购方式。例如，某些特种汽车、专用汽车等产品的单价很高，用户又不是经常使用，租赁方式可以解决用户的资金困难。

（8）需求具有派生性。派生需求又称为引申需求或衍生需求。集团组织购买者为了给自己的服务对象提供合适的产品或服务，可能导致其按服务对象的需要购买合适的汽车产品。这个特点要求汽车厂家的营销人员，不能只关注自己的产品销售，还必须重视研究集团组织购买者所需的用途。

（9）短期的需求弹性较小。相对私人汽车消费者而言，集团组织购买者的需求价格弹性小得多，特别是短期内需求受价格变动的影响不大。例如，汽车再生产者由于其制造工艺不可能在短时期内进行重大变革，不会因为汽车零部件或中间性产品的价格上涨而减少购买，也不会因为价格下跌而增加购买。有的组织购买者面临的选择机会不多，例如，地方政府或行业部门规定本地的组织用户只能选购本地生产的汽车，排挤外地产品；或者由于产品的特殊性，供应商数目有限等，这些原因都使得需求弹性减小。

（10）需求的波动性大。集团组织购买者对汽车的需求要比个人购买者的需求具有更大的波动。根据现代社会生产的供应链管理原理，存在一种"牛鞭效应"或者需求的"加速原理"，即处于供应链下游企业的需求变化会因为供应链上的企业层层放大或缩小最终导致供应链上游企业销售的剧烈波动。此外，可能受到整个经济形势的影响，组织市场的需求也会产生较大波动，如宏观经济形势不好，政府会削减财政开支，将直接减少政权机构和部分事业单位的汽车需求。同样，企业和运输部门也会因为经营状况下降而减少或者推迟汽车购买，最终形成汽车的集团组织市场需求大幅减少。

6.2.2 集团组织购买行为类型

集团组织购买行为模式不同于个人购买行为模式，其复杂程度高得多。从购买活动的类型看，主要包括3种基本类型。

（1）直接重购。是指采购部门根据过去的一贯性需要，按原有订货目录和供应关系所进行的重复购买。在这种类型的购买行为中，集团组织的采购人员做出购买决策的依据是过去的经验，由对供应商已往的满意程度决定。由于这种购买行为所涉及的供应商、购买对象、购买方式等均为往常惯例，因而无须做出太多的新的采购决策，它属于一种简单的购买活动。

直接重购的优点是便于供应商保持产品和服务的质量，并在这一过程中努力简化购买手续、节省购买者时间、稳定供应关系。但对于新的供应商来说，这无疑加大了其进入组织市场的难度，因而其营销活动应注意先从零星的小额交易打开缺口，再逐渐扩大市场占有率。

（2）修正重购。指用户为取得更好的采购工作效果而进行修正采购方案、改变产品规格、型号、价格等条件或改变供应商的情形。这种购买类型下的采购行为比直接重购复杂，它要涉及更多的购买决策人员和决策项目。

修正重购有助于刺激原供应商改进产品和服务质量，并给新供应商提供了竞争机会，从而有助于用户降低采购成本。

（3）新购。指购买者对其所需的产品和服务进行的第一次购买行为。这是所有购买情形中最为复杂的一种，因为它通常要涉及多方面的采购决策。

新购时，如果面对的采购金额和风险越大，采购决策的参与者就会越多，制定采购决策所需的信息就越多，决策所花费的时间也就越长。但对于所有的市场营销者来说，都是一个很好的机遇，可以充分利用组织购买者新购的机会，努力开辟组织市场。供应商可以派出自己的专业推销人员，接近对购买决策具有影响作用的重要人物，向他们提供各种相关的信息，使用户减少顾虑和疑问。对于大型的新购业务机会，许多供应商都要派出自己的推销使团，大公司还往往设立专门机构来负责对新购用户的营销。

另外，对于企业的市场营销来说，辨识新购过程的不同阶段是非常重要的，它可以帮助营销者实现与购买者的沟通。一般情况下，任何新购都要经历认识、兴趣、评估、采购、使用等几个阶段。在不同阶段上，信息源对于购买者的决策影响各不相同。在认识阶段，大众媒体效果较好；在兴趣阶段，推销人员的影响较大；而在评估阶段，反映技术状况的信息更为重要，而在采购和使用阶段，服务的作用就相当大了。

 6.2.3 集团组织的购买决策过程

1. 购买决策内容

集团组织在采购过程中需要决策的内容，首先与采购的业务类型有着密切的关系。通常情况下，采购者需要做出的决策内容在直接重购业务中最少，在新购业务中最多。以新购业务需要的决策为例，其决策内容包括：产品选择、价格决策、交货条件与交货时间的制订、服务水平的确定、支付方式的选择、订购数量确定、供应商选择的评估等。

2. 购买决策过程的参与者及其作用

集团组织采购部门的设置，与组织自身的规模紧密相关，大型组织有职能较为完整的专门采购部门，小型组织的采购任务往往只有少数几个人负责。在采购决策权限的授予上，不同类型的采购部门也不尽相同。有些采购部门把选择供应商和选择产品的权限全部授予采购人员，有些则只允许采购人员选择供应商，还有的采购人员仅仅是供应商与采购部门之间的媒介，只拥有发放订单的权力。总体上讲，不同的决策参与者，对决策的作用各不相同。

在任何集团组织中，除了专业的采购人员之外，还要有其他相关的人员参与购买决策过程，他们共同构成采购的"决策中心"。在"决策中心"内，对购买决策发挥作用的成员主要有：

（1）使用者：指具体使用所采购产品或服务的人员。使用者在购买决策中的作用体现在他们一般是在采购的最初阶段从使用角度提出建议，其意见对选择产品的功能、品种、规格等方面起重要作用。

（2）影响者：指内部或外部的所有对购买决策具有直接或间接影响作用的人员。他们通常可以协助解决部分决策问题，可能提出不同方案的评估信息，最为重要的影响者多是集团组织内部的技术人员。

（3）决策者：指集团组织内部有权决定采购数量和供应商的所有人员。在标准品的例行采购中，决策者往往就是采购者本人；而在复杂的采购业务中，决策者可能只是组织的领导者。

（4）审批者：指那些有权批准决策者或采购者购买方案的所有人员。一般是重大购买行动的领导小组或最高机构。

（5）采购者：指选择供应商、协商采购条款内容的直接实施购买行为的所有人员。采购者的作用是协助决定产品规格，其主要职能是选择供应商，并与之进行具体条款的谈判。

（6）控制者：指那些有权控制集团组织内外相关采购行动信息流动的人员。他们均有权阻止供应商的推销人员同本组织内部的具体使用者、决策者发生直接的联系。

3. 系统采购与系统销售

集团组织购买者不同于个人购买者的另一个特点是，其购买决策往往还要受到系统采购与系统销售行为的影响。

（1）系统采购。系统采购是指采购者通过对各个相互关联的商品所进行的一揽子式购买行为，多见于政府购买和基本建设单位的购买活动中，比如政府及基本建设单位，在建设大型公共设施、修建农田水利设施、城市的建设改造等方面所进行的采购活动多属此类。另外，在一些教育和卫生部门，也常常对其设施装备采取系统采购策略。

（2）系统销售。系统销售是指供应商通过提供一组连带性商品，来满足用户的系统性需要的销售行为，是现代市场营销的一种策略。这种销售方式是现代市场营销的一种策略。

4. 购买决策过程

集团组织购买活动属于理性购买，采购活动包括 8 个阶段。

（1）提出需要；

（2）确定需求内容；

（3）决定产品规格；

（4）寻求供应商；

（5）征求报价；

（6）选择供应商；

（7）发出正式订单；

（8）审查履约状况。

对于新购业务类型来说，一般包括这 8 个采购阶段，这是完整的采购过程。而对于修正重购和直接重购两种业务类型而言，所包括的决策过程的阶段要少一些，尤其是直接重购，其包括的决策阶段最少。这两种决策过程都属于不完整的采购决策过程。

总之，汽车产品的集团组织购买行为与个人购买行为很不相同，市场营销人员必须了解客户的需求、采购决策的特点等，然后在此基础上按客户的具体类型设计出合适的营销计划。

 6.2.4 集体组织的购买方式

集团组织在采购过程中，常常要选择合适的购买方式。常见的购买方式有：

1. 公开招标选购

公开招标选购即集团组织的采购部门通过一定的传播媒体发布广告或发出信函，说明拟采购的商品、规格、数量和有关要求，邀请供应商投标。招标单位在规定的日期开标，选择报价较低和其他方面合乎要求的供应商作为中标单位。这种招标方式常被用于政府采购、再生产者配套采购、重大工程项目建设单位装备采购等场合。

采用招标方式，集团组织会处于主动地位，供应商之间会产生激烈的竞争。供应商在投标时应注意以下问题。

（1）自己产品的品种、规格是否符合招标单位的要求。非标准化产品的规格不统一，往往成为投标的障碍。

（2）能否满足招标单位的特殊要求。许多集团组织在招标中经常提出一些特殊要求，譬如提供较长时间的维修服务、承担维修费用等。

（3）中标欲望的强弱。如果企业的市场机会很少，迫切要求赢得这笔生意，就要采取降价策略投标；如果企业还有更好的市场机会，只是来尝试一下，则可以适当提高投标价格。但无论如何，报价均要求在合理的范围内，恶意的低价竞争不一定能够中标，因为招标单位对价格一般进行过调查，有一个标底价。过分低于这个价格，招标单位会认为投标单位无法保证产品或项目的质量，可能淘汰投标单位。

在招投标活动中，招标单位对投标单位要进行资质审查。例如，汽车再生产者对零部件或中间性产品的配套采购，就要对各个拟投标的供应商进行资格审查，看其产品质量是否能够通过本企业质量部门或产品试验部门的质量认定，考察其是否具有必要的融资能力等。所以，供应商在投标前应了解招标单位的决策过程，事先做好必要的准备工作。

2. 议价合约选购

议价合约选购即集团组织的采购部门同时和若干供应商就某一采购项目的价格和有关交易条件展开谈判，最后与符合要求的供应商签订合同，达成交易。汽车产品的大宗订单、特殊需求订单一般均采取此种购买方式。

知:识:拓:展

要成为一名成功的促销人员，必须经过以下三个步骤：

第一步：促销自己——把自己销售给一家优秀的企业。

一家优秀的企业满足如下条件：

第一，能够提供更适合顾客的产品。

第二，能够提供促销人员展开业务的良好机制。

第二步：经营自己——做优秀的促销人员。

无论多么辛苦劳累，促销人员如果不能够把产品卖出去，就不是一个优秀的促销人员。顾客不买账，对手的促销人员却能让产品畅销，相比之下自己就是弱者，就不是优秀的促销人员。优秀的促销人员具有使顾客满意的技巧。

第三步：提升自己——做成功的促销人员

优秀不等于成功。成功的促销人员不仅能让顾客满意，而且能让自己满意。成功的促销人员具有让自己满意的艺术。不管是否曾经从事过销售工作，从现在开始，你的工作就是将你自己销售给一家优秀的企业。

好了，我们一起上路吧！从现在开始，你是一名促销人员，你的工作就是将你的产品销售出去。那么你到底销售什么呢？你自己。为了销售你自己，你必须知道如何找到适合你的最佳工作机会，并知道怎样表现自己，促成交易。这将是你所进行的最简单的促销。有谁能比你更深入地了解你的天赋、你的能力以及你的愿望？没有，只有你自己！

本:章:知:识:点

企业要引导各类购买动机实现，满足个人购买者的各种需求，就必须对个人购买者对营销刺激和其他刺激的反应，以及对购买者行为的总模式有较全面的认识。

影响汽车产品个人购买行为的主要有文化因素、社会因素、个人因素和心理因素等几类。各类因素的影响机理是：文化因素通过影响社会因素，进而影响消费者个人及其心理的活动，从而形成消费者个人的购买行为。

消费者个人的购买过程，是相互关联的购买行为的动态系列，一般包括5个具体步骤：确认需要→收集信息→评估选择→决定购买→购后感受和评价。

集团组织购买行为模式不同于个人购买行为模式，其复杂程度高得多。从购买活动的类型看，主要包括三种基本类型：直接重购、修正重购、新购。

集团组织在采购过程中需要决策的内容,首先与采购的业务类型有着密切的关系。通常情况下,采购者需要做出的决策内容,在直接重购业务中最少,在新购业务中最多。以新购业务需要的决策为例,其决策内容包括:产品选择、价格决策、交货条件与交货时间的制订、服务水平的确定、支付方式的选择、订购数量确定、供应商选择的评估等。

课后训练

任务	要求
1. 针对本地区个人汽车消费特点,分析个人消费决策过程。 2. 学生互相评价他们的分析观点	学生事先写好分析报告,要求突出自己的特色。 (1)学生介绍自己的观点,分析影响个人消费决策的因素。 (2)注意仪表仪态。 填写工作计划表(附录四)和工作检查表(附录五)

拓展知识

案例分析

学习素材

模块三

汽车营销管理

第七章 汽车市场细分与目标市场选择

学习目标

了解汽车市场细分的方法和原则。
理解汽车市场定位与市场竞争的概念。
掌握汽车市场定位的方法和策略。

情景导入

别了，奥兹莫比尔

很久以来，奥兹莫比尔就是美国人汽车情结中重要的一部分。但和其他的美国标志物一样，通用汽车公司6大品牌之一的奥兹莫比尔也成了全球化的牺牲品。在竞争激烈的今天，人们关心的是价值、选择、可获得性、可靠性和价格，而在这些方面，欧洲、日本和北美其他汽车制造商都比通用汽车公司做得好。

正如通用汽车公司自己承认的那样，奥兹也是产品过多而顾客日益减少的牺牲品。尽管过去几年里，通用汽车公司投资了30多亿美元在Alero、新款BravadaSUV和豪华型Aurora等奥兹系列产品上，但也不得不宣布放弃奥兹莫比尔这个品牌。

"今天的事情反映了市场的症结"，万·维尔博说，他是位于密歇根州的汽车制造商联盟的研究主管，"仅仅靠牌子或者品牌忠诚度来竞争越来越难了。我想奥兹莫比尔最后也发现了，一个有103年历史的牌子也不能保证一定会带来品牌忠诚度。"

多年以来，奥兹莫比尔的形象就是稳定、庞大、坚固、流畅，还有可靠。那是奥兹莫比尔的卖点，而且一直都非常成功。20世纪60—70年代，奥兹莫比尔都是全美最大的汽车制造商之一。

2000年12月12日，通用汽车公司做出了一个令全球汽车界震惊的决定，也是一个令无数奥兹莫比尔汽车拥护者们倍感伤心的决定——未来几年内，奥兹莫比尔将逐渐被淘汰。应该说奥兹莫比尔最终有这样的结局并不完全出乎意料，但对于这样一个有着103年辉煌历史、通身充满了王者风范的汽车品牌来说，这一切来得还是太快了。

奥兹莫比尔汽车工厂成立于 1897 年，4 年后生产出自己的第一辆汽车 Curved Dash Runabout，是美国汽车领域的老牌先驱。奥兹莫比尔曾经有过傲人的业绩和创造：它是美国第一个开展汽车出口业务的厂家；在 20 世纪 40 年代生产出第一部带自动变速器的汽车；20 世纪 60 年代制造了美国第一部四轮驱动汽车，等等。

然而历史毕竟是历史，汽车工业随着时代的变迁也在飞速向前发展。随着其他汽车巨头的日益发展壮大和更多汽车新秀的不断涌现，汽车行业掀起了一浪高过一浪的竞争热潮。直至 20 世纪 90 年代，全球的汽车厂家为争夺市场，各自使出浑身解数，采取推陈出新、价格优惠、成本节约等措施，力求在激烈而残酷的行业拼杀中争得一席之地乃至获得更多的利益。1995 年，在通用汽车公司的策划和带领下，奥兹莫比尔推出了 250 马力、4.0 L V8 的 Aurora，使之成为该公司的旗舰产品。此后它又陆续推出 Alero、Intrigue、Silhouette 和 Bravada 等新品牌，为这个有着深厚汽车文化积淀的品牌注入了新鲜血液。这些汽车产品在外观造型上兼具了传统的豪门贵族气派和时尚的现代气质，在性能上也达到了世界先进水平。

即便如此，奥兹莫比尔的销售业绩却呈逐年下滑趋势。2000 年前 11 个月，全球汽车业整体业绩比 1999 年上涨了 3.5%，而通用的整体销售仅增加了 0.2%（销量为 458 万部），其中奥兹莫比尔销售量为 265 878 部小汽车和轻型卡车，同比下降了 8.5%，是通用公司所有品牌中销售最差的一个，极大地影响了公司的业绩。在过去几年中，通用汽车公司为挽救奥兹莫比尔，在人力和物力上做出了巨大的投入，仅是数款新车的推出就耗资超过了 30 亿美元，可惜收效甚微。

俗话说，"冰冻三尺，非一日之寒"。曾经叱咤风云的奥兹莫比尔如今以如此悲惨的结局收场是有多种原因的。但问题的关键还是在于长期以来奥兹莫比尔市场策略的失败和失误，这主要表现在以下几个方面。

一、市场形象模糊，信息沟通渠道不畅通

1992 年，奥兹莫比尔就已经开始出现严重的"内伤"，当年销售量比 1986 年下降了 110 万辆。奥兹莫比尔长期以来一直不能赢得公众的注意力。它在 1988 年打出的广告宣传口号是"这不是你父亲的奥兹莫比尔"，以至于许多消费者不明白奥兹莫比尔到底是什么。这一品牌的定位本是想介于运动型庞蒂克和高档别克之间，但在过去的 20 年里，美国汽车市场空前繁荣，各种新产品层出不穷且来势凶猛，使得奥兹莫比尔的定位变得相当模糊，界限也逐渐被淹没。

此外，奥兹莫比尔对市场信息的掌握也暴露出严重不足。公司要表达的一些信息没有及时传达给消费者，而反过来广大消费者到底需要什么，奥兹莫比尔也并不十分了解，也就是说，该公司的信息沟通渠道不畅通。

应该说这样的市场策划是十分失败的，但奥兹莫比尔始终没有及时更换广告策划代理，以至于受伤越来越深，最终成为"不治之症"。

二、没有及时打入轻型卡车市场

奥兹莫比尔在主要的发展阶段，忽略了轻型卡车的重要性，直到 1989 年才推出了 BravadaSUV 和 Silhouette 小型货车，并开始涉足这一领域。然而这两款汽车在繁荣的卡车市场上表现却不尽如人意。众多 SUV 爱好者都偏爱两轮驱动，而 Bravada 却偏偏没有这样的产品可供选择，自然不能引起消费者的兴趣。

三、消费群定位错误

20世纪90年代初期，别克和奥兹莫比尔拥有相同的客户群，所以通用汽车公司决定让别克继续留住老用户，而让奥兹莫比尔来吸引那些购买进口车的用户，其主要目标是一些年轻人。为了迎合他们的口味，通用汽车公司在奥兹莫比尔的设计上更多地加入了舶来品的风格，推出了更新的运动款车型。Aurora、Intrigue和Alero作为取代Ninety Eight等一系列奥兹莫比尔老品牌的标志性产品被推出。但是这样的变革让奥兹莫比尔付出了惨重的代价。

奥兹莫比尔在变化中"抛弃"了老客户。老客户们可能在年龄上偏长一些，但他们热爱奥兹莫比尔这一品牌，正是依靠这样的客户群，奥兹莫比尔才可以赢得利润。奥兹莫比尔现在向年轻人出售Alero未尝不是一种新的尝试，问题是这些年轻的Alero用户是否会像Ninety Eight老用户那样给予奥兹莫比尔足够的回报。通用汽车公司北美地区总裁扎雷拉说，奥兹莫比尔已经赢得了一些新用户，但数量还不够。

但是，奥兹莫比尔作为一个品牌并不适合这样做。它在别克之上，仅次于卡迪拉克；它在庞蒂克之上，但又不如雪佛莱富有运动风情和有活力。它只有一个SUV车型。尽管奥兹的广告竭力宣传其年轻的形象，人们还是把它当老人用车来看。因此，虽然使尽了浑身解数，通用汽车公司的奥兹莫比尔仍然没能找到自己的卖点。

"奥兹同所有其他的牌子混杂在一起，根本没有真正的定位。"密歇根的一家汽车咨询公司的资深预测经理杰夫·斯喀斯特评论道，"牌子多了以后，有的就被挤出去了，不能一会儿是甲，一会儿是乙。这样才比较合理。"

虽然奥兹莫比尔可能是被挤出市场的最大制造商，但是它不是第一个，戴姆勒·克莱斯勒在2001年放弃了普利茅斯品牌。

分析师们一般都对通用汽车公司放弃奥兹莫比尔持支持态度，认为这样会使公司节省开支并能够在其他品牌上投入更多的资源。

四、经销商数量过多

奥兹莫比尔1986年拥有3 100家经销商，当年共售出100万部汽车，平均每家经销商的销量为334部。2000年销量大幅度下降，平均每家经销商的销量只有127部。无论通用汽车公司如何努力，奥兹莫比尔近10年来减少的经销商数量仍不足10%。

由于销量和利润不断下滑，奥兹莫比尔经销商遂将精力集中到了通用其他品牌甚至其他公司的产品上，奥兹莫比尔的独家经销商只有63家。奥兹莫比尔不能首先赢得经销商青睐，又如何能够吸引消费者呢？

这样看来，奥兹莫比尔的惨败委实不能算是意料之外，看似一日之间土崩瓦解，实则是积久成疾。万般无奈之下，通用汽车公司只好在2000年——奥兹莫比尔度过百年华诞后仅仅第三年，放弃了历经沧桑的奥兹莫比尔。市场就是这样无情而势利，它不以人的意志为转移，更不屑于感情的羁绊。在当今的经济形势下，一家企业如果不能赢利，无论它有着多么久远的历史，多么迷人的文化，人们对它有多么留恋，都不能逃脱被淘汰的厄运。通用汽车公司的决定是有些冷酷，但或许是正确的。毕竟，市场竞争中"利"字当头。

7.1 汽车市场的细分

本节内容简介

社会和经济的发展，使得任何企业都深深地感受到，凭借自己的力量要为整个市场服务，是不可能的，或者是顾客人数太多、分布太广，或者是顾客习惯和要求差别太大。实际上，每个企业的服务对象，都只是市场上的部分顾客。因此，从顾客中寻找、辨认对企业最有吸引力，并能为之提供最有效的服务的特定部分，把它作为自己的目标市场，千方百计地在目标市场上比竞争对手服务得更好，就需要市场细分与目标市场决策。目前，除了个别车型外，我国汽车市场已进入买方市场，消费者的选择余地大大增加，汽车及零部件生产、销售企业之间的竞争也日趋激烈化。企业要想在汽车市场中占据一席之地，必须在进入市场之前，通过对整个市场的细分，找准适合自己发展的目标市场，确定自己在市场中的竞争地位。

7.1.1 市场细分的概念和作用

1. 市场细分的概念

市场细分，是企业选择目标市场实行目标市场营销的前提和基础，同时也是企业进入市场的有效途径和策略。

所谓市场细分就是企业在对市场进行充分调研分析后，根据消费者对产品和营销组合的不同需求，把市场分割为具有不同需要、性格或行为的购买者群体，并勾画出细分市场的轮廓的过程。对市场细分概念的理解应注意以下几点：

（1）不同消费者群的不同需要、欲望与购买行为是由一系列具体因素引起的，因此企业在实施细分时，就应以影响消费者需要、欲望与购买行为的有关因素为基本线索和依据。

（2）一个细分市场是由若干个独立消费者构成的群体，分属于同一细分市场的消费者具有相近的需求倾向，分属于不同细分市场的消费者则在需求倾向上存在着明显的差异性。

（3）不同细分市场在需求倾向上的差异性，不仅可以表现在对产品的要求上，而且可以表现在对市场营销组合其他构成因素的要求上，甚至综合表现在对企业整个市场营销组合要求的异同上。

（4）市场细分不是简单分解，而是一个分类组合过程。

2. 市场细分的作用

通过对市场进行细分，实行目标市场营销战略，不仅可以改善企业经营、提高经营效果，而且也能起到对社会资源优化配置，避免大量重复建设和重复投资所造成的资源浪费。它的作用主要体现在：

（1）有利于选择目标市场。市场细分有利于企业巩固已有市场并发现新的市场机会，有利于恰当选择目标市场。

（2）有利于制订营销策略。市场细分有利于企业针对目标市场需求特点，开发适销对路的产品，制订更有效的营销策略。

（3）有利于满足消费需要。市场细分有利于满足千差万别、不断变化的消费需要。在众多企业实行市场细分策略的情况下，尚未满足的社会消费需求就会逐一被不同的企业选为自己的市场机会和目标市场。

（4）有利于营销组合决策。科学的市场细分对企业在产品定位、价格制定、渠道规划和促销策略等营销要素的组合决策有着重要的指导意义。

（5）市场细分适合任何企业。对市场细分不仅适用于实力较强的大企业，而且对中小企业也十分适用。中小企业通过对市场细分，可以选择大企业舍弃的、市场需求相对较小的子市场，充分利用自身资源局部优势，以求得生存空间。

7.1.2 市场有效细分的标准和原则

1. 汽车市场细分与划分标准

（1）按地理位置细分。

地理细分（表7-1）要求把汽车消费市场划分为不同的地理区域，如省、市、区或街道，交通情况，地区经济实力等。由于地理环境、自然气候、文化传统、风俗习惯和经济发展水平等因素的影响，同一地区的汽车消费者需求具有一定的相似性，而不同地区的人们形成不同的汽车消费习惯和偏好。如东北、山东人性格豪爽；上海、浙江人行为谨慎；广东经济发达，收入较高；西部地区购买力相对较低等。

表7-1 地理细分变量

变量	内容
地区	华北、东北、西北、西南、华东、华南等
城市规模	200万人以上、12万～200万人、60万～120万人等
居住位置	市区、近郊、远郊、乡村
交通情况	便利、拥挤、偏远、闭塞
地区经济	富裕、较好、一般、较差、贫困

（2）按人口特点细分。

人口统计细分（表7-2），是将汽车消费市场以人口统计为基础，划分成不同的消费群体。这些变量和汽车需求的差异性之间存在着密切的因果关系。如年轻人追求时尚，中老年人讲究实用，丈夫确定品牌，妻子决定价格和颜色等。

表7-2 人口统计细分变量

变量	内容
性别	男性、女性
年龄	25岁以下、26～35岁、36～45岁、46～55岁、56岁以上
家庭人口	单身、夫妻2人、3人、3～5人、5人以上
客户组合	夫妻、带孩子、同性别、带朋友、全家
客户规模	私人消费、团体消费、大众消费、特殊消费
收入	高、中、普通、较低
职业	公务员、企业家、私企业主、职业经理、医生、律师、外企职员、一般工薪阶层、教师等

续表

变量	内容
职位特点	高层领导、中层管理者、一般员工
教育及学历	小学、中学、大学、硕士及以上
宗教	无、佛教、天主教、基督教、伊斯兰教、其他
民族	汉族、回族、满族、藏族等

（3）按购买者心理细分。

包括按消费者的生活态度、个性、购买动机及消费习惯等细分市场（表7-3）。

心理因素分析，是有关汽车消费的生活方式、特征、态度和个性方面的分析，见表7-3。对于销售人员来说，其重要性十分显著。如生活简朴的人讲求汽车的实用性和经济性；奢华的人讲求汽车的豪华和舒适；心直口快的人比较容易了解真实需求；盲目依存的人比较容易接受劝诱等。

表7-3 购买者心理变量

变量	内容
心理因素	下下、下上、中下、中上、上下、上上
生活方式	简朴、大众、时尚、奢华、保守型、领袖型、上进型、迷茫型、平庸型
个性	忠诚老实、自以为是、冷静思考、内向含蓄、冷淡严肃、先入为主、好奇好胜、敏感多疑、善于表达、心直口快、爱辩论、似懂非懂、优柔寡断
文化类型	理论型、政治型、经济型、审美型、社会型
地区经济	富裕、较好、一般、较差、贫困
气质	多血质、胆汁质、黏液质、抑郁质
情绪反映	沉静、温顺、健谈、激动、强词夺理
能力	独立自主、盲目、依附、不确定
价格反映	敏感、接受、迟钝、刺激

（4）按最终用户的类型细分。

不同的最终用户对同一种产品追求的利益不同。如军用汽车要求质量绝对可靠、越野性能好、按期交货，但对价格不太在意；民用汽车则要求质量好、服务周到、价格适中。

（5）按用户规模细分。

企业可将市场划分为大、中、小三类客户市场。一般来说，大客户数目少，但购买额大，应注意保持与大客户的业务关系；而对于一般小客户或个人用户，企业应通过中间商销售。

（6）按用户的购买特点（即行为因素）细分（表7-4）。

购买特点主要指购买者的购买能力、购买目的、购买方式、购买批量、付款方式、采购制度和手续等。

行为因素分析，是根据汽车消费者对一辆汽车了解程度、态度、驾驶使用情况的分析，是销售人员尤其需要掌握的。如经常驾车的人，可能对新技术更加敏感、关注；从未开过车的人，可能对外观和价格更加敏感；汽车用于运营和出租的，购车者关心实用性和后续费用；用于休闲和运动汽车，购车者关心通过性和越野能力等。

表 7-4　行为因素变量

变量	内容
使用动机	普通时机、特殊时机
追求利益	质量、安全、服务、舒适、经济、实惠
驾驶汽车情况	从未开过、曾经开过、有可能开过、经常开
使用频率	不常开、有时开、经常开
品牌忠诚度	无、专一、动摇、转移、不确定
准备程度	不知道、知道、了解、有兴趣、想得到、准备买
对汽车的态度	热情、积极、不关心、否定、敌视
购买态度	理智型、冲动型、价格型、想象型、随意型
情绪反映	沉静、温顺、健谈、反抗、激动
购买目标确定的程度	完全确定、半确定、犹豫不决、不确定
客户购买速度	快速的、随机的、缓慢的
对新产品接受的态度	革新、早期接受、深度接受、迟钝、不接受
购买类型	现实的、潜在的、单次的、长期的、单一的、批量的
用途	家务、公务、运营、出租、代步、休闲、运动
决策特点	经济型、被动型、认知型、情绪型

2. 汽车市场细分的原则

（1）差异性。各细分市场客观上必须存在明确的差异。如果市场细分后各细分市场仍模糊不清，则这样的市场细分就是失败的。

（2）可衡量性。细分市场现有的和潜在的需求规模或购买力是可以测量的。如果细分的结果导致市场容量难以评估，则这样的市场细分也是失败的。

（3）可进入性。拟作为自己目标市场的那些细分市场，企业必须有能力进入，能够为之服务，并能占有一定的份额。否则，细分的结果导致企业不能在任何细分市场上有所作为，这样的市场细分当然也是失败的。

（4）收益性。企业在细分市场上要能够获取期望的赢利。如果容量太小，销售量有限，则这样的细分市场对企业就缺乏吸引力。因此，细分市场并不是越细越好，而应科学归类，保持足够容量，使企业有利可图。

（5）稳定性。细分市场必须具有一定的稳定性。否则，如果变化太快，企业还未实施其营销方案，目标市场早已面目全非，则这样的市场细分同样也是失败的。

7.1.3　我国汽车市场常见的细分方法

（1）按汽车产品大类划分：轿车市场，指各类轿车需求者；商用车市场，指除轿车以外的所有汽车产品现有的和潜在的购买者。

（2）按我国传统的划分方法，可划分为：载货汽车市场、越野汽车市场、自卸汽车市场、专用汽车市场、特种汽车市场、客车市场、轿车市场。

（3）按购买者的性质可分为：机关公务用车市场、商务及事业性单位用车市场、生产经营性用户需求市场、私人消费性用户需求市场。

（4）按汽车产品性能特点，可分为：载货汽车，包括重型汽车市场、中型汽车市场、轻型汽车市场和微型汽车市场；轿车，包括豪华轿车市场、高档轿车市场、中档轿车市场、普及型轿车市场和微型轿车市场；客车，包括大型、中型、轻型和微型客车市场。

（5）按汽车产品的完整性，可分为：整车市场、部件市场、汽车配件市场。

（6）按汽车使用燃料，可分为：汽油车市场和柴油车市场。

（7）按地理位置，可分为：东部沿海地区汽车市场、中部地区汽车市场、西部地区汽车市场，也可划分为东北区、华北区、华东区、中南区、西南区、西北区六个汽车市场。

（8）按汽车保有量变化与否，可分为：新增需求市场、更新需求市场。

（9）按是否具有军事用途，可分为：军用汽车市场、民用汽车市场。

（10）按自然气候条件，可分为：丘陵、高原、平原、寒带、热带及亚热带等汽车市场。

（11）按是否属于首次向最终用户销售，可分为：新车市场、旧车市场。

（12）按汽车是否具有专门用途，可分为：普通汽车市场、特种专用车市场。

知识拓展

汽车消费者的四大特征

从价格敏感到品质敏感，从追求稀缺到追求个性，从注重实用到注重体验……汽车领域的"消费升级"正以一种快速且戏剧化的方式发生。

1."轻价格"

近5年来，中国乘用车销量以平均每年14%的幅度增长。虽然从2017年起，中国汽车市场进入了微增长的常态，但增速依然高于美国市场。即便如此，车型数量还在不断增加，提供给消费者更多选择。有了更多选择的消费者变得更加挑剔。

中国汽车销售满意度研究（SSI）发现，中国车主购车的原因发生了显著变化：价格因素从2000年的首要因素下降到2017年第5位，而品牌、品质、颜值和技术成为购车前4位的原因。

消费者对品质也即对汽车质量和安全性的要求始于2005年，此后，品质在购车原因中所占的权重逐年上升。

2."重技术"

从2015年开始，中国消费者突然关注起技术，因为技术原因购买新车的比例快速上升。中国消费者对新技术的需求高涨，导致汽车安全/智能互联网设备的安装率逐步提高。

2017年，自动泊车系统、读出短信、车载互联网连接、车道偏离警告系统、语音识别、内置蓝牙电话、导航系统、停车辅助/倒车雷达等安装率都较2015年有了一定幅度的提升。

与其他年龄段的消费群体相比，"90后"对新技术的热衷程度普遍高于更早年龄段的消费群体。

3."恋SUV"

从车型购买的趋势来看，中国消费者越来越不喜欢小车。中国新车购买意向研究（NVIS）显示，2010年至今，中型车和入门级中型车对潜在车主的吸引力明显减少，两者在潜在车主最想购买的车型中所占比例下降了超过一半，而消费者对豪华车和SUV趋之若鹜。

潜在车主最想买的车型中，豪华车所占比例从2010年的1％上升至2017年的9％，SUV则从2010年的10％上升到2017年的37％。

正是因为对品质的追求，才导致消费者开始追逐豪华车和SUV。购买意向驱动销量，到2017年年底，SUV会贡献中国乘用车市场43％的销量。

4."试网购"

"互联网"概念横空出世，给汽车市场带来了深刻变革，方便厂家为消费者提供个性化产品和配套服务，并与消费者进行直接沟通。

中国汽车销售满意度研究（SSI）显示，中国新车车主网络购车的比例从2015年的8％上升至2017年的17％。此外，在入店客流中，来自经销商网络营销的比例从2015年26％上升至2017年的30％。

随着互联网的不断发展，价格的天平会向消费者一方继续偏移，市场会变得更加透明。

7.2 汽车企业市场定位

本节内容简介

市场定位也称作"营销定位"，是市场营销工作者用于在目标市场（此处目标市场指该市场上的客户和潜在客户）的心目中塑造产品、品牌或组织的形象或个性（identity）的营销技术。企业根据竞争者现有产品在市场上所处的位置，针对消费者或用户对该产品某种特征或属性的重视程度，强有力地塑造出此企业产品与众不同的、给人印象鲜明的个性或形象，并把这种形象生动地传递给顾客，从而使该产品在市场上确定适当的位置。

7.2.1 市场定位的概念

所谓市场定位，是指企业以何种产品形象和企业形象出现，以给目标客户留下一个深刻印象。产品形象和企业形象是指用户对产品和企业形成的印象。如常说的"物美价廉""经济实惠""优质优价""豪华高贵""性能优良""技术领先"等，就属于产品形象的概念范畴；而"对客户负责""质量过硬""工艺精湛""实力雄厚"等，则属于企业形象的概念范畴。

企业要做好市场定位，使自己的产品在公众心目中树立起恰当的形象，并不是一件容易的事。企业可采用的策略有：无差异营销、差异营销和集中性营销。无差异营销，指企业可以决定不考虑细分市场的差异性，对整个市场只提供一种产品。差异营销，指企业决定以几个细分市场或以瞄准机会的市场为目标，并为每一市场设计独立的营销方案。集中性营销，指企业将放弃一个大市场中的小份额，而去争取一个或几个亚市场中的大份额。

7.2.2 市场定位的战略

（1）产品差别化战略。即从产品质量、特色等方面实现差别的战略。每个企业必须建立一整套独一无二的竞争优势，使自己区别于其他企业。产品差异是连续发生的，一方面，是具有细小差别、相似度极高的产品；另一方面，是具有高度差异性的产品，这类汽车产品可以通过它们的特点、性能或样式、设计来进行区别。

（2）服务差别化战略。即向目标市场提供与竞争者不同的优质服务的战略。企业可以使其与产品有关的服务不同于其他企业，如维修服务。许多客户愿意多付一点钱、多跑一点路，到提供一流维修服务的汽车经销商那儿买车。对汽车等技术密集型的产品，实行服务差别化战略是非常有效的。

（3）人员差别化战略。即通过聘用和培训比竞争对手更优秀的人员，以获取差别优势的战略。招聘和培训比竞争对手更好的人员来取得很强的竞争优势，使每个员工都明白：理解顾客，清楚、愉快地与他们交流及对顾客的要求和问题快速做出反应是极为重要的。实践证明，市场竞争归根到底是人才的竞争，一支优秀的人员队伍，不仅能保证产品质量，还能保证服务质量。

（4）形象差别化战略。即在产品的核心部分与竞争者无明显差异的情况下，通过塑造不同的产品形象以获取差别的战略。企业或其品牌形象应能够传达产品与众不同的利益和定位。

并不是所有的品牌差异都有意义或价值，也不是每一种差异都能成为很好的区别因素。一个差异能否建立，应看是否能够满足以下条件：①重要性。该差异能给目标购买者带来高价值的利益。②专有性。竞争者无法提供这一差异，或企业不能以一种更加与众不同的方法来提供该差异。③优越性。该差异优越于其他可使顾客获得同样利益的办法。④感知性。该差异实实在在，可为购买者感知。⑤先占性。竞争者不能轻易复制差异。⑥可支付性。购买者有能力支付这一差异。⑦可营利性。企业能够从此差异中获利。

7.2.3 市场定位的步骤

（1）调查研究影响定位的因素。包括：①竞争者的定位状况。根据竞争者的定位状况，决定推出多少或哪些差异因素。有的人认为企业应为每一种品牌建立唯一的销售主张，企业应给每一个品牌选择一个特点，并使它成为这一特点中的第一名。有的人则认为企业的定位应该有一个以上的不同因素，当两个或更多的企业宣称在同一特点上最优，这样做是有必要的。②目标用户对产品的评价标准。弄清楚用户最关心的问题，并以此作为定位决策的依据。

（2）选择竞争优势和定位战略。企业通过与竞争者在产品、促销、成本、服务等方面的对比分析，了解自己的长处和短处，从而认定自己的竞争优势，进行恰当的市场定位。

（3）准确地传播企业的定位观念。企业在做出市场定位决策后，还必须大力宣传，把企业的定位观念准确地传播给潜在的用户。避免因宣传不当在公众心目中造成三种误解：①档次过低，即根本没有真正为企业定位，消费者对企业究竟生产什么只有一个模糊概念。②档次过高，即传递给消费者的企业形象太窄。③混淆不清，即给消费者一个令人感到混乱的企业形象。

7.2.4 选择一个整体定位战略

顾客总是会提出"为什么我要买你的牌子？"这个问题。因此相对于诸多竞争品牌，企业要将自己的品牌定位在它们能提供的关键利益上。一个品牌的全面定位叫作品牌的价值主张,即该品牌定位上的利益组合。这里讨论一下企业用于产品定位的 5 种赢利型价值主张(表 7-5)。

表 7-5 价值主张

利益	价格		
	大	相等	小
大	利大价高	利大价等	利大价低
相等	利等价高	利等价等	利等价低
小	利小价高	利小价等	利小价更低

(1) 利大价高。是指提供最优质的产品或服务,且价格较高,用以支付较高的成本。如奔驰汽车,倡导产品的高品质、高技术、持久性、高品位及卓越的性能,价格也与之相适应。商家不仅向消费者提供高质量的商品,同时也向消费者提供信誉保证,这是身份与高品质生活方式的象征。通常价格的提高要超出质量实际提高的程度。

(2) 利大价等。企业通过引进质量相当而价格低廉的品牌来打击其同行。如丰田利用"利大价等"的价格策略引进了凌志生产线。"也许是历史上第一次以 36 000 美元的车交易 72 000 美元的车。"公司通过各类汽车杂志的大肆评论,遍布各地的比较凌志和奔驰的录像带,以及向消费者提供比奔驰更好的销售和服务经验,来介绍新型凌志汽车的高品质,使许多奔驰车用户改用了凌志车。

(3) 利等价低。这是一种有效的价值策略,因为人人都乐于得到实惠。

(4) 利小价更低。成本更小,价格更低的商品总是有市场的。利小价更低策略以更低的价格来迎合消费者对质量和性能的低要求。

(5) 利大价低。这是能制胜的价值策略。

每个品牌都必须采纳一种定位策略,以服务于目标市场的需要和要求。重要的是每个公司必须研发自己的制胜定位策略,一个对它的目标消费者来说是独特的策略。只出售"利等价等"商品就没有竞争优势,只会使企业淹没在众多的企业之中。实行利等价高、利小价高、利小价等三种赔本的价值策略的公司必然会倒闭。

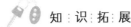
知:识:拓:展

美国各大汽车公司不同品牌的特征与定位

• 福特汽车公司

福特汽车公司创建于 1903 年 6 月,由亨利·福特先生与 11 家企业联合组建。靠 28 000 美元资金起家,福特在日后成了世界最大的汽车企业之一。福特先生坚持认为公司的未来在于生产适合大众市场的价格低廉的汽车。自 1903 年起,福特公司就开始使用字母表中的前 19 个英文字母(A~S)来为所有的新车型命名。1908 年,第一辆 T 型车诞生了。在随后的 19 年内,福特公司共售出 1 500 多万辆这样的车型,福特汽车公司在全球牢牢建立了自己作为综合工业巨头的地位。1925 年,福特公司购买了林肯汽车公司,至此跨入了豪华车生产行列。在高速发展的年代里,福特汽车公司:开始生产卡车和拖拉机(1917 年);开始在密歇根州迪尔伯恩市建设巨大的荣格综合工厂(1917 年);批量生产"鹰"牌舰艇——第一次世界大战期间著名的猎潜艇（1918 年），由亨利·福特及其儿子埃德塞尔完全控股，后者继承了其父的总裁职位（1919 年）；购买林肯汽车公司（1922 年）；制造了 196 架福特三发动机（Tri-Motor）飞机中的第一架，并出售给美国首家商业航空公司（1925 年）。2003 年 6 月，福特汽车公司庆祝百年华诞。公司的发展战略很清晰，正如其主席兼首席执行官 Vill Ford 所说的："我们未来的发展战略其实很简单：制造伟大的产品，创办雄厚的企业，缔造更美好的世界。"今天，福特汽车公司是世界第二大汽车及卡车制造商，在按销量排名的美国最大工业企业财富排名 500 强名列第二。福特汽车公司旗下拥有的众多的汽车品牌，包括福特（Ford）、林肯（Lincoln）、水星（Mercury）、马自达（Mazda）、美洲豹（Jaguar）、陆虎（Land Rover）、阿斯顿·马丁（Aston Martin）和沃尔沃（Volvo）。

- 通用汽车公司通用（GM）

通用汽车公司是世界上最大的汽车公司，年工业总产值达 1 000 多亿美元。其标志 GM 取自英文通用汽车两词的第一个字母。它是由威廉杜兰特于 1908 年 9 月在别克汽车公司的基础上发展起来的，成立美国的汽车城底特律。现总部仍设在底特律。除生产销售汽车外，还涉足航空航天、电子通信、工业自动化和金融等领域。通用汽车公司在美国最大 500 家企业中居首位，在世界最大工业企业中位居第二。通用家族每年的汽车总产量达 900 万辆。通用汽车公司在美国本土共有 6 个轿车分部，分别为别克分部、奥兹莫比部、卡迪拉克部、雪佛莱部、旁蒂克部及 GMC 部，另外在世界各地还有不少分公司，其中通用欧洲公司最大，欧宝和弗克斯豪尔两家的汽车年产量已过百万。此外，通用又收购了世界上最先进的跑车研究生产部门——英国的莲花汽车工程公司，使通用汽车家族再添实力。通用汽车公司是美国最早实行股份制和专家集团管理的特大型企业之一。通用汽车公司生产的汽车，典型地显示了美国汽车豪华、宽大、内部舒适、速度快、储备功率大等特点。另外，通用汽车公司尤其重视质量和新技术的采用。因而通用汽车公司的产品始终在用户心目中享有盛誉。

7.3 汽车目标市场战略

本节内容简介

基本竞争战略有三种：成本领先战略、差异化战略、集中化战略。企业必须从这三种战略中选择一种，作为其主导战略。要么把成本控制到比竞争者的更低的程度；要么在企业产品和服务中形成与众不同的特色，让顾客感觉到你提供了比其他竞争者更多的价值；要么企业致力于服务于某一特定的市场细分、某一特定的产品种类或某一特定的地理范围。

7.3.1 分析企业的竞争者

在同一市场范围内，生产和销售与一个企业相同或可替代产品或服务的其他组织和个人，就是该企业的竞争者。企业在制定竞争战略和策略之前，首先要弄清"谁是自己的竞争者？他们的营销目标和营销策略是什么？其优势和劣势又是什么？"等问题。只有准确掌握了这些信息后，企业才能够制定出正确的竞争对策。

1. 辨别企业的竞争者

从产业方面来看，竞争者通常可分为两类：一是品牌竞争者，是与企业提供的产品或服务相类似，并已有相似目标顾客和相似价格的同一行业的企业；二是欲望竞争者，是与企业争夺同一市场的不同行业的企业。同一行业的企业可分为4种类型：

（1）主导型企业。指在市场上具有高市场占有率的企业。如日本汽车市场上的丰田汽车公司、美国汽车市场上的通用汽车公司等。主导企业在价格变动、新产品开发、分销渠道和促销策划等方面处于行业主宰地位，是市场竞争的导向者，也是其他企业挑战、效仿或回避的对象。

（2）挑战型企业。指市场竞争地位仅次于主导企业，并能够经常向主导企业或其他竞争者发起挑战的企业。如日本汽车市场上的本田和日产汽车公司。

（3）市场追随者。指跟随、模仿主导企业，并从事与之类似产品的生产与服务的企业。这类企业市场竞争地位处于挑战型企业之后，一般不向其他企业发起挑战。

（4）市场补缺者。指精心服务于某一细分市场，通过专业化经营来占领有利市场位置的企业。

2. 弄清竞争者的战略

企业必须具有辨识出竞争对手的战略及其战略变化的能力，在多数行业，竞争者可以是实行不同战略的群体，每个群体由那些实行相同或相似战略的企业组成。一个企业必须不断地观测竞争者的战略，并随着竞争者的变化和时间的推移修订自己的战略。

3. 评估竞争者的优势和劣势

评估竞争者的优势和劣势目的是避其锋芒，找其弱点，攻其不备。企业需要掌握竞争者的有关情况数据，如销售量、市场占有率、边际利润、投资收益率、销售网络、产品的地区覆盖率等。通过打分的方法去评估竞争者的优势和弱点，用以比较自己在竞争地位上的优势和劣势。

4. 制定竞争策略

企业在对市场竞争格局、竞争者及其优劣势清楚了解后，更重要的是要制定本企业的竞争策略：进攻谁，回避谁等。

7.3.2 汽车企业的竞争战略与策略

1. 竞争战略

（1）成本领先战略。也称为低成本战略，是指企业通过有效途径降低成本，使企业的全部成本低于竞争对手的成本，甚至是同行业中最低的成本，从而获取竞争优势的一种战略。

根据企业获取成本优势的方法不同，将成本领先战略概括为如下几种主要类型：①简化产品型成本领先战略，就是使产品简单化，即将产品或服务中添加的花样全部取消；②改进设计型成本领先战略；③材料节约型成本领先战略；④人工费用降低型成本领先战略；⑤生产创新及自动化型成本领先战略。

成本领先战略的适用条件与组织要求。①现有竞争企业之间的价格竞争非常激烈；②企业所处产业的产品基本上是标准化或者同质化的；③实现产品差异化的途径很少；④多数顾客使用产品的方式相同；⑤消费者的转换成本很低；⑥消费者具有较大的降价谈判能力。企业实施成本领先战略，除具备上述外部条件之外，企业本身还必须具备如下技能和资源：①持续的资本投资和获得资本的途径；②生产加工工艺技能；③认真的劳动监督；④设计容易制造的产品；⑤低成本的分销系统。

成本领先战略的收益与风险。采用成本领先战略的收益在于：①抵挡住现有竞争对手的对抗；②抵御购买商讨价还价的能力；③更灵活地处理供应商的提价行为；④形成进入障碍；⑤树立与替代品的竞争优势。采用成本领先战略的风险主要包括：①降价过度引起利润率降低；②新加入者可能后来居上；③丧失对市场变化的预见能力；④技术变化降低企业资源的效用；⑤容易受外部环境的影响。

（2）差异性战略。是指为使企业产品与竞争对手产品有明显的区别，形成与众不同的特点而采取的一种战略。这种战略的核心是取得某种对顾客有价值的独特性。

企业要突出自己产品与竞争对手之间的差异性，主要有四个基本的途径：①产品差异化战略，产品差异化的主要因素有特征、工作性能、一致性、耐用性、可靠性、易修理性、式样和设计；②服务差异化战略，服务的差异化主要包括送货、安装、顾客培训、咨询服务等因素；③人事差异化战略，训练有素的员工应能体现出胜任、礼貌、可信、可靠、反应敏捷、善于交流六个特征；④形象差异化战略。

差异化战略的适用条件与组织要求。①可以有很多途径创造企业与竞争对手产品之间的差异，并且这种差异被顾客认为是有价值的；②顾客对产品的需求和使用要求是多种多样的，即顾客需求是有差异的；③采用类似差异化途径的竞争对手很少，即真正能够保证企业是"差异化"的；④技术变革很快，市场上的竞争主要集中在不断地推出新的产品特色。除上述外部条件之外，企业实施差异化战略还必须具备如下内部条件：①具有很强的研究开发能力，研究人员要有创造性的眼光；②企业具有以其产品质量或技术领先的声望；③企业在这一行业有悠久的历史或吸取其他企业的技能并自成一体；④很强的市场营销能力；⑤研究与开发、产品开发及市场营销等职能部门之间要具有很强的协调性；⑥企业要具备能吸引高级研究人员、创造性人才和高技能职员的物质设施；⑦各种销售渠道强有力的合作。

差异化战略的收益与风险。实施差异化战略的意义在于：①建立起顾客对企业的忠诚度；②形成强有力的产业进入障碍；③增强了企业对供应商讨价还价的能力，这主要是由于差异化战略提高了企业的边际收益；④削弱购买商讨价还价的能力，企业通过差异化战略，使得购买商缺乏与之可比较的产品选择，降低了购买商对价格的敏感度，另外，通过产品差异化使购买商具有较高的转换成本，使其依赖于企业；⑤由于差异化战略，使企业建立起顾客的忠诚度，这使得替代品无法在性能上与之竞争。差异化战略也包含一系列风险：①可能丧失部分客户，如果采用成本领先战略的竞争对手压低产品价格，使其与实行差异化战略的厂家的产品价格差距拉得很大，在这种情况下，用户为了大量节省费用，放弃取得差异的厂家所拥有的产品特征、服务或形象，转而选择物美价廉的产品；②用户所需的产品差异的因素下降，当用户变得越来越老练时，对产品的特征和差别体会不明显时，就可能发生忽略差异的情况；③大量的模仿缩小了感觉得到的差异，特别是当产品发展到成熟期时，拥有技术实力的厂家很容易通过逼真的模仿来减少产品之间的差异；④过度差异化。

（3）集中战略。也称为聚焦战略，是指企业或事业部的经营活动集中于某一特定的购买者集团、产品线的某一部分或某一地域市场上的一种战略。

这种战略的核心是瞄准某个特定的用户群体、某种细分的产品线或某个细分市场。具体来说，集中化战略可以分为产品线集中化战略、顾客集中化战略、地区集中化战略、低占有率集中化战略。

集中化战略的适用条件与组织要求。当具备下列四种条件时，采用集中化战略是适宜的：①具有完全不同的用户群，这些用户或有不同的需求，或以不同的方式使用产品；②在相同的目标细分市场中，其他竞争对手不打算实行重点集中战略；③企业的资源不允许其追求广泛的细分市场；④行业中各细分部门在规模、成长率、获利能力方面存在很大差异，致使某些细分部门比其他部门更有吸引力。

集中化战略的收益与风险。集中化战略的收益主要表现在：①集中化战略便于集中使用整个企业的力量和资源，更好地服务于某一特定的目标；②将目标集中于特定的部分市场，企业可以更好地调查研究与产品有关的技术、市场、顾客及竞争对手等各方面的情况，做到"知彼"；③战略目标集中明确，经济效果易于评价，战略管理过程也容易控制，从而带来管理上的简便。集中化战略的风险主要表现在：①由于企业全部力量和资源都投入了一种产品或服务或一个特定的市场，当顾客偏好发生变化，技术出现创新或有新的替代品出现时，就会发现这部分市场对产品或服务需求下降，企业就会受到很大的冲击；②竞争者打入了企业选定的目标市场，并且采取了优于企业的更集中化的战略；③产品销量可能变小，产品要求不断更新，造成生产费用的增加，使得采取集中化战略的企业成本优势得到削弱。

2. 不同企业的竞争策略

（1）市场领先者的竞争策略。在行业中处于领先的企业，具有较大的市场占有率，一般是行业中的导向型企业，其战略重点是维持其市场份额和保持其市场地位。一般有3种主要的竞争战略：①领先企业能找到扩大市场总需求的办法，即在同行业的产品结构不变的情况下，扩大市场规模，这样市场领先者得到的好处会大于同行业其他的企业。②企业采取较好的防御措施和有针对性的进攻，来保持自己的市场地位。③在市场总规模不能有效扩大的情况下，市场领先者也应随市场情况的变化及时调整企业的营销组合，努力在现有市场规模下扩大自己的市场份额。

（2）市场挑战者的竞争策略。市场挑战者是市场占有率居市场主导者之后而在其他企业之前的企业，市场挑战者是市场中最具进攻性的企业。市场挑战者如要发起挑战，首先必须确立自己的战略目标和挑战对象，其次要选择适当的进攻策略。市场挑战者竞争策略建立步骤：①确立战略目标和挑战对象。可以选择的挑战对象及相应目标有：市场主导企业；实力相当者；弱小企业。②选择进攻策略。正面围堵进攻，常用的方法有：产品对比、价格战、采用具有进攻性的广告等；侧翼迂回进攻，集中优势力量攻击对手的弱点，或者避开对手的锋芒间接地攻击对手。③选择固守策略，这种策略通常在这样的情况下使用：当所在行业的市场需求呈总体缩小或是衰退时；估计竞争对手会对所遭受的进攻做出激烈的反应，而本企业缺乏后继财力难以支持长期消耗战时；企业已有更好的投资发展领域并已开始投资，但前景不明时；主要竞争对手调整了战略或采用新的战略目标，一时不能摸清对手的战略意图和战略指向时。

（3）市场追随者的竞争策略。这类企业多属于实力不强的中小企业。它们通常有两种策略：①紧跟模仿。这种策略即企业在营销活动的各个方面尽可能多地模仿市场领先型企业，行动上亦步亦趋，但以不触怒市场领先者为限。②差异模仿。这种策略即模仿者只在一些主要方面模仿市场领先型企业，而在其他方面又保持差别，或自成特色。

（4）市场补缺者的竞争策略。主要是寻找竞争对手所忽略的市场空隙，致力于在空隙中生存和发展。

在我国汽车市场上，目前还存在众多的中小型企业。从长远看，这些企业应向着市场补缺者发展。

知识拓展

企业作为市场竞争的参与者,因为自身的资源实力不同而在目标细分市场上处于不同的竞争地位。根据企业的竞争地位及其营销策略,市场上的企业大致可以分为 4 类竞争状态:市场领导者、市场挑战者、市场追随者、市场补缺者。如果用市场占有率表示,其情况大致是:市场领导者,市场占有率约为 40%;市场挑战者,市场占有率约为 30%;市场追随者,市场占有率约为 20%;市场补缺者,市场占有率约为 10%,见表 7-6。

表 7-6　企业 4 类竞争状态及其市场占有率

市场领导者	市场挑战者	市场追随者	市场补缺者
市场占有率约为 40%	市场占有率约为 30%	市场占有率约为 20%	市场占有率约为 10%

本章知识点

一、市场细分的概念

所谓市场细分,就是企业在对市场进行充分调研分析后,根据消费者对产品和营销组合的不同需求,把市场分割为具有不同需要、性格或行为的购买者群体,并勾画出细分市场的轮廓的过程。

二、市场细分的基础

(1) 各细分市场之间有差异性。

(2) 细分市场内部有相似性。

三、有效市场细分的原则

(1) 差异性:各细分市场存在明显的差异性。

(2) 可衡量性:细分市场现有的和潜在的需求规模或购买力是可以测量的。

(3) 可进入性。对于企业拟作为自己目标市场的那些细分市场,企业必须有能力进入,能够为之服务,并能占有一定的份额。

(4) 收益性。企业在细分市场上要能够获取期望的赢利。

(5) 稳定性。细分市场必须具有一定的稳定性。

四、市场细分的方法

五、汽车目标市场战略选择

(1) 成本领先战略。是指企业通过有效途径降低成本,使企业的全部成本低于竞争对手的成本,甚至是在同行业中最低的成本,从而获取竞争优势的一种战略。

(2) 差异性战略。是指为使企业产品与竞争对手产品有明显的区别,形成与众不同的特点而采取的一种战略。

(3) 集中战略。也称为聚焦战略,是指企业或事业部的经营活动集中于某一特定的购买者集团、产品线的某一部分或某一地域市场上的一种战略。

六、营销策略的确定

课后训练

任　务	要　求
1. 针对本地区汽车企业市场定位特点，分析市场细分的效果，提出自己的见解和方案。 2. 学生互相评价他们的分析观点	学生事先写好分析报告，要求突出自己的特色。 （1）学生介绍自己的观点，分析影响因素。 （2）注意仪表仪态。 填写工作计划表（附录四）和工作检查表（附录五）

拓展知识

案例分析

学习素材

第八章 8

价格管理与定价策略

学习目标

了解影响产品定价的因素。

掌握定价的基本程序,成本导向、需求导向及竞争导向定价的主要方法。

掌握定价策略。

了解价格调整手段,预测价格变动后顾客、竞争者的反应,提前做好应对准备。

情景导入

奔驰车的"最终价格"策略

一位中国记者曾经有过这样的经历:他在访问举世闻名的奔驰汽车制造厂时,向经理提出,奔驰汽车质量之好世界公认,但价格也比别国汽车的高许多,这是否会对市场竞争产生不利影响?经理回答说,奔驰的价格确实要比其他汽车的高,但在市场竞争中,他们还有"最终价格"做后盾。

所谓最终价格,是相对于新车售价而言的。从最初价格着眼,奔驰车的价格确实高,但这不是用户购买汽车时的唯一标准。一般顾客还要考虑新买的汽车在使用一段时间之后再卖出去还值多少钱。这就是最终价格的含义。他说,一般汽车的使用寿命是10万千米,而奔驰汽车跑满30万千米以后,它的内部机件基本还是完好的。这时,车主如果想把它卖出去,一般还可以收回原价的60%。奔驰汽车就是凭这个"最终价格"的王牌来与同业竞争,至少到目前为止,还未遇到挑战。

一些优质产品的价位往往高出其他同类产品,这给生产商推销产品,尤其是说服顾客方面带来了一定的困难。他们往往喋喋不休地对消费者说,他们采用了最新技术、最好原料……可是,消费者并不为之所动,或者还是将信将疑,犹豫不决。因为他们的说辞并没有触动消费者敏感的神经或最关心的热点。消费者是要购买你的最新技术、最好原料吗?不!他们真正关心的是利益,是他们花钱所购买的利益。奔驰车的"最终价格"策略是告诉消费者，车的价格并不高。虽然购买时多花了点儿，但最后算下来不但没有多花钱，反而是少花了钱。当消费者明白了这个"最终价格"后，他们当然会作出明智的选择。

思考题
1. 试分析案例中采用的是什么价格策略。
2. 通过这个案例你受到什么启发？

8.1 影响汽车定价的主要因素

本节内容简介

价格策略是给所有买者规定一个价格，是一个比较近代的观念。它形成的动因是19世纪末大规模零售业的发展。历史上，多数情况下，价格是买者作出选择的主要决定因素；在最近的10年里，在买者选择行为中，非价格因素已经相对地变得更重要了。但是，价格仍是决定公司市场份额和盈利率的最重要因素之一。在营销组合中，价格是唯一能产生收入的因素，其他因素表现为成本。

厂商作为卖者的三种主要的定价决策问题是：对第一次销售的产品如何定价；随时间和空间的转移，应如何修订一个产品的价格以适应各种环境和机会的需要；如何调整价格和如何对竞争者的价格调整作出反应。

影响汽车定价的因素主要有：定价目标、产品成本、营销组合策略、市场供求关系、竞争者的产品和价格策略。

8.1.1 定价目标

不同的汽车品牌，其针对的市场也不尽相同，企业在定价时，首先应确定定价目标。只有目标明确才能把握定价方向，从而制定相应的定价策略。一般企业的定价目标主要有以下几种（表8-1）：

表8-1 企业定价目标

企业定价目标	扩展目标	维持企业生存
		扩大企业规模
		多品种经营
	利润目标	最大利润
		满意利润
		预期利润
		销售量增加
	销售目标	扩大市场占有率
		争取中间商
	竞争目标	稳定价格
		应付竞争
		质量优先
	社会目标	社会公共事业
		社会市场营销概念

(1) 维持企业生存,迅速回收资金。有的企业由于种种原因,造成汽车产品的大量积压,使资金难以周转,债务重重,只能以维持生存、避免破产为目标,定价尽量压低,以能够迅速清理存货,回收资金,克服财务困难为准则。有时为了及时处理积压产品,避免更大损失,或为了不致错过有利的市场机会,定价可能低于成本。但是维持生存只能作为短期目标。

(2) 争取当期利润最大化。对市场企业来说,汽车价格有两个意义:市场空间和生存空间。一般情况下,商品价格越低,市场空间越大,低到成本以下,企业无法承受,就没有了生存空间。企业往往要寻找一个由较高的价格和较大的销量组成的最大的利润点。企业定价的目标就是要取得当期的最大利润,而不是着眼于未来的长期利润。企业在定价时需要估计和比较不同价格时的市场需求量并结合成本一并考虑,然后选择可以得到当期最大利润,因此最大现金流量和最大投资收益的价格。

(3) 争取最大限度的市场占有率。有些企业的目标是争取最大的市场占有率,因为他们相信,只有占有最大限度的市场份额,才能达到最低成本并取得长期的最大利润,因此他们将价格尽可能降低。这种策略也就是以牺牲短期的利润为代价,以获取长期的利润。

(4) 确保产品的优质优价。有些企业的目标是以高质量的产品占领市场,而采取高价策略。因为只有高价才能补偿高质量所耗费的研究与开发费用和生产成本。

(5) 应付竞争。汽车市场的竞争日趋激烈,企业可以针对市场上起决定性作用的竞争者的价格,采取稍低的定价目标,以应付或避免与同类产品的销售竞争。但在制定这种目标时,必须认真考虑企业的财力、竞争趋势及市场情况。

8.1.2 汽车产品成本

产品的成本是定价的基础,是价格的最低限度。只有产品的价格高于成本,企业才能获得利润。汽车的成本,包括新产品开发成本、工厂建设和维护成本、采购成本、管理成本、制造成本、营销成本、物流成本等。这些是价格构成中最基本、最主要的因素。产品价格必须能够补偿产品全部实际支出,还要补偿企业为产品承担风险所付出的代价。产品成本可分为两大类:一是固定成本,二是变动成本。固定成本是指在一定限度内不随产量和销量的增减而变化,具有相对不变性质的各项成本费用;变动成本是指随着产量或销量的增减而变化的各项费用。还有一种成本叫作"半固定成本",它是产品产销量增加到一定数值后而需要追加的固定成本。

(1) 原材料对成本的影响。汽车市场所用原材料与成本之间成正比关系。原材料价格高,则汽车产品成本高;反之,成本就会下降。对汽车产业影响较大的原材料主要是钢材、橡胶、塑料,其中钢材最多,约占汽车重量的70%。

(2) 生产规模对成本的影响。从绝对成本看,各类成本与产销量的变化关系是:在一定的产销量范围内,固定成本保持不变;半固定成本随产销量的增加而呈阶梯状上升;可变成本随产销量的增加而线性增加(图8-1)。

从单位产销量分摊的各种成本看,各类成本与产销量的变化关系是:固定成本随产销量的增加按倒函数规律不断下降;半固定成本与固定成本有相同的规律,并呈阶梯状下降趋势;可变成本保持不变(图8-2)。

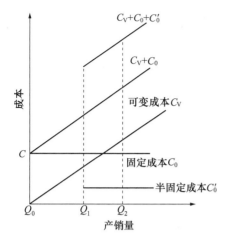
图8-1 成品产销量关系图

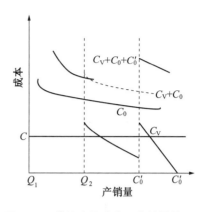
图8-2 单位产品成本-产销量关系图

从以上规律可以看出：随着企业生产经营规模的扩大，单位成品所分摊的总成本不断降低，这就是规模效应。影响规模扩大的因素有：①市场容量。社会需求就是市场容量，对企业而言是指企业可以占有的市场份额。汽车市场存在一个设计产能和实际需求之间的矛盾，合理的产能空置率能适应汽车市场迅速扩张的空间，但过高的产能空置率会导致社会资源的巨大浪费。设计产能与需求之间的空缺保持在实际需求量的25%左右才是合理的空置率。市场容量与成本是相互影响的：一方面市场容量大，企业可以扩大生产规模降低成本；另一方面降低成本和售价，市场容量也会增加，为企业扩大生产规模创造条件。②资金。汽车产业是典型的资金密集型产业。其研发、制造、采购、营销等环节都有资金密集的特征。目前开发一个全新的车型，其开发成本达十几亿甚至二三十亿美元。要用高效率的生产补偿汽车的研发成本支出，必须实现更大规模的市场，甚至开发国际市场。实现更大规模的市场以弥补巨大的成本支出，已成为各企业普遍采用的战略。③技术进步。汽车的技术进步体现在：自动化和柔性化。自动化的结果使生产率越来越高，专业性越来越强，生产规模越来越大。柔性化的主要目标是增强生产的灵活性和市场的适应性，提高效率，减少人工费用，从而降低成本。

（3）品种对成本的影响。对汽车产品的品种构型方案，应考虑其材料、制造、物流和间接费用方面的标准成本，还应预见到管理的系统成本。品种越多，其间接费用、材料处理、质量及保证的成本就越大。

（4）产品质量对成本的影响。汽车产品的节能性、环保性、维修、机件故障等质量成本投入量，直接决定着消费者对某一品牌车的购买欲望。质量费用就是为保证和提高产品质量而支出的一切费用及用来达到质量标准而产生的一切费用损失之和。主要包括：①外部故障成本，即无偿修理费用、退货和折价费用、用户损失赔偿费用；②质量鉴定成本，即产品试验、质量检验费用；③内部故障成本，即废品损失、修理费用；④预防成本，即质量、工艺、管理保证和培训费用。

这些费用涉及企业经营的各个方面，如设计、采购、制造、销售、服务等。降低质量费用是企业内部质量管理的一个重大课题，也是降低产品成本的一个方面。各种质量费用与成本的关系如图8-3所示。

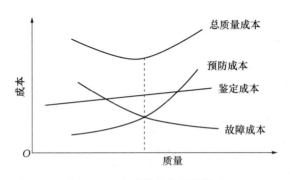

图 8-3 各种质量费用的关系

（5）产品市场生命周期对成本的影响。汽车产品的市场生命周期一般要经历投入期、成长期、成熟期、衰退期 4 个阶段。这 4 个阶段对汽车产品的成本有不同的影响。成本与产品生命周期的关系如图 8-4 所示。

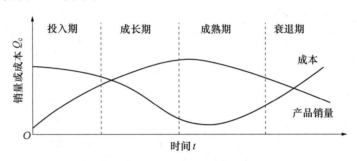

图 8-4 产品市场生命周期对成本的影响

在投入期，市场批量小，广告费用和其他营销费用开支较大，销量小，成本构成中的各个因素都增加，所以生产成本很高；在成长期，由于生产的较快增长，成本开始下降，并在一定阶段达到保本水平；在成熟期，这一时期产品的生产量大、销量大，持续时间较其他阶段长，产品的销售增长额缓慢甚至逐渐下降，盈利逐步增加，投资得到回收，在这一时期成本是最低的；在衰退期，由于生产需求明显减少，销售量迅速下降，成本上升。此时宜采取淘汰或对老产品进行改进的策略。

8.1.3 企业的营销组合策略

营销组合指的是企业在选定的目标市场上，综合考虑环境、能力、竞争状况对企业自身可以控制的因素进行最佳组合和运用，以完成企业的目标与任务。

营销组合是企业市场营销战略的一个重要组成部分，是将企业可控的基本营销措施组成一个整体性活动。市场营销的主要目的是满足消费者的需要，而消费者的需要很多，要满足消费者的需要，需要采取的措施也很多。因此，企业在开展市场营销活动时，必须把握住那些基本性措施，合理组合，并充分发挥整体优势和效果。

汽车企业营销组合包括汽车产品价格、产品组合、销售渠道、促销及售后服务等手段的组合搭配。营销组合对汽车企业的销售水平至关重要，而其中的价格又是营销组合的重要因素之一。

定价策略必须与汽车产品的整体设计、分销、促销及售后服务等策略相匹配，形成一个协调的营销组合。

我国汽车市场日趋成熟，很多企业借鉴国外汽车企业的经验，先针对目标市场制定价格策略，然后根据价格策略再制定其他营销组合因素策略。然而定价策略是不能脱离其他营销组合因素而单独决定的。

8.1.4 市场供求关系

（1）供求关系。是指在一定时间内市场上的商品供给量与商品实际需求量的关系。这种关系包括质的适应性和量的平衡。社会再生产过程，也就是社会总产品的各个组成部分在价值上如何补偿、在实物上如何替换的问题。在再生产过程中，各个部门之间既互相供给产品或劳务，又相互提出需求，构成了互为条件、互相制约的供求关系。保持良好的供求关系是社会经济发展的目标之一。一方面市场决定价格，供不应求时，商品的价格上升，而供大于求时，价格下降。另一方面价格对市场又有一定的刺激或抑制作用，价格越高，需求越低，反之需求越高。

（2）需求的价格弹性。是指产品的市场需求量随着价格变化而变化的程度，即价格变动对需求量的影响程度。如图 8-5 中的两条需求曲线所示，图 8-5（a）中的价格从 P_1 提高到 P_2，引起需求从 Q_2 到 Q_1 的稍微下降。但在图 8-5（b）中，相同的价格变动却引起需求从 Q_2' 到 Q_1' 的大幅度的下降。

需求的价格弹性是按下列公式计算的：

需求价格弹性系数（E）＝需求量变动的百分比／价格变动的百分比

当 $|E|>1$ 时，富有弹性；

当 $|E|<1$ 时，缺乏弹性；

当 $|E|=1$ 时，不变弹性。

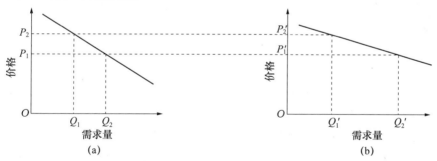

图 8-5 需求价格弹性

(a) 缺乏弹性；(b) 富有弹性

假如产品价格提高 2%，需求量降低 10%，这样需求价格弹性 $|E|=5$，其绝对值>1，我们就说这种需求是富有弹性的。假如产品价格提高 2%，需求量降低 2%，这样需求价格弹性 $|E|=1$，其绝对值=1，我们称之为不变弹性。如果产品价格提高 2%，需求量降低 1%，这样需求价格弹性 $|E|=0.5$，其绝对值<1，这种需求是缺乏弹性的。

影响汽车产品需求弹性的因素主要有：

（1）产品数量和竞争力的强弱。凡替代品或竞争少且竞争力不强的产品需求弹性就小；反之需求弹性就大。

(2) 产品的质量和币值的影响。当用户认为价格变动是产品质量变化或币值升降的必然结果时，需求弹性就小；反之需求弹性就大。

汽车是需求弹性较高的产品，其中，轿车比商用车的需求弹性大，私人购买比集团购买的需求弹性大。

8.1.5 竞争者的产品与价格策略

价格不但取决于市场需求和产品成本，而且还取决于市场供给情况，即竞争者的情况。定价的高低，则要受竞争者同类产品价格的制约。在竞争十分激烈的市场上，企业通过研究竞争对手的生产条件、服务状况、价格水平等因素，依据自身的竞争实力，参考成本和供求状况来确定商品价格。在同类型的汽车产品中，质量相近的，用户总是选择价格较低的产品。因此，要调查研究和深入了解竞争者的产品价格，只有做到知己知彼，才能使定价适当，在竞争中取胜。

除了上述因素以外，汽车产品定价时还要考虑社会经济状况的影响，如通货膨胀、经济繁荣与衰退，以及利率等经济因素。此外，政策也是影响汽车产品价格的一个重要因素。

知识拓展

价格会影响市场需求。在正常情况下，市场需求会按照与价格相反的方向变动。价格上升，需求减少；价格降低，需求增加，所以需求曲线是向下倾斜的。

就威望高的商品来说，需求曲线有时呈正斜率。例如：香水提价后，其销售量却有可能增加。当然，如果提得太高，需求将会减少。

企业定价时必须依据需求的价格弹性，即了解市场需求对价格变动的反应。价格变动对需求影响小，这种情况称为需求无弹性；价格变动对需求影响大，则叫作需求有弹性。

在以下条件下，需求可能缺乏弹性：
(1) 替代品很少或没有，没有竞争者；
(2) 买者对价格不敏感；
(3) 买者改变购买习惯较慢和寻找较低价格时表现迟缓；
(4) 买者认为产品质量有所提高，或认为存在通货膨胀等，价格较高是应该的。

如果某产品不具备上述条件，那么产品的需求有弹性，在这种情况下，企业应采取适当降价，以刺激需求，促进销售，增加销售收入。

8.2 企业定价的主要方法

本节内容简介

定价方法，是企业在特定的定价目标指导下，依据对成本、需求及竞争等状况的研究，运用价格决策理论，对产品价格进行计算的具体方法。企业定价必须考虑产品成本和市场需求这两个方面的因素。定价方法主要包括成本导向、竞争导向和顾客导向三种类型。

企业最后拟定的价格必须考虑以下因素：

（1）最后价格必须同企业定价政策相符合。企业的定价政策是指：明确企业需要的定价形象、市场对价格折扣的态度以及竞争者的价格指导思想。

（2）最后价格还必须考虑是否符合政府有关部门的政策和法令的规定。

（3）最后价格还要考虑消费者的心理。利用消费者心理，采取声望定价，把实际上价值不大的商品的价格定得很高（如把实际上值10元的香水定为100元），或者采用奇数定价（把一台电视机的价格定为1 299元），以促进销售。

（4）选定最后价格时，还须考虑企业内部有关人员（如推销人员、广告人员等）对定价的意见，考虑经销商、供应商等对所定价格的意见，考虑竞争对手对所定价格的反应。

8.2.1 成本导向定价法

成本导向定价法是以产品的总成本为中心来制定价格的。这类定价方法主要包括：

（1）成本加成定价法。按产品单位成本加上一定比例的毛利，定出销价。

$$单价＝单位产品成本×（1＋期望利润率）$$

$$单位产品成本＝单位可变成本＋固定成本/销量$$

例：某汽车配件制造厂，其生产的固定成本为50万元，可变成本为每件20元，预计销售9万件，则单位成本为：$20＋500\,000÷90\,000＝25.6$（元）。如果该厂想获取成本的20%的利润，则每件销售单价为：$25.6×(1＋20\%)＝30.7$(元)。

成本定价法卖方对于自己的成本比市场需求更有把握，把成本与价格直接挂钩，简化了定价程序；同行各业如果都采用此法，则销价相差不大，可缓和竞争；以成本加成定价对买卖双方公平合理，卖方保本求利，可保持合理收益，买方也不致因需求强烈而付出高价。这种定价方法以成本为中心，忽略了价格的需求弹性；只从卖方的角度考虑，忽视了所定价格是否为市场所接受，以及市场的供求关系、竞争状况等重要因素的影响。

（2）目标利润定价法。在定价时主要考虑实现目标利润的一种方法（图8-6）。

收支平衡点的销售量公式：

$$销售量＝固定成本/（单价－可变成本）$$

例：某企业固定成本为600万元，若单价为15元时，企业至少要销售60万单位才能实现收支平衡。如果企业目标利润定为200万元，要达到这一目标，就必须销售80万单位的产品，这时的总收入为1 200万元，总成本为1 000万元，目标利润为200万元。

这种方法与成本加成定价法的相同之处都是没有把定价工作和市场结合起来，所定价格只能代表企业一方的意愿，并不考虑消费者的感受。

8.2.2 需求导向定价法

需求导向定价法是依据买方对产品价值的认识和需求强度来定价，而不是依据卖方的成本来定价。其定价程序与成本导向定价法不同，如图8-7和图8-8所示。

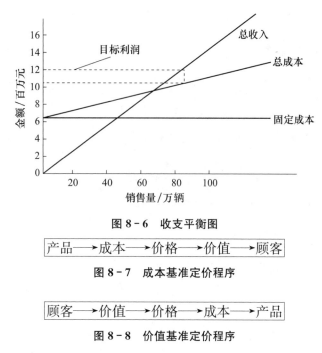

图 8-6 收支平衡图

产品──→成本──→价格──→价值──→顾客

图 8-7 成本基准定价程序

顾客──→价值──→价格──→成本──→产品

图 8-8 价值基准定价程序

现代市场营销观念要求企业的一切生产经营必须以消费者需求为中心,并在产品、价格、分销和促销等方面予以充分体现。根据市场需求状况和消费者对产品的感觉差异来确定价格的方法叫作顾客导向定价法,又称"市场导向定价法""需求导向定价法"。需求导向定价法主要包括理解价值定价法、需求差异定价法和逆向定价法。

(1) 理解价值定价法。所谓理解价值,是指消费者对某种商品价值的主观评判。理解价值定价法是指企业以消费者对商品价值的理解度为定价依据,运用各种营销策略和手段,影响消费者对商品价值的认知,形成对企业有利的价值观念,再根据商品在消费者心目中的价值来制定价格。

(2) 需求差异定价法。所谓需求差异定价法,是指产品价格的确定以需求为依据,首先强调适应消费者需求的不同特性,而将成本补偿放在次要的地位。这种定价方法,对同一商品在同一市场上制定两个或两个以上的价格,或使不同商品价格之间的差额大于其成本之间的差额。其好处是可以使企业定价最大限度地符合市场需求,促进商品销售,有利于企业获取最佳的经济效益。

(3) 逆向定价法。这种定价方法主要不是考虑产品成本,而重点考虑需求状况。依据消费者能够接受的最终销售价格,逆向推算出中间商的批发价和生产企业的出厂价格。逆向定价法的特点是:价格能反映市场需求情况,有利于加强与中间商的良好关系,保证中间商的正常利润,使产品迅速向市场渗透,并可根据市场供求情况及时调整,定价比较灵活。

8.2.3 竞争导向定价法

在竞争十分激烈的市场上,企业通过研究竞争对手的生产条件、服务状况、价格水平等因素,依据自身的竞争实力、参考成本和供求状况来确定商品价格。这种定价方法就是通常所说的竞争导向定价法。竞争导向定价主要包括:

（1）随行就市定价法。在垄断竞争和完全竞争的市场结构条件下，任何一家企业都无法凭借自己的实力而在市场上取得绝对的优势，为了避免竞争特别是价格竞争带来的损失，大多数企业都采用随行就市定价法，即将本企业某产品价格保持在市场平均价格水平，利用这样的价格来获得平均报酬。此外，采用随行就市定价法，企业就不必去全面了解消费者对不同价差的反应，也不会引起价格波动。

（2）产品差别定价法。产品差别定价法是指企业通过不同营销努力，使同种同质的产品在消费者心目中树立起不同的产品形象，进而根据自身特点，选取低于或高于竞争者的价格作为本企业产品价格。因此，产品差别定价法是一种进攻性的定价方法。

（3）密封投标定价法。在国内外，许多大宗商品、原材料、成套设备和建筑工程项目的买卖和承包，以及出售小型企业等，往往采用发包人招标、承包人投标的方式来选择承包者，确定最终承包价格。一般来说，招标方只有一个，处于相对垄断地位，而投标方有多个，处于相互竞争地位。标的物的价格由参与投标的各个企业在相互独立的条件下来确定。在买方招标的所有投标者中，报价最低的投标者通常中标，它的报价就是承包价格。这样一种竞争性的定价方法就称密封投标定价法。

知识拓展

企业定价方法很多，企业应根据不同经营战略和价格策略、不同市场环境和经济发展状况等，选择不同的定价方法。

（1）从本质上说，成本导向定价法是一种卖方定价导向。它忽视了市场需求、竞争和价格水平的变化，有时候与定价目标相脱节。此外，运用这一方法制定的价格均是建立在对销量主观预测的基础上，从而降低了价格制定的科学性。因此，在采用成本导向定价法时，还需要充分考虑需求和竞争状况，来确定最终的市场价格水平。

（2）竞争导向定价法，是以竞争者的价格为导向的。它的特点是：价格与商品成本和需求不发生直接关系；商品成本或市场需求变化了，但竞争者的价格未变，就应维持原价；反之，虽然成本或需求都没有变动，但竞争者的价格变动了，则相应地调整其商品价格。当然，为实现企业的定价目标和总体经营战略目标，谋求企业的生存或发展，企业可以在其他营销手段的配合下，将价格定得高于或低于竞争者的价格，并不一定要求和竞争对手的产品价格完全保持一致。

（3）顾客导向定价法，是以市场需求为导向的定价方法，价格随市场需求的变化而变化，不与成本因素发生直接关系，符合现代市场营销观念要求，即企业的一切生产经营以消费者需求为中心。

8.3 汽车产品的定价策略

本节内容简介

价格是企业竞争的主要手段之一，企业除了根据不同的定价目标，选择不同的定价方法，还要根据复杂的市场情况，采用灵活多变的方式确定产品的价格。

有专利保护的新产品的定价可采用撇脂定价法和渗透定价法。

心理定价是根据消费者的消费心理定价。

大多数企业通常都酌情调整其基本价格，以鼓励顾客及早付清货款、大量购买或增加淡季购买。这种价格调整叫作价格折扣和折让。

企业往往根据不同顾客、不同时间和场所来调整产品价格，实行差别定价，即对同一产品或劳务定出两种或多种价格，但这种差别不反映成本的变化。

8.3.1 新产品价格策略

1. 有专利保护的新产品的定价可采用撇脂定价法和渗透定价法

（1）市场撇脂定价法（高价策略）。新产品上市之初，将价格定得较高，在短期内获取厚利，尽快收回投资。就像从牛奶中撇取所含的奶油一样，取其精华，称之为撇脂定价法。

这种方法适合需求弹性较小的细分市场，其优点：①新产品上市，顾客对其无理性认识，利用较高价格可以提高身价，适应顾客求新心理，有助于开拓市场；②主动性大，产品进入成熟期后，价格可分阶段逐步下降，有利于吸引新的购买者；③价格高，限制需求量过于迅速增加，使其与生产能力相适应。缺点是：获利大，不利于扩大市场，并很快招来竞争者，会迫使价格下降，好景不长。

（2）市场渗透定价法（低价策略）。在新产品投放市场时，价格定得尽可能低一些，其目的是获得最高销售量和最大市场占有率。

当新产品没有显著特色，竞争激烈，需求弹性较大时，宜采用渗透定价法。其优点：①产品能迅速为市场所接受，打开销路，增加产量，使成本随生产发展而下降；②低价薄利，使竞争者望而却步，减缓竞争，获得一定市场优势。

对于企业来说，采取撇脂定价还是渗透定价，需要综合考虑市场需求、竞争、供给、市场潜力、价格弹性、产品特性、企业发展战略等因素。

2. 仿制品的定价

仿制品是企业模仿国内外市场上的畅销货而生产出的新产品。仿制品面临着产品定位问题，就新产品质量和价格而言，有九种可供选择的战略：优质优价、优质中价、优质低价、中质高价、中质中价、中质低价、低质高价、低质中价、低质低价。

8.3.2 折扣定价策略

折扣定价策略是指在正式价格的基础上给予一定的折扣和让利的定价策略。采用这种策略是为了鼓励消费者购买。常用的策略有：

1. 数量折扣

数量折扣就是按顾客购买量的多少，给予大小不同的折扣的一种定价策略。购买数量越大，折扣越大。数量折扣的目的是鼓励消费者大量购买，它可以分为累积数量折扣和非累积数量折扣两种。

累积数量折扣允许顾客在一定时期内，如果购买累积总量达到了一定的标准，就可以按总量得到一定的折扣。其目的在于鼓励单个顾客重复购买，建立企业与顾客之间的关系，保持顾客对企业产品及品牌的忠诚。

非累积数量折扣仅适用于一次性购物。顾客一次性购买的产品数量只有达到一定的标准，才能取得企业提供的折扣。非累积数量折扣是企业经常用的折扣方法，因为它不仅可以增加企业产品的销售量，而且可以将一些仓储功能转移给买方，从而减少仓储及运输成本。但是企业在设置这类折扣标准及折扣率时应当慎重，因为如果折扣过小则不足以吸引顾客大量购买，而折扣过高则可能导致灰色渠道的产生。所谓灰色渠道，是指这样一种现象：一些中间商为了获取最大的折扣，购买的产品数量远远超过他们在正常情况下可能销售的数量。由于他们在购买中取得的折扣已够大，所以他们就将无法正常销售的产品以较低的价格再销往其他市场区域，这就产生灰色渠道。显然它会从正常渠道中抢走顾客，会扰乱正常的市场秩序。

2. 现金折扣

现金折扣是对顾客在约定时间内付款或提前付款所给予的一定的价格折扣。目的是鼓励顾客尽快支付货款，从而有利于企业的资金周转。现金折扣政策往往以类似于"1/20，0.5/30，Net60"的形式表示，这一形式的含义是：正常付款期为 60 天，如买方能在 20 天内付款，则可取得总价款 1% 的折扣；如买方能在 30 天内付款，则可取得总价款 0.5% 的折扣。正常付款期也可被理解为免费信用期，在 40～60 天内付款时，按发票的全额面值付款，但超过 60 天以后付款，买方可能需交付一定的利息。

如果我们仔细计算一下就会发现，一般的现金折扣对买方具有很大的诱惑力，其原因就在于如果买方取得了折扣，意味着他们由于提早付款而节约了一笔很高的资金成本。以"1/10，Net30"的付款条件为例，如果买方能够在 10 天内付款，他将因为提早了 20 天付款而获得了以 1% 的利率计算的利息回报，一年如果按 360 天计算，那么这笔利息的年利率高达 $1\% \times 360 \div 20 = 18\%$。如果按复利计算，年利率将会更高。

3. 业务折扣

业务折扣又称功能折扣或交易折扣，是指企业给予承担一些营销功能的中间商的一些价格优惠。功能折扣的目的是对中间商在执行营销功能时所耗费的成本费用及所承担的风险进行补偿，以使中间商在经营中获得足够的利润。企业会根据中间商在销售渠道中的不同地位来设置不同的功能折扣标准，合理的功能折扣标准能使企业与中间商之间建立长期良好的合作关系。功能折扣的结果是形成购销差价和批零差价，它是在零售价目表的基础上计算出来的。例如，某企业产品的零售价格为 500 元，如给予零售商的折扣是 25%，给予批发商的折扣是 20%，则该批发商对零售商的销售价格为 $500 \times (1-25\%) = 375$（元），企业对批发商的销售价格为 $375 \times (1-20\%) = 300$（元）。

4. 季节折扣

季节折扣是企业鼓励顾客淡季购买的一种减让，使企业的生产和销售一年四季能保持相对稳定。

5. 推广津贴

为扩大产品销路，生产企业向中间商提供促销津贴。如零售商为企业产品刊登广告或设立橱窗，生产企业除负担部分广告费外，还在产品价格上给予一定优惠。

8.3.3 心理定价策略

1. 声望定价

声望定价是指利用产品高价格来树立产品及其品牌在消费者心目中的形象。因为在大众的目光中，高价总是与高质量联系在一起的，很多消费者在以高价购买了某一产品后，不但愿意相信产品具有高的质量，而且还会使他们的某些特殊欲望得到满足。例如，低价香水会被认为是劣质产品，而高价香水不但会被看成是高质量产品，还会是使用者身份的象征。

声望定价必须在企业的其他营销战略及策略的帮助下才能取得成功，与产品高价相适应的应该是产品实实在在的高质量及良好的服务保证，而不仅仅是消费者心目中的高质量。只有这样，才能使企业的产品树立真正的名牌形象，而名牌形象的建立又能保证高价格的长期存在。此外，为了维持高价格，使声望定价获得成功，企业还需要一些其他营销手段。例如很多名牌产品厂家都严格控制它们的产量，实行限量销售。如法国著名的箱包品牌路易·威登，它们生产的一个装硬币的小手袋就可以卖到150欧元以上，但是它们的产品却经常限量销售，以至于一些地区的外国游客只能凭一本护照购买一件产品。

2. 尾数定价

整数定价是指商品的定价往往不保留零头，以整数的形式表现出来。尾数定价恰恰相反，它是指给商品定价时，故意保留一个零头，而且往往以奇数作为价格的最后一位。

在很多消费者的心目中，以整数特别是以零结尾的价格代表一个更高的价格档次。例如，价格为1 000元的产品，属于千元以上的商品，而定价为998.95元的产品，则属于千元以下的商品，尽管二者之间差价不到2元，但是有很多消费者在心理上仍然会认为这两种商品属于两个不同的档次。所以，对于一些需求价格弹性较弱的商品，企业经常使用整数定价，以让顾客感觉到购买的是更高档次的商品；而对于需求价格弹性较强的日用品，企业则往往在定价时保持一个零头，这样不仅会给顾客造成一个"低价"的错觉，而且还会让顾客认为企业对商品定价非常认真、精确，无形中对商品及价格产生一种信任感。尽管顾客略加思考，就能发现所谓的整数定价和尾数定价只是商家的一个数字游戏，但是在企业的经营实践中，很多企业使用这一简单的定价技巧来增加一定量的销售。

3. 招徕定价

企业常常利用消费者求廉的心理，故意降低几种商品的价格，以吸引顾客在购买"便宜货"的同时，购买其他正常价格的产品，这就是通常所说的招徕定价。使用招徕定价法的企业一般应该具有较多的商品品种，因为只有保证顾客有足够的选择余地，才能确保招徕定价的成功。所以这种方法在现代超级市场中得到了广泛运用，例如，家乐福每天都会推出几种特价商品，以吸引顾客的注意，而大多数顾客在购买特价商品时，往往都会或多或少地买几件正常价格的商品。尽管家乐福推出的特价商品的价格有时甚至会低于进货成本，但是正常商品销量增加导致的收益完全可以弥补特价商品造成的损失。

此外，还应当注意的是，招徕定价中使用的降价物品应该与残次、过时商品区别开来，它们的质量必须得到保证。因为企业在此时降价的目的并不是为了推销被降价商品，而是利用降价商品吸引顾客来购买正常价格的商品。

8.3.4 差别定价策略

所谓差别定价，也叫价格歧视，是指企业按照两种或两种以上不反映成本费用的价格来销售某种产品或服务。

1. 差别定价的主要形式

（1）顾客差别定价。购买力强的消费者对价格往往不敏感，相对于低收入群体而言，他们在购买同一商品时愿意支付更高的价格。很多企业既希望以较高的价格将产品卖给高收入群体，又不希望因为价格太高而失去低收入消费者市场。为了更大限度地获取消费者剩余，企业往往针对不同购买力的消费群体制定不同的价格，即企业按照不同的价格把同一种产品或服务卖给不同的顾客。

（2）产品形式差别定价。即使是非常富有的消费者，也不希望看到他们支付了更高的价格得到的却是完全相同的产品和服务，但是产品差异却可以为差别定价提供一个很好的理由。一些企业的产品差异是天然存在的，尽管它们耗费企业同样的成本。例如足球场或剧院，任何一个座位对服务提供者而言，成本都是相同的，但是对观众来说，不同的座位却会带来不同的观看效果。因此，我们可以看到足球场和剧院对不同的座位制定了不同的票价。有些企业还刻意地花费较低的成本来制造一些产品差异，以使支付高价的消费者感觉得到了更高价值的产品或服务。

（3）产品部位差别定价。企业经常将原本可以以整体形式销售的产品分拆开来出售，并对不同的产品组件单独定价，这些分拆开来的产品组件在功能上往往具有一定的互补性。例如吉列公司在销售剃须刀时将刀架和刀片分开定价，宝丽来公司在销售 SX-70 相机时，对相机和相机的专用胶卷单独定价。此外，还有一些汽车生产企业，它们首先为消费者提供一种只具有基本设备的车型，同时还提供电动门窗、安全气囊、真皮座椅等可以提高汽车舒适度的选购设施，消费者如果希望安装这些设施，必须支付相应的额外价款。分部定价在服务行业也得到了较为广泛的运用，如在很多游乐场和健身俱乐部，消费者不仅要支付一定的门票费或入会费，还要为他们所得到的服务项目付费；电信企业不但要收取电话的月租费，还要按通话时间向顾客收取费用。

（4）销售时间差别定价。即企业对于不同季节、不同时期甚至不同钟点的产品或服务分别制定不同的价格。差别定价还经常用于削减高峰期需求，维持供需平衡。服务产品由于不能贮存，使很多服务性企业会在一段时期内产品供不应求，但在其他时间又会供大于求。例如中国的铁路部门，在节假日期间非常拥挤，但平时，很多线路的运力却经常过剩。中国铁路近年来在春运期间开始提高了一部分线路的客运票价，不仅缓解了这一矛盾，还大大提高了企业的经济效益。

2．差别定价的适用条件

（1）市场必须是可细分的，并且细分市场要显示出不同的需求程度。

（2）各细分市场间存在一定的壁垒。支付低价格的细分市场不能够转手把产品倒卖给支付高价格的细分市场，或者各细分市场间根本就不能沟通信息。

（3）竞争者不能够在高价细分市场中，以低价出售产品来与企业竞争。

（4）细分市场和管理市场的成本不能高于由于价格歧视而产生的收益。

（5）价格歧视不能使顾客产生不满或敌对情绪，即价格歧视要有能够说服顾客的足够理由。

（6）差别定价必须合法。

 8.3.5 产品组合定价策略

企业经营的往往不只是一种产品而是一个产品的组合。在产品组合中，可能会有若干条生产线，每条生产线内又可能包含了若干个产品项目，所以在实践中，一个企业面临的往往是同时对产品组合中的多个产品定价，而不只是对单一的产品定价。产品组合定价显然比单一产品定价要复杂，因为一个产品组合内的各种产品无论在需求还是在成本上，往往会有一些相互的联系，对其中的某一个或是某一类产品定价都可能影响到其他产品的需求及价格，以至于最终影响到企业的总体利润。所以，一个好的产品组合定价策略应该是从企业全局出发，根据产品的关联性为组合中的产品确定合适的价格结构，以实现企业经营的总体目标。

组合定价策略可以分为3种类型：产品线定价、分部定价和"捆绑"销售定价。此外，一些特殊企业还可能涉及对企业的副产品及单独出售的零部件进行定价。

1. 产品线定价

产品线定价是指企业对属于同一产品线的某一大类产品进行定价。同一产品线中的各个产品之间都有较紧密的联系，它们都以类似的方式发挥产品的基本功能，往往有一定的相互替代性。在进行产品线定价时，要区分两种情况。

一种情况是同一产品线中的各个产品有大致相同的目标市场，这样它们之间的价格就应当有较大的关联性。企业首先应当考虑目标市场的购买力和需求，以及竞争者的定价来制定出一套基准价格，然后在这一基准价格的基础上根据产品的成本及特征的差异来决定它们的差价。产品的价格差距要与顾客对不同产品的认知价值的差距基本吻合，否则必然会影响到其中某一种产品的销售，导致产品线内部竞争；价格差距也不宜拉得太大，否则可能会影响到其他产品的形象甚至整条产品线的定位。例如，宝洁公司在中国市场的洗发水产品线，包含了"飘柔""潘婷""海飞丝""润研"等多个品牌，它们的主要目标客户群体都是城市内中高收入的消费者。尽管使用了不同的品牌，宝洁公司仍然将这些产品的价格都定得比较接近，而不会将某一品牌的价格定得比其他品牌低很多，以保证宝洁产品高品质的名牌形象。

另一种情况是相同产品线中的各项产品有不同的目标市场，这时各产品间价格的关联性相对较弱，企业只要针对不同目标市场的情况及产品的成本情况对相应的产品进行定价，而无须过多考虑各产品之间的价格差异。但是如果企业将购买力作为划分不同目标市场的标准，不同产品的价格差距就必须与目标市场的差距相吻合。例如，森达集团的皮鞋生产线同时提供"森达"和"好人缘"两个不同品牌，它们分别代表高档和中档两个不同的等级，使用"森达"品牌的皮鞋价格一般在250元以上，而使用"好人缘"品牌的皮鞋价格则在100～200元之间。两类产品的价格差距恰恰反映了不同目标市场特征。

2. 分部定价

分部定价法之所以被普遍使用，是因为它可能为企业带来更多的销售额及利润。不同的消费者对企业产品的要求无论在数量还是质量上都会有一定的差异，更重要的是消费者的购买力也千差万别。企业如果以整体形式销售一件产品时，在通常情况下，只能制定一个价格。如果这一价格定得过低，尽管可能吸引更多消费者，但是会影响到企业的利润；而如果价格定得过高，势必会将一些购买力较弱的消费者拒于门外，同样也会减少企业的收益。所以，企业通过实施分部定价，将长期使用的、购买频率较低的那部分产品定一个较低的价格，以吸引更多消费者进入。对消耗性大、购买频率较高的那部分产品定一个较高的价格，以通过这部分产品赚取更多利润。分部定价除了可以增加产品对低收入群体的吸引力，尽可能地扩大目标市场的范围之外，也为消费者带来了利益，它为不同需求的消费者提供了多样化的选择，例如吉列剃须刀的消费者及宝丽来公司的消费者可以根据自己的需求及购买力，对使用的剃须刀片及胶卷的数量进行选择；汽车制造公司的消费者则可以对所购汽车的舒适方便程度进行选择。

成功的分部定价有一个重要的前提条件，就是企业的产品要具备一定的垄断能力。如果消费者在以一个较低的价格购买了企业的第一部分产品之后却发现，市场上还存在大量与企业的其余部分产品功能基本相同，但是价格却更便宜的替代品，他们必然会转向从竞争者手中购买。所以我们可以看到，吉列剃须刀架使用专用的刀片，宝丽来相机有专用的胶卷，而汽车企业提供的选购品也只能安装在同一品牌的汽车上。

3. 捆绑定价

捆绑定价是将一些原本并没有多大联系的产品组合成一体，按一个统一的价格销售的定价策略。合适的捆绑定价方法同样也能增加企业的销售额和利润，成功使用这一定价方法需要满足一个条件，这就是所涉及的产品各自的需求具有一定的负相关性。商业企业由于经营的产品种类较多，比较容易找到满足这一条件的产品，所以捆绑定价是商业企业经常使用的一种组合定价方法。

8.3.6 价格改变

一、发动价格改变

无论企业价格调整的动因来自何方，企业是主动调整还是被动调整价格，价格调整策略的形式不外乎降价和提价两种。

1. 降价策略

降低价格是企业在经营过程中经常采用的营销手段。导致企业降价的原因可能来自宏观环境的变化，也可能来自行业及企业内部条件的变化，它们主要有以下几个方面：

（1）存货积压占用了大量资金。企业可能会因为对市场的预测不准确或是产品销售旺季已过等原因出现了一定量的存货积压。为了解决企业对资金的迫切需求，尽快回笼资金，企业经常会将积压的存货降价处理。这种现象在生产及销售服装的企业中尤为常见，每当季节更替时，消费者都可以看到大量降价处理的服装。

（2）行业及企业的生产能力过剩，形成了供大于求的市场局面。企业的生产能力相对于需求过剩至少有两方面的原因：一是由于产品的利润吸引力大，大量厂商进入这一市场，使供给大量增加；另一种情况是由于产品本身已进入了衰退期，替代品的出现使得消费者的需求减少。此时企业未必会有大量的存货积压，但是为了收回产品线的投资或是延缓产品进入衰退期，它们会通过降低价格来刺激消费者的需求。随着科技的进步，产品的寿命周期越来越短，替代品的出现，从而导致生产能力过剩的情况也越来越多。

（3）应对价格挑战，保持市场份额。很多企业降低产品价格并不是出于自愿，往往是因为竞争对手率先降价而不得不跟进以保持现有的市场份额。例如在中国彩电市场上，当"长虹"率先将彩电价格下降30%时，"康佳""TCL""海信"等其他企业为了保持市场份额，也不得不采取了降价措施，从而引发了中国彩电价格大战。

（4）成本优势。企业在经营过程中很可能由于某些生产及管理技术的革新而降低了成本，掌握了成本优势。为了利用这一优势扩大销售额及市场份额，企业会主动降低价格。降价引起的销售额增加会进一步导致成本的降低，从而使企业踏上一个良性的循环。所以，发挥成本优势的主要手段就是降低产品价格。

（5）宏观政治、法律、经济环境的影响。宏观环境的变化也会导致企业的降价行为。有时政府为了保护消费者，控制某个行业的利润，会通过政策和法令限制这个行业的利润率，从而导致该行业中产品价格的下调。

降价最简单的方式是将产品的目录价格直接调低,但是企业更多地会采取一些间接手段来降低价格,因为通过间接手段降价,会为企业以后的价格调整提供较大的活动空间。常用的间接降价的方式有以下几种:①实行价格折扣。如数量折扣。现金折扣、津贴等。②采用营业推广方式。此时产品的标价不变,只是在销售时赠送商品或购物券,或实行有奖销售,允许顾客分期付款或赊销等。③增加产品价值。在产品标价不变的情况下增加产品的附加价值,如提高产品质量,改进产品性能;提供免费送货及安装服务;延长产品的免费保修服务期;免费提供技术培训等。

降价一般会受到消费者欢迎,但是也可能会引起一些消费者的疑惑,他们可能会认为产品降价是因为质量、性能方面出了问题。所以企业在采取降价措施时,应能提供一个令人信服的理由,尽量打消消费者的疑惑。另外,值得注意的是,降价策略只适用于需求价格弹性较大的商品,对需求价格弹性较弱的产品降价并不能有效地提高产品的销量,反而会由于单位产品利润的下降而使企业得不偿失。

2. 提价策略

虽然价格上涨会引起消费者、中间商和企业推销人员的不满,但是一次成功的提价活动却会使企业利润大大增加,所以企业只要有机会,就可以适当采用提价策略。导致企业提价的原因主要来自以下几个方面:

(1) 成本增加。成本增加的原因可能来自企业内部,如企业自身生产及管理水平出现的问题都会导致总成本增加。企业在这种情况下增加产品价格可能并不是明智之举,因为如果竞争者不上调价格,企业的销售一般就会受到严重影响。另外,成本增加还可能发生在整个行业当中,如行业的原材料价格上涨。成本的增加也可能是受宏观经济的影响,如国家发生了严重的通货膨胀,一般地,企业往往通过提高产品价格来转嫁货币贬值带来的损失。

(2) 产品供不应求。企业有时也会碰到产品供不应求的情况,在这种情况下,企业就必须提价,这不但能平衡供需,还能使企业获得高额利润,为企业进一步扩大生产规模做好准备。

(3) 配合竞争者的涨价行为。尽管很多国家禁止价格同谋的行为,但是在寡头垄断市场中,由于竞争者数量有限,所以它们较容易达成价格默契。当市场上有一家厂商率先提价时,其他企业很可能会随后跟进,以配合价格领袖的行为。

企业的涨价有直接提价和间接提价两种方式,大多数企业更愿意选择间接提价。因为间接提价手段较为隐蔽,消费者的反应也可能会相对温和。常用的间接提价方式有以下几种:

(1) 取消原有的价格折扣或是使获取价格折扣的条件更加苛刻。

(2) 目录价格不变,减少产品分量及附赠产品,或是降低产品质量、减少功能、简化包装等。

(3) 目录价格不变但减少产品的附加服务或是对原来免费的服务收取服务费。

(4) 在通货膨胀情况下可以推迟报价,等到产品制成或交货时再给出最后价格。工业建筑和重型设备制造企业经常采用这种方式。

(5) 在产品组合中取消低利润产品或增加高利润产品的比重。

企业在提价时,应当向顾客说明提价的原因并帮助顾客寻找节约的途径。

二、价格变动的反应

(1) 购买者。一定范围内的价格变动是可以被消费者接受的;提价幅度超过可接受价格的上限时,会引起消费者的不满,使他们产生抵触情绪而不愿购买企业产品;降价幅度低于下限时，则会导致消费者产生种种疑惑，也会对实际购买行为产生抑制作用。在产品知名度提高、收入增加、通货膨胀等条件下，消费者可接受价格的上限会提高；在收入减少、价格连续下跌等情况下，消费者可接受价格的下限会降低。

消费者对某种产品降价可能的反应是：①产品可能有质量问题或是因为过时而将被淘汰；②企业遇到财务困难，很可能会停产，产品的售后服务可能受到影响；③价格可能会进一步下降；④产品成本降低了。

消费者对某种产品提价可能的理解是：①产品供不应求，价格可能会继续上涨；②提价意味着产品质量的改进；③企业过于贪婪，想获得更高的利润；④各种商品价格都在上涨，提价很正常。

(2) 竞争者。如果竞争者的目标是实现企业的长期最大利润，那么，当企业降价时，竞争者往往不会在价格上做出激烈反应，而会通过一些非价格手段来进行竞争。如加强广告宣传、提高产品质量和服务水平等；如果竞争者对市场占有率非常看重，它们就可能对本企业的价格下降做出激烈反应。

竞争者对调价的反应有以下几种类型：

(1) 相向式反应。你提价，他涨价；你降价，他也降价。这样一致的行为，对企业影响不太大，不会导致严重后果。企业坚持合理营销策略，不会失掉市场和减少市场份额。

(2) 逆向式反应。你提价，他降价或维持原价不变；你降价，他提价或维持原价不变。这种相互冲突的行为，影响很严重，竞争者的目的也十分清楚，就是乘机争夺市场。对此，企业要进行调查分析，首先摸清竞争者的具体目的，其次要估计竞争者的实力，最后要了解市场的竞争格局。

(3) 交叉式反应。众多竞争者对企业调价反应不一，有相向的，有逆向的，有不变的，情况错综复杂。企业在不得不进行价格调整时应注意提高产品质量、加强广告宣传、保持分销渠道畅通等。

在实践中，为了减少因无法确知竞争者对价格变化的反应而带来的风险，企业在主动调价之前必须明确回答以下问题：①企业产品有何特点？企业在行业中处于何种地位？②主要竞争对手是谁？竞争对手会怎样理解我方的价格调整？③针对企业的价格调整，竞争对手会采取什么对策？这些对策是价格性的还是非价格性的？他们是否会联合做出反应？④针对竞争者可能的反应，企业应该如何应对？有无几种可行的应对方案？

三、对价格变动的应对

企业需要考虑以下问题：竞争者为什么要降价？是为了夺取更多的市场份额，还是为了利用过剩的生产力？是为了适应不断变化的成本条件，还是为了导致全行业的调价？调价是暂时性的，还是永久性的？如果企业不做出反应，会对企业的市场份额和利润产生什么影响？其他企业是否会做出反应？如果企业做出了反应，则竞争者和其他企业会分别产生什么样的连锁反应？

在回答以上问题的基础上，企业还必须结合所经营的产品特性确定对策。一般来说，在同质产品市场上，如果竞争者削价，企业必须随之降价，否则必然会失去大部分的顾客；如果竞争者提价，企业既可以跟进，也可以暂且观望。因为如果同行业中的大部分厂商都维持原价，率先涨价者的竞争者很可能会受到损失。

在异质产品市场上，由于各企业的产品在质量、品牌、服务、包装等方面有明显不同，所以面对竞争者的调价策略，企业有更大的选择余地。对于竞争者的涨价行为，企业可以根据具体情况采取跟进或观望措施，而对于竞争者的降价行为，则可以在以下行为中选择：

（1）不采取任何反应，维持原价不变。企业可能由于自身产品具有较大的差异性而使得消费者对本企业产品的需求价格弹性较弱，此时企业完全可以利用差异性优势来维持原价不变。这样既不会过多的影响企业的市场份额，也不会减少企业利润。

（2）价格不变，但加强非价格竞争手段的投入。例如提高产品质量、强化售后服务、追加广告投入、增加销售网点，或者在包装、功能、用途等方面对产品进行改进。有些企业会在保持原品牌的产品价格不变的同时，专门推出一个低价品牌与竞争对手对抗。

（3）降低原来价格。企业往往为了维持原有的市场份额，不得不跟随竞争者降价甚至降价幅度超过竞争者，尽管这一行为可能会引起价格战的爆发而导致两败俱伤，但在市场中却屡见不鲜。

（4）跟随竞争者降低价格的同时，积极采取一些非价格竞争手段。企业经常使用价格手段与非价格手段相结合的方式进行竞争，非价格手段的投入可以增加企业产品的差异性，以避免产品的过度降价。

知识拓展

在同质产品市场，如果竞争者降价，企业必随之降价，否则企业会失去顾客。某一企业提价，其他企业随之提价（如果提价对整个行业有利），但如有一个企业不提价，最先提价的企业和其他企业将不得不取消提价。

在异质产品市场，购买者不仅考虑产品价格高低，而且考虑质量、服务、可靠性等因素，因此购买者对较小价格差额无反应或不敏感，则企业对竞争者价格调整的反应有较多自由。

企业在作出反应时，先必须分析：竞争者调价的目的是什么？调价是暂时的，还是长期的？能否持久？企业面对竞争者应权衡得失：是否应作出反应？如何反应？另外，还必须分析价格的需求弹性、产品成本和销售量之间的关系等复杂问题。

针对竞争者降价的状况，企业要作出迅速反应，最好事先制定反应程序（图 8-9），到时按程序处理，提高反应的灵活性和有效性。

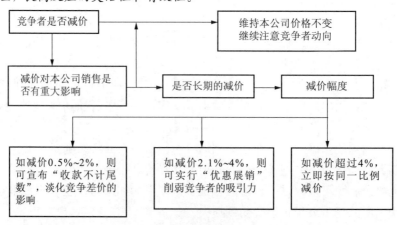

图 8-9　对付竞争者降价的程序

本章知识点

（1）影响汽车定价的因素主要有定价目标、产品成本、营销组合策略、市场供求关系、竞争者的产品和价格策略。

（2）定价方法主要包括成本导向、竞争导向和顾客导向三种类型。

（3）新产品价格策略、折扣定价策略、心理定价策略差、差别定价策略、产品组合定价策略。

（4）价格改变策略。

提示：降价是一把双刃剑，既有积极作用，同时也不可避免地带来负面影响。

课后训练

任　务	要　求
1. 针对汽车市场发展趋势，分析现在汽车价格的特点和发展趋势。 2. 学生互相评价他们的分析观点	学生事先写好分析报告，要求突出自己的特色。 （1）学生介绍自己的观点，分析影响因素。 （2）注意仪表仪态。 填写工作计划表（附录四）和工作检查表（附录五）

拓展知识

案例分析

学习素材

第九章 9

汽车配件销售管理

学习目标

了解汽车配件组织生产和供应储存和保管的重要性。
了解汽车配件市场的现状。
理解汽车配件管理的基本概念和术语。
掌握配件管理的方法和手段。

情景导入

美国通用配件公司（Genuine Parts Company，GPC）是一家经营汽车配件产品、工业用品、办公用品、电器及电子设备等多种产品的大型集团公司，是纽约股票交易所上市公司（NYSE：GPC）和道琼斯工业指数（DJI）成分股公司之一，在2002年美国"Fortune 500"强中名列第235位。

- **GPC 的销售网络**

GPC 每年都销售数目惊人的各类产品，其销售业务主要由 4 个子集团来完成：汽车配件集团通过 NAPA（National Automotive Parts Association）和其他相关机构销售近 300 000件汽车配件产品。目前 NAPA 公司业已成为世界上最大的汽车配件及汽车用品销售商，在美国拥有61家分销中心，5 800家汽配连锁店，10 800个连锁的维修站、养护中心及事故车维修中心等，常备库存能提供30万种以上产品进行销售，这些产品涵盖美国、日本、德国和其他欧洲、亚洲及世界各地其他厂商生产的各种车型的配件、维修工具与装备、汽车养护用品、油品、化学品和其他附属用品等；工业配件集团每年销售200万件以上的产品给各类用户；办公用品集团通过下属公司 SPR（S. P. Richards Company）销售数以千计的商务和办公性产品；电子和电器设备集团也设有下属子公司 EIS，销售75 000件以上的产品。汽车配件和汽车用品是 GPC 公司的主要产品。

GPC 销售汽车配件产品和办公用品等产品的方式如下：GPC 是 Rayloc 的母公司，后者拥有 Rayloc 商品销售服务（Rayloc Merchandise Distribution Service，RMDS），负责将 GPC 的产品从供应商分销到各销售中心。RMDS 拥有自己的运输车队和分销中心，主要是利用公司自行拥有的条件完成销售任务，在极少的情况下才借助第三方单位的力量。RMDS 建立了多处分销中心，在奥特兰大的分销中心和印第安纳波利斯的分销中心，还分别建立了 5 个 Rayloc 销售中心，提供与分销中心相类似的业务。RMDS 根据每周的计划安排，主要是使用自己的运输工具，完成给定的销售任务。

- **RDMS 产品销售**

通常，RMDS 的运输车队负责将分销中心的产品分发到一个或多个 GPC 销售中心。当产品运送到销售中心后，车队将开往下一个计划的供应商处或是其他的供应商处，装载客户定购的产品，再返回到分销中心，将产品卸载到分销中心，然后根据商品目的地的差异，有条理地存放这些产品，安排适当的运输车辆，以便完成下一次的运输业务。车队还经常从销售中心挑选出少量的使用频繁的产品和零部件，分别运送产品给供应商，运送零部件到工厂。

每个 GPC 销售中心都要独立管理自己的车队，并与 RDMS 运输系统独立开来，负责运送销售中心的产品给具体客户。

销售中心的典型操作流程如下：

客户（批发商和零售商）提供订单给销售中心；销售中心根据得到的订单中的商品清单，挑选出客户指定的商品，组织运输车辆，装载运输。销售中心每天有 2 次主要的运输安排。如果客户的订单下得早，商品中午就会被运送出去，在当天即可送到客户的手中。如果订单下得晚，车辆则要下午出发，午夜才能运送到客户处。

在每次运货的时候，车队都要从销售中心运送商品到多个客户处。有些销售中心（如 NAPA 销售中心）有时也搭便车，运送少量的急需产品到零售商店，甚至是车间。在销售中心，第三方单位的车辆仅仅是需要运送一些小商品时才采用。

- **销售问题**

如果我们仔细观察 GPC 的销售网络系统，很快就会发现大量问题的存在。基本产品仓库贮存问题是 GPC 销售网络系统的一个很严重的问题。在这里，我们自然会考虑以下两个问题：

（1）GPC 拥有众多的产品，那么在每个销售中心里要存放什么样的产品？

（2）每类产品的数量又是多少？

现在，GPC 制定了一个服务标准，即 GPC 承诺客户所定购的商品要在 24 小时内送到。为此，在每一个销售中心里都不得不存放数量巨大的各类商品。但是，这样的销售方式是许多行业中常采用的，是一种经典的销售方式，与实际需求有所差距。

GPS 的许多销售中心的产品存放量是非常有限的，如果有计划地挑选一定数量的产品，将销售中心更好地利用起来。因此，一个关键性的问题，就是要对销售中心的库存产品进行分类和挑选。

问题

GPC 现有的销售运行模式有哪些需要改进的地方？

案例分析

GPC 现有的销售运行模式有大量需要改进的地方：

（1）滞留产品可以保存在更少的销售中心里面。当一个销售中心接到一个客户的订单而这个销售中心的产品目录中恰恰没有这种产品时，这份订单可以被送到库存有这类产品的销售中心去，然后再由这个销售中心直接运送产品到客户处；销售中心也可以通过第三方单位代理；或者是送产品到离客户最近的销售中心，再按常规途径运送产品给客户。

（2）选择何种运送方式是一个比较困难的抉择，因为 GPC 要维护 24 小时内送货上门的承诺。解决这个问题的一种方式是允许客户在下订单的时候根据自己的实际需求选择运送的时间或者运送的方式，然后销售中心再根据客户的选择安排运送事宜。例如，当客户定购一个在这个销售中心内没有的滞留的产品时，他可以选择付费加快送递的方式。这也是现在的大多数互联网零售商常采用的销售方式。

（3）另外，有时也会出现 GPC 的下属集团在相同的城市内分别建有自己的销售中心的情况。如果能将这些销售中心有机联合起来，将会降低运输费用。

在上面，我们提到销售中心的库存量有限的问题。这是许多销售中心不得不考虑的问题。下面有两种选择：

（1）需求量大的产品保存在每个销售中心内。但是，由于受销售中心库存容量的限制，这种做法意味着其他产品的数量在销售中心内必须要减少。

（2）需求量大的产品仅仅保存在某些特定的销售中心内，定购这些设备的订单将被送到这些销售中心。正像上面提及的，在这种情况下，维持 24 小时送货的承诺将是件困难的事情。但是，我们现在知道，很多客户并不是一定要在 24 小时内送货上门的，特别是对于大数量的订单，这些客户往往喜欢低廉的运送费用，哪怕是运送时间加长。

在这个案例中，大量的问题都涉及销售网络的优化设计。对于一个销售网络，下面的问题应该重点考虑：

①销售中心的数量和地理位置分布；②产品清单管理办法，包括每一个销售中心的产品的选择、补给产品及数量；③订单的运送时间由客户选择，客户可以选择不同的服务类型。

另外，在产品运输上还有大量相关的问题值得我们去研究：①公司如何管理好自己的运输车队，例如，在一个车队中需要有多少车辆，需要什么类型的车辆；②什么样的工作任务需要公司自己的车队完成，什么样的任务需要借助第三方单位的力量来完成；③需要多少分销中心，它们应该如何分布；④应该遵守怎样的运送标准（例如，以星期为单位固定周期运送），第三方单位采用怎样的运货方式，在每次产品运送中，什么样的第三方单位要介入；⑤第三方单位采用什么样的运送方式，是比本单位效率低的，还是比本单位效率高的，还是一定要相匹配……

9.1 汽车配件销售基础知识

本节内容简介

对汽车制造厂来说，能否生产足够多的维修配件，直接关系到工厂的声誉、信用和前途；并且也是提高服务质量，扩大汽车销售，壮大社会竞争力的重要标志和手段。

《汽车零部件编号规则》QC/T 265—2004（2004-03-12 发布，2004-08-01 实施）在 QC/T 265—1999（即原 ZB/TY04005—1989）的基础上进行修订，在内容和结构上有较大变化。

该标准将原版本的 57 个组号增加为 64 个组号；将原来的 637 个分组号增加为 1 026 个。

9.1.1 汽车配件组织生产和供应的重要性

汽车零部件行业作为汽车工业的配套行业，是其重要组成部分。汽车零部件行业和汽车配件市场的发展与汽车工业的发展息息相关，汽车工业整车制造与技术创新需要零部件做基础，零部件的创新与发展又对汽车工业整车制造产生强大推动力。随着经济全球化和产业分工的细化，汽车零部件行业在汽车工业中的地位越来越重要。汽车零部件行业根据下游客户的不同，可以细分为整车配套市场和售后维修市场，行业内大多数企业主要服务于整车配套市场。一台整车在出厂前需要装配数万个零部件，产业链涉及产品众多，因此，近年来全球汽车工业的蓬勃发展带动了汽车零部件行业的市场繁荣。

我国汽车零部件产品的水平逐步提高。国内长安汽车、长城汽车、吉利汽车、奇瑞汽车、北京汽车、广汽集团、东风汽车、比亚迪、江淮汽车等具备了一定规模的自主品牌整车企业，已经开始重视和零部件企业建立长期的战略合作关系，这就为带动我国零部件发展创造了基本条件。根据中国汽车工业协会统计，我国自主品牌乘用车 2016 年销量首次突破 1 000 万辆，达到 1 053.08 万辆，使国内乘用车销量占比提高到 43.2%，其中长城汽车成为继长安汽车之后第二家年度销量突破 100 万辆的自主品牌整车企业。而在销量增长的同时，我国自主品牌汽车在市场中的产品接受度也逐渐开始提升。2016 年度销量排名前 10 名的轿车车型中开始出现吉利汽车的帝豪车型，而 2016 年度销量排名前 10 名的 SUV 车型中，更是包括长城汽车的哈弗 H6 车型、广汽集团的传祺 GS4、长安汽车的 CS75 等自主品牌车型。因此，我国自主品牌汽车良好的发展势头将进一步带动我国汽车零部件行业的发展。

通过对汽配行业分析，我国汽车零部件企业已具备一定的产品创新能力、多车型配套、多市场供给能力，同时，与整车制造商进行同步开发的能力也在逐步提高。随着零部件行业技术、质量水平的提高，我国已成长出一批具有国际竞争力的汽车零部件出口企业，它们凭借较高的技术、质量水平及先进的管理，从"单一零部件供应商"转变为"模块化、轻量化、集成化零部件供应商"，逐步打入全球汽车零部件供应链。

对配件的组织和生产，应按汽车的结构特点，区别总成、组合件、合件和零件在维修中的实际损耗比例关系，求得资源结构的合理分布，防止积压和脱销，并力求周转灵活，节省费用，以有限的资金发挥更大的经济效益。此外，还应尽可能地根据社会需要，不断扩大品种规格，尤其是必不可少的附件和小零件，使它们与组件和总成件互为依存，方便用户，解决急缺，同时又节省费用。

良好配件供应的保证应满足以下两个条件：备品专营、保质保量；配件需求的科学预测。

9.1.2 汽车零部件编号规则

《汽车零部件编号规则》QC/T 265—2004 于 2004 年 3 月 12 日发布，2004 年 8 月 1 日实施。该标准在 QC/T 265—1999（即原 ZB/TY 04005—1989）的基础上进行修订，在内容和结构上有较大变化。

该标准在修订基础上将原来 57 个组号增加为 64 个组号；该标准在原版本修订基础上将原来 637 个分组号增加为 1 026 个。

一、范围

该标准规定了各类汽车、半挂车的总成和装置及零件号编制的基本规则和方法。该标准适用于各类汽车和半挂车的零件、总成和装置的编号；标准不适用于专用汽车和专用半挂车的专用装置部分的零件、总成和装置的编号及汽车标准件和轴承的编号。

二、术语和定义

下列术语和定义适用于该标准。

1. 组（Complete Group）

表示汽车各功能系统的分类。

2. 分组（Subgroup）

表示功能系统内分系统的分类顺序。

3. 零部件（Part and component）

包括总成、分总成、子总成、单元体、零件。

（1）总成（Assembly）。由数个零件、数个分总成或它们之间的任意组合而构成一定装配级别或某一功能形式的组合体，具有装配分解特性。

（2）分总成（Subassembly）。由两个或多个零件与子总成一起采用装配工序组合而成，对总成有隶属装配级别关系。

（3）子总成（Subdivisible assembly）。由两个或多个零件经装配工序或组合加工而成，对分总成有隶属装配级别关系。

（4）单元体（Unit）。由零部件之间的任意组合而构成具有某一功能特征的功能组合体，通常能在不同环境下独立工作。

（5）零件（Part）。不采用装配工序制成的单一成品、单个制件。或由两个及以上连在一起具有规定功能，通常不能再分解的（如含油轴承、电容器等外购小总成）制件。

（6）零部件号（Coding for part and component）。指汽车零部件实物的编号，亦包括为了技术、制造、管理需要而虚拟的产品号和管理号。

三、汽车零部件编号

1. 汽车零部件编号表达式

完整的汽车零部件编号表达式由企业名称代号、组号、分组号、源码、零部件顺序号和变更代号构成。零部件编号表达式根据其隶属关系可按 3 种方式进行选择，如图 9-1 所示。

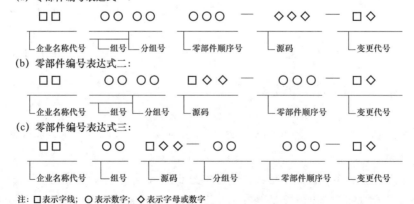

图 9-1 汽车零部件编号表达式

2. 企业名称代号

当汽车零部件图样使用涉及知识产权或产品研发过程中需要标注企业名称代号时，可在最前面标注经有关部门批准的企业名称代号。一般企业内部使用时，允许省略。企业名称代号由两位或三位汉语拼音字母表示。

3. 源码

源码用 3 位字母、数字或字母与数字混合表示，企业自定。

（1）描述设计来源：指设计管理部门或设计系列代码，由 3 位数字组成。

（2）描述车型中的构成：指车型代号或车型系列代号，由 3 位字母与数字混合组成。

（3）描述产品系列：指大总成系列代号，由 3 位字母组成。

4. 组号

用 2 位数字表示汽车各功能系统分类代号，按顺序排列。

5. 分组号

用 4 位数字表示各功能系统内分系统的分类顺序代号，按顺序排列。

6. 零部件顺序号

用 3 位数字表示功能系统内总成、分总成、子总成、单元体、零件等顺序代号，零部件顺序号表述应符合下列规则。

（1）总成的第三位应为零。

（2）零件第三位不得为零。

（3）3 位数字为 001~009，表示功能图、供应商图、装置图、原理图、布置图、系统图等为了技术、制造和管理的需要而编制的产品号和管理号。

（4）对称零件其上、前、左件应先编号为奇数，下、后、右件后编号为偶数。

（5）共用图（包括表格图）的零部件顺序号一般应连续。

7. 变更代号

变更代号为 2 位，可由字母、数字或字母与数字混合组成，由企业自定。

8. 代替图零部件编号

对零件变化差别不大，或总成通过增加或减少某些零部件构成新的零件和总成后，在不影响其分类和功能的情况下，其编号一般在原编号的基础上仅改变其源码。

四、汽车组合模块编号表达式（图 9-2）

图 9-2 汽车组合模块编号表达式

汽车组合模块组合功能码由组号合成，前两位组号描述模块的主要功能特征，后两位组号描述模块的辅助功能特征。例如：10×16 表示发动机带离合器组合模块；10×17 表示发动机带变速器组合模块；17×35 表示变速器带手制动器组合模块。

 9.1.3 汽车配件的储存

1. 储存条件

（1）仓库场地干燥、通风良好、无有害气体侵蚀和影响。

（2）仓库的相对湿度不超过 75%，温度在 20～30 ℃范围内。橡胶制品应在环境温度不超过 25 ℃的专仓内储存，以防老化。

（3）对于电器配件、橡胶制品配件、玻璃制品配件，不能碰撞和重压，在堆垛时，应十分注意配件的安全。

（4）对于发动机总成的储存期，如超过半年，则必须进行维护。

（5）对于蓄电池的储存，应防止重叠过多和碰撞，注意电解液塞的密封，防止潮湿空气的侵入。

（6）对于软木纸、毛毡制油封及丝绒或呢制门帘嵌条一类的配件，注意保持储存场地干燥，在毛毡制油封及丝绒或呢制门帘嵌条的包装箱内，应放置樟脑丸，防止霉变及虫蛀。

2. 汽车配件储存的相应措施

（1）配件入库，必须加强验收。

（2）根据配件特点，安排不同的仓间或仓位和采取不同的堆垛方法。

（3）必须控制仓间的湿、温度，注意掌握自然温度的变化规律。

（4）对于易吸潮生锈的配件，应在配件堆垛的底层设置至少有 15 mm 空隙的架空垫板，使空气得以流通。

（5）储存配件的堆垛之间以及墙距之间，必须留有间距，墙距一般规定为 0.1～0.3 m，堆垛之间为 0.5～1 m。

9.1.4 汽车配件的保管

1. 保护配件不受损害

（1）调节和保持好湿、温度。

（2）合理安排存放仓位，提高堆垛技术和选用合理的堆垛数量。

（3）堆垛要正确地留出四距：墙距、柱距、顶距、照明灯距。

（4）每天上下班时，应对仓间安全进行检查。

（5）保持设备机械的完好。

（6）注意配件进出仓的动态。

2. 防止差错和保证账物相符

（1）商品入库，必须严格核对，合理安排仓位，桩脚要稳当，堆垛要分层标量，分桩要立分卡，移仓要做记录，零星桩脚要勤翻勤并，配件货位编号要在账上详细标注。

（2）货账必须随出随销，并定期进行仓库动态配件的盘点，做到账货相符。

（3）熟悉配件的名称、规格、结构特点，正确折算商品体积和尺码，吨位和仓间可用面积，并能经常反映业务动态和仓容的利用率。

（4）熟悉单据流转程序，严格遵守操作制度，保证内部单证、货卡、报表的正确和完整。发现差错和失误，应及时报告或纠正，经常做到账货相符。

知 识 拓 展

库房管理的目的

1. 快速高效提供配件

相应区域的设置，以方便配件的清点为宜；

客户订单配件直接出库；

到货配件及时入库，缩短供货周期，降低库存成本，提高客户满意度。

2. 保证库存及出库的准确性

积极有效地盘库，及时发现库房问题；

快速修订盘点误差，保证账面实物相符，减少销售损失；

减少配件出库错误。

3. 保证库房及汽车配件安全

采取相应的措施限制库房的出入，保证配件不会丢失；

保持良好的仓储环境，保证库房人员的安全；

注意危险品的储存；

注意贵重物品的存储；

注意防火要求。

4. 汽车配件品质及使用寿命

关注配件使用周期，保持正确的出库次序；

采取正确的库存方法，防止配件失效；

正确地摆放，避免配件变形；

5. 提高效率，降低强度

最短时间找到所需配件；

最短时间使配件上架；

减少库房人员在库房中的行走距离。

6. 合理利用空间

延长库房使用年限，满足市场发展需要；

提高单位面积利用率，节约库房硬件投资。

9.2 汽车配件供应工作中的质量管理

本节内容简介

对汽车配件销售企业来说，采购应遵循以优质名牌汽车配件为主，辅以一些非名牌厂家的产品的原则。

配件采购方式有：①集中采购；②分散采购；③综合采购；④联合采购。

索赔的目的是对产品质量的担保，使用户对汽车企业的产品满意，对汽车企业的售后服务满意，以维护汽车企业形象，树立汽车企业信誉，进一步完善汽车配件供应体系，从而以优质的服务赢得用户的信赖。索赔原则：诚信正直、公平公正、相互信赖、认真负责。

配件质量标准，以及配件产品图纸、鉴定和检验图书等的收集、制定与管理利用，是质量验收、质量"三包"等各项工作的技术基础。

9.2.1 渠道与采购方式的控制

1. 配件采购渠道

对汽车配件销售企业来说，采购应遵循以优质名牌汽车配件为主，辅以一些非名牌厂家的产品的原则。具体可按以下原则选择。

Ⅰ类厂：全国著名的主机配套厂。这些厂生产的零件知名度高，质量有保证，是进货的重点渠道。可采取先定全年需要量的意向合同，以便于厂家组织生产，具体可按每季度、每月签订供需合同。

Ⅱ类厂：生产规模、知名度比Ⅰ类厂的稍小，但配件质量可以保证，价格适中，可采取只签短期订货合同的订货方式。

Ⅲ类厂：即一般生产厂家，配件质量尚可，价格最低，可作为进货中的补充。订货可以采取打电话、发电报的方式，如签订供需合同，则应是短期合同。

2. 配件采购方式

（1）集中采购：汽车企业设置专门机构或专门采购人员统一采购，然后分配给各销售部。集中采购可以避免人力、物力的分散，还可以加大采购量，受到供货方的重视，并可根据批量差价，降低采购价格，也可节约其他采购费用。

（2）分散采购：由汽车企业内部的配件销售部自设采购人员，在核定的资金范围内自行采购。

（3）综合采购：集中采购与分散采购相结合。一般是外埠采购及其他非固定采购关系的一次性采购，由各销售部提出采购计划，由业务部门汇总审核后集中采购。

（4）联合采购：由几个配件零售汽车企业联合派出人员，统一向生产汽车企业或批发汽车企业采购，然后由这些零售汽车企业分销。此类型是小型零售汽车企业之间或中型零售汽车企业代小型零售汽车企业联合组织采购。这样能够相互协作，节省人力，凑零为整，拆整分销，并有利于组织运输，降低采购费用。

3. 采购配件的质量验收

（1）对技术装备、技术力量、管理水平、产品声誉好的企业的产品，可以实行免检。

（2）对技术装备落后，技术力量薄弱，不重视改进产品质量，管理混乱，产品质量很差的企业的产品，则应加强验收，逐批验收，不合格的坚决不收购。

（3）介于上述两类之间的工厂或产品，可采取抽批验收的方法，随时了解掌握制造质量动态、工厂的技术措施情况，以决定验收的批量和次数，并随时将用户的使用质量情况向工厂反映，帮助他们改进和提高产品质量。

经营单位的质量验收，只是一种必要的手段，而不是目的。随着工业部门大力推行全面质量管理，产品质量必将有很大的改善，经营单位的质量监督作用将逐步减小，改变为技术服务的需要就会明显增长，服务质量和服务水平将进入一个新的阶段。

9.2.2 销售配件的索赔

一、索赔的目的和原则

索赔的目的是对产品质量的担保，使用户对汽车企业的产品满意，对汽车企业的售后服务满意，以维护汽车企业形象，树立汽车企业信誉，进一步完善汽车配件供应体系，从而以优质的服务赢得用户的信赖。

索赔原则：诚信正直、公平公正、相互信赖、认真负责。

二、汽车配件的质量担保与索赔

1. 服务站对汽车公司配件部门供应配件的索赔

1）汽车配件索赔术语

盈——实际收到的数量大于装箱单的数量；

亏——实际收到的数量小于装箱单的数量；

错——装箱单中所订的汽车配件品种与实物不符；

损——收到的汽车配件是未被发现的损坏件；

易碎件——泛指玻璃，塑料等件；

不适合车型件——因汽车公司提供的目录错误，而使服务站错订的不适合车型的汽车配件。

2）汽车配件索赔范围

（1）委托发运的汽车配件，到达服务站/大用户/专卖店后，包装没有破损情况下的盈、亏、错、损。

（2）委托发运的汽车配件，到达服务站/大用户/专卖店后，如属汽车公司配件包装质量不合格而造成的损坏和丢失。

（3）委托发运的汽车配件，到达服务站/大用户/专卖店后，包装破损情况下的盈、错。

（4）服务站/大用户使用汽车配件时发现的质量不合格的配件。

（5）因汽车公司提供的目录错误，而使服务站/大用户/专卖店错订的不适合车型的汽车配件。

3）汽车配件非索赔范围

（1）非汽车公司配件部门提供的汽车配件。

（2）服务站/大用户/专卖店来人或指定人员自提所发生的盈、亏、错、损。

（3）服务站/大用户/专卖店在修车使用汽车配件时，因违反装配工艺而造成的损坏。

（4）凡在运输途中因外包装或被窃而造成的损失，服务站/大用户/专卖店可根据保险赔偿规定与运输部门协商解决，汽车公司可提供有关证明材料。

4）汽车配件索赔规定及费用

（1）严禁服务站/大用户/专卖店将不属于索赔范围的汽车配件报赔。

（2）服务站/大用户/专卖店向汽车公司配件部门提出的盈、亏、错、损索赔，有严格的时间限制。一般规定在收到汽车配件15天之内将《索赔清单》和有关的材料向汽车公司配件部门寄发。

（3）服务站/大用户/专卖店向汽车公司配件部门发出汽车配件质量问题的报赔，应对所发现的问题，立即进行初步鉴定，并自发现起尽快（一周内）将《索赔清单》和有关的材料向汽车公司配件部门寄发。

（4）汽车配件因损坏或质量不合格，服务站/大用户/专卖店提出索赔时，如果不需要更换总成，只要换个别零件就可以达到技术要求，汽车公司配件部门只对个别零件进行索赔；如果某些汽车配件通过维修，不需要更换就能达到技术要求，汽车公司配件部门将不予索赔。

(5) 索赔件包赔后,原件归汽车公司配件部门所有。

(6) 玻璃、塑料件等易碎件原则上不予以索赔,但可视情况考虑索赔。

汽车公司承担索赔件当时的供货价及索赔件返回汽车公司的运费,其他费用概不承担。

5) 汽车配件索赔鉴定

(1) 由服务站/大用户/专卖店自己鉴定,汽车配件计划员如实填写《汽车配件索赔申请单》并申报。

(2) 由汽车公司售后服务科的现场代表到现场进行鉴定,写出鉴定报告和处理意见。

(3) 服务站/大用户/专卖店订货计划员将索赔件返回汽车公司,由汽车公司配件部门有关人员及现场代表进行鉴定,写出鉴定报告和处理意见。

(4) 会同有关专家鉴定,写出鉴定报告和处理意见。

6)《汽车配件索赔申请单》的填写

(1)《汽车配件索赔申请单》由服务站/大用户/专卖店汽车配件计划员填写,要完整、清晰、真实。

(2)《汽车配件索赔申请单》应附有简要的说明和必要的照片,服务站/大用户/专卖店领导签字并加盖公章,经汽车公司配件部门销售计划员、仓储管理员核实无误,汽车公司配件部门负责人签字后,方可生效,予以索赔。

(3)《汽车配件索赔申请单》格式见表9-1。

表9-1 《汽车配件索赔申请单》

序号	汽车配件号	汽车配件名称	订货日期	订单号	发货数	订货数	到货差异	错发件数量	质量不合格件数量	单价	原发运方式

2. 用户在汽车使用过程中配件出现质量问题的担保与索赔

1) 担保期

由汽车公司所属服务站售出或装上车辆之日起一定时期内(如江铃汽车公司规定90天)且行驶里程在一定范围内(如江铃汽车公司规定6 000 km),达到两个条件中任何一个即为超出担保期。

2) 担保索赔条例

在上述规定的担保期内,因质量问题造成的损坏,公司可以提供免费调试或更换零部件,以恢复车辆的正常状态。如因质量事故造成客户的直接经济损失(车辆停驶造成的损失除外),公司给予赔偿。

3) 担保索赔的条件

(1) 必须是在规定的质量担保期内。

（2）客户必须遵守《使用说明书》的规定，正确驾驶、保养、存放车辆。

（3）所有担保服务工作必须由汽车服务公司特约维修单位实施。

4）担保索赔范围

（1）装配调试。担保期为 90 天/6 000 km。

（2）玻璃。购车后 30 天内，玻璃制品因材料及制造工艺等原因引起的变色、光学畸变、气泡、分层等质量问题可以担保。

（3）橡胶和塑料制品。在正确使用汽车的情况下，在汽车售出后半年内或行驶 10 000 km 之内，经鉴定后确属质量问题的可担保。

（4）轮胎。轮胎在汽车售出后 60 天且行驶里程 5 000 km 之内，在正常环境下使用，如发现鼓包、龟裂、分层等质量问题予以担保。

（5）电瓶。汽车售出后 6 个月且行驶里程 5 000 km 之内，在正常环境下使用，电瓶出现质量问题予以担保。

（6）各类继电器的担保期一般为 1 年或行驶里程 20 000 km 之内。

（7）灯泡、喇叭、点烟器、油水分离器等零部件，自购车后 60 天或行驶里程 5 000 km 之内，在正常使用下，出现质量问题予以担保。

5）非担保索赔范围

（1）因未按《使用说明书》要求使用和保养引起的损失。

（2）因客户私自改装汽车或换装不属汽车公司提供的备件而引起的损坏。

（3）常用消耗品（如润滑油、制动液、熔断丝、冷媒）和易损件（空滤、燃滤、机滤等）。

（4）排气系统的锈蚀。

（5）在非正常温度环境下放置或使用或汽车超载引起的零部件损坏。

（6）由于客户选用不当的燃油、润滑油、防冻液、制动液或保养中没有采用规定材料而造成的故障。

（7）由于发动机吸入水分或进水造成的故障。

（8）在新车运送、交付、保管过程中，因不正确的操作造成零件丢失、锈蚀、碰撞等的损失。

（9）对于变色、褪色、气孔、裂纹、凹痕、锈蚀和喷漆板件、内外饰件、橡胶制品等因日晒雨淋老化的情况，客户在提车时应及时提出担保要求，否则不予担保。

（10）在担保期内，客户车辆出现故障后未经汽车公司（或汽车公司特约维修单位）同意继续使用车辆而造成的进一步损坏，汽车公司只对原故障损失负责，其余损失责任由客户承担。

（11）车辆发生严重事故时，客户应保护现场，并应保管好损坏零件，但不能自行拆卸故障车，经鉴定确认后，将按规定支付全部担保及车辆拖运费用。

（12）对担保期内的车辆未经汽车公司许可在非该公司汽车特约维修单位修车发生的费用及随之产生的损坏，汽车公司不予担保索赔。

（13）由于环境原因造成的损坏。

（14）汽车公司对担保时车辆停用、住宿和租赁车辆的费用，其他旅行损失和商业损失等间接损失不予承担。

(15) 客户不能提交《保修手册》或证明所购车辆身份等有关凭证。

(16) 随车工具不予担保。

(17) 覆盖件及油漆涂层有碰撞缺陷，不能实行担保。

3. 汽车配件担保索赔应注意的几个问题

(1) 认真阅读使用说明书。

(2) 多了解汽车质量担保信息。

(3) 汽车改装应征得厂家同意。

(4) 按时做汽车保养。

9.2.3 质量标准和技术资料的收集、制定和管理

配件质量标准，以及配件产品图纸、鉴定和检验图书等的收集、制定与管理利用，是质量验收、质量"三包"等各项工作的技术基础。

实行配件的质量验收、质量三包服务，必须有自己必要的检测手段。建立自己的试验室，置备必要的检测设备和仪器十分重要，它有利于对产品质量发挥更切实有效的监督作用。

知识拓展

美国三大汽车公司（通用汽车、福特和克莱斯勒）于1994年开始采用QS—9000作为其供应商统一的质量管理体系标准；同时，另一生产基地，欧洲特别是德国均各自发布了相应的质量管理体系标准，如VDA6.1、AVSQ94、EAQF等。因美国或欧洲的汽车零部件供应商同时向各大整车厂提供产品，这就要求其必须既要满足QS—9000，又要满足如VDA6.1等标准，因此各供应商需要采用不同的标准进行重复认证，这就要求出台一套国际通用的汽车行业质量体系标准，以同时满足各大整车厂的要求，ISO/TS 16949：2002应运而生。

为了协调国际汽车质量系统规范，世界上主要的汽车制造商及协会成立了一个专门机构——国际汽车工作组（International Automotive Task Force，IATF）。IATF的成员由如下9家整车厂：宝马（BMW Group）、克莱斯勒（Chrysler LLC）、戴姆勒（Daimler AG）、菲亚特（Fiat Group Automobiles）、福特（Ford Motor Company）、通用（General Motors Corporation）、标致（PSA Peugeot Citroen）、雷诺（Renault）和大众（Volkswagen AG）及5个国家的监督机构：美国国际汽车监督局（IAOB）、意大利汽车制造商协会（ANFIA）、法国车辆设备工业联盟（FIEV）、英国汽车制造与贸易商协会（SMMT）和德国汽车工业协会—质量管理中心（VDA—QMC）组成。

ISO/TS 16949：2009是国际汽车行业的技术规范，是在ISO 9001的基础上，加进了汽车行业的技术规范。此规范完全和ISO 9001：2008保持一致，但更着重于缺陷防范，减少在汽车零部件供应链中容易产生的质量波动和浪费。ISO/TS 16949标准的针对性和适用性非常明确，只适用于汽车整车厂和其直接的零备件制造商，也就是说，这些厂家必须是直接与生产汽车有关的，能开展加工制造活动，并通过这种活动使产品能够增值。同时，对所认证公司厂家的资格也有着严格的限定，那些只具备支持功能的单位，如设计中心、公司总部

和配送中心等，或者那些为整车厂家或汽车零备件厂家制造设备和工具的厂家，都不能获得认证。对 ISO/TS 16949：2009 认证的管理是由五大监督机构代表 IATF 来完成的，它们采用相同的程序方法来监督 ISO/TS 16949 规范的操作和实施，以在全世界形成一个标准和操作完全统一的系统。

ISO/TS 16949：2002 由 IATF 在 ISO/TC 176 的质量管理和质量保证技术委员会的支持下制定的。第三版 ISO/TS 16949 取消并替代了第二版，是根据 ISO 9001：2008 进行技术修订的。由于 ISO/TS 16949：2009 已包含了 ISO 9001：2008 的所有内容，所以获得 ISO/TS 16949：2009 的认证，也标志着符合 ISO 9001：2008 标准。

认证益处

1. 开拓市场：ISO/TS 16949：2002 作为质量保证的标志，有助于企业获得顾客的信任，以获得更为广阔的市场空间。
2. 提高顾客满意度：通过实施 ISO/TS 16949：2002，关注并满足顾客要求，以提高顾客满意度。
3. 降本增效：持续关注企业运营业绩，改进过程绩效指标，以实现降本增效。
4. 提高产品和交付质量：运用系统的开发和改进方法，保证产品质量和交付业绩。
5. 促进产品和过程质量的改进。
6. 综合全球的汽车王国最好的经验。
7. 增加全球供应商的信心。
8. 确保在供应链中的供方/分供方服务的质量体系的全球一致性。
9. 减少变化和浪费，并全面提高生产效率。
10. 减少第二方审核的次数。
11. 消除重复的第三方审核的要求。
12. 为全世界的质量体系需求提供一个通用平台。

9.3 汽车配件供应

本节内容简介

一辆汽车在整个运行周期中，约有 3 000 种零部件存在损坏和更换的可能，而经营某一车型的零配件就要涉及许多品种规格的配件。对于配件供应部门，储存过多势必造成资金的大量占用，不利于周转；储备过少，又容易造成配件断档，影响售后服务工作。因此配件需求的科学预测就显得尤为重要。

汽车配件仓库作业管理，是围绕着汽车配件的入库、保管和出库为中心所开展的一系列活动。具体包括汽车配件的入库验收、保管、维护保养、发货账册、单据与统计管理等工作。

ABC 分类法是经济活动中应用的一种基本方法，是改善企业经济管理的一项基础工作，是企业进行经营决策的必要依据。它是一种从错综复杂、名目繁多的事务中找出主要矛盾，抓住重点，兼顾一般的管理方法。

9.3.1 汽车配件供应必须考虑的条件

1. 汽车配件的专卖

在售后服务过程中,汽车配件供应起着决定性的作用。一方面,汽车配件是进行汽车维修、保养的必备品,没有充足、优质的汽车配件供应,就谈不上令顾客满意的售后服务;另一方面,汽车生产企业要以备件的让利供应形式来支持自己售后服务网络开展备件经营,以取得效益,维持售后服务部门的运转。从这两个方面看,企业的服务和盈利都离不开汽车配件。要保证服务和盈利的圆满实现,实行汽车配件的专卖是最有效的手段。

2. 汽车配件需求的科学预测

一辆汽车在整个运行周期中,约有3 000种零部件存在损坏和更换的可能,而经营某一车型的零配件,就要涉及许多品种规格的配件。对于配件供应部门,储存过多配件势必造成资金的大量占用,不利于周转;储备过少,又容易造成配件断档,影响售后服务工作。因此,配件需求的科学预测就显得尤为重要。配件按使用性质,可分为:

(1)消耗件。在汽车运行中,一些零件自然老化、失效或到期必须更换,如各种皮带、胶管、密封垫、电器零件、各种滤芯、轮胎、蓄电池等。

(2)易损件。在汽车运行中,一些零件因自然磨损而失效,如离合器摩擦片、离合器压盘、离合器分泵、分离轴承、里程表软轴、制动总泵和分泵、主销衬套、制动片、制动鼓、各种油封、活塞及活塞环等。

(3)维修零件。在汽车一定运行周期内,必须更换的零件,如各种轴齿类、各种运动件的紧固件及到了一定使用寿命必须更换的零件。

(4)基础件。通常是组成汽车的一些重要零件,价值较高,如曲轴、缸体、车架、桥壳、变速器壳等。这类零件原则上是全寿命零件,不易损坏。

(5)事故件。汽车发生交通事故后损坏的零件,如前后保险杠、车身覆盖件、驾驶室、冷凝器、水箱等。

每一类零件消耗量的测算,可以从两个方面进行:一方面是考虑每一地区在用车数、汽车行驶平均里程,以及汽车使用特点,然后将较多地区的资料综合,取平均数,可以得出某种车型的某种零件百车消耗量;另一方面,要考虑备件部门某种零件的实际供应量。

例:某种配件的社会需求量测算见表9-2。

表9-2 社会需求量测算表

年份	1995	1996	1997	1998	1999	2000	2001	2002
供应量	64	71	68	78	88	82	90	95
当量计算	64+71+68 =203	71+68+78 =217	68+78+88 =234	78+88+82 =248	88+82+90 =260	82+90+95 =267	—	—
当量值	203/3=68	217/3=72	234/3=78	248/3=83	260/3=87	267/3=89	—	—

2003年预测需求量为:(68+72+78+83+87+89)/6=80。

这种预测需要积累多年的资料,预测值比较准确。

9.3.2 汽车配件的仓储管理

一、仓库作业管理

汽车配件销售企业的仓库作业管理，是围绕着汽车配件的入库、保管和出库为中心所开展的一系列活动。具体包括汽车配件的入库验收、保管、维护保养、发货账册、单据与统计管理等工作。另外，还有科学管理的问题。科学管理要渗透到仓库作业管理的各个方面，要以最少的劳动力、最快的速度、最少的费用取得最佳的经济效益，以达到保质、保量、安全、低耗地完成仓库作业管理的各项任务。

1. 入库验收

入库验收是配件进入仓库保管的准备阶段。入库的配件情况比较复杂，有的在出厂之前就不合格，如包装含量不准确、包装本身不合乎保管和运输要求；有的在出厂时虽然是合格的，但是经过几次装卸搬运和运输，致使有的包装损坏、含量减少、质量受损，使有的配件失去了部分使用价值，有的甚至完全失去使用价值。这些问题都要在入库前弄清楚，划清责任界限。做好入库验收工作，把好收货关，就是为提高仓库保管质量打下良好的基础。

（1）入库验收的依据：①入库凭证（入库单、收料单、调拨单、退货通知单）。②产品质量标准。

（2）入库验收的要求：①及时。验收要及时，以便尽快建卡、立账、销售，这样就可以减少配件在库停留时间，缩短流转周期，加速资金周转，提高企业经济效益。②准确。配件入库应根据入库单所列内容与实物逐项核对，同时对配件外观和包装认真检查，以保证入库数量准确，防止以少报多或张冠李戴的配件混进仓库。要严格实行一货一单制，按单收货、单货同行，防止无单进库。

（3）入库程序。入库验收包括数量和质量两个方面的验收。数量验收是整个入库验收工作中的重要组成部分，是做好保管工作的前提。配件在流转的各个环节都存在质量验收问题，入库质量验收，就是保管员利用自己掌握的技术和在实践中总结出来的经验，对入库配件的质量进行检查验收。验收入库的程序如下：

一是点收大件。仓库保管员接到进货员、技术检验员或工厂送来的配件后，要根据入库单所列的收货单位、品名、规格、型号、等级、产地、单价、数量等各项内容，逐项进行认真查对、验收，并根据入库配件数量、性能、特点、形状、体积来安排适当货位，确定堆码方式。

二是核对包装。在点清大件的基础上，对包装物上的商品标志和唛头，要与入库单进行核对。只有在实物、标志和唛头、入库凭证相符时方能入库。

三是开箱点验。凡是出厂原包装的产品，一般开箱点验的数量为 $5\%\sim10\%$。如果发现包装含量不符或外观质量有明显问题，可以不受上述比例的限制，适当增加开箱检验的比例，甚至全部开箱检验。

四是称重。凡是需要称重的物资，一律全部过磅称重，并记好重量，以便计算、核对。

五是归堆建卡。配件归堆，要根据性能特点，安排适当货位。归堆时，一般按五五堆码原则（即五五成行、五五成垛、五五成层、五五成串、五五成捆）的要求，排好垛底，并与前后左右的堆垛保持适当的距离。

六是上账退单。仓库财务管理人员根据进货单和仓库保管员安排的库、架、排、号，以及签收的实收数量,逐笔逐项地登账,并留下入库单据的仓库记账联,作为原始凭证保留归档。另外两联分别退还业务和财务部门,作为业务部门登录商品账和财务部门冲账的依据。

(4) 发现问题的处理。

①在验收大件时,发现少件或多件,应及时与有关部门和人员联系,在得到他们同意后,方可按实数签收入库。

②凡有质量问题,一律不能入库。

③零星小件的数量误差在2%以内、易损件的损耗在3%以内时,可以自行处理。

④被打开的包装,一律要恢复原状。

2. 保管与保养

为了充分发挥库房、保管员和设备的潜力,达到储存多、进出快、保管好、费用省的要求,应将进库储存保管的配件统一按部、系、品种或按车型系列的部、系、品种实行条理化管理。所谓条理化管理,是配件管理分类统一,安全堆码美观整齐,仓容利用经济合理,防尘、防潮、防高温、防照射,细致严密,卡物相符,服务便利,并存放好特殊的汽车配件的管理过程。

1) 配件管理分类统一

(1) 按部、系、品种系列分库。就是所有配件,不分车型,一律按部、系、品种顺序,分系集中存放。这种管理方式的优点是仓容利用率高,并且比较美观,便于根据仓库的结构适当安排储存品种。缺点是顾客提货不太方便,特别是零星用户提少量几件货,也要跑几个库;保管员在收发货时,容易发生差错。

(2) 按车型系列分库。就是按所属的不同车型分库存放配件。这样的存放方式,顾客提货比较方便,还可以减少保管员收发的差错。缺点是仓容利用率较低,对保管员的业务技术水平要求较高。

(3) 凡是大件、重件,都要集中储存,以便发挥仓库各种专用设备,特别是机械吊装设备的作用。

2) 安全堆码美观整齐

(1) 安全"五距"。库内货垛与内墙的距离不得少于0.3 m,货垛与柱子之间不得少于0.1~0.2 m,货垛相互之间一般为0.5 m,货架相互之间一般为0.7 m。库外存放时,货垛与外墙的距离不得少于0.5 m,这样既可以避免配件受潮,同时又减轻了墙脚的负荷,保证了库房建筑的安全。

(2) 实行定额管理。库房的存储量指标应有明确规定,实行定额管理,每立方米的存放量不得超过设计标准的90%,以保证库房建筑安全寿命达到设计使用年限,同时,也保证了库存物资和人员的安全。

(3) 堆码美观整齐。堆垛要稳,不偏不斜,不歪不侧,货垛货架排列有序,上下左右中摆放整齐,做到横看成行,竖看成线。包装上的标志一律朝外,不得倒置。

(4) 重不压轻。质量较小、体积较大的配件应单独存放。注意不要以重压轻,以防倾倒。

(5) 某些配件须露天存放时,也要美观整齐,且要上盖下垫,顶不漏雨,下不浸水,四周要通风,排水要良好。

(6) 清理现场。每次发货后,及时清理现场,该拼堆的拼堆,该上架的上架,最后清扫干净。

3）仓容利用经济合理

（1）合理利用库房。各种配件的体积、重量相差很大，形状各异，要把这些不同大小、不同重量、不同形状的配件安排适当，以求得最大限度地提高仓容利用率。

（2）提高单位面积利用率。

4）防尘、防潮、防高温、防照射、细致严密

一般库内温度应保持在 20 ℃左右为宜。相对湿度保持在 70％左右为宜。

5）特殊汽车配件的存放

（1）不能粘油的汽车配件的存放。轮胎、水管接头、皮带、空气滤清器滤芯、炭刷和转子、摩擦片制动蹄片、散热器等粘上机油、汽油、黄油后，会影响使用效果。这些配件应避免与油品放在一起。

（2）爆震传感器的存放。应放在底层，且应分格存放，每格一个，下面还应铺上海绵等软物。

（3）减震器的存放。将其竖直放置。水平放置的减震器，在装上汽车之前，要在垂直方向上进行手动抽吸。

6）卡物相符、服务便利

"卡物相符"的程度如何，是考核仓库保管员工作质量的一项具体内容。提高卡物相符率的关键是认真执行"五五堆码"和"有动必对"的原则。每当发完一批货，必须将卡片的结存数量与库存实物结存数量进行核对，一定要保持卡片的结存数与仓库的实物结存数相符。

3. 出库

汽车配件的出库，标志着储存保管阶段的结束，把好"出货关"是全库管理工作的重要一环。

1）出库的程序

（1）核对单据。业务部门开出的供应单据是仓库发货、换货的合法依据，保管员接到发货或换货单据后，先核对单据内容、收款印戳，然后备货换货。如发现问题，应及时与有关部门联系解决，在问题未弄清前不能发货。

（2）备货。备货前应将供应单据与卡片、实物核对，核对无误后方可备货。

（3）复核、装箱。备货后，复核无误后，可当面点交或装箱发运。

（4）报运。配件经复核、装箱、号唛后，要及时过磅称重，然后按照装箱单内容逐项填写清楚，报送运输部门向承运单位申请准运手续。

（5）点交和清理。运输部门凭装箱单向仓库提货时，保管员先审查单据内容和印章及经手人签字等，然后按单据内容如数点交。点交完毕后，随即清理现场，整理货位，腾出空位，以备再用。

（6）单据归档。发货完毕后，应及时将提货单据归档，并按其时间顺序分月装订，妥善保管，以备考查。

2）出库的要求

（1）凭单发货。仓库保管员要凭业务部门的供应单据发货。

（2）先进先出。保管员一定要坚持"先进先出、推陈出新"的原则。

(3) 及时准确。一般大批量发货不超过 2 天,少量货物随到随发。
(4) 包装完好。要保证包装完好。
(5) 待运配件。配件在未离库之前的待运阶段要注意安全管理。

二、ABC 分类法在汽车配件仓库管理中的应用

ABC 分类法是经济活动中应用的一种基本方法,是改善企业经济管理的一项基础工作,是企业进行经营决策的必要依据。它是一种从错综复杂、名目繁多的事务中找出主要矛盾,抓住重点,兼顾一般的管理方法。

1. ABC 分析法在汽车配件仓库管理中的应用

以配件的品种规格及占用资金的大小进行排队,分为 A、B、C 三类。A 类配件品种少,只占总品种 10% 左右,资金占用却相当大,约占总资金的 70% 左右;B 类配件比 A 类多,约占总品种 20%,资金占用为总资金的 20% 左右;C 类配件品种多,约占总品种 70%,资金占用却较少,只占总资金的 10% 左右。A 类最重要,B 类次之,C 类再次之。

(1) A 类一般是常用易损易耗配件,维修量大,在任何情况下都不能断档脱销。如活塞环、曲轴、气缸体、水箱、活塞、气缸垫、刹车片、转向节等。
(2) B 类只进行一般管理,主要是做到进销平衡,避免积压。
(3) C 类规定最大及最小储备量,当储备量达到最小时,一次订货达到最大量。

2. 如何进行 ABC 分类

(1) 计算每种配件在一定时间内所花费的资金总额。
(2) 根据一览表,把每一配件品种资金数额按大小顺序排列,计算出各种品种占总金额的百分比。
(3) 根据配件品种数和资金额占全部品种数和总金额的百分比,将配件分成 A、B、C 三类。

例:某配件公司每年销售汽车配件 3 421 个品种,年销售总额 8 390 万元,通过计算每一种配件资金数及各品种占总金额的百分比,列出占销售总额 70%～75% 的配件各品种为 A 类,再划出占销售总金额 15%～20% 的配件品种为 B 类,其余为 C 类,见表 9 - 3。

表 9 - 3 汽车配件 A、B、C 分类

分类(按单一品种销售金额)	品种数	占全部品种的比率 /%	销售金额累计 /万元	占销售总额的比率 /%
A(5 万元以上)	328	9	6 300	75
B(1 万元以上)	672	20	1 420	17
C(其余)	2 421	71	670	8
累计	3 421	100	8 392	100

3. ABC 分析法在仓库管理中的作用

(1) 可使配件库存的管理有条理、筹备有重点、供应有主次、订货易选择、核算有基础、统计好分析。
(2) 可以对配件合理分类,较准确地确定订货批量和储备周期。
(3) 以资金大小依次分类,可以使管理人员自觉形成对资金管理的重视。
(4) 对于占用资金不多的 C 类配件,可采用规定该类配件的最大及最小储备量的方法来保证供应,节省大量的时间和保管费用。

（5）能有效地帮助管理人员分析配件进销及库存的数据和规律性。

（6）ABC分类法不仅使配件分类清楚，而且使合同管理更为严格，能增强执行合同的严肃性。

（7）有助于企业进行库存结构分析。汽车配件销售企业的库存结构，就是指适销对路的配件在整个库存中所占的比重，适销配件占的比重大，称库存结构好；适销商品所占的比重小，称库存结构差。

知 识 拓 展

备件仓库管理员岗位说明

岗位层级：基础工作层。

岗位类型：作业类。

岗位使命/岗位概要：对备件验收、入库登记、保存和发货进行系统管理，从而保障车间正常生产。

岗位职责：

1. 对到库备件进行仔细验收

◆职责细分：与运单核对，确定备件的总件数是否相符。

◆职责细分：检查所有备件的外包装是否完好。

◆职责细分：与厂家出库单和采购计划对照，所有备件的数量是否正确。

◆职责细分：对所需备件的数量、质量、价格严格把关，严禁采购伪劣配件，努力降低进货成本。

2. 通过计算机进行货物验收单的填写和管理

◆职责细分：按照厂家要求正确填写《货物验收单》。

◆职责细分：应将《货物验收单》与《运单》和厂家《备件出库单》配合使用。

◆职责细分：保存《货物验收单》三年。

3. 备件入库管理

◆职责细分：依据厂家《备件出库单》入库上架并导入DMS系统。

◆职责细分：已有备件仓位的，按原仓位入库；新增备件时，先在基础数据中维护仓位码，然后再入库。

◆职责细分：易燃、易爆物品单独摆放，做好安全管理。

◆职责细分：将入库单打印并归档，一式三份，送备件计划员和财务部。

4. 备件账务处理

◆职责细分：建立备件账目并管理。

◆职责细分：将所有入库物资如实、及时进行备件登账。

◆职责细分：接受财务部的账目登记指导和抽查。

5. 仓库管理

◆职责细分：在仓库各工作区域悬挂明显的标牌。

◆职责细分：对库存备件实行定置管理，备件按备件类别、体积、销量的大小进行分类摆放。

◆职责细分：在仓库所有货位标明仓位码。

◆职责细分：根据季节和备件使用特性的改变（备件的使用频率变化）而随时调整仓位。

◆职责细分：所有备件上架，摆放整齐。

◆职责细分：备件库内所有备件都配备备件货卡，并完整填写。

◆职责细分：领取、摆放备件时，保证备件安全，不损坏备件。

◆职责细分：做好防火和防盗安全保护措施，严禁在仓库内吸烟。

6. 备件出库管理

◆职责细分：负责备件及消耗品发料，并按先进先出、高进先出的原则进行。

◆职责细分：备件报价准确，汇总每日出库单，统计相关数据报财务部。

◆职责细分：打印备件出库单。

◆职责细分：将出库单打印并归档，一式三份，送备件计划员和财务部。

◆职责细分：整理汇总各类备件出货日报、月报。

◆职责细分：车间退料，对退料单进行电脑操作。

7. 备件管理数据统计和分析

◆职责细分：统计和分析备件及时满足率（包括品种、数量、金额等方面）。

◆职责细分：统计和分析库存度。

◆职责细分：统计并汇总每天所缺备件的品种、数量和金额。

◆职责细分：每月统计《库存备件损坏统计表》。

◆职责细分：将数据向备件主管和备件计划员传递。

◆职责细分：根据警戒库存告知备件计划员订货。

8. 备件库盘点

◆职责细分：建立定期盘点制度。

◆职责细分：配合财务部一起对所有入库物资全部清点。

◆职责细分：制订《备件盘点表》和《备件盘点汇总表》，并保存三年。

◆职责细分：将《备件盘点汇总表》交财务部审核后报总经理批准。

◆职责细分：制订盘点结果处理意见，报备件主管和财务部审核，最后报总经理审批，进行账目处理。

9. 备件索赔

◆职责细分：索赔申请。

（1）收到货物后，应当面与运输商交接并检查外箱状态，如有异常，应对箱内备件100%查验，在《货物验收回执》上注明检验结果并留底，及时将信息发布在厂家"备件论坛的运输信息栏"上和传真《验收回执》通知厂家。

（2）因运输商责任造成的索赔，向运输商提出索赔，并将索赔信息传递至厂家。

（3）验收时，如果发现异常，应在8小时内向厂家反馈异常情况。

（4）对运输索赔以外的其他索赔，应如实填写《备件索赔申请单》，并收集相关证明材料（运输商送货回执单等）。

（5）对有质量问题的备件，用数码相机清晰拍照（缺陷状况、实物标签、原包装标识），并与《备件索赔申请单》一起发送到厂家。

◆职责细分：索赔件退回。
(1) 按厂家要求与备件运输商办好交接手续。
(2) 对返回件合理包装，保证运输途中不致损坏。
(3) 寄送时附一份经总经理签字的《备件索赔申请单》。
(4) 正确填写寄送地址、收货人和联系方式，保证送达。
(5) 将寄送的交货托运单、装箱清单传真至厂家。
◆职责细分：跟踪货物寄送和厂家赔付确认信息。
◆职责细分：对已开票结算的备件索赔，应在接到厂家通知后，办理《销售退回折让证明》并快递至厂家。

10. 其他事务处理

◆职责细分：积极收集、整理备件市场信息，做好汽车备件市场的前期分析，拓展备件销售业务。
◆职责细分：积极学习备件业务和备件技术，对备件发出的准确性负责。
◆职责细分：负责备件部各类文件、资料及各类档案的日常管理。
◆职责细分：负责备件的对外销售（非售后维修用）及市场拓展。
◆职责细分：拒绝非仓库工作人员进入仓库。
◆职责细分：按照公司环境的 5S 要求维护备件仓库的清洁。
◆职责细分：负责部门内计算机操作系统的基本维护。
◆职责细分：积极参加公司召开的会议和举行的活动。
◆职责细分：完成上级交办的其他工作。

11. 技能提高

(1) 不断提高备件业务知识水平。
(2) 不断提高仓库管理水平。
(3) 提高备件数据统计能力。

本章知识点

对配件的组织和生产，应按汽车的结构特点，区别总成、组合件、合件和零件在维修中的实际损耗比例关系，求得资源结构的合理组成，防止积压和脱销，并力求周转灵活，节省费用，以有限的资金发挥更大的经济效益。此外，还应尽可能地根据社会需要不断扩大品种规格，尤其是必不可少的附件和小零件，使它们与组件和总成件互为依存，方便用户，解决急缺问题，同时又节省费用。

良好配件供应的保证应满足以下两个条件：备品专营、保质保量；配件需求的科学预测。

ISO/TS 16949 标准的针对性和适用性非常明确，只适用于汽车整车厂和其直接的零备件制造商，也就是说，这些厂家必须是直接与生产汽车有关的，能开展加工制造活动，并通过这种活动使产品能够增值。同时，对所认证公司厂家的资格也有着严格的限定，那些只具备支持功能的单位，如设计中心，公司总部和配送中心等，或者那些为整车厂家或汽车零备件厂家制造设备和工具的厂家，都不能获得认证。对 ISO/TS 16949：2009 认证的管理是由五大监督机构代表 IATF 来完成的，它们采用相同的程序方法来监督 ISO/TS 16949 规范的操作和实施，以在全世界形成一个标准和操作完全统一的系统。

汽车配件销售企业的仓库作业管理，是围绕着汽车配件的入库、保管和出库为中心所开展的一系列活动。具体包括汽车配件的入库验收、保管、维护保养、发货账册、单据与统计管理等工作。

ABC 分类法是经济活动中应用的一种基本方法，是改善企业经济管理的一项基础工作，是企业进行经营决策的必要依据。它是一种从错综复杂、名目繁多的事务中找出主要矛盾，抓住重点，兼顾一般的管理方法。

课后训练

任　务	要　求
1. 对配件仓库内的配件进行分类、编号，制作位置码。 2. 学生互相评价他们的工作过程	学生制作位置码。 （1）学生分析位置码编制步骤。 （2）说明编制原则。 填写工作计划表（附录四）和工作检查表（附录五）

拓展知识

案例分析

学习素材

模块四

汽车产品的分销和促销

第十章 汽车产品的分销

学习目标

理解分销渠道与市场营销渠道的内涵。
了解分销渠道的分类。
在掌握分销渠道的影响因素基础上，明确分销渠道的设计与管理。
了解批发与零售的主要形式。

情景导入

日本丰田汽车公司的销售渠道策略

丰田公司为保证销售渠道的灵活性，建立了完善的销售渠道结构，如图 10-1 所示。该公司有 5 种轿车品牌，相互间有一定的价格和产品形象差异。通过重组经销商后，确定了 300 个经销商。经销商数量的减少，易于丰田公司对其控制和支持，加强了丰田公司和经销商之间的关系。为更广泛地接近消费者群，设置了 5 600 个经销点，由于经销点数量多、易于调整，保证了丰田公司分销系统的灵活性。

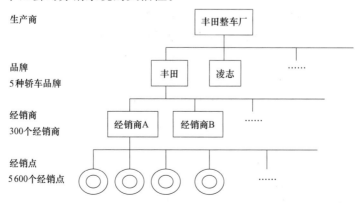

图 10-1 丰田公司销售渠道结构示意图

10.1 汽车分销渠道及中间商类型概述

本节内容简介

分销渠道是指"当产品从生产者向最后消费者或产业用户移动时,直接或间接转移所有权所经过的途径"。一条分销渠道主要包括商人中间商(因为他们取得所有权)和代理中间商(因为他们帮助转移所有权)。此外,它还包括作为分销渠道的起点和终点的生产者与消费者,但是,它不包括供应商、辅助商等。

分销渠道有直接渠道和简介渠道之分。

10.1.1 汽车分销渠道

1. 汽车分销的概念

分销渠道是指"当产品从生产者向最后消费者或产业用户移动时,直接或间接转移所有权所经过的途径"。菲利普·科特勒认为:"一条分销渠道是指某种货物或劳务从生产者向消费者移动时,取得这种货物或劳务的所有权或帮助转移其所有权的所有企业和个人。因此,一条分销渠道主要包括商人中间商(因为他们取得所有权)和代理中间商(因为他们帮助转移所有权)。此外,它还包括作为分销渠道的起点和终点的生产者与消费者,但是,它不包括供应商、辅助商等。"

汽车分销,是指汽车产品或劳务的所有权从生产者手中转移到消费者手中的过程。这个过程所经过的通道,我们称之为分销或销售渠道。

2. 直接渠道

直接分销渠道是指生产者将产品直接供应给消费者或用户,没有中间商介入。

直接分销渠道的形式是:生产者—用户。直接渠道是工业品分销的主要类型。例如大型设备、专用工具及技术复杂等需要提供专门服务的产品,都采用直接分销,消费品中有部分也采用直接分销类型,如鲜活商品等。

1) 直接分销渠道的具体方式

企业直接分销的方式比较多,但概括起来有如下几种:

(1) 订购分销。它是指生产企业与用户先签订购销合同或协议,在规定时间内按合同条款供应商品,交付款项。一般来说,主动接洽方的多数是销售生产方(如生产厂家派员推销),也有一些走俏产品或紧俏原材料、备件等由用户上门求货。

(2) 自开门市部销售。它是指生产企业通常将门市部设立在生产区外、用户较集中的地方或商业区;也有一些邻近用户或商业区的生产企业将门市部设立于厂前。

(3) 联营分销。如工商企业之间、生产企业之间联合起来进行销售。

2) 直接分销渠道的优缺点

(1) 直接分销渠道的优点。

①有利于产、需双方沟通信息,可以按需生产,更好地满足目标顾客的需要。由于是面对面的销售,用户可以更好地掌握商品的性能、特点和使用方法;生产者能直接了解用户的

需求、购买等特点及其变化趋势，进而了解竞争对手的优势和劣势及其营销环境的变化，为按需生产创造了条件。

②可以降低产品在流通过程中的损耗。由于去掉了商品流转的中间环节，减少了销售损失，有时也能加快商品的流转。

③可以使购销双方在营销上相对稳定。一般来说，直销渠道进行商品交换时，都签订合同，数量、时间、价格、质量、服务等都按合同规定履行，购销双方的关系以法律的形式于一定时期内固定下来，使双方把精力用于其他方面的战略性谋划。

④可以在销售过程中直接进行促销。企业直接分销，实际上又往往是直接促销的活动。例如，企业派员直销，不仅促进了用户订货，同时也扩大了企业和产品在市场中的影响，还促进了新用户的订货。

（2）直接分销渠道的缺点。

①在产品和目标顾客方面：对于绝大多数生活资料商品，其购买呈小型化、多样化和重复性。生产者若凭自己的力量去广设销售网点，往往力不从心，甚至事与愿违，很难使产品在短期内广泛分销，很难迅速占领或巩固市场，企业目标顾客的需要得不到及时满足，势必转移方向购买其他厂家的产品，这就意味着企业失去目标顾客和市场占有率。

②在商业协作伙伴方面：商业企业在销售方面比生产企业的经验丰富，这些中间商最了解顾客的需求和购买习性，在商业流转中起着不可缺少的桥梁作用。而生产企业自销产品，就拆除了这一桥梁，势必自己去进行市场调查，包揽了中间商所承担的人、财、物等费用。这样，加重了生产者的工作负荷，分散了生产者的精力。更重要的是，生产者将失去中间商在销售方面的协作，产品价值的实现增加了新的困难，目标顾客的需求难以得到及时满足。

③在生产者与生产者之间：当生产者仅以直接分销渠道销售商品，致使目标顾客的需求得不到及时满足时，同行生产者就可能趁势而进入目标市场，夺走目标顾客和商品协作伙伴。在生产性团体市场中，企业的目标顾客常常是购买本企业产品的生产性用户，他们又往往是本企业专业化协作的伙伴。所以，失去目标顾客，又意味着失去了协作伙伴。当生产者之间在科学技术和管理经验方面的交流受到阻碍以后，将使本企业在专业化协作的旅途中更加步履艰难，这又影响着本企业的产品实现市场份额和商业协作，从而造成一种不良循环。

3. 间接分销渠道

间接分销渠道是指生产者利用中间商将商品供应给消费者或用户，中间商介入交换活动。

间接分销渠道的典型形式是：生产者—批发商—零售商—个人消费者（少数为团体用户）。现阶段我国消费品需求总量和市场潜力很大，且多数商品的市场正逐渐由卖方市场向买方市场转化。与此同时，对于生活资料商品的销售，市场调节的比重已显著增加，工商企业之间的协作已日趋广泛、密切。因此，如何利用间接渠道使自己的产品广泛分销，已成为现代企业进行市场营销时所研究的重要课题之一。

1）间接分销渠道的具体方式

随着市场的开放和流通领域的搞活，我国以间接分销的商品比重增大。企业在市场中通过中间商销售的方式很多，如厂店挂钩、特约经销、零售商或批发商直接从工厂进货、中间商为工厂举办各种展销会等，这里就不一一列举和阐述了。

2）间接分销渠道的优缺点

（1）间接分销渠道的优点。

①有助于产品广泛分销。中间商在商品流转的始点同生产者相连,在其终点与消费者相连,从而有利于调节生产与消费在品种、数量、时间与空间等方面的矛盾,既有利于满足生产厂家目标顾客的需求,也有利于生产企业产品价值的实现,更能使产品广泛地分销,巩固已有的目标市场,扩大新的市场。

②缓解生产者人、财、物等力量的不足。中间商购走了生产者的产品并交付了款项,就使生产者提前实现了产品的价值,开始新的资金循环和生产过程。此外,中间商还承担销售过程中的仓储、运输等费用,也承担着其他方面的人力和物力,这就弥补了生产者营销中的力量不足。

③间接促销。消费者往往是货比数家后才购买产品,而一位中间商通常经销众多厂家的同类产品,中间商对同类产品的不同介绍和宣传,对产品的销售影响甚大。此外,实力较强的中间商还能支付一定的宣传广告费用,具有一定的售后服务能力。所以,生产者若能取得与中间商的良好协作,就可以促进产品的销售,并从中间商那里及时获取市场信息。

④有利于企业之间的专业化协作。现代机器大工业生产的日益社会化和科学技术的突飞猛进,使专业化分工日益精细,企业只有广泛地进行专业化协作,才能更好地迎接新技术、新材料的挑战,才能经受住市场的严峻考验,才能大批量、高效率地进行生产。中间商是专业化协作发展的产物。生产者产销合一,既难以有效地组织商品的流通,又使生产精力分散。有了中间商的协作,生产者可以从烦琐的销售业务中解脱出来,集中力量进行生产,专心致志地从事技术研究和技术革新,促进生产企业之间的专业化协作,以提高生产经营的效率。

(2) 间接分销渠道的缺点。

①可能形成"需求滞后差"。中间商购走了产品,并不意味着产品就从中间商手中销售出去了,有可能销售受阻。对于某一生产者而言,一旦其多数中间商的销售受阻,就形成了"需求滞后差",即需求在时间或空间上滞后于供给。但生产规模既定,人员、机器、资金等照常运转,生产难以剧减。当需求继续减少时,就会导致产品的供给更加大于需求。若多数商品出现类似情况,便造成所谓的市场疲软现象。

②可能加重消费者的负担,导致抵触情绪。流通环节增大储存或运输中的商品损耗,如果都转嫁到价格中,就会增加消费者的负担。此外,中间商服务工作欠佳,可能导致顾客对商品的抵触情绪,甚至引起购买的转移。

③不便于直接沟通信息。如果与中间商协作不好,生产企业就难以从中间商的销售中了解和掌握消费者对产品的意见、竞争者产品的情况、企业与竞争对手的优势和劣势、目标市场状况的变化趋势等。在当今风云变幻、信息爆炸的市场中,如果企业信息不灵,生产经营必然会迷失方向,也难以保持较高的营销效益。

4. 电子商务

(1) 电子商务基本概念。

电子商务通常是指在全球各地广泛的商业贸易活动中,在因特网开放的网络环境下,基于浏览器/服务器应用方式,买卖双方不谋面地进行各种商贸活动,实现消费者的网上购物、商户之间的网上交易和在线电子支付,以及各种商务活动、交易活动、金融活动和相关的综合服务活动的一种新型的商业运营模式。电子商务涵盖的范围很广,一般可分为企业对企业(Business-to-Business)和企业对消费者(Business-to-Consumer)

两种。此外，还有消费者对消费者（Consumer-to-Consumer）这种大幅增长的模式。随着国内 Internet 使用人口之增加，利用 Internet 进行网络购物并以银行卡付款的消费方式已渐流行，市场份额也在快速增长，电子商务网站也层出不穷。电子商务最常见的安全机制有 SSL 及 SET 两种。

（2）电子商务的优点。

电子商务是因特网爆炸式发展的直接产物，是网络技术应用的全新发展方向。因特网本身所具有的开放性、全球性、低成本、高效率的特点，也成为电子商务的内在特征，并使得电子商务大大超越了作为一种新的贸易形式所具有的价值，它不仅会改变企业本身的生产、经营、管理活动，而且将影响到整个社会的经济运行与结构。以互联网为依托的"电子"技术平台为传统商务活动提供了一个无比宽阔的发展空间，其突出的优越性是传统媒介手段根本无法比拟的。

电子商务将传统的商务流程电子化、数字化，一方面以电子流代替了实物流，可以大量减少人力、物力，降低了成本；另一方面突破了时间和空间的限制，使得交易活动可以在任何时间、任何地点进行，从而大大提高了效率。互联网使得传统的空间概念发生变化，出现了有别于实际地理空间的虚拟空间或者虚拟社会，处于世界任何角落的个人、公司或机构，可以通过互联网紧密地联系在一起，建立虚拟社区、虚拟公司、虚拟政府、虚拟商场、虚拟大学或者虚拟研究所等，以达到信息共享、资源共享、智力共享等。

电子商务所具有的开放性和全球性的特点，为企业创造了更多的贸易机会。互联网跨越国界、穿越时空，无论身处何地，无论白天与黑夜，只要利用浏览器轻点鼠标，就可以随心所欲地登录任何国家、地域的网站，与想交流的人面对面地直接沟通。

电子商务使企业可以以相近的成本进入全球电子化市场，使得中小企业有可能拥有和大企业一样的信息资源，提高了中小企业的竞争能力。

电子商务重新定义了传统的流通模式，减少了中间环节，使得生产者和消费者的直接交易成为可能，从而在一定程度上改变了整个社会经济运行的方式。

电子商务一方面破除了时空的壁垒，另一方面又提供了丰富的信息资源，为各种社会经济要素的重新组合提供了更多的可能，这将影响到社会的经济布局和结构。21 世纪是信息社会，信息就是财富，而信息传递速度的快慢对于商家而言是生死攸关。互联网以其传递信息速度的快捷而备受商家青睐，可以说，北半球刚刚发生的事情，南半球的人们便可在十几分钟、几分钟甚至更短时间内通过网络获知。互联网真正使整个地球变成了一个地球村。

通过互联网，商家之间可以直接交流、谈判、签合同，消费者也可以把自己的反馈建议反映到企业或商家的网站，而企业或者商家则要根据消费者的反馈及时调查产品种类及服务品质，做到良性互动。

10.1.2 分销渠道的功能

分销渠道反映某一特定商品价值实现的过程和商品实体的转移过程。分销渠道一端连接生产，另一端连接消费，是从生产领域到消费领域的完整的商品流通过程。在这个过程中，主要包含两种运动：一是商品价值形式的运动（商品所有权的转移，即商流），二是商品实体的运动（即物流）。

分销渠道的主体是参与商品流通过程的商人中间商和代理中间商。商品从生产者流向消费者的过程中，商品所有权至少转移一次。大多数情况下，生产者必须经过一系列中介机构转卖或代理转卖产品。所有权转移的次数越多，商品的分销渠道就越长；反之亦然。在分销渠道中，与商品所有权转移直接或间接相关的，还有一系列流通辅助形式，如物流、信息流、资金流等，它们发挥着相当重要的协调和辅助作用。

1. 售卖功能

就产品的价格和其他条件与用户进行谈判，以达成一致，实现所有权或占有权的转移。这是分销渠道最基本的职能，产品只有被售出，才能完成向商品的转化。

2. 投放与物流功能

产品从生产者到使用者的转移，要求一系列的运输、储藏、配送甚至加工服务，这些服务有些由分销商承担更为有效，有些由生产商承担更为有效，分销渠道成员间应形成合理分工。由于各地区的市场和竞争状况是不断变化的，分销渠道必须要解决好何时将何种商品以何种数量投放到何种市场上去，以实现分销渠道整体的效益最佳。

3. 促销功能

即进行关于所销售产品的说服性沟通。几乎所有的促销方式都离不开分销渠道的参与，而人员推销和各种营业推广活动则基本是通过分销渠道完成的。

4. 服务功能

现代社会要求销售者必须为消费者负责，同时，服务质量也直接关系到企业在市场中的命运，因而分销渠道必须为用户提供满意的服务，并体现企业形象。

5. 市场研究和信息反馈功能

由于市场是一个时间和空间的函数，分销渠道应密切监视市场动态，研究市场走势，尤其是短期市场变化，收集相关信息并及时反馈给生产厂家，以便厂家的生产能够更好地与市场需求协调一致。分销系统最接近顾客，因此可以搜集并传播市场中有关潜在的和现实的顾客、竞争者和其他参与者的信息，同时把有说服力的产品信息传达给顾客。所以，分销系统传递的并不仅仅是产品或服务，还包括买卖双方的供需信息。

6. 资金结算与融通功能

为了加速资金周转，减少资金占用及相应的经济损失，生产厂家、中间商、用户之间必须及时进行资金清算，尽快回笼货款。中间机构协助买卖双方通过银行或其他金融机构以最有利、有效和可靠的方式实现货款结算。生产商和各层次中间商互相提供资金方面的支持，有助于降低资金使用成本，提高资金的使用效率，为双方带来好处。

7. 风险分担功能

承担经营过程中的风险，并分享由此而来的收益。高风险高收益是市场经济的基本规律，一味降低风险，把风险全部推给生产商或上游供应商是一种目光短浅的行为，也是一种放弃可能的高收益的行为。经销商尤其是零售商不能把自己变成房地产经营者或仅仅是简单的市场管理者。汽车市场有畅有滞，中间商与生产厂家应是一个命运共同体，畅销时要共谋发展，滞销时也要共担风险。只有如此，中间商与生产者才能共同得到长期发展。

8. 管理功能

大部分整车厂家的分销渠道是一个复杂的系统，需要能够进行良好的自我管理。

汽车分销的中间商的基本功能主要体现在整车销售、配件供应、维修服务、信息反馈等方面，还有履行车辆置换、旧车回收、二手车交易、汽车租赁等业务职能。

10.1.3 汽车产品中间商的类型与特征

中间商是指居于生产者与用户之间，参与商品交易业务，促使交易实现的具有法人资格的经济组织或个人。中间商可以分为两大类：

1. 零售商

零售是指向最终消费者个人或社会集团出售生活消费品及相关服务，以供其最终消费之用的活动。零售商是指那些销售量主要来自零售的商业业主（零售商类型见表10-1）。尽管许多零售商店拥有独立的所有权，但是越来越多的商店正在以某种形式联合起来（零售组织的主要类型见表10-2）。

表10-1 零售商的主要类型

类型	性质
专用品商店	经营产品系列较为狭窄，但产品的品种较为齐全。如服饰店、体育用品商店等
百货商店	经营几个产品系列，尤其是服装、家具和家庭用品，每个产品系列都作为一个独立部门，有专门的营业员和采购员进行管理
超级市场	规模较大、成本低、毛利低、销售量大的自我服务式经营
便利商店	小型商店，一般设在居民区附近，经营品种有限，周转率高
超级商店	大规模商店，目的在于满足顾客对日常购买的食物与非食物的全部需求
折扣商店	毛利低、销量大
减价零售店	经营变化不定的高质量商品，通常包括过剩产品及偶尔从生产商或是其他零售商那里以削减的价格购入的产品

表10-2 零售组织的主要类型

类型	性质
特许专卖组织	是特许人和特许经营者之间的契约式联合。特许专卖组织的基础一般是独特的产品、服务或是做生意的独特方式
销售联合大企业	是自由形成的公司，它以集中所有制的形式将几种不同的零售商品类别和形式组合在一起，并将其配销、管理功能综合为一个整体
团体连锁商店	包括两个或更多的共同所有、共同管理的商店，销售相似的产品系列的产品，实行集中采购和销售
自愿连锁商店	是由批发商牵头组成的独立零售商店集团，从事大量采购和共同销售业务
零售店合作社	是由独立零售商组成的一个集中采购组织，采取联合促销行动

2. 批发商

批发是将货物或服务销售给为了专卖或是为了商业用途而购买产品的个人的活动。批发商是指那些主要从事大批发量销售业务的公司。批发商类型见表10-3。

表 10-3　批发商类型

类型	性质
1. 商业批发商	他们是独立所有的商业企业，买下所经营商品的所有权。包括完全服务型批发商和有限服务批发商
1）完全服务型批发商	提供全套服务，如持有存货，有固定的销售人员，提供信贷、送货及协助管理等
①批发商	主要向零售商提供广泛的服务。综合商品批发商经营几个产品系列，而综合产品系列批发商只经营一个或两个产品系列，但产品的品种较全。专用品批发商只经营某个产品系列的部分产品
②工业销售商	他们将产品目录寄给零售商店、工业和机关团体顾客，通过邮局、卡车或是其他运输工具按订单送货
2）有限服务批发商	比完全服务型批发商提供的服务少。
①现购自运批发商	经销有限的、周转快的产品系列，向小型零售商销售并收取现金。一般不负责送货
②卡车经销商	主要行使销售和运货的职能，经销的产品系列有限，均为半易腐的食品
③承销批发商	不持有存货或经手产品。收到订货单后，选择一家生产商，由生产商直接向顾客发货
④托售中间商	专门为杂货和药品零售商服务。他们拥有商品所有权，在顾客购买商品后才向零售商收款
⑤生产者合作社	负责将农产品组织到市场上销售
2. 经纪人和代理商	对商品没有所有权，其主要职能是为买卖提供方便，此按销售价格收取佣金
1）经纪人	其职能是为买卖双方牵线搭桥，协助他们进行谈判，不持有存货，也不参与融资或是承担风险
2）代理商	在较长时期内代表买方或卖方，只发挥一些作用并对商品没有所有权的批发商
3. 生产商分店、零售商分店及销售办事处	由卖方或买方自行经营批发业务，而不是通过独立的批发商进行，分散的分店和办事处被用来销售产品或进货

3. 汽车整车分销的中间商

1）经销商

条件：属于合法注册的企业法人，注册资金不低于一定数额，具有经营资格，有固定的或属于自己的经营场所，有一定的流动资金，有较好的银行资信和一定的融资能力。

2）特约经销商

是通过契约建立的一种组织，一般只从事零售业务。特约双方每年度商定大致的销售量，生产企业按要求分批发货，明确规定产品的出厂价，特约经销商用出厂价实行买断经营，按生产企业规定的市场限价售出产品，并承担市场风险。

特约经销商除一般经销商的条件外，还应建立品牌专营机构，有符合要求的专用展厅和服务管理设施，有专职的销售、服务人员，有较强的资金实力和融资能力，有良好的信用等级。

特约经销商并不自动获得生产企业的有关知识产权。要获得有关知识产权的使用权，必须征得生产企业的同意，并签订使用许可合同。

3）销售代理商

属于佣金代理形式，是指受生产企业委托，在一定时期和在指定市场区域及授权业务范围内，以委托人的名义从事经营活动，但未取得商品所有权的中间商。

4）总代理

是指负责生产企业的全部产品所有销售业务的代理商，多见于实行产销分离体制的企业。总代理除了为生产企业代理销售业务外，还为企业开展其他商务活动。

知识拓展

目前的汽车销售渠道

目前的汽车销售渠道主要有以下六种：

（1）品牌专卖制。目前主要就是"4S"店。渠道模式可表述为厂商→专卖店→最终用户。品牌专卖制是1998年以来由欧洲传入我国并发展起来的渠道模式，最先由别克、广本、奥迪等品牌建立，主要以"三位一体"（"3S"，包括整车销售、零配件供应、售后服务）专卖店和"四位一体"（"4S"，整车销售、零配件供应、售后服务、信息反馈）专卖店为表现形式。

（2）总代理式。渠道模式可表述为厂商→总代理→区域代理→（下级代理商）→最终用户。进口汽车主要采用这种模式，如奔驰、宝马、劳斯莱斯等。

（3）特许经销式。渠道模式可表述为厂商→特许经销商→最终用户。这是汽车厂商逐渐发现很难对经销商的经销行为进行规范而产生的，如富康。

（4）汽车大卖场、汽车超市。严格来说，这种营销方式并不能算单独的汽车销售渠道，但是大卖场和汽车超市相对来说同样能够整合市场资源，促进销售。

（5）区域代理式。渠道模式可表述为厂商→区域总代理→下级代理商→最终用户。这种模式与IT渠道的区域代理制基本一致，这是汽车渠道最早采用的模式，由于存在对经销商的控制力差的问题，目前使用这种模式的厂商已较少。

（6）其他方式。互联网时代，通过网络销售已经越来越受到消费者重视，最新J. D. Power调查报告称，公司网站已经成了影响汽车销售的一个重要渠道。

10.2 汽车分销艺术

本节内容简介

按照商品在交易过程中是否经过中间环节来分类，可以分为直接式和间接式销售渠道两种类型。直接式销售渠道是企业采用产销合一的经营方式，即商品从生产领域转移到消费领域时不经过任何中间环节；间接式销售渠道是指商品从生产领域转移到用户手中要经过若干中间商的销售渠道。直接式销售方式具有销售及时、中间费用少、便于控制价格、及时了解市场、有利于提供服务等优点，但是此方法使生产者花费较多的投资、场地和人力，所以市场规模大的商品不宜采用这种方法。间接销售由于有中间商加入，企业可以利用中间商的知识、经验和关系，从而简化交易，缩短买卖时间，集中人力、财力和物力用于发展生产，以增强商品的销售能力。

一般来讲，在以下情况下适合采取直接式的销售策略：①市场集中，销售范围小。②技术性高或者制造成本和售后差异大的产品，以及易变质或者易破损的商品、定制品等。③企业自身应该有市场营销技术，管理能力较强，经验丰富，财力雄厚，或者需要高度控制商品的营销情况。

反之，在以下情况应采取间接式的销售策略：①市场分散，销售范围广，例如大部分消费品。②非技术性或者制造成本和售价差异小的商品，以及不易变质及非易碎商品、日用品、标准品等。③企业自身缺乏市场营销的技术和经验，管理能力较差，财力薄弱，对其商品和市场营销的控制要求不高的情况。

10.2.1 直接渠道的分销艺术

1. 种类

（1）直销。即不经过任何中间环节，由生产者将产品所有权直接转交给消费者的一种分销模式。其起源于20世纪40年代的美国。直销是以面对面的方式直接将产品及服务销售给消费者，销售地点通常是在消费者或他人家中、工作场所，或其他有别于永久性零售商店的地点。直销通常由独立的直接销售人员进行说明或示范，这些销售人员通常被称为直销人员（direct sellers）。直销的力量在于其在自由市场体制中拥有独立、服务消费者、致力于创业成长的传统。直销提供给人们另一种收入来源，并且不限性别、年龄、教育程度、经历。国务院第443号令《直销管理条例》定义：直销，是指直销企业招募直销员，由直销员在固定营业场所之外直接向最终消费者（以下简称消费者）推销产品的经销方式。

（2）传销。指组织者或者经营者发展人员，通过对被发展人员以其直接或者间接发展的人员数量或者销售业绩为依据计算和给付报酬，或者要求被发展人员以交纳一定费用为条件取得加入资格等方式牟取非法利益，扰乱经济秩序，影响社会稳定的行为。

直销是在一种公正、公平、合法的平台上建立和销售的，不存在欺诈行为，并且由于直销人员和消费者可以直接接触，没有经过经销商和中间商，所以成本降低，价格相对低廉，他们信奉的是零库存、高周转，从而更能吸引消费者，更具有竞争力；传销是在一种欺诈、强迫、威胁利用、非法的平台上进行的，组织者通过组织一系列培训活动、封闭训练对其进行洗脑，灌输一些不切实际和非法的思想，他们还要求发展人员交纳费用或者以认购商品等方式变相交纳费用，取得加入或者发展其他人员加入的资格，从而牟取非法利益（即骗取入门费或存货负担换取入门资格或发展他人资格）。

简单地说，直销是商品流通的重要、有效手段，是合法的；传销是以骗人入会、拉人头、发展下线为目的，骗取钱财的非法活动，是违法的，是国家明令禁止的。

2. 汽车分销的直接渠道

（1）专卖直销。是一种企业自开专卖店堂的直销形式。有标准的专卖直销店堂，专门销售某一企业或某一品牌的产品，并集"整车销售、配件供应、售后服务、信息反馈"于一体。在国外，汽车专卖店不仅要负责整车销售、配件供应、售后服务、信息反馈，而且要具有广告宣传、汽车信贷、汽车救援、新旧置换等多种功能，即"从生管到死"，安危系一身。

（2）连锁直销。是一种同时设立若干家同一模式的专卖店，以占领某一整体或区域市场的直销形式。

（3）热点直销。是一种在某些汽车消费比较集中的地区和地点，通过举办展销会和订货会等，进行汽车直销的形式。一般来说，可以进行热点直销的地区和地点，都是经济建设的热点地区和地点。

（4）拍卖直销。是一种供需见面、价格竞买的直销方式。

（5）网络直销。也称为电子商务，企业面对虚拟市场设立虚拟商店，既发挥了直销渠道供需见面的优势，又避免了专卖直销效率低下的劣势，与平台战略、环保战略一起并称为"世界汽车行业的三大革命。"

（6）直销网络。与网络直销不同，直销网络是一种有形的销售系统，即人们所说的销售网络。这个网络因销售体制而异，并在企业销售公司的领导下，建立销售网络、开设销售店堂、进入汽车超市、实行四位一体，从而形成一个纲举目张、覆盖天下的销售系统。

一是确定销售体制。体制即结构，结构即关系，而销售体制则是企业实现其销售目标的组织形式。

二是成立销售公司。在传统市场营销学里，产品销售仅仅是企业的一个职能部门，既要受制于上级主管部门，也受制于同级其他部门，既要照上顾下，也要左顾右盼，当然没有精力，也没有能力去做好产品的销售工作。而现代市场营销学则主张提升产品销售部门的地位，成为只对公司总裁负责的销售公司。

三是建立销售网络。汽车生产厂商必须首先明确获得汽车销售成功的四大要素：①汽车销售配送中心的地理位置必须靠近汽车消费群体，必须与其他汽车销售配送网点保持一定距离。②汽车销售商的经营技巧必须高超。③多种品牌的汽车混在一个展销大厅内同时销售。④重点放在全面提高汽车售后服务的质量和放开汽车配件的供销渠道上。

任何一家汽车制造商在建立一个效益卓著的汽车销售网络的时候，必须充分考虑上述获得汽车销售成功的四大要素，并且要提高汽车销售员的素质，让销售网点和零售点的任何一个员工都明白永远不对消费者说"不"这个字的巨大商业价值。

在以下情况下适合采取直接式的销售策略：①市场集中，销售范围小；②技术性高或者制造成本和售后差异大的产品，以及即将变质或者已破损的商品、定制品等。③企业自身有市场营销技术，管理能力较强，经验丰富，财力雄厚，或者需要高度控制商品的营销情况。

10.2.2 间接渠道的分销艺术

一般来说，汽车分销的间接渠道主要有经销和代理、批发和零售四种类型。

1. 经销和代理

（1）经销模式，是一种先买后卖的分销模式。汽车的经销商在本质上都是企业的重要顾客，因此，所有适用于重要顾客的分销策略也同样适用于他们。这种先买后卖的分销模式，对经销商来说无疑增加了市场风险。采用经销模式，必须找到一条既无须现钱交易，又能化解代理风险的道路。其中，建立工商联盟、实行特许经营都是比较成功的经销策略。

（2）代理模式，是一种不买光卖的分销模式。代理商没有经营风险，却又分割流通利润，看似没有存在的价值，其实代理商既是企业通向市场的桥梁，也是企业立于市场的旗帜。一般来说，代理模式又可分为厂家代理和商家代理、直接代理和间接代理、独家代理和多家代理、缔约代理和媒介代理、佣金代理和买断代理、寄售代理和拍卖代理等多种形式。

2. 批发和零售

(1) 批发模式，是一种批量购进、批量销售的产品分销形式。批发商与生产厂家联系紧密，并通过规模效应来达到多中取利的结果。从理论上讲，批发是产品商品化的起点，也是产品所有权转移的中间环节。批发商上连生产厂家，下连零售商家，无疑是连接产销的枢纽，沟通供需的桥梁。批发环节对于促进企业产品销售、运输、仓储及承担企业的经营风险、融通企业经营资金、沟通企业的内外部信息等起着十分重要的作用。

(2) 零售模式，是一种批量购进、零星售出的产品分销形式。零售是产品商品化的终点，也是产品所有权转移的最后一站。零售商的状况如何，不但直接影响着产品本身的经济效益，而且间接地影响着产品生产和社会发展。因此，有人说："不是生产，也不是批发，而是零售在推动着历史车轮的转动。"就汽车分销而言，无论是经销、代理还是批发，最终都必须通过零售到达消费者那里。

例：一汽－大众作为大众－奥迪公司全球化经营的一部分，对经销商的组织建设有着明确且详细的规定，如图 10-2 所示。

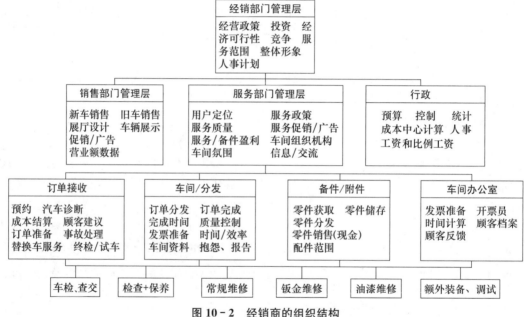

图 10-2 经销商的组织结构

10.2.3 美日欧汽车销售模式分析

1. 美国汽车销售模式

美国作为全球第一大汽车强国，其销售模式也处于世界领先地位。简单地说，美国的销售模式可以概括为两种类型和三大渠道。两种类型是指新车经销商和二手车经销商；三大渠道是指排他性特许经销商、非排他性特许经销商和直销。

总体来说，美国汽车销售模式呈现以下特点：

(1) 特许经销商在汽车分销渠道中占主要地位。在美国，汽车制造商对特许经销商的管理受到许多法律限制，这种限制始于 1930 年，当时经销商对制造商一统天下的销售体制进行了对抗，成立了"全国汽车特许经销商协会"。为维护其自身利益，协会在州议会和联邦议会中进行活动。政府先后出台了《诚实法》和《10 英里法》等对制造商分销进行限制的措施。《诚实法》规定，在合同交易中禁止出现强制威胁等行为；《10英里法》规定，如在现有零售店10英里半径范围内设立同一类专营店，必须征得现有店的认可。当时各州也相应制定了对经销商扶植和维护其利益的相关法律，自此，特许经销商在汽车销售体系中越来越占优势。

（2）专业性强。专业性强是美国汽车销售模式最大的特点。具体表现在以下几个方面：

①汽车销售的主流模式仍是汽车专卖店，全美共有2.2万家汽车专卖店，大多数专卖店只做销售，少数具有一定规模的才建有售后服务体系。

②美国的汽车售后服务逐渐趋向专业化经营，汽车销售已经实行销售与服务的分离。也就是说，美国的汽车销售是特许经营的，美国的售后服务则是相对独立的。同时，汽车售后服务也趋向专业化——汽车零配件的专业化、汽车保修的专业化和汽车售后服务的专业化。

③专卖店集聚现象明显。比如汽车大道或汽车一条街销售模式逐渐兴起，若干个汽车专卖店或若干汽车品牌在同一个地点同时销售的现象越来越多。

④经销商职业资格受政府控制。美国汽车经销商同医生、会计师、公众安全等一样是受国家控制的职业之一，汽车经销商取得特许经营权要有地方政府的批准，并且经销商没有权利获得政府的资助，审批合格后，还必须自己贷款向厂家提取汽车。

（3）互联网交易发展迅速。目前，美国汽车的互联网交易非常活跃，消费者从下订单到收到产品只需3～5天的时间，并且消费者很多时候可以选择自己所喜欢的汽车配置（在厂商实力允许的情况下）。市场细分的个性化和人性化做得相对比较完善，这种直销汽车销售模式为被大众所接受打下良好基础。

2. 日本汽车销售模式

日本汽车销售体系经历了几次变革，但系列化销售一直延续至今，形成了日本独特的销售体制——排他性销售体制。销售体系以代理商制度为主，销售体制中制造商占主导地位，制造商结合地方势力建立全国经销网络。经销网络由公司、地区分部、经销总店和分店组成。总店和分店负责销售汽车，地区分部负责全国合同执行过程的防调。每一地区建有车库和配件库场所，统一存货，统一订货。每一分店都是四位一体，负责新车和旧车的销售、维修、配件供应和售后服务。这种销售模式在日本被证明是行之有效的。汽车经销商都是围绕某一产品的专销、专修、备件供应的品牌专卖店，按不同的产品在全国构成专业网，极大地方便了用户。总体来说，日本汽车销售模式呈现以下特点：

①销售体系中生产厂商占主导地位，厂商一般自建或者参控股销售网络。

②汽车销售以代理制为主，新车销售为排他性品牌专营，旧车可以多品牌经营。

③厂商对代理商厂家提供技术支持，并对各代理商的服务质量、配件供应管理等进行严格控制。

④同一品牌的同一配件价格全国统一，主要部件由生产厂家自给，以保证配件质量和服务满意度。

⑤每一个汽车制造商都有一支规范的、高素质的经销商队伍，并且制造商对经销商有严格的考证制度。

3. 欧盟汽车销售模式

从欧洲的大众、奔驰、雪铁龙等汽车销售模式的调研结果来看，欧盟汽车典型的分销模式为生产厂家→分销商→代理商→顾客。具体特征为：

（1）汽车销售体系的建立是以生产厂家为中心的。在欧盟国家，汽车制造商和经销商之间的关系一般通过合作或产权等为纽带，依靠合同把销售活动与双方的利益紧密地联系在一起，各分销环节不管是分销商、代理商还是零售商的一切经营活动，都必须以"为生产厂家服务"来展开。销售网络一般都是由众多的一级销售网点和隶属于各一级网点的二级销售网点组成。

（2）分销商和零售商体系分工严密。分销商主要负责从汽车生产厂进货，然后批发给零售商，也就是负责汽车的中转或运输业务，不具备零售功能；汽车零售业务则由代理商或零售商完成。也就是销售体系中的一级网点负责批发业务，二级网点负责零售业务。这种严密的分工是为了维护各级经销商的利益和长久的合作关系。

（3）实行市场责任区域分工制。在欧盟国家，汽车制造商把其所在的国家按地理范围划分为若干市场区域，每个区域选择一个分销商。各区域内又进一步划分为若干市场小区，每个小区设有一个零售商的销售责任区域范围，使各渠道成员保持独立的经营规模，避免恶性竞争。

就目前欧盟的汽车销售渠道来看，品牌4S专卖店仍然是其主要的分销形式，也是欧盟采用了20多年的汽车销售主渠道模式。但2002年以后，欧盟为了促进市场竞争，降低汽车的销售、维修和服务价格，允许汽车经销商可以在任何一个欧盟国家设立经销点，并且可以同时销售不同品牌的汽车，汽车交易不必提供维修和售后服务，以便使独立的汽车维修商以竞争性的价格提供服务。这意味着欧盟的品牌专卖店已不再刻意地强调专卖，汽车分销渠道随市场竞争的需要而有较大的灵活性。

4. 发达国家汽车营销模式特点

目前西方发达国家汽车的主要营销模式是特许经营。这种汽车营销模式兴起于20世纪初，由于汽车工业的发展，生产规模的不断扩大，要求产品能够及时、大量地销售，特许经营适应了这种需求并获得迅速发展。

（1）多种营销模式并存。美国汽车销售模式主要由两种类型和三大渠道构成。美国汽车市场主流的营销模式是目前国际上流行的特许经营模式。而在欧洲，大多数零售商都具备新车销售、旧车回收及销售、零配件供应、维修服务和信息反馈等功能，简称为"5S"功能。这是建立现代汽车销售流通体制必须具备的条件，只有这样，汽车销售体系才能被称为完整的、规范化的和畅通的体系。大型汽车生产厂家销售体系中的零售店绝大多数都是专卖店，即只经营单一汽车厂家的产品。但是从20世纪80年代开始，兼销店日益发展起来，即零售店同时经营多个厂家的产品，兼销店的产生适应了汽车生产方式的变化和市场的激烈竞争。

（2）汽车营销的专业化。在美国，在汽车厂家提供越来越周到的售后服务的同时，汽车的保修行业也出现专业化经营的趋势，如专营玻璃、轮胎、润滑油、美容品、音响、空调等。专业化经营的优势是专业技术水平高，产品规格全，相对价格比较低。

（3）营销模式所具备的功能的多样化。国外汽车流通领域是一个涵盖多种功能的行业，汽车服务的内容非常广，除了前面提到的新车和二手车经营、维修等，还包括汽车产品批发和零售、加油、洗车及美容、客货运输、物流、金融服务、保险、出租和租赁、信息咨询、汽车媒体、停车、汽车检测、汽车认证、汽车导航信息服务等。

汽车金融保险服务从原有的售后服务体系中独立出来，成为专业化的行业，发展非常迅速。目前，全球汽车销售量中，70%是通过融资贷款销售的，因此，国外汽车公司都非常重视汽车金融服务。在美国，汽车消费信贷主要由专业的汽车金融服务公司来做，这些公司多为汽车公司的全资子公司，主要承担为母公司销售产品的任务。

根据国际汽车大国的发展经验，二手车市场是否活跃可以直接反映出一个国家的汽车市场活跃程度，一个活跃的二手车市场可以带动新车市场的繁荣。美国汽车市场中，二手车市场特别活跃，二手车交易量是新车交易量的2~3倍，就一个专卖店而言，它的销售收入构成是新车60%，二手车29%，维修等服务占到11%，其利润约占总销售利润的20%；在德国，202万个购买自己的第一辆车的公民中，新车只有25万辆，占12.4%，二手车177万辆，占87.6%。也就是说，二手车是新用户汽车消费的首选车，二手车交易是启动新车消费的有效途径。

此外，一些知名的汽车制造商正在尝试突破目前特许经营模式所流行的3S、4S功能，向服务贸易领域延伸，全部功能完善之后，新的营销模式可以通过整个系统的信息共享向汽车消费者提供从选车、个性化购车、车辆维护保养及事故援助处理的全程服务。

5. 我国汽车销售模式的启示

我国的汽车流通业近年来虽然发展迅猛，但与发达国家成熟的汽车产业相比，仍有很大的差距。主要表现在：市场化程度不高，相当数量的汽车经销商规模小，资金实力和向消费者提供服务的能力较弱，相对于生产企业来说，销售商还处在一种弱势地位，对汽车制造商有较强的依附性；国内的汽车营销管理仍处于体系不健全、方式落后、售后服务差、融资消费刚起步的状态。借鉴发达国家的经验，我国的汽车流通业应从以下几方面加以改进：

（1）提高售后服务质量，实现从"卖汽车"向"卖服务"的跨越。

汽车整车销售利润在整个产业链利润构成中仅占20%，零部件供应占20%，而50%~60%的利润则是由服务环节产生的，包括维修、保养、检测、救援等。一些跨国汽车公司较早地提出并建立了客户关系管理中心。我国汽车行业往往忽视售后服务，导致了汽车销售业相对落后、缺乏竞争力，具体表现在：专业化维修部门及各品牌汽车的特约维修网点较少，维修的技术水平和服务质量也不尽如人意；汽车保养技术培训、跟踪服务等方面的服务更是很少有人问津。为此，必须进一步建立和完善售后服务体系。首先，提高汽车售后服务的专业化水平。一方面要加强维修人员的技术培训，提高维修保养人员的技术素质和服务水平；另一方面还要对售后服务网点进行认真清理、整顿。其次，随着消费者的消费心理和消费行为趋于理性，客户将更多地关注自己的汽车是否可得到全方位维护，因此除了维修外，还应积极开展汽车维护和保养业务。

（2）加强与银行或汽车信贷公司合作，开展汽车信贷服务。

福特汽车信贷公司是全球最大的专业化汽车融资公司，公司"一手托三家"——制造环节、流通环节和消费环节，共同构成一条封闭循环的产业链，确保了福特汽车公司的强势地位。汽车金融信贷服务已经成为汽车产业价值链中最有价值的环节。这个最有价值的环节恰恰是中国汽车业最薄弱的环节，这主要是因为我国目前的分期付款服务标准太高、利率偏高、首期付款额过高，并且没有一套可靠的资信调查系统，没有信用记录体系，有关担保的法律仍不完善，业务结构有很大的风险。因此，要进一步改革商业信贷体系，建立信用信息库，对个人和单位信用情况做出记录并作为评估依据，确定信用等级。银行和汽车财务公司等金融机构则学习借鉴外国汽车信贷公司的专业经验，推广汽车信贷业务。

（3）开展二手车业务，形成新车和旧车"两条腿"走路的局面。

虽然我国二手车交易市场数目众多，但我国二手车市场还很不成熟，乱征税费现象严重，缺乏有效的价格评估与质量保证体系，二手车评估专业人才的缺乏、交易手续烦琐是制约二手车交易发展的"瓶颈"。由于二手车市场是新车消费的催化剂，整车公司从战略上推动二手车市场的建设应成为汽车营销战略的一部分。

（4）积极开拓网络营销渠道。

目前我国有许多汽车制造商和经销商虽然已经建立了网站，但多数仅在网上开设了主页和 E-mail 信箱，网页更新速度慢，很多信息还是通过报刊广告或企业产品广告图片等传统、落后的方式告知用户。企业网页不能起到应有的宣传作用，更谈不上网络营销。我国的汽车行业应充分认识到网络销售的巨大潜力，积极开拓网络销售业务，向消费者提供个性化的自助销售服务。

（5）加强"软件建设"，拓展服务功能。

引进国外的经营模式不能只重视硬件建设，忽视"软件建设"，不能光学形式，关键是要学实质，如推销技术的培训、产品技术培训、客户资源管理、品牌经营、企业内部的信息化管理、仓库管理、资金财务管理、店堂管理、服务规范、市场调查及市场发展战略、厂商关系等，国内经销商在这方面必须增加投入，不断增强向消费者提供附加价值的能力，才能在市场竞争中立于不败之地。

知 识 拓 展

选择分销渠道模式的原则

分销渠道管理人员在选择具体的分销渠道模式时，无论出于何种考虑，从何处着手，一般都要遵循以下原则：

1. 畅通高效的原则

这是渠道选择的首要原则。任何正确的渠道决策都应符合物畅其流、经济高效的要求。商品的流通时间、流通速度、流通费用是衡量分销效率的重要标志。

畅通的分销渠道应以消费者需求为导向，将产品尽快、尽好、尽早地通过最短的路线，以尽可能优惠的价格送达消费者方便购买的地点。畅通高效的分销渠道模式，不仅要让消费者在适当的地点、时间以合理的价格买到满意的商品，而且应努力提高企业的分销效率，争取降低分销费用，以尽可能低的分销成本获得最大的经济效益，赢得竞争的时间和价格优势。

2. 覆盖适度的原则

企业在选择分销渠道模式时，仅仅考虑加快速度、降低费用是不够的，还应考虑及时、准确地送达的商品能不能销售出去，是否有较高的市场占有率来覆盖目标市场。因此，不能一味强调降低分销成本，这样可能导致销售量下降、市场覆盖率不足。成本的降低应是规模效应和速度效应的结果。在分销渠道模式的选择中，也应避免扩张过度、分布范围过宽过广，以免造成沟通和服务的困难，导致无法控制和管理目标市场。

3. 稳定可控的原则

企业的分销渠道模式一经确定，便需花费相当大的人力、物力、财力去建立和巩固，整个过程往往是复杂而缓慢的。所以，企业一般不会轻易更换渠道成员，更不会随意转换渠道模式。只有保持渠道的相对稳定，才能进一步提高渠道的效益。畅通有序、覆盖适度是分销渠道稳固的基础。由于影响分销渠道的各个因素总是在不断变化，一些原来固有的分销渠道难免会出现某些不合理的问题,这时就需要分销渠道具有一定的调整功能,以适应市场的新情况、新变化,保持渠道的适应力和生命力。调整时应综合考虑各个因素的协调,使渠道始终都在可控制的范围内保持基本的稳定状态。

4. 协调平衡的原则

企业在选择、管理分销渠道时,不能只追求自身的效益最大化而忽略其他渠道成员的局部利益,应合理分配各个成员间的利益。渠道成员之间的合作、冲突、竞争的关系,要求渠道的领导者对此有一定的控制能力——统一、协调、有效地引导渠道成员充分合作,鼓励渠道成员之间有益的竞争,减少冲突发生的可能性,解决矛盾,确保总体目标的实现。

5. 发挥优势的原则

企业在选择分销渠道模式时,为了争取在竞争中处于优势地位,要注意发挥自己各个方面的优势,将分销渠道模式的设计与企业的产品策略、价格策略、促销策略结合起来,增强营销组合的整体优势。

本章知识点

分销渠道是指当产品从生产者向最后消费者或产业用户移动时,直接或间接转移所有权所经过的途径。

按照商品在交易过程中是否经过中间环节来分类,可以分为直接式和间接式销售渠道两种类型。直接式销售渠道是企业采用产销合一的经营方式,即商品从生产领域转移到消费领域时不经过任何中间环节;间接式销售渠道是指商品从生产领域转移到用户手中要经过若干中间商的销售渠道。

课后训练

任 务	要 求
1. 分析当今汽车销售渠道模式的优缺点。 2. 学生互相评价他们的工作过程。	学生选择一个汽车生产企业销售渠道模式。 (1)学生分析该模式。 (2)写出分析报告。 填写工作计划表(附录四)和工作检查表(附录五)

拓展知识

案例分析

学习素材

第十一章 11

汽车产品的促销

学习目标

理解促销的含义、促销对企业成功营销的重要作用。正确制订企业的促销组合决策。

掌握人员推销的特点、推销人员的主体作用、人员推销的策略、推销队伍的组织管理。

掌握广告的含义、选择广告媒体、广告设计、广告效果的测定。

理解公共关系的本质含义与特征，了解公共关系的实施进程。

掌握营业推广的特点、营业推广工作的实际运作。

情景导入

当得知澳大利亚一个汽车集团下属的车行老板同意录用我成为一名汽车销售人员的时候，我是非常兴奋的。想到下星期的第一天，我就可以在明亮的车行大厅里工作了，那种激动的心情几乎无法平静下来。周一报到的时候，老板要求我们去量体裁衣，为我们做工作服，并说周三才会拿到工作服和名片，让我们周三再来。又是令人激动和向往的两天过去了，周三的确有了工作服，也拿到了名片，老板却说，你们可以出去了。我们可愣住了，难倒不是在车行大厅工作吗？

"在车行开始工作之前，必须要了解市场，必须知道哪里可能有我们的潜在客户。"老板这样说。

那难倒不是在车行里销售汽车吗？我们内心充满了疑问。

"只有在至少五个客户拿着你的名片走进车行找你的时候，你才有资格回到车行来正式开始汽车的销售生涯。"老板明确地告诉我们。

我是在两个半月之后回到车行的。在那80多天的日子里，我基本上了解了宝马汽车的潜在客户，他们的工作，他们的爱好，他们经常出入的地方，他们的性格，他们的消费倾向，以及他们与人沟通的方式。真的，有五个客户拿着我的名片走进车行的时候，我被老板以满意的口吻招回了展厅。

但是,第一个星期里,基本上不允许我们与潜在客户说话,像我这样的新手有一个师父带着,我的工作就是观察他是如何接触客户的,然后写下心得和体会。对于这段日子,在我日后的回忆中感受极为深刻,也就是在这前三个月的时间里,我学会了如何接近潜在客户,再经过后来公司的在职培训,就更加透彻地了解公司让我们在外面工作的深远意义。

任何一个光临你的车展大厅的人、任何一个你可能拜访的人,都是潜在客户。即使没有光临你的展厅,也不意味着就不是你的客户。作为销售人员,随时都要留意销售机会,也可以通过电话预约客户来试车,还可以上门邀请客户,展示新款上市的汽车,这些都是非常重要的销售机会。在专业销售中,称为发掘潜在客户。

非专业的销售顾问相信运气,运气来时会带来很好的业绩,没有业绩表示运气不好。专业的销售顾问每月都能产生稳定的高业绩,他相信每一个业绩都是有计划地逐步耕耘而取得的收获,虽然有些业绩的产生要经过较长时间的追踪、等待,但通过有效的计划来追踪客户,是带来稳定业绩的最重要因素。有了计划再进行追踪、检查与改善,销售效益才能逐步提升。

11.1 汽车产品促销策略及促销方式

本节内容简介

现代市场营销将各种促销方式归纳为四种基本类型,即广告、人员推销、营业推广和公共关系。四种促销方式的搭配运用称为促销组合。对汽车市场营销而言,促销手段还应包括一种重要的促销方式,即销售技术服务(核心是质量包修,是营业推广促销手段在机电等高档耐用商品促销中的发展和延伸)。可以说,在现代汽车市场上,如果没有销售技术服务,尤其是没有售后服务,企业就没有市场;服务不能满足用户要求,企业也将失去市场。所以,汽车产品的促销组合即是以上四种方式和技术服务的组合与搭配,相应的策略即为汽车产品的促销组合策略。

11.1.1 促销策略的概念及作用

(1)促销的概念。促销是指企业营销部门通过一定的方式,将企业的产品信息及购买途径传递给目标用户,从而激发用户的购买兴趣,强化购买欲望,甚至创造需求,从而促进企业产品销售的一系列活动。

企业沟通市场信息的方法:①单向沟通,由"卖方→买方"或"买方→卖方"的沟通;②双向沟通,如上门推销、现场销售等方式。

(2)促销组合。现代市场营销将各种促销方式归纳为四种基本类型,即广告、人员推销、营业推广和公共关系。四种促销方式的搭配运用称为促销组合。对汽车市场营销而言,促销手段还应包括一种重要的促销方式,即销售技术服务(核心是质量包修,是营业推广促销手段在机电等高档耐用商品促销中的发展和延伸)。可以说,在现代汽车市场上,如果没有销售技术服务,尤其是没有售后服务,企业就没有市场;服务不能满足用户要求,企业也将失去市场。所以,汽车产品的促销组合即是以上四种方式和技术服务的组合与搭配,相应的策略即为汽车产品的促销组合策略。

(3) 促销活动的作用。促销活动对企业的生产经营意义重大，是企业市场营销的重要内容。促销的作用不仅对不知名的产品和新产品意义深远，而且对名牌产品同样重要，那种"酒好不怕巷子深"的观念越来越不能适应现代市场竞争。在现代社会中，促销活动至少有以下重要作用：①提供商业信息；②突出产品特点，提高竞争力；③强化企业的形象，巩固市场地位；④刺激需求，影响用户购买倾向，开拓市场。

11.1.2　汽车产品基本促销方式

(1) 人员推销。人员推销是企业通过推销人员直接向顾客推销商品和劳务的一种促销活动。推销人员、推销对象和推销品构成人员推销的三个基本要素，推销人员是推销活动的主体。人员推销的基本形式：上门推销、柜台推销、会议推销。人员推销的推销对象：推销对象是推销人员说服的对象，主要有消费者、生产用户、中间商。

人员推销的优点：信息传递双向性；推销目的双重性；推销过程灵活性；长期协作性。

人员推销的缺点：支出较大，成本较高；对推销人员的要求较高。

(2) 广告。市场营销学中的广告是广告主以促进销售为目的，付出一定的费用，通过特定的媒体，传播商品或劳务等有关经济信息的大众传播活动。广告是以广大消费者为广告对象的大众传播活动；广告以传播商品或劳务等有关经济信息为其内容；广告是通过特定的媒体来实现的，广告主需要支付一定的媒体占用费；广告的目的是促进商品销售，进而获得较好的经济效益。

(3) 营业推广。营业推广是指企业运用各种短期诱因鼓励消费者和中间商购买、经销或代理企业产品或服务的促销活动。

营业推广的特点：营业推广促销效果显著；营业推广是特定时期的短期性促销工具；营业推广是一种辅助性促销方式；营业推广可能会贬低产品的价值。

营业推广的方式：①向消费者推广的方式。向消费者推广是为了鼓励老顾客继续购买、使用本企业产品，激发新顾客试用本企业产品。其手段主要有赠送样品、赠送代金券、包装兑现、提供赠品、商品展销、有奖销售、降价销售。②向中间商推广的方式。向中间商推广的目的是促使中间商积极经销本企业产品。其推广方式主要有折扣、资助、经销奖励。

(4) 公共关系。公共关系，又称公众关系，是指企业在从事市场营销活动中正确处理企业与社会公众的关系，以便树立企业的良好形象，从而促进产品销售的一种活动。公共关系的主体是组织。公共关系的对象是公众、职员。公共关系的工具是媒介。

公共关系的基本特征：公共关系是一定社会组织与其相关的社会公众之间的相互关系。公共关系的目标是为企业广结良缘，在社会公众中创造良好的企业形象和社会声誉。公共关系的活动以真诚合作、平等互利、共同发展为基本原则。公共关系是一种信息沟通，是创造"人和"的艺术。公共关系是一种长期活动。

公共关系的作用：公共关系的本质是"内求团结，外求发展"，其作用是：①建立企业知名度，公共关系利用媒体来讲述一些事情，吸引公众对汽车产品的兴趣。②树立可信度，公共关系可通过社论性的报道来传播信息，以增加企业及其产品的可信度。③激励销售人员和经销商，公共关系有助于提高销售人员和经销商的积极性。④降低促销成本，公共关系的成本比广告的成本要低得多。促销预算少的企业，适宜较多地运用公共关系，以便获得更好的宣传效果。

(5) 销售技术服务。汽车产品本身在技术、结构和使用方面具有以下特点。

①汽车产品价值高，并且是上万个零件组成的复杂机器，不同的汽车产品具有不同的结构形式，也具有不同的汽车性能。②不同品种的汽车具有不同的使用条件，不同的使用条件对汽车的合理使用有着不同的影响。③汽车使用过程中需要经常性地维护与调整，维修时常常需要专用设备。这些工作专业性强，而一般用户缺乏汽车的结构知识、使用知识、维修检测技能及相关设备。④买卖手续复杂，因而企业在销售汽车产品时，向顾客介绍汽车产品特征、提供有关技术说明、培训用户掌握合理使用知识，提供销售过程中的一条龙服务及为质量包修提供配件和维修服务等，对促进汽车销售影响很大。

11.1.3 促销组合决策

促销决策实质上就是对促销预算如何在各种方式之间进行合理分配的决策（图11-1）。

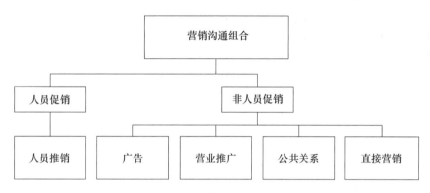

图11-1 营销沟通组合

企业在做这些决策时，要考虑以下因素：

(1) 产品的种类和市场的类型。市场比较集中时，人员推销的效果较好，营业推广和广告效果次之；反之，市场需求分散时，广告的效果较好，营业推广和人员推销次之。

(2) 促销的思路。企业促销活动的思路有推动与拉引之别。推动就是以中间商为主要促销对象，将产品推向销售渠道，进而推向用户。拉引是以最终用户为主要促销对象，引起并强化购买者的兴趣和欲望，吸引用户购买。

(3) 产品生命周期的阶段。当产品处于投入期时，需要进行广泛的宣传，以提高知名度，因而广告的效果最佳，营业推广也有相当的作用；当产品处于成长期时，广告和公共关系仍需加强，营业推广则可相对减少；当产品进入成熟期时，应增加营业推广，削弱广告，因为此时大多数用户已经了解产品，在此阶段应大力进行人员推销，以便与竞争对手争夺客户；当产品进入衰退期时，某些营业推广措施仍可适当保持，广告则可以停止。

11.1.4 汽车品牌模式下的营销组合的应用

1. 品牌策略

品牌策略的基础是要有精确的品牌定位，而精确的品牌定位是从准确的市场定位开始的。

（1）必须通过市场细分找到目标市场，然后针对这部分消费群体去研究产品如何满足他们的需求（物质需求和心理需求）进行产品定位，再针对这部分消费群体和产品的关联性，研究应该塑造一种什么样的品牌形象，即品牌形象定位。

（2）不同品种的汽车产品应尽可能采用多品牌策略。单一品牌策略对于处于市场领导者地位的企业是有利的，它有利于加快新产品市场成长的速度、降低促销成本，同时强化强势品牌。但它的缺点在于品牌风险太大，一个产品出现问题将破坏整个品牌的安全。因此，对处于市场挑战者、市场跟随者和市场补缺者地位的企业来说，就适合采取多品牌策略，众多的个性品牌将为其拥有者营造较为坚固的多品牌防线，有效防范竞争对手的冲击，使强者更强。

（3）拥有自主知识产权的独立品牌是关键。

2. 成本策略

重点研究消费者为满足需求所愿付出的成本。在品牌营销中应以顾客成本策略为定价方向，主要方法是需求导向定价法，又称为理解价值定价法，是根据消费者所理解的商品价值来制定产品价格的，越是高档的汽车品牌，越应以此方法为主导定价法。消费者对品牌价值的定位过程是双向的，消费者会根据已形成的价值观，通过比较来判定该汽车品牌的价值内涵。当然，这种品牌价值应该是贴切的、真实的，能被广大消费者接受的。

3. 便利策略

（1）要建立覆盖全国的营销服务网络，为消费者提供最便捷的销售服务和快速的维修服务。

（2）在现阶段要大力推行 4S 品牌专营店的建设，使消费者能便捷地获取信息，接受服务；使汽车公司能更准确和详细地了解市场动态和消费者心理，以便提供个性化的产品和服务。

（3）要积极拓展服务范围，为消费者提供便利。要以减少购买成本作为基本目标，为其提供消费信贷、上牌、保险、过户、改装、汽车美容等多项服务，使其真正享受到一站式服务，从而扩展品牌所包含的服务价值的内涵。

4. 沟通策略

实施品牌营销必须在促进销售量增长的同时，注重品牌形象的提升和品牌资产的积累。在这个强调互动、沟通的时代，沟通方式更应是贴心的，而不是灌输式的。因此，在与消费者的沟通上应采取拉式策略（尤其是对新品牌的促销）——先激起潜在消费者对品牌的渴望和对消耗品的兴趣，纷纷向经销商询问或订货，从而使厂家得到经销商的订单和销售中的鼎力支持。在拉式策略中，广告是沟通的重要手段之一。品牌营销下的广告运作要坚持统一的品牌形象，包括专一的广告诉求和统一的广告风格两方面的含义。品牌营销是以消费者为中心的营销模式，强调的是个性化消费，在此基础上一对一的人员促销活动将越来越频繁，从某种意义上讲，"一百次的让利比不上营销人员一次真诚的服务"。因此，品牌营销对促销人员的素质要求更高，他们的言行举止都会招致品牌形象的损益，所以对于品牌人员的选用显得极为重要，不但要考察他的业务能力，更要分析他的气质，观察他的道德品质、人际沟通能力和敬业精神，并对其进行培训。

知识拓展

常见的促销方式及效果分析

促销是分销基础上的一种市场营销活动,是厂家利用分销渠道,通过运用一些特殊手段来促进产品销售的一种营销方法。促销涉及的内容很广,包括促销组合、人员推销、广告、品牌推广及公共活动等。

(1) 代金券或折扣券:代金券是厂家和零售商对消费者购买产品的行为的一种奖励手段。比如,顾客消费达到一定额度时,给消费者发放一种可再次消费的有价凭证。

操作要点:该有价消费券只能在代金券指定的区域和规定品类中使用。它往往对使用品类有严格限制。通常只能购买那些正常价格内的商品,而不能用于特价销售品种。在使用该券时,价格超出部分需要顾客补现金;代金券不能作为现金兑换,使用时不足部分不得退换成现金。通常来说,这种代金券的面值都较大,以50元、100元、200元、500元的面值较为常见,其目的就是要让消费者通过这种大额消费来拉动消费。

(2) 附加交易:附加交易是厂家采取的一种短期降价手段。

操作要点:向消费者提供一定数量的免费的同类品种。这种促销手段在超市极为常见,其常用术语为"买送"。

(3) 特价或折扣:特价或折扣就是通过直接在商品的现有价格基础上进行打折的一种促销手段。

操作要点:折扣的幅度不等,幅度过大或过小均会引起顾客产生怀疑促销活动真实性的心理。同时,这种特价信息通常会注明特价时间段和地点。

(4) "回扣"式促销:给消费者的"回扣"并不在消费者购买商品时兑现,而是通过一定步骤才能完成,是对消费者购买产品的一种奖励和回馈。例如,再来一瓶、5元中奖等。

操作要点:通常回扣的标志是附在产品的包装上或是直接印在产品的包装上。例如,酒类的回扣标志一般都套在瓶口。消费者购买了有回扣标志的商品后,需要把回扣标签寄回给制造商,然后再由制造商按标签上的回扣金额寄给消费者。

(5) 抽奖促销:消费者通过购买厂家产品而获得抽奖资格,并通过抽奖来确定自己的奖励额度。目前看来,有奖销售是最富有吸引力的促销手段之一。因为消费者一旦中奖,奖品的价值都很诱人,许多消费者都愿意去尝试这种无风险的有奖购买活动。

操作要点:奖品的设置要对消费者有足够的吸引力,分级奖项的设计要合理。抽奖率的计算要不能少于一定比率,否则会让消费者产生虚假感。目前,中国法律规定有奖销售的单奖金额不得超过5 000元。此外,除了即买即开的奖品外,为了提高有奖销售的可信度,抽奖的主办单位一般都要请公证机关来监督抽奖现场,并在发行量较大的当地报纸上刊登抽奖结果。

(6) 派发"小样":就是厂家通过向目标消费人群派发自己的主打产品,来吸引消费者对产品和品牌的关注度,以此来扩大品牌影响力,并影响试用者对该产品的后期购买。包括赠送小包装的新产品和现场派发两种。

操作要点:派发的小样必须是合格的产品,必须是经过国家各相关部门的检测的。同时,对于那些和宣传单页一起派发的"小样",还必须得到国家指定的广告宣传部门的许可。

比如，P&G公司曾大量在超市派发"潘婷"洗发液的样品，以加强消费者对这种产品的认识。这个比较适合在推广新品时使用。

（7）现场演示：现场演示促销法是为了使顾客迅速了解产品的特点和性能，通过现场为顾客演示具体操作方法，来刺激顾客产生购买意愿的做法。比如，一些小家电厂家经常会在大卖场的主通道向消费者现场演示道具的使用方法。具体有蒸汽熨斗、食品加工机、各种清洁工具和保健用品等。

操作要点：演示地点的设置要讲究，既不能影响卖场主通道的人流，又得给消费者的驻足观看留有一定空间。此外，还要对现场演示道具的安全和摆放效果进行论证。现场演示的最大好处是能够让顾客切身体会，得到感性认识，刺激冲动消费。

（8）有奖竞赛：厂家通过精心设计一些有关企业和产品的问答知识，让消费者在促销现场竞答来宣传企业和产品的一种做法。

操作要点：竞赛的奖品一般为实物，但也有以免费旅游来表示奖励的。竞赛的地点也可以有多种，企业有时通过电视台举办游戏性质的节目来完成竞赛，并通过在电视节目中发放本企业的产品来达到宣传企业和产品的目的。

（9）礼品：企业通过在一些场合发放与企业相关的产品，来提高企业和产品的知名度的一种宣传手段。

操作要点：在选择礼品形式时，应注意其与目标人群的"匹配"度。同时，要注意礼品的质量。比如，一些企业试图在卖场大面积地向顾客发放印有企业和品牌标识的购物袋来提升消费者对企业和品牌的认知度。但由于该购物袋的质量很差，让消费者对该品牌产生了不好的印象，这是没有意义的。

11.2 人员推销——市场开拓法

本节内容简介

坐等顾客上门买车的守株待兔式的销售方式，销售量十分有限，所以，汽车销售员有必要走出去主动开拓市场，提高销售量。成功地拓展汽车市场有图11-2所示8个步骤。

11.2.1 找准汽车目标市场

1. 识别汽车目标市场

大部分汽车销售员可能把市场目标定义为"所有购买车辆或服务的顾客"。"所有"一词即可看出市场目标缺乏重点。我们的目标是使投资回报最大化，要完成这一目标，只能是发掘那些最可能购买我们车辆的顾客，分清主次关系，与目标市场中最大的和最愿意购买的顾客建立业务关系，汽车销售员可以在以后经常性地扩大目标市场的定义（图11-3）。但只有在和原有目标市场定义中的潜在顾客建立关系后，才应想到去扩大自己的目标市场，利用目标顾客群调查统计表（表11-1）不断分析自己的目标市场。

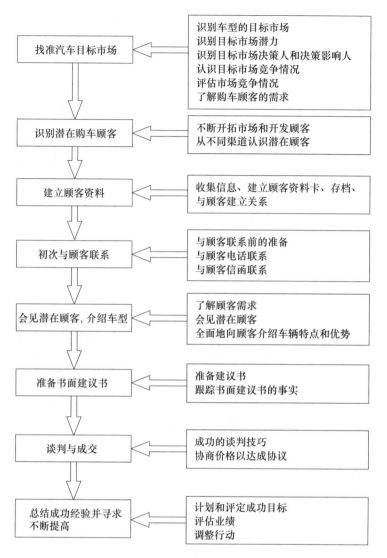

图 11-2 八步销售法

图 11-3 市场与目标市场关系图

表 11-1 目标顾客群调查统计表

顾客状态	喜好	特性	收入	学历	职业
独身					
新婚					
有孩子家庭					
中年					
老年					

2. 把握目标市场潜力

根据下列因素评估目标市场潜力：

（1）市场饱和度；

（2）目标市场内顾客规模的大小及数量；

（3）目标市场内的竞争者的强弱及市场份额的比例；

（4）目标市场内适合销售的行业的多少；

（5）景气好的行业数目。

利用目标顾客问题调查表（表 11-2）充分了解上述几个因素，才能决定销售策略（如决定顾客的拜访优先顺序和拜访频率、对不同行业顾客的接触方法、对竞争车辆的应对策略等）及制订销售计划，以便对目标内的潜在顾客做有效的拜访。

表 11-2 目标顾客问题调查表

问题	回答
谁是顾客	
购买潜力	
购买时间	
何处购买	
为什么与你对话	
怎样保持顾客	
如何找到类似的顾客	

3. 识别目标市场决策人和决策影响人

在市场中，不同的人员扮演着不同决策者的地位，并且他们在决策过程中也发挥着不同的作用。基本分为两类：

（1）决策人。值得注意的是，与你接触的人往往不是直接决策者，而是决策影响者。

（2）决策影响者。

4. 认识市场竞争情况

（1）目标竞争的品牌有哪些？

（2）经销商的选择如何？

（3）有多少个经销商？

（4）其服务与你的服务有什么区别？

（5）价格的差异有多大？

(6) 顾客对竞争企业的口碑如何？

(7) 竞争企业的人员数量如何？

竞争对手主要信息来源：全国/行业/当地报纸、刊物；图书馆；贸易部门/协会；熟知竞争对手的人。

信息重点：姓名；地址；电话/传真号码；工作时间；车辆展示和设施情况；雇员数量；车辆类型；最新宣传广告信息；特殊优惠和优惠手段；顾客类型。

5. 竞争情况评估（图 11-4）

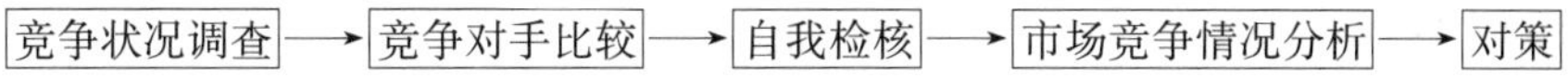

竞争状况调查 → 竞争对手比较 → 自我检核 → 市场竞争情况分析 → 对策

图 11-4 竞争情况评估流程

市场竞争状况分析方法：SWOT 分析法（图 11-5、表 11-3）。

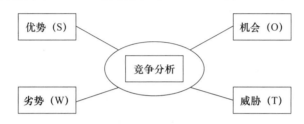

图 11-5 SWOT 分析

优势（S）——对手、本公司的竞争优势；

劣势（W）——对手、本公司的竞争劣势；

机会（O）——本公司组织机构策略等变动能够带来的业绩增长和改善机会；

威胁（T）——本公司组织机构策略等变动能够带来的业绩上的负面影响。

表 11-3 SWOT 分析表

因素	本公司	竞争对手 A	竞争对手 B
优势			
劣势			
本公司机会			
本公司威胁			
对策			

6. 了解购车顾客的需求

提出问题：①影响顾客选择车辆的因素是哪些？②顾客购买诱因是什么？③顾客意识变化如何？表 11-4 为对购车顾客的分析。

表 11-4 购车顾客分析总结表

顾客喜欢你的车辆还是喜欢竞争对手的车辆？
顾客为什么选择你的车辆？
顾客为什么选择竞争对手的车辆？
企业原有的顾客状况如何？
企业做得好的和不好的地方是什么？
竞争对手做得好的和不好的地方是什么？
怎样促使顾客购买你的车？

分析影响顾客选择车辆的因素：①车辆价值；②零售价格；③实际购车价格；④剩余价值；⑤燃油经济性；⑥保险值；⑦维护成本；⑧可靠性；⑨功能多样性；⑩舒适性；⑪安全性；⑫防盗性；⑬装备档次；⑭形象；⑮对车主的实惠（税收方面）；⑯终生使用成本；⑰售后支持；⑱汽车销售员的能力。

11.2.2 识别潜在购车顾客

潜在的顾客应具备两个基本条件：①有需求（愿意买）；②有购买力（能够买）。

1. 寻找潜在顾客"MAN"原则（表 11-5）

M：MONEY，代表金钱。所选择的对象必须有一定的购买力。
A：AUTHORITY，代表购买决定权。该对象对购买行为有决定、建议或反对的权利。
N：NEED，代表需求。该对象有这方面的需求。

表 11-5 "MAN"原则

购车能力	购车决定权	购车需求
M（有）	A（有）	N（有）
m（无）	a（无）	n（无）

其中：

(1) M＋A＋N：是有望顾客，理想的销售对象。
(2) M＋A＋n：可以接触，配上熟练的销售技术，有成功的希望。
(3) M＋a＋N：可以接触，并设法找到具有 A 之人（有决定权的人）。
(4) m＋A＋N：可以接触，需调查其状况、信用条件等，并给予融资。
(5) m＋a＋N：可以接触，应长期观察、培养，使其具备另一条件。
(6) m＋A＋n：可以接触，应长期观察、培养，使其具备另一条件。
(7) M＋a＋n：可以接触，应长期观察、培养，使其具备另一条件。
(8) m＋a＋n：非顾客，停止接触。

2. 准确判断顾客购买欲望

判断顾客购买欲望的大小，有 5 个检查要点：

(1) 对车辆的关心程度：如对车辆的大小、性能、配置、价格等的关心程度。
(2) 对购入的关心程度：如对车辆的购买合同是否仔细研读或要求将合同条文增减、要求售后服务等。

(3) 是否符合各项需求，如家用、上下班用等。
(4) 对车辆是否信赖。
(5) 对销售企业是否有良好的印象。

3. 发掘潜在顾客的方法

①从你认识的人中发掘。取得他们的同意，与他们分享你的新车、新服务及新的构思时的关键语句是："因为我欣赏你的判断力，我希望听听你的观点。"②借助专业人士的帮助。③企业提供的名单。④展开商业联系。⑤结识像你一样的销售人员。⑥从用车顾客中寻找潜在顾客。⑦阅读报纸。如"我在新闻中看到您，我在本地做生意，希望与您见面。我认为您可能需要有一份新闻的复印件与朋友和家人共享"，并附上你的名片。⑧了解车辆服务技术人员。⑨直接拜访。⑩连锁介绍法。⑪销售信函。⑫电话。⑬展示会。⑭扩大你的人际关系；准备一张有吸引力的名片；参加各种社团活动；参加公益活动；参加同学会。⑮结识你周围的陌生人；五步原则（敢于向五步之内的陌生人打招呼）。⑯更广阔的范围：电话簿、网络等。

4. 接触顾客的关键人物

关键人物即有需要的、有权力决定的、有钱的人。要了解关键人物的以下信息：①关键人物的职称；②关键人物的个性；③顾客购车的决策途径；④顾客的规模和资金状况；⑤顾客的信誉状况；⑥顾客的发展状况。

 11.2.3 建立顾客资料卡

1. 顾客资料卡的制作

1）有效的顾客资料卡的价值

一个高质量、管理完善的顾客资料卡系统可以帮助你同当前客户和潜在客户建立长期的友好关系。资料卡的信息可以为你提供轻松交谈的话题，如体育爱好、家庭、公司内部变化，这样你就不必时刻只同客户探讨汽车，见表11-6。

表11-6 顾客资料卡

个人信息	姓名			日期		
	公司地址			电话		
	私人地址			电话		
	职业					
	联系最佳时间					
	影响购买的因素					
	特殊兴趣					
当前车辆	车型			特殊选装要求		
	信息来源		交易类型		资金来源	竞争对手
	品牌				型号	生产年份
	牌照号码		车辆状态		里程	注册日期
补充信息						
交易失败的原因						
汽车销售号						
日期	C	T	L	联系报告		下次联系

收集了以上信息后，运用表11－7检查你认为有效的信息。

表11－7 信息确认

信息	是	否
我收集的客户资料可以放入客户记录卡		
项目决策者和影响者的姓名已经确定并记录在档案中		
信息已经记录并易于查找		
客户详细资料随时可得		
客户资料记录清楚、易读、整齐		
有望客户详细资料在每次联系之后都得到更新，这样可以在销售过程中使你随时了解销售进展		
每个有望客户至少三个月联系一次		

2）准确评估潜在顾客，从中找出有希望的顾客

能产生购买行为的有购买欲望顾客必须同时满足三个条件（图11－6）：

（1）愿意购买车辆的顾客；

（2）能够购买车辆的顾客；

（3）准备购买车辆的顾客。

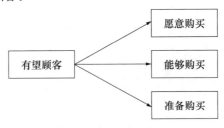

图11－6 欲望顾客

2. 将潜在顾客分级管理

分类项目可分成如下两种：

第一种是把顾客按照"放弃与否"加以分类：应继续访问的；拟暂搁一段时间去访问的；拟放弃的。

第二种是把"打算继续访问的顾客，以及其再次访问的时间间隔"加以分类，可分为20天以内、40天以内、60天以内及80天以内。

11.2.4 初次与顾客联系

1. 按优先顺序排列出有望顾客

商务车用户可以从以下四类潜在顾客中寻找突破口。

（1）他们以前从你这儿购买过汽车。你现有的顾客是你最好的顾客来源，所以应同现有顾客保持良好的关系及保持长期的商业关系。你将由此了解顾客的商业情况及他们做出决定的方式和时间。

(2) 他们与你有联系。包括：你已与他们联系过，但尚未成交；顾客的供应商；生意介绍人；个人关系。

(3) 他们有更大的机会购买车辆。包括：扩展和变化中的商业企业；地区新建立的商业企业，他们还没有供应商；与现有供应商有矛盾的商业企业；需要更换旧车的商业企业。

(4) 他们的企业性质决定了他们的购买潜力。经过一段时间后，你可能发现一些企业的购买潜力很高。你可以利用一些信息和数据帮你找出工作重点。

2. 与顾客联系之前要制订明确的目标

约见的内容主要有这样几方面：①确定访问对象；②告知访问事由；③约定访问时间；④选择访问地点。

3. 联系自己了解的顾客

你联系的每一位有望顾客都应该是决策影响者或决策者，并且你应该在联系前收集尽量多的有关公司和顾客个人的信息。

拜访潜在顾客前的准备是一个持续性的准备，每个潜在顾客都是"未来开花结果的种子"，你对潜在顾客了解得越多，就越能增强你的信心。信心是会感染的，顾客感受到你的信心，也会对你产生信心。

4. 第一印象要好

要做到：①衣着庄重；②颜色能产生形象；③整洁很重要；④衣服质地是关键；⑤举止端庄。

5. 掌握接近顾客的技巧

"接近顾客的 30 秒，决定了销售的成败"，这是成功销售人共同的体验。接近顾客在专业销售技巧上，我们定义为"由接触潜在顾客，到切入主题的阶段"。

1) 明确你的主题

第一次拜访顾客的主题：①引起顾客的兴趣；②建立人际关系；③了解顾客目前状况；④提供车辆的资料及样本、报价单（图 11-7）；⑤介绍自己的企业；⑥要求同意进行更进一步的调查工作，以制作建议书；⑦要求顾客参观展示。

2) 选择接近顾客的方式

三种基本方式：电话、直接拜访、信函。

3) 接近的话语

接近话语的步骤如下。

步骤一：尊称对方的姓和头衔、职称。

步骤二：自我介绍，清晰地说出自己的名字和企业的名称。

步骤三：感谢对方的接见，诚恳地感谢对方能抽出时间接见你。

步骤四：寒暄。根据事前对顾客的准备资料，表达对顾客的赞美或配合顾客的状况，选一些对方容易谈论及感兴趣的话题。

步骤五：表达拜访的理由，以自信的态度清晰地表达出拜访的理由，让顾客感受到你的专业素质及可信赖性。

步骤六：赞美及询问。每一个人都希望被赞美，在赞美后，接着以询问的方式，引导顾客的注意、兴趣及需求。

| 公司 | | 先生 | | 编号 | |

蒙贵公司　　月　　日电话或来函或当面赐教,不胜感激,并将贵公司要求的车型的报价提供如下,给贵公司选择参考用。

一、报价有效期　　　年　　　月　　　日以前

二、报价

车型及附加	规格说明	数量	单价	金额	参考资料
合计:					

三、交货日期:订货后　　日内交货

四、付款条件:

五、附件:□型录　　件,□样本　　件,□图片,□书面说明　　页。

　　　　　　　　　　　　　　　　　　　　　　　　经手人
　　　　　　　　　　　　　　　　　　　　　　　　经理

图 11-7　报价单

4)接近注意点

(1)打开潜在顾客的"心防"。接近是从"未知的遭遇"开始,任何人碰到从未见过面的第三者,内心深处总会有一些戒心。当顾客第一次接触你时,他是"主观的"。

"主观的"含义很多,包括对个人穿着打扮、头发长短、品味,甚至高矮胖瘦等主观上的感受,而产生喜欢或不喜欢的直觉。同时,他们是有戒备心的。

售车前,应先销售自己。接近顾客的第一个目标就是先将自己销售出去。"顾客不是购买车辆,而是购买销售车辆的人",说服力不是靠强有力的说辞,而是仰仗销售人员言谈举止散发出来的人格魅力。

(2)牢记自我介绍的方法。以开朗的态度说出自己公司名及姓名,只递名片是最糟糕的。用"我以公司为荣"的心态介绍自己;以明亮的声音清楚报出公司和自己的名字;紧接着说出访问的原因。

5)电话接近顾客的技巧

(1)电话一般在下列3种时机下使用:

预约与关键人士会面的时间;直接信函的跟进;直接信函前的提示。

步骤:

第一,备妥信息。潜在顾客的姓名职称;企业名称及营业性质;想好打电话给潜在顾客的理由;准备好要说的内容;想好潜在顾客可能提出的问题;想好如何应付顾客的异议。

第二,做好准备。包括心理准备和技术准备。

(2) 电话接通后的技巧。

说话的准备：将要说的内容操练纯熟。

说话的态度：要口齿清楚，要热情，说话要充满笑意。

(3) 引起兴趣的技巧。当潜在顾客接通电话时，简短、有礼貌地介绍自己后，应在最短的时间内引起潜在顾客的兴趣。

(4) 诉说电话拜访理由的技巧。不同的人应有不同的理由。如果你打电话的目的是要和潜在顾客约时间见面，千万不要用电话谈论太多有关销售的内容。

6) 使用信函接近顾客的技巧

撰写信函的技巧：要简洁、有重点；要引起顾客的兴趣及好奇心；不要过于表露希望拜访顾客的迫切心。一个有效信函包括信封、车辆简介、其他促销性的图文资料。

7) 直接拜访顾客的技巧

直接拜访有两种形态：一种为事先已经和顾客约好会面时间，这种拜访是计划性拜访；另一种是事先没有通知顾客，直接到顾客处进行拜访，俗称"扫街"。

"扫街"的技巧：你必须面带笑容，但不可过于献媚；事先要了解拜访对象的姓名，要能直接说出拜访对象的名字和部门；事前准备几个拜访对象；离开时要向接待员打招呼，同时请教他的姓名，以便下次见面时能立刻叫出对方的名字。

6. 不断总结

按照下列方式进行总结：没有接近就没有订单而言，因此需要尽可能地做最多的接近；是否经常混合使用电话拜访、直接拜访、销售信函拜访，以提高接近的频率与品质；是否经常注意改善外表及言行举止，以便顾客更能接受；是否准备好几个不同的接近话语，并能流利地对顾客说出；能否对几项赢得顾客第一印象的方法心领神会。

 11.2.5 会见潜在顾客并介绍车辆

1. 访问前应做好准备

1) 知识类准备

知识类准备包括：①汽车销售人员本身必须具备访问前的心理准备和教养、言语及行为礼仪，必须口齿伶俐，外表堂堂正正。②必须熟悉车辆相关知识。③顾客类型分析知识。④竞争者分析。

2) 资料准备

首次约见顾客，你必须准备一套可以留给顾客的资料，包括：①名片；②公司介绍材料；③现有公司车型和选装附件介绍资料；④致顾客的标准信。

你还需要携带的材料包括：①价格明细；②技术规格和参数；③车辆报告；④有关公司同竞争对手车型比较的杂志文章；⑤有关维修服务的全部资料；⑥顾客记录卡；⑦订购单；⑧计算器；⑨日记；⑩笔。

2. 面对初次见面的顾客

给顾客留下良好的第一印象的方法包括：①出类拔萃的自我包装：成功的穿着；肢体语言；微笑；问候；握手。②注意顾客的情绪。③记住顾客的名字和称谓。④别出心裁的名片。⑤让你的顾客有优越感。⑥以对方的专长爱好为话题。⑦与众不同的推销语言。⑧找到与顾客的共同话题；从车辆开始；从恭维开始；以优惠利益诱惑开始；用事实说话；从利用好奇心开始；向对方提供一个好主意；从引用同行或权威的话开始；从全面服务开始；利用著名人士；向顾客征求意见。

3. 进入销售主题的技巧

（1）进入主题的时机：你已经把自己销售出去；顾客对你已经撤除戒心。

（2）进入主题的技巧。

步骤一：引起注意。

每一次拜访新老顾客会面临以下3种可能出现的购买氛围：①积极的购买氛围，顾客积极地倾向于购买。不必要做任何促销游说，可以直接成交。②中性的购买氛围，顾客既不积极，也不消极地对待购买，你必须去发现他的需求。如果你的销售技巧运用得当，又有着足够的车辆知识，顾客就极有可能购买。③消极的购买氛围，会使顾客采取封闭的心态，那么你需在极短的时间内把顾客至少引领到中性目标。

设计有效的开场白，有效的开场白的3个要点：设定访问目标；侧重产品某一特性，以能为客户带来利益作为介绍的开始；以客户的需求为话题导向。

有以下几种方式可供参考：

（1）目的性开场白（图11-8）。

图11-8 目的性开场白

目的性开场白与广告词是一致的，如有些车空间太小，现代家庭喜欢大空间的车。再提出××品牌车能满足这一需求。

判断下列是否为目的性开场白：先生，我介绍一下我公司的××车型，……

（2）以提出问题开场。销售人员可以找出一个对顾客的需求有关系的，同时又是所推销车辆能给他带来满足而使他作正面答复的问题。

（3）以讲有趣的事开场。所讲的事与你的车辆的用途有关，或者能够直接引导顾客去考虑你的车辆。

（4）以引证别人的意见开场。

（5）以赠送礼品开场。

（6）请教顾客的意见。

（7）迅速提出顾客能获得哪些重大利益。

（8）告诉潜在顾客一些有用的信息。

（9）替顾客解决问题。

（10）要有某些特别的提案。

步骤二：产生兴趣。

（1）快速把握兴趣集中点。

①车辆的使用价值；②流行性；③安全性；④美观性；⑤耐久性；⑥经济性。

（2）精彩的讲解。

(3) 发现顾客的需求。

方法：观察＋提问＋倾听。

对所有顾客提出的问题都应该是开放式的。

封闭式的问题，指只需用是或不是来回答的问题；开放式的问题，指需提供有关信息的问题。

步骤三：产生联想。

促使顾客想象，就是让他觉得眼前的车辆可以给他带来许多远远超出车辆价值之外的东西，一旦拥有，甚至会给他带来一个新的世界、一种新的生活。

步骤四：激发购买的欲望。

适度沉默，让顾客说话；用语言说服顾客；灵活运用车辆说明技巧。

车辆说明的两个原则：

原则1：介绍车辆特点带来的利益，遵循"特性→利益→优点"（FBA）的陈述原则。

原则2：提供解决问题的方法，遵循"指出问题或指出改善现状→提供解决问题的对策或改善现状的对策→描绘顾客采用后的利益"的陈述顺序。

车辆说明的技巧：

- BEFA 法则（图 11-9）。

图 11-9　BEFA 法则

所谓 BEFA，就是首先将顾客所关心的利益准确地描绘出来，引起共鸣，接着展示足以让顾客信任的证据，再将车辆的"卖点、特色、配置"等事实情况详细地列出来，加以解释、说明，并辅以点评，从而引出它的优势、好处及可以带给顾客的利益。

- 将特性转换成利益的技巧。

"这项特征对您意味着……"

如车身较小的商用车能够有较小的转向半径。对顾客来说，这意味着在拥挤的城市里更容易停车。

- 为顾客寻找购买的理由。车辆给他的整体形象；成长欲、成功欲；安全、安心；人际关系；便利；系统化；兴趣、嗜好；价格；服务。

步骤五：比较车辆。

(1) 比较车辆的价值取向。

车辆价值取向包括：品牌；性能价格比；服务；车辆的特殊利益。

(2) 比较车辆的竞争差异。

比较时抓住4大要点：指出你公司的三大特色；举出最大优点；举出对手最弱的缺点；跟价格高贵的车做比较。

注意：顾客购买的并不只是价格代表的车辆本身，而是汽车销售员介绍的整体价值。销售必须注重使车辆的利益最大，减少车辆对顾客的成本。

与车辆有关的价值为：维修周期与成本；再出售价值；车辆可靠性；形象；装载能力；可选附件；车辆底盘可选性；车辆使用多样性；批量优势；一对一接待方式；配件优惠；对车辆的专业知识；24小时维修服务；免费帮助顾客；礼貌服务；优质的修理。

11.2.6 撰写建议书

1. 建议书的准备技巧

（1）撰写建议书前要把握顾客现状的资料。

（2）正确分析出顾客感觉到的问题点或想要进行的改善点。

（3）竞争者的状况把握。

（4）了解顾客、企业的采购程序。

（5）了解顾客的决定习惯。

2. 建议书的撰写技巧

1) 如何让顾客看了你的建议书后马上签约

要做到：①让顾客感到满足；②与关键人物的沟通：采购员；采购主管；使用人；预算控制部门；关键人士。

2) 建议书的构成

（1）封面及标题。标题可从配合顾客企业的政策及策略的方向拟订，如提升效率、提高士气、增加员工福利等，能让顾客觉得你的建议案对执行企业的政策、策略有帮助。

封面可选用较好的材料。封面设计大方、有条理。封面要表明主题、提案人、日期。可依建议书的厚薄考虑装订的方式。在撰写标题时，应加入实际的标的物，如现状分析、效益分析。

（2）问候。首先你要表达感谢，因为是你的顾客给你提供了机会，让你能进行销售的动作；感谢相关部门给你的协助，同时借以表明你为了给顾客最好的建议案，投入了相当大的时间和精力；问候和感谢词不宜过长，感谢时最好以部门为对象。

（3）目录。各段标题的次序。

（4）主旨。建议书的主旨应从顾客企业想要达成的目标着手拟制，要指出采用建议案后，能达成的目的及优点。

（5）现状分析。分析主要的问题及产生的原因；问题的分析要依据销售人员调查的资料，必要时事先要获得顾客企业相关人员的确认；问题必须是顾客有兴趣、关心的；原因的把握要得到顾客的认同。

（6）建议改善对策。你的对策要能针对问题的原因进行改善，并能清楚地让顾客理解，同时还要有具体的资料证明你的对策是可行的。

（7）比较使用前及使用后之差异。比较时仅提出结果比较，详细原因部分可以用附件作说明。

（8）成本效益分析。成本计算要合理，效益必须是顾客也能认定的。

（9）结论。结论是汇总提供给顾客的特殊利益及效益，为签订订单打下基础。

（10）附件。附件要容易查询，每一个附件都要有标题和页码。

11.2.7 谈判与成交

1. 处理顾客的异议

1) 什么是顾客异议

异议就是准顾客对推销员所说的不明白、不同意或对此持反对意见。我们要从异议中揭露出另一层含意：从客户提出的异议，你能判断客户是否有需要；从客户提出的异议，你能了解客户对你的建议书接受的程度,而能迅速修正你的销售战术;从客户提出的异议,你能获得更多的信息。

2) 发掘顾客异议的原因

顾客的异议基本来源于感性和理性两方面。

感性的异议,可分为三种:针对销售人员引起的问题;顾客本身的情绪性问题;对公司存在观念的认定问题。

理性异议可分为五种:不明白你的讲解;顾客的需要不被了解;害怕上当受骗;没有说服力;主要购买动机没有得到满足。

异议有的是因客户而产生,有的是因销售人员而产生。

因客户而产生的原因:①拒绝改变。大多数的人对改变都会产生抵抗心理,销售人员的工作,具有带给客户改变的性质。②情绪处于低潮。当客户情绪处于低潮时,没有心情进行商谈,容易提出异议。③没有意愿。客户的意愿没有被激发出来,没能引起他的注意及兴趣。④无法满足客户的需要。客户的需要不能被充分满足,因而无法认同你提供的车辆。⑤预算不足。客户预算不足会产生价格上的异议。⑥客户不想花时间会谈。⑦客户抱有隐藏式的异议。客户抱有隐藏异议时,会提出各式各样的异议。

销售人员本人的原因:①销售人员无法赢得客户的好感。销售人员的举止态度让客户反感。②做了夸大不实的陈述。销售人员为了说服客户,往往以不实的说辞哄骗客户,结果带来更多的异议。③使用过多的专门术语。销售人员说明车辆时,若使用过多的高深的专门知识,会让客户觉得自己无法胜任使用而提出异议。④事实调查不正确。销售人员引用不正确的调查资料,引起客户的异议。⑤不当的沟通。说得太多或听得太少都无法确实把握住客户的问题点,而产生许多异议。⑥姿态太高,处处让客户词穷,销售人员处处说赢客户,让客户感觉不愉快,而提出许多主观的异议。

注意:当顾客提出异议时,不要争论,不要反击,要提供更多的令人信服的信息。

对待异议的态度:情绪轻松,不可紧张;认真倾听,真诚欢迎;重述问题,证明了解;审慎回答,保持友善;尊重顾客,圆滑应付;准备撤退,保留后路。

处理异议的原则:

(1) 事前做好准备,编制标准应答语是一种比较好的方法。

(2) 选择恰当时机。在客户异议尚未提出时就给予解答,可防患于未然,是消除客户异议的最好方法;异议提出后立即回答,这样,既可以促使客户购买,又是对客户的尊重;过一段时间再回答。

以下异议需要销售人员暂时保持沉默:异议模棱两可、含糊其词、让人费解;异议显然站不住脚、不攻自破;异议不是三言两语可以辩解得了的;异议超过了销售人员的议论和能力水平;异议涉及较深的专业知识,解释不易为客户马上理解;不回答、无法回答的奇谈怪论;容易造成争论的话题;废话;可一笑置之的戏言;异议具有不可辩驳的正确性;明知故问的发难。

争辩是销售的第一大忌,"占争论的便宜越多,吃销售的亏越大"。销售人员要给顾客留"面子"。

3) 处理异议的基本方法

(1) 因果法。将计就计地利用异议,把顾客的异议作为因,购买作为果。

(2) 逆转法。仔细考虑其反对的真意，将反对当作质疑，认真应答。

(3) 补偿法。当客户提出异议，并有事实依据支撑时，你应该承认并欣然接受。但你要给顾客一些补偿，让他取得心理平衡。补偿法的运用范围非常广泛，效果也很明显。

(4) 询问法。对顾客的反对，以顾客述说的理由为中心说服之，只是不可以变成逼问的语调。

(5) "是的……，如果……"法。用"是的"表示同意客户部分的意见，"如果"表达另外一种状况是否比较好。

(6) 忽视法。对于顾客的一些不影响成交的意见，最好不要反驳，采用不理睬的方法最佳。

(7) 直接反驳法。当出现下面状况时，必须直接反驳：客户对企业的服务、诚信有所怀疑时；客户引用的资料不正确时。

4) 处理异议的步骤

①倾听异议；②表示理解；③渐进式说明，让顾客渐渐接受；④提供新的证据；⑤征求订单。

5) 处理异议的技巧（表11-8）

表11-8 处理异议的技巧

序号	异议类型	销售过程中常见的异议	处理技巧	销售话术
1	价格	与竞争品牌相比，配置相当，但价位高；配置低；配件价格高；配件与服务是否很贵；维修费会不会贵；降价问题；优惠问题	突出独有的配置；忽视法；原厂配件；预防法；衡量法；对比法；证明法；缓冲法；转换法；否定法	
2	内饰及外观	内饰颜色；内饰色差；做工；A柱宽有盲区；脚踏板间距；后坐椅的空间；轮胎宽窄；减震效果；车头设计；离地间隙；转向盘比较重或轻；车里的气味；座椅有无后枕；外形大小；车身颜色	车型与各种颜色的搭配；转化法；抗撞性能；设计风格；家庭用车或其他；与车价成正比；补偿法；缓冲法；证明法；强调车辆的操控性；方向的准确性	
3	发动机	噪声大；油耗大；提速快慢；动力；排量大小；发动机气门数；急速高或不稳	动力强劲；冷车启动；客观原因；驾驶习惯；路况；对比法；安全性能好；预防法；忽视法；发动机类别；排量的发展趋势；不回避存在的问题；转移法	
4	变速器	挂挡的难易情况；有响声；离合重；挡位紧	操作规范；本身特性；设计情况；不宜脱挡	
5	ABS等安全性能	有无ABS；有没有安全气囊；ABS的重要性；有无EBD；中控锁的情况；刹车系统；安全性能	转换法；证明法；解释ABS工作原理；转换法；主动法；列举法	

续表

序号	异议类型	销售过程中常见的异议	处理技巧	销售话术
6	电器	工作台、前刮雨器；后门窗的开启方法；有无音响；有没有天窗；空调功率不足；电动后视镜；大灯质量；没有防盗器	设计原理；转换话题；经济角度分析；忽视法；转换法	
7	其他	没有现车；与其他品牌比较；售后服务；交车时间；市场保有量	销量好；品牌价值；缓冲法；供不应求；衡量法；忽视法；证明法	

（1）把它转换成一个问题。几乎所有购买者提出的异议都可以被转换成问句的形式。如果购买者同意把它看成是一个问题，那么他就再也不会把它看成是一个异议了。

（2）自己觉得——人家觉得——发现。自己去感觉——"我理解你的感觉"，目的是表示理解和同感。人家感觉——"其他人也觉得……"，这样可以帮助顾客不失面子。发现——"……而且他们发现……"，目的是舒缓销售人员面临的压力，使顾客做好接受新证据的准备。

至此，在拜访顾客期间，我们达到了下述目的：

——引起了他的兴趣；

——发现了他的需求；

——提出了解决他的问题的方法；

——处理好了他原本所持有的异议。

2．价格谈判

（1）坚持价格。买方是在试探你的坚定性，所以应一口咬住你的价格。

（2）改变产品组合。如果客户希望便宜一些，不要降低价格，可以通过改变产品组合来满足客户的预算要求。

（3）固执一点，不要很轻易就让步。顾客得到的妥协越困难，他就会觉得来之不易，不会再三要求降价。

（4）不要使价格降低太多。太大的价格让步会使销售人员失去信用，并让客户认为销售人员开始时要价太高。

（5）每次只做少量的让步。每次只做极小的让步，这会使客户感到你已经接近极限。

（6）表示让步困难。让客户相信每一个很小的让步都是十分困难的。

（7）不要有所失而无所得。

3．积极地影响顾客做决定的技巧

①友好地提问；②强调利益；③运用专业知识。

4．及时把握缔约的信号

简单地说，购买信号就是用身体与声音表示满意的形式。

怎样的变化可能隐藏着"缔约的信号"？把身体挪向前的时候；眯起眼睛，或是眨眼次数比原先显著减少的时候；对车辆的使用方法或是功能不断发问的时候；眼睛凝视某处的时候；认真地杀价的时候；寻求助言的时候；与第三者商量的时候。

5. 达成协议的技巧

（1）利益汇总法。销售人员把先前向顾客介绍的各项车辆利益，特别是获得顾客认同的地方，一起汇总，扼要地再提醒顾客，加重顾客对利益的感受，同时要求达成协议。

（2）本杰明·富兰克林法。将利点、不利点分析后递给顾客看。

（3）前提条件法。暂不谈订单的问题，转而热情地帮对方挑选车辆，一旦所有问题得到解决，订单也就落实了。

（4）价值成本法。把顾客引导到认识车辆的价值上来。拿出"性能、价格对比表"来向顾客展示，让顾客了解价格与价值之间的对应性。

（5）证实提问法。就是提出一些特殊问题，顾客回答了这些问题之后，会更加感兴趣而且愿意继续深入下去。

（6）直接询问法。当你对顾客有一定把握的时候，简单而直接地提出订单要求，让顾客有一个简单回答或处理的机会就可以把订单签下来。

（7）缩小选择成交法。销售人员依据顾客的需求为顾客确定一个有效的选择范围，并要求顾客选择成交的方法。

（8）请教法：态度诚恳，做出请教状；感谢顾客花时间与你洽谈；请顾客坦诚指出自己销售时有哪些错误；顾客说出不购买的真正原因；了解原因，再度销售。

（9）限制成交法。利用销售来制造购买机会，利用人"怕买不到"的心理，来促成订单。

（10）启发式成交法。启发式销售的途径：最大优惠；建议购买相关产品；建议顾客购买能够确保所购车辆经久耐用、发挥功能、保证其不受损失等的辅助产品。

6. 巩固销售

以上我们与顾客达成了一个完整的协商。我们针对顾客的需求完成了产品及服务的销售，顾客购买了他们想要的东西，感到非常高兴。如果仅为他的订单而去感谢他，则很可能突出了这样一个事实，即我们对顾客的销售成功了，而不是顾客自己作出了购买决定。这时不失时机地说上几句利于巩固销售的话，比如"王先生，你作出非常好的决定，这将有利于你……"对此，你的顾客很可能报以这样的回应："谢谢你！"销售技巧是一种技能，唯有在实践销售过程中不断磨炼，才能熟练掌握。

7. 未达成交易的注意事项

（1）正确认识失败，虽然没谈成功，但沟通了与顾客的感情，留给顾客一个良好的印象，也是一种成功。

（2）友好地与顾客告辞，要继续保持和蔼的表情，不要翻脸；真诚地道歉，如"百忙中打扰您，谢谢"。

（3）继续跟踪，后续服务。

（4）定时回访，建立顾客的档案，立刻记下顾客的资料；立刻记下顾客的任何需求，并立刻尽力满足他；让顾客感到你的诚意，真诚地带来订单。

11.2.8 总结经验不断提高

1. 收集和整理记录

记录你的计划实施和每日活动情况可以帮助你了解你做的好与不好的方面，从而可以知道你在哪些方面需要改善。

2. 及时总结失败的原因

（1）当败下阵后，你要冷静地、仔细地反省失败的过程。在失败的印象还深刻的时候，好好分析一下失败的原因。

（2）告辞后立即分析败因。

3. 及时改善业务现状

（1）自我反省是否达到最佳服务。

（2）杜绝不称职汽车销售员的7个表现：观念方面的不称职；公司业务的不称职；访客计划方面的不称职；洽商谈判的不称职；情报利用中的不称职；工作质量的不称职；销售活动实绩的不称职。

（3）进行顾客满意度测评以改善现状。

4. 自我提高的方法

（1）遵循自己的目标而工作，帮助顾客尽快体会到顾客所需要的感受。

（2）销售过程如何对待顾客。

• 销售之前，要想象人们获得了顾客所想要的良好感受；经常研究所售的车辆有何特性和优点；想象看到了所销售车辆确实有助于帮助顾客获得他们所想要的良好感受。

• 在销售之时，以用户所喜爱的购买方式进行销售；问些有关已有和需要两方面的问题；不仅听，而且要简要重复所听到的内容；在提供车辆、服务和建议时，应诚心诚意地为用户着想；当顾客看到他获得的是最大利益，而付出的是最小风险的时候，交易将会达成。

• 在销售之后，经常保持与用户的联系，以确定他们对所购车辆是否真正感到满意；如果发生了问题，就帮助他们解决，从而加强彼此之间的关系；当顾客对他们所购买的车辆有好感时，则请他们推荐其他顾客。

（3）如何对待自己。

• 目标。把自己的目标写在单张纸上，并把它们看得如同真实情况一样；花很短时间对这些目标反复重读；每次查看目标时，都把目标作为已经达到来看待。

• 自我赞赏。经常花点时间对自己的销售工作进行认可；抓紧时间集中精力去做正确的事；花点时间去体会一下自己对所做工作的良好感受；用自己完成的工作及自己的良好感受告慰自己，并享受其中的乐趣；鼓励自己以后还要这样坚持下去。

• 自我责备。对自己的不合适行为进行责备；明确告诉自己哪些事做得不妥；很好地体会自己对已做或未做的行为所获得的感受；要牢记自己已不是过去的自己；相信自己是有价值的人，应能做出最佳行为；抛弃那些违背自己目的的行为，并回到自己的目的上来。

11.3 人员推销——顾问式销售法

本 节 内 容 简 介

每一个销售人员的销售倾向是不同的，有的人偏向销售主导，偏向努力地说服客户，偏向能说会道，使潜在客户根本就没有机会表达他们的问题，这就是销售主导，也是传统的销售培训中非常重视的技能。另外一个销售倾向就是以客户为主导，以客户的需求为核心，努力挖掘客户的问题。观察这样的销售人员，你会发现他们说的不多，他们总是在耐心地听潜在客户说，从中寻找客户的问题，从而锁定我们将用销售产品的什么方面来有针对地回答客户的疑问。这样的销售我们称为顾问式销售。因此，所有销售人员的销售风格和倾向将在传统销售及顾问式销售的指标上展开。

传统销售。以利用人性的弱点为目标机会的销售，一般称为传统销售。典型的代表是专业销售技能（就是许多销售培训称呼的"PSS"）。20 世纪 20 年代，E. K. Stong《销售心理》奠基了传统式销售技能。目前系统的传统式销售技能则始于 1942 年施乐公司。

顾问销售，即站在买方的立场上，从说服转变为理解；从以产品为中心转变为以买方为中心。要劝说别人，最好的方法不是劝说。因为你永远不可能说服客户，只能是客户自己说服自己。顾问销售的本质：理解客户。

当顾客上门询问或购买汽车时，销售人员应热情接待，把握好时机，留住客户。一般经过 6 个步骤：欢迎顾客、提供咨询、展示车辆、达成协议、交车验车、售后跟踪服务。

11.3.1 欢迎顾客

1. 接答电话技巧（表 11-9）

表 11-9　接答电话技巧

你的姓名	先说出姓名，表示友好，并使顾客确信你就是他们要找的人（根据当地习惯报名或姓）
你需要什么帮助	作为询问，不要说："我能帮助你吗？"作为一个职业销售顾问应说："你需要什么帮助？"
询问对方姓名	这样你就可以恰当地称呼他
询问对方的电话号码	一旦方便，就开口询问，不要不耐烦。这样可以使你以后为他提供更多信息，并掌握业务的进展

接电话时要礼貌，不要打断对方；了解问题时，要显得职业化，但又很友好，并在此过程中做好电话记录。准备一张简单的电话记录表，登记每一个打进来的电话，见表 11-10。

表 11-10　电话记录登记表

日期		销售员	
顾客姓名	包括特殊的发音		
电话号码	清晰记录所有号码，包括办公室或住宅电话（这样可以在顾客方便的时间给他打电话）		
需求	了解到顾客的需求		
细节反应	记录他们的话语。用职业化的方式记录细节问题，以便公司每个人都能看懂		
你的反应	记录所有你说过的细节问题，特别是车型、是否有货、价格、时间等		
下一步	记录你下一步希望做什么，如顾客来或你回电话时可以提供更多的信息等		

2. 来访顾客的接待技巧（图 11-10）

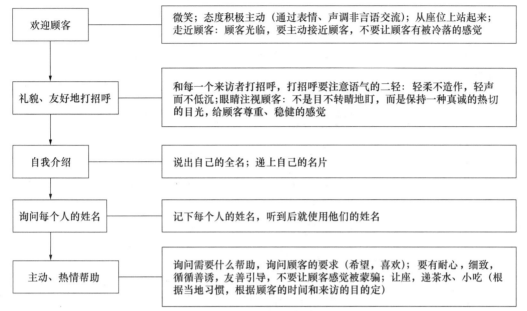

图 11-10 接待程序及注意要点

案例：

美国福特汽车连续保持 20 年销量冠军的经销商也采取了相似的办法。即模仿五星级酒店的做法，在车行的门外安排了两个门童，只要有客户准备进入车行，就一定先由门童接待，通过短暂的 3 分钟的交谈，门童将客户安排给某一个销售顾问。看起来这并不是一个多么有创意的方法，但关键是，该经销商挑选了有心理学本科学位的人来做门童，于是，只要通过简短的交谈，有心理学背景的门童就基本了解了这个客户的大致行为倾向，从而有针对性地将内向的客户安排给外向的销售顾问，将外向的客户安排给内向的销售顾问，形成了绝好的搭配，而且，经销商也不必担心由于销售顾问的跳槽而带来的客户关系维系成本的上升，这是因为维系客户关系的一部分职责在门童身上。该经销商的老板在自己写的书中自豪地宣称，采用这个方法让他保持领先了至少 3 年的时间。

有礼貌地欢迎的目的是减少顾客的紧张感。由于紧张，顾客可能会躲避买车的话题。下面是一些你可能面临的挑战或者说必须克服的障碍，表 11-11。

表 11-11 回应顾客的方法

顾客的话	你说的话	范例
"我只是想看看"	提供帮助。回答顾客的问题，倾听并注意观察顾客的反应。注意发现潜在线索	很好，我们的大部分顾客第一次来时是想先看看。你想看看汽油机呢，还是想看看柴油机？就你看的车来说，你是否有什么要问的问题
"我不需要帮助"	让顾客随意观赏。递给顾客一张名片。顾客需要时再提供帮助	没关系。我就在展厅。随便看吧。这是我的名片。如果有问题，我很乐意解答。过一会我再来看看
"我只是想知道最优惠的价格"	对顾客的要求作出回答。表明你就是为顾客服务的。态度积极，不要显得很保守	我很乐意为你提供最优惠的价格。我确实想知道这是否能够满足你的需要。另外，不同的规格也会导致价格上的差异。是否能多给我讲讲你感兴趣的东西

11.3.2 提供咨询

1. 提供咨询的程序（图 11-11）

（1）询问。围绕顾客提问，理解顾客的需求；主动帮助顾客，表明你的兴趣；从顾客那里收集各方面有益的信息。

（2）倾听。关注顾客的话语；尽力理解顾客的需求。

（3）观察。注意观察并尽可能多地了解顾客——他们的话语、问题、行为动作、非言语交际，等等。

（4）调整。根据对顾客的了解，改进工作方式和行为方式。

（5）建议。使用了解到的一切情况尽量理解顾客的真正需求，然后提供顾问性建议。

图 11-11 提供咨询的程序

2. 提供咨询中应收集的主要信息（表 11-12）

表 11-12 咨询中应收集的信息

信息	目的	细项
顾客的个人情况	了解顾客情况有助于知道顾客的实际需求，他们对经销商的感觉以及他们处于决定的哪个环节等	生活方式；预算/经济状况；决策者作决定的过程
过去使用车的经验	如果顾客过去有车，了解他们过去使用车的经验有助于理解顾客再买车时究竟想要什么，不想要什么	过去的车；购车原因；对经销商的态度
对新车的要求	询问顾客的需求和购买动机有助于帮助他们选择出正确的车型。之后，可以针对顾客的需求了解具体车型的主要特征和利益，以便更好地为这个顾客服务	特征/对选装项的要求；购买动机

3. 巧妙的询问方式

案例：信徒的询问

一位信徒问牧师："我在祈祷的时候可以抽烟吗？"牧师回答说："不行！"另一信徒问牧师："我抽烟的时候可以祈祷吗？"牧师回答说："可以！"

这则小故事至少能够给我们三点启示：提问时，首先要思考提什么问题；其次是如何表述；何时提出问题也是至关重要的一点。

1）询问的形式

形式有开放式和封闭式。

（1）开放式的询问。开放式的询问能让顾客充分阐述自己的意见、看法及陈述某些事实情况；可以让顾客自由发挥。开放式询问分为两类。

- 探询事实的问题。以"何人""何事""何地""什么时候""如何""多少"等询问去发现事实，目的在于了解客观现状和客观事实。如，您目前的使用状况如何？您想要什么样的车？

• 探询感觉的问题。通过邀请对方发表个人见解来发现主观需求、期望、关注的事。如，您对自动挡是抱着什么样的看法？您认为如何？

有两种提问方式。直接询问，如，您认为这种车型如何？间接询问，首先叙述别人的看法或意见，然后再邀请顾客表述其看法。如，有些顾客认为这车较省油，您的看法是……

开放式的询问的目的是取得信息和让顾客表达他的看法、想法。取得信息包括了解目前的状况及问题，如目前贵公司运输车辆状况如何？有哪些问题想要解决？了解顾客对期望的目标，如您期望新的维修方式能达到什么样的效果？了解顾客对其他竞争者的看法，如您认为A厂牌有哪些优点？了解顾客的需求，如您希望拥有什么样的一部车？让顾客表达他的看法、想法，如在配置方面，您认为有哪些还要再考虑？您的意思是……；您的问题是……；您的想法是……；您看，这个款式怎么样？

（2）封闭式的询问。让顾客针对某个主题在限制选择中明确地回答的提问方式，即答案是"是"或"否"，或是量化的事实的问题。

常用的询问词：是不是；哪一个；二者择一；有没有；是否；对吗；多少等。如约见顾客时说："既然这样，那么，我们是明天晚上见，还是后天晚上见？""你是喜欢两厢车还是三厢车？""是POLO，还是赛欧？"

封闭式询问只能提供有限的信息，显得缺乏双方沟通的气氛，一般多用于重要事项的确认，如协议条款、市场调查。在与顾客沟通时慎用。

案例：加鸡蛋的询问

在某国家，有些人喜欢在咖啡中加鸡蛋，因此咖啡店在卖咖啡时总要问：加不加鸡蛋？后来，有专家建议咖啡店把话改动一下，变为：加一个鸡蛋还是两个？结果，咖啡店的鸡蛋销量大增，利润增大。

例如：您是否认为车的维修保养很重要？您是否认为购车一定要找信誉好的公司？您是否认为车的安全最重要？您想买的车是商务用还是家用？您首先考虑的是自动挡还是手动挡？

封闭式询问的目的：获取顾客的确认；在顾客的确认点上发挥自己的优点；引导顾客进入你要谈的主题；缩小主题范围；确定优先顺序。

（3）询问的步骤。先用开放式询问，当对方处于被动地位中无法继续谈下去时，才能用封闭式询问。

2）善于将封闭式询问转化为开放式询问

例如："您同意吗？"改为"您认为如何？"

4. 倾听的技巧

案例：苏格拉底的回答

一天，一位年轻人来找苏格拉底，说是要向他请教演讲术。他为表现自己，滔滔不绝地讲了许多话。待他讲完，苏格拉底说："可以考虑收你为学生，但要缴纳双倍的学费。"年轻人很惊讶，问苏格拉底："为什么要加倍呢？"苏格拉底说："我除了要教你怎样演讲外，还要再给你上一门课，就是怎样闭嘴。"

看来，苏格拉底不喜欢在跟人谈话时只管自己滔滔不绝，容不得他人插嘴的人。

难怪他对人说:"上帝给了我两只耳朵,而只有一张嘴,显然是希望我们多听少说。"

1)听的三种形式

听他们说出来的;听他们不想说出的;听他们想说又表达不出来的。

2)倾听的原则

全神贯注地倾听;给予反馈信息,让顾客知道你在倾听;强调重要信息;检查你对主要问题理解的准确性;重复你不理解的问题;回答顾客的所有问题;站在顾客的立场考虑问题。

3)倾听的作用(表11-13)

表11-13 听的作用

听能创造良好的气氛	给顾客表述的机会,创造良好的气氛,使对方感到有价值、愉快
听能捕获信息	跟顾客谈话也是一样,注意捕获信息
听能处理信息	顾客跟你谈判时话语很多,很复杂,甚至语无伦次,杂乱无章,但只要你能认真听,就能听出他的表达重点,理解他的意思,并对此作出正确反应

4)倾听的技巧

(1)发出正确的信号,表明你对说话的内容感兴趣。与顾客保持稳定的目光接触。心理学家认为,谈话双方彼此注视对方的眼睛能给彼此留下良好的印象,但关键是如何注视。目光游移不定,会让对方误以为你是心不在焉,不屑一顾;目不转睛地凝视,会让对方感到不自在,甚至还会觉得你怀有敌意。最佳的目光接触,应该是在开始交谈时,首先进行短时的目光接触,然后眼光瞬时转向一旁,之后又恢复目光接触,就这样循环往复,直到谈话结束。能获得他人好感的目光应该是诚恳而谦逊的,不卑不亢。

不插话,让顾客把要说的话说完。让人把话说完整并且不插话,这表明你很看重沟通的内容。用形体语言表示你的态度:点头或微笑就可以表示赞同正在说的内容,表明你与说话的人意见相合,也表明你在专心地倾听。

保持并调动注意力。怎样保持并调动注意力?不妨把听取你的顾客的谈话当成世界上最重要的任务,把他的讲话看作是你生平所听到的最重要的言语。将可使人分心的东西(如铅笔、纸张等)拿走,使你全神贯注;采用放松的身体姿态(如身体重心偏向一边或前倾)会让客户觉得他们的话得到你的关注了;随时检查你的理解力,检查自己听的是否真切,是否已正确理解了信息,方法:把听到的内容用自己的话复述一遍,就可以肯定是否已准确无误地接收了信息,也可以通过询问,检查自己对信息的理解。上述的双向活动不仅能使你能够获得正确的信息,还能使说话者把精力集中于真正想要沟通的内容。

(2)站在对方的立场,仔细地倾听。站在顾客的立场上专注倾听顾客的需求、目标,适时地向顾客确认你了解的是不是就是他想表达的,这种诚挚专注的态度能激起顾客讲出他更多的内心想法。要能确认自己所理解的是否就是对方所讲的,你可以重复对方所讲的内容,以确认自己所理解的意思和对方一致,如"您的意思是不是指……""不知道我听得对不对,您的意思是……"。对顾客所说的话,不要表现戒备的态度,当顾客所说的事情对你的销售可能造成不利时,你听到后不要立即驳斥,你可以请顾客更详细地说明是什么事情让他有这种想法。顾客若只是听说,无法解释得很清楚时,也许在说明过程中他自己也会感觉出自己的看法不是很正确;若顾客说的证据确实,你可以先向顾客表示歉意,并为他说明此事的原委。

(3) 掌握顾客真正的想法和需求。顾客有自己的立场，他也许不会把真正的想法告诉你，他也许会借用种种理由搪塞，或别有隐情，不便言明，因此你必须尽可能地听出顾客真正的想法。要想了解顾客的真正的想法，不是一件容易的事，你可以在听顾客谈话时自问以下问题：顾客说的是什么？它代表什么意思？他为什么这样说？他说的是一个建议吗？他说的是不是事实？他说的我能相信吗？他这样说的目的是什么？我能知道他的需求是什么吗？我能知道他的购买条件吗？

5. 提供建议的技巧

1）制定自己的标准说法

自己事先编出一套"说法大全"，有经验的销售人员，通常在不知不觉中把洽谈中的一部分内容加以标准化。也就是说，与不同顾客洽谈的时候，他就背熟了其中的一部分，且在任何洽谈中都习惯地使用它，对自己的推销说法赋予某种"模型"。

编造"标准说法"的方法：先写出来再说；把初稿再三看过，听听别人的意见或是参考有关的书籍，将它做适当的修正；练习：发出声音，读读看；利用录音机，听听看；实地使用，先预习一次，然后试着使用，再修正。

2）避免突出个人的看法

一名文化修养较高、经验丰富、能体察用户心理的销售员，虽然与用户谈话不多，却能很快得到用户的信任，促使其对车辆形成肯定的态度。经验表明，销售人员在向用户宣传介绍车辆时，越是避免突出个人看法，效果就越好。

3）把自己当作顾客的购车顾问

顾问式销售是美国 20 世纪 80 年代后发展起来的一种标准销售行为。该销售方法要求销售人员具备行业知识，具备满足客户利益的技能，能够体现顾问形象的技能。该销售方法不是从推销出发，而是从理解客户的需求出发，引导客户自己认清需求。顾问式销售是指销售人员以专业销售技巧进行产品介绍的同时，运用分析能力、综合能力、实践能力、创造能力、说服能力满足顾客的要求，并预见顾客未来的需求，提出积极建议的销售方法。顾问式销售即从理解客户的需求出发，以特定的产品满足顾客需求实现顾客价值，实现销售，达到双赢的目的。

销售人员可以给顾客三点实用建议以树立自身的顾问形象：建议顾客理性选择；建议顾客考虑性价比高的产品；建议顾客全盘考虑。

(1) 建议顾客理性选择。首先是预算问题，应该先确定顾客所能承担的价格范围，然后选择其中性能价格比最高的车；其次，汽车销售人员要根据车辆的用途和顾客个人喜好，推荐最适合顾客的车型；最后，排量大小要适中。

(2) 建议顾客进行性能和价格的比较。通过车辆说明书的性能参数可以确定车辆的性能，性价比是顾客确定投入的依据。汽车销售员一般要提供汽车的有关情况，供顾客选购时参考。

(3) 建议顾客全盘考虑。选购适用的车型和装置：不必贪大求全，而是要根据顾客使用的实际需要，选购适用的车型和装置。既要认品牌，又要讲车型，既要讲外形，又要讲性能。进口车和国产车各有千秋，不能只注重排量、价格。

11.3.3 展示车辆

1. 六方位绕车介绍法

汽车介绍的5个要点：造型与美观、动力与操控、舒适适用性、安全能力、超值表现。图11-12就是在车行展厅中展示汽车的一个标准流程。

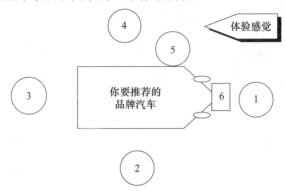

图11-12　六方位绕车介绍流程

当客户接受你的建议，愿意看你推荐的车款的时候，到底应该从哪里开始？图中1的位置应该是你开始的位置，按照图中号码的流程，记住每一个步骤需要向客户陈述的内容。每一个位置要记住汽车介绍的5个要点。

方位1：介绍前车灯特性；车身高度；前挡风玻璃；通风散热装置；越野车的接近角；大型蝴蝶雨刷设备；品牌特征；保险杠设计。

方位2：介绍到达图中2的位置时，客户的兴趣开始更进一步，你可根据你发掘的客户的深切需求，有针对性地接受车的这个侧面。同样，介绍汽车的5个要点。主要介绍：汽车的进入特性；车身高度；侧面的安全性；越野车的通过性；侧面玻璃提供的开阔视野；轮胎、轮毂；车的长度；防水槽或支架；车体；防刮等。

方位3：带领客户到达图中3的位置，这个时候要征求客户的意见，如果客户有额外的问题，你要全面仔细地回答。图中3的位置是一个过渡位置，但是许多附加功能可以在这里介绍。主要介绍：后门开启的方便性；后排座椅的易拆性；存放物品的容积大小；后视窗的雨刷；汽车的扰流板；备胎的位置设计；越野车的离去角；尾灯的设计。

方位4：争取客户参与你的介绍过程。邀请他们开门，触摸车窗、轮胎等。这个位置是一个过渡，要引导客户到车里体验一下感觉。如果客户本人就是未来这个车的驾驶员，那么邀请他到驾驶座位上，如果不是驾驶员，也许你应该邀请他到其他座位上体验车辆的豪华、设计的精心等。此时，可以回答客户的一些问题，如果是关于发动机的性能方面的，你可以告知他们会到6号位置时介绍，其他关于车辆外形、安全、功能，以及超值性等问题都可以回答，并且可根据需要引导客户到车内亲自体验。

方位5：图中5的位置是变化的，如果客户进入车内的乘客位置，你应该给予细致的解释，注意观察客户感兴趣的方面。如果客户要求到驾驶位置上，你应该采用蹲跪的姿势向客户解释各种操作方法，包括雨刷器的操作，挂挡，仪表盘的介绍等。主要介绍：座椅的调控；气囊及安全带；转向盘的调控；制动系统的介绍；视野；操作方便性；音响、空调；腿部空间的感觉；车门的控制等。

方位6：图中6的位置可以介绍发动机动力。介绍一个车的时候，发动机的动力表现是非常重要的一个方面。将前盖示范性地打开，根据客户的情况把握介绍的内容。首先是发动机的布局、环保设计、排气环节；然后介绍添加机油等液体的容器、散热设备的设计与摆放、发动机悬挂避震设计、节油方式等。

这样规范的汽车产品展示流程是由奔驰车首先启用的，但是在启用的初期并不完善，后来被日本丰田公司的凌志汽车采用并发扬光大。经过调研，平均一个汽车消费者要在车行花费大约90 min，其中有40 min被用来做汽车展示。所以，这样的一个六个标准步骤的展示应该维持40 min。每一个位置大约需要7 min，有的位置时间短一些，有的要长一些，比如，在位置4或者位置5就比较耗费时间。

2. 试车

1）试车前的检查

检查包括：汽车的内外观，车门缝隙是否均匀一致，车门开启是否灵活，门窗升降是否平顺，油漆面有无刮伤，角落边缘有无锈迹，座位有无污垢，轮胎胎面是否新净等。

2）试车前的准备事项

在试车之前，确保车辆整洁，工作正常且燃油充足，办好上路所需的执照和保险，拿到汽车钥匙，向公司报告车辆将开出去进行试车，为你和顾客系上安全带。

3）试车

确保使用安全带；向顾客介绍所有操作设备及其使用方法；如果由顾客自行驾驶，则应确保顾客拥有驾驶证，保证顾客和你有足够的时间进行试车，试车时间应在20～30 min。计划试车道路，选择的试车道路应避开建筑工地和交通拥挤的地区，且在途中某地可以安全地更换驾驶员。

选择有变化的道路以展示车辆的以下性能：加速时间；刹车；转向灵活性；悬挂系统；操作性；内部的安静程度。

在试车过程中，首先由销售顾问进行驾驶，并由销售顾问为顾客解答问题，介绍汽车，指出汽车的各种特征，让汽车自己推销自己，然后由顾客进行驾驶。

销售顾问指出试车道路，并指出顾客可能未注意到的道路危险状况和其他道路条件。顾客驾驶汽车时，销售顾问应保持安静。

11.3.4 达成协议

1. 谈判的步骤

（1）使顾客感觉舒适；

（2）商谈时使用订单或表格，就车辆、装备和附件与顾客达成一致；

（3）开始价格谈判，介绍公司的管理规定；

（4）确认成交，向顾客表示祝贺。

2. 确定车辆

（1）使用订单或表格登记个人和产品信息；

（2）检查所选车辆是否符合顾客需求的条件；

（3）查阅销售价格、折扣率和其他优惠条件。

3. 价格谈判

（1）先给出一个价位——销售的总价格；

（2）观察顾客的反应；

（3）调整报价——说明价值；

（4）建议顾客作选择；

（5）让步——如果需要的话；

（6）容许顾客保持自尊；

（7）避免框定让顾客作出决定的时间。

 11.3.5 交车验车

1. 交车的步骤

（1）准备。在交车前对汽车进行检查（PDI 检查）；亲自对汽车进行检查和驾驶；确保所需文件齐备。

（2）顾客提车。向顾客解释提车手续及其重要性；在所需的财务凭证和文件上都签好字；向顾客全面解释关于汽车的所有文件。

（3）参观维修部门。带你的顾客参观维修部门，向顾客介绍维修人员和维修程序。

（4）介绍汽车。向顾客介绍他们需要了解的汽车特征。

（5）试验驾驶。指出有关驾驶舒适性和操作性的特征。

（6）核查清单，送走顾客。

①查看车辆检测报告和交车清单，得到有关人员的签名；②向顾客表示感谢并提供后续帮助。

2. 交车时顾客的希望和担心

（1）顾客的希望。在得到承诺之后，汽车将会准备好；油箱中装满燃料；汽车内外一尘不染，好像顾客是第一个坐到车里的人；销售商对汽车的特征、仪表和操纵设备做完整的介绍；销售商对汽车的保修和保养计划做完整的介绍；与负责维修服务的经理见面并介绍维修服务程序；销售顾问要对汽车非常了解；汽车已经经过检查和注册，随时可以开走；可以得到所有应提供的材料；购车完毕后，如果遇到任何问题，销售顾问都可以解答或提供帮助。

（2）顾客的担心。交货的汽车不是处于完好状态；销售完毕后，顾客的满意度将不再是卖方主要考虑的问题；文件和汽车没有准备好，交货期比顾客预计的要长；销售顾问在交货过程中催促顾客，不给顾客足够的时间熟悉汽车；销售顾问不能恪守在销售中作出的承诺。

3. 车辆检查（PDI 检查）

（1）车辆静止时检查。检查油漆颜色、车身表面有无划痕、掉漆、开裂、起泡或锈蚀。检查车门、机盖、行李厢门缝隙是否均匀，门缝胶条密封是否良好。车体防擦条及装饰线应平直，过渡圆滑，接口处缝隙一致。后视镜成像清晰，调节灵活。检查轮胎规格，备胎与其他 4 个轮胎规格是否相同。查看前照灯罩是否损坏，车门车窗是否完整，后挡风玻璃是否良好。用手按压汽车前后左右 4 个角，松手后按压部位跳动不多于 2 次，表示减震器性能良好。检查车内座椅是否完整，清洁干净。接通电源开关，检查刮水器、喷水清洁器工作是否正常。各电器设备工作是否正常。检查是否漏水漏油；检查车内设施；检查电器系统。

（2）检查发动机。查看发动机及附件有无油污、灰尘。抽出机油尺，看尺上的机油是否清洁透亮，机油量应处于两刻度之间。检查冷却液、制动液液面是否处于最大和最小刻度之间。检查发动机、自动变速器、后桥润滑油油面高度是否符合要求。检查散热器冷却液液面高度是否符合要求。检查电解液比重和液面高度是否符合要求。检查橡胶软管和传动皮带是否有损坏或缺陷。冷车启动发动机,应启动顺利。改变发动机转速时过渡应圆滑,仪表盘相应的指针反应灵敏。发动机怠速运转平稳。排出的废气应无烟、无味。

(3)行驶检查。路试检查,踩离合器时,离合器应接合平稳,分离彻底,不打滑、不发抖。变速器换挡应轻便灵活,挡位准确。以高、中、低速行驶均应平稳,车内无噪声。汽车加速应快速有力。车轮产生跳动后应有自动回位的效能。检查汽车是否有跑偏、侧滑等现象。行驶中转向机构应操作灵活。制动应灵敏、迅速、有力,不跑偏、不侧滑。检查暖气、空调及其他设施是否符合规定。检查灯光及各种信号标志是否齐全、有效、准确、可靠。最后验证行车油耗。

(4)停驶后的检查。再次检查有无漏油、漏水、漏电、漏气现象。观察汽车底部的前后避震器、刹车泵、变速器、传动轴等处有无漏油现象。检查驻车装置是否有效、可靠。小心快速地触摸刹车盘、鼓,看看是否烫手。试用中控销或门销、防盗器等设施是否有效、可靠。

(5)向顾客提供必需的购车凭证。购车发票;车辆合格证;三包服务卡;车辆使用说明书;其他文件或附件。

11.3.6 售后跟踪服务

1. 与老顾客联络感情

(1)拜访。主要目的是让顾客感觉到汽车销售员和企业对他的关心,同时也向顾客表明企业对销售的车辆负责。要把握的原则:尽可能使拜访行为自然一点,不要使顾客觉得汽车销售员的出现只是有意讨好,更不要因拜访而干扰顾客的正常生活。

(2)书信电话联络。图11-13所示为电话跟踪服务程序。

(3)赠送纪念品。

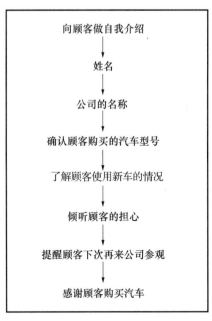

图11-13 电话跟踪服务的程序

2. 搜集情报

了解顾客背景；创造连锁销售。

3. 妥善处理顾客的投诉

(1) 顾客投诉处理过程。①听对方抱怨；②分析原因；③找出解决方案；④把解决方案传达给顾客；⑤处理；⑥检讨结果。

(2) 化抱怨为满意。

(3) 掌握顾客投诉处理用语。

汽车销售员要针对顾客投诉而编制用语。

例：

投诉一：刚买的时候还不错，现在却连个人影都找不着！

注意点：首先道歉，同时要求提供信息。

应对：真是太抱歉了！我怕常打扰您会增加您的困扰，借这个机会特地来拜访您的，请多多指教！

投诉二：刚买不久的车就这么糟！

注意点：听取原因，判断是操作错误还是故障，陪着顾客直接把出现的问题传达给技术人员。强调换车是不可能的。

应对：我们满怀信心地把车介绍给您，当然也会负起责任的。真是太抱歉了！找个方便的时间我们到保养厂好好检查一下吧！我陪您一起去，您什么时候方便呢？

投诉三：让我在你的修理厂等那么久！

注意点：首先道歉，消除顾客的不满。

应对：平常我们的工作宗旨就是"顾客至上"，如今有不周到的地方真是太抱歉了。假如我是您的话，一定会有同样的心情。为了今后的改善，可不可以拜托您提供我们一些改善意见呢？

(4) 投诉处理流程（图11-14）。

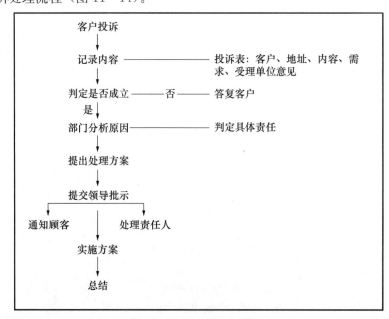

图11-14 投诉处理流程

知识拓展

史蒂芬·柯维听的层次（表 11-14）

表 11-14 听的不同层次

听的层次	状态
设身处地地听	参与到对方的思路中去，引起共鸣
专注地听	关注对方，适时地点头赞同
选择地听	对自己感兴趣的就听，对自己不感兴趣的就不听
虚应地听	只是为了应付，心不在焉
听而不闻	无反应，像未听到一样，对顾客态度冷漠

11.4 广告的选择与策略

本节内容简介

广告的作用与分类；广告媒体的选择；广告应用策略。

11.4.1 广告的作用

1. 广告的分类

1) 根据广告的内容和目的划分（图 11-15）

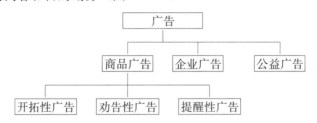

图 11-15 按内容和目的划分广告类型

2) 根据广告传播的区域来划分

可分为全国性广告和地区性广告。

3) 根据广告媒体的形式划分（图 11-16）

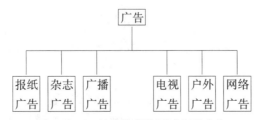

图 11-16 按广告媒体形式划分广告

广告有商业性广告和公益性广告。商业广告，是指被确认的广告主按照付费原则，通过大众传媒，以其所选择的多数人为目标对象，为了使他们对广告主的意图有所行动而对商品、劳务、观念等方面信息所采取的非人员方式的介绍和推广活动。

2. 广告的作用

1) 促销作用

广告把企业的产品、商标、名称传达给顾客，让顾客知道企业的存在。产品广告的直接销售目的非常明确，当人们购买某种商品时，就会想起广告中所提到的商品名称，无形中产生信任感。

2) 显示实力的作用

广告体现了企业的气派和风格，尤其在有影响的电视、广播、报刊、杂志上刊登广告，更能说明企业的实力。

3) 沟通作用

一般而言，广告的直接作用不是促销，而是沟通。尤其是观念广告、企业广告更是如此。这就要求广告创意与众不同。先要引起无意受众的注意，然后再调动其记忆细胞，甚至诱导受众广为传播。沟通是促销的前提，促销是沟通的目的。

11.4.2 广告媒体的选择

经典形式有：电视、广播、报纸、杂志。

（1）报纸。优点：传播范围广，覆盖率高；传播及时，信息量大；说明性强，适合复杂的广告；制作简单，费用低。缺点：时效短；广告的表现力有限。

（2）杂志。优点：读者阶层或对象十分明确；杂志在读者心目中有较高的威望，说服力强；传播时间长，可保存；传播的信息量较大，易于做内容复杂的广告。缺点：传播范围小，灵活性差；消遣性杂志不如报纸严肃，使广告的传播内容受限制。

（3）广播。优点：听众广泛；传播速度最快；制作简单，费用较低。缺点：传递的信息量有限，只能刺激听觉；难以把握收听率；不适合做说明性广告。

（4）电视。优点：综合利用各种艺术形式，表现力强；覆盖面广，注意率高；传播速度快，信息量大。缺点：费用高，制作复杂；针对性差。

11.4.3 广告策略

1. 广告目标市场的选择

首先，应对企业营销的目标、产品、定价和销售渠道策略加以综合分析，以明确广告在整体营销组合中应完成的任务和应达到的目标。

其次，要对目标市场进行分析，使广告目标具体化。

广告目标的具体内容包括：促进沟通，需明确沟通到什么程度；提高产品知名度，帮助顾客认识、理解产品；建立需求偏好和品牌偏好；促进购买，增加销售，达到一定的销售量和市场占有率。

2. 广告同产品生命周期的关系

产品所处生命周期不同，广告的形式和目标应有所差异。对于处于投入期和成长期的产品，广告的重点应放在介绍产品知识，灌输某种观念，提高知名度和可信度上，以获得目标用户的认同，激发购买欲望；对于成熟期的产品，重点则应放在创名牌、提高声誉上，指导目标用户的选择，说服用户，争夺市场；对于处于衰退期的产品，广告要以维持用户的需要为主，企业应适当压缩广告的作用。

3. 广告定位策略

广告定位策略有三种：

（1）广告实体定位策略。就是在广告中突出宣传产品本身的特点，主要包括功能定位、质量定位和价格定位，要明确确立怎样的市场竞争地位，在目标用户心目中塑造何种形象，从而使广告最具有效果。

（2）目标市场定位策略。目标市场定位使广告传播更加具有针对性。

（3）心理定位策略。心理定位主要包括正向定位、逆向定位和是非定位三种。正向定位主要是正面宣传产品的优异之处；逆向定位主要是唤起用户的同情和支持；是非定位则强调自己与竞争对手的不同之处，把强大的竞争对手逐出竞争领域。美国当代营销学专家韦勒说过一句话："不要卖牛排，要卖烧烤牛排时的嗞嗞声。"他深刻揭示了心理定位的内涵。

4. 广告创意与设计

确立了广告的媒体之后，还必须根据不同媒体的特点，设计创作广告信息的内容与形式，立意应独特、新颖，形式要生动，广告词要易记忆，宣传重点要突出。广告要达到讨人喜欢、独具特色和令人信服的效果，或者说要达到引起注意，激发兴趣，强化购买欲望并最终导致购买行为的目的。

5. 广告时间决策

广告在不同时间宣传，会产生不同的促销效果。这一决策包括何时做广告和什么时候播广告。前者是指企业根据其整体市场营销战略，决定什么时候做广告。是集中时间做广告还是均衡时间做广告，是季节性广告还是节假日广告等；后者则是决定究竟在哪一时刻播广告，如电视广告是在黄金时间做广告，还是在一般时间做广告，是否与某一电视栏目相关联等。

知识拓展

广告策划是一个有着特殊规律的系统工程，也是一种创造性的思维活动过程。不同类型的广告在策划上会有很大差异，但其中也有一些基本原则需要共同遵守。

1. 合法性

合法性是指广告活动从形式到内容，都要符合所在地或所在国的法律制度。就我国而言，广告活动不仅要符合我国的各项法律制度，更要符合社会主义市场经济和两个文明建设的总体要求。

有些国家和民族的风俗习惯和宗教信仰很独特，广告活动也不能与之相抵触，否则不仅不会有好的宣传效果，还会招来许多麻烦。

2. 真实性

真实是广告的生命。真实不仅是对企业的利益负责，而且是对消费者的利益负责。无论什么时代，什么场合，什么媒体，什么商品，不真实的广告只能失去社会公众的信任和支持，无论其设计多么巧妙，均逃脱不了失败的命运。即使蒙混一时，也不可能支持多久。

广告在真实的基础上，允许以艺术的手法进行加工创造，使之更具表现力，产生理想的宣传效果。广告要处理好真实性与艺术性的关系，真实性是艺术性的基础，艺术性要服务于真实性。

3. 目的性

开展任何活动，总要有一定的目的，围绕着既定的目标而展开。广告策划也不例外，必须确定活动的主要目标，为达成目标而采取相应的战略战术，合理配置资源，避免无的放矢。

明确了目标，实际上就是明确了广告活动的中心，就可以把广告活动的各种功能有效地调动起来，各个环节有序地串联起来，为实现传播任务奠定基础。当然，目标必须正确，这需要在决策时精心运筹。

4. 整体性

整体性也可以叫统一性，就是以系统的观点将广告活动作为一个有机整体来考虑，从系统的整体与部分、部分与部分之间相互依存、相互制约的关系中，提示系统的特征和运动规律，以实现广告策划的最优化。既要保持策划与营销整体的一致性，又要保持广告活动自身整体的一致性。

广告策划的整体性原则体现在四个方面：一是广告和产品作为同一系统中的两个子系统，必须相互统一，相互协调。产品决定广告，广告服从产品。广告高于产品，会导致虚假；广告低于产品，会导致过谦；广告背离产品，会产生离散。二是广告的内容与形式要和谐统一。内容决定形式，形式服从内容。三是广告的各种发布手段要相互配合，协调一致。有的产品同一时期的广告出现不同的主题，不同的媒体出现不同的建厂年代，自相矛盾，这些都是应当避免的。四是广告活动与外部环境发生着信息与能量交流，是一个更大的系统，也要保持统一性。广告活动要适应外部环境，充分利用外界的各种有利因素，以提高广告的效能。

5. 效益性

广告活动作为企业经营活动的一部分，必须服从于企业的发展目标，讲求效益。效益原则是广告策划所必须遵从的一项基本原则。

首先要讲求经济效益，以最少的广告费用取得最好的广告效果。这就要求广告经营者在进行广告策划时，从消费者和企业两方面的利益出发，认真进行经济核算，选择最优方案，使企业乐于使用，消费者也乐于接受。一般来说，好的广告策划可以使广告产生三个方面的经济效果：创造需求，树立品牌，减少流通费用。

其次，广告既是一种经济现象，又是一种文化现象，因而也要讲求社会效益。要体现为社会大众服务的宗旨，正确引导消费，倡导健康的生活理念和生活方式，鼓励良好的社会风尚和人际关系，以培养公众高尚的思想情操和文化修养，推动物质文明与精神文明的发展。

6. 艺术性

广告在真实的基础上应进行加工创造，使之具有一定的艺术性。艺术诉诸人的情感而和人的心灵产生共鸣。那些集娱乐与传播信息于一体的广告总能吸引很多消费者，令人为之耳目一新，有的夸张，有的明丽，有的凝重，有的幽默等，这些广告总能引起人的遐想，激起人的情感浪花。那些枯燥、呆板、干瘪无味的广告不会给人以美感，也不会产生好的宣传效果，只是一种资源浪费。

7. 操作性

一切广告策划不能只停留在纸面上,为策划而策划,其最终目的是应用于实际,指导广告活动的操作过程。因而广告策划必须遵循可操作性原则,使策划的环节明确,步骤具体,方法可行,即"拿出来即能用"。

11.5 营业推广的形式及促销方式

本·节·内·容·简·介

营业推广的形式与特点;营业推广的主要形式。

营业推广可有效地加速新产品进入市场的过程,有效地抵御和击败竞争对手,有效地刺激购买者和向购买者灌输对企业有利的信息,从而有效影响中间商的购买活动。

11.5.1 营业推广的形式和特点

1. 营业推广的形式

营业推广的对象主要包括目标用户和汽车经销企业两类。对目标用户的营业推广,主要是鼓励用户试买、试用,并争夺其他品牌的用户。其形式主要有服务促销、价格折扣、展销、卖方信贷。对经销商的营业推广,目的是鼓励多买和大量购进,并建立持久的合作关系。其主要形式有现金折扣、展销、业务会议、推销奖励、广告补贴、商业信用、价格保证、互惠。

2. 营业推广的特点

(1) 是广告和人员推销的一种补充手段,是一种辅助性的促销手段。

(2) 是一种非经常性的促销活动。

(3) 刺激性很强,但促销作用不能持久。

11.5.2 对最终用户营业推广的主要形式

1. 服务促销

通过周到的服务,使客户得到实惠,并在相互信任的基础上开展交易。主要的服务形式有:售前服务、订购服务、送货服务、售后服务、维修服务、零配件供应服务、培训服务、咨询信息服务。

2. 开展汽车租赁业务

开展租赁业务,对用户而言,可使用户在资金短缺的情况下,用少部分钱而获得汽车的使用权。汽车投入使用后,用户用其经营所得利润或其他收入,在几年内分期偿付租金,最终还可以通过少量投资得到汽车的产权,可以使用户避免货币贬值的风险;对运输经营者而言,租赁业务可使用户享受加速折旧、税前还贷、租金计入成本、绕过购车手续等优惠;对于汽车生产厂家来说,可以拓宽销售渠道,增加汽车生产;对汽车中间商而言,开办租赁业务也能够取得比进销差率更好的经济效益。

租赁的3个基本要素:租借押金(一般为新车价格的30%);每月租借费;租借期满时规定的汽车价值(以限定里程数为基础计算)。每月租金是按新车价格减去押金及租借期满时规定的汽车价值后，再加上利息计算出来。用户租借期满后有三种选择：一是付租借期时规定的汽车价值，买断这辆汽车；二是如用户认为汽车实际价值超过租借期满时规定的汽车价值，亦可先按租借期满时规定的汽车价值买断这辆汽车，然后再以实际价值卖掉该车，归还租借商租借期满时规定的汽车价值；三是归还汽车。

另外，还有分期付款与低息贷款、鼓励购买"自家车"、订货会与展销促销、价格折扣与价格保证促销、先试用后购买、以旧换新、精神与物质奖励、竞赛与演示促销等方式。

11.5.3 对中间商的促销方式

上述对最终用户的促销方式，有些方式也可用于对中间商促销，如会议、展销、激励、奖励和价格保证等促销方式。从贸易折扣方面看，生产企业可以从多方面给予中间商贸易折扣。

1. 现金折扣

这种促销方式是指如果中间商提前付款，可以按原批发折扣再给予一定折扣。如按规定，中间商应在一个月内付款，如果中间商在 10 天内付清款项，再给予 2% 的折扣；如果在 20 天内付清款项，只再给予 1% 的折扣；如果超过 20 天，则不再给予另外折扣。显然，这种促销方式有利于企业尽快收回资金。

2. 数量折扣

数量折扣是对于大量购买的中间商给予的一定折扣优惠，购买量越大，折扣率越高。

3. 顾客类别折扣

这种折扣形式是企业根据中间商的不同类别、不同分销渠道所提供的不同服务，给予的不同折扣。

知 识 拓 展

营业推广策略

营业推广策略是指能迅速刺激需求、鼓励购买的各种促销方式。营业推广策略包括：①营业推广策略目标的确定。即针对不同对象如消费者、中间商和推销员等制订不同目标。②选择营业推广形式。如礼品、代价券、有奖销售、附送样品、交易、现场示范、竞赛、交易折扣、津贴、展销会等。③营业推广方案评估、制订与实施。推广方案包括奖励规模、奖励范围及营业推广的总预算。从西方企业实践看，评估营业推广方很重要，但尚很薄弱，最常用的一种方法是将营业推广前、中、后三个时期的销售额进行比较。

11.6 公共关系促销的方法和策略

本 节 内 容 简 介

公共关系的概念与功能；企业公共关系活动的主要方法和策略。

11.6.1 公共关系的概念和职能

1. 公共关系的概念

公共关系，又称公众关系，是指企业在市场营销活动中正确处理企业与社会公众的关系，以便树立企业的良好形象，从而促进产品销售的一种活动。公共关系是实施分析趋势、预测后果、向机构领导提出意见、履行一系列有计划的行动，以服务本机构和公众利益社会科学，是领导者为获得事业成功而确定的一系列思想、路线和政策。其目的是不断调整本单位与公众的关系，在公众中树立本单位的良好形象。

2. 公共关系的职能

公共关系与广告、营业推广的基本功能都在于传递信息，都要利用传媒和传播技术进行信息沟通。但是，公共关系又与其他促销手段有所不同，并且其功能也不局限于促销。

一般来说，公共关系的职能有：①获得信息；②对本企业机构或形象做出评估预测；③向决策机构提供咨询建议；④加强与新闻传播界的联系，提高本企业的知名度和美誉度；⑤加强和发展与社会各方面的联系以赢得社会的支持；⑥反馈信息，建立本企业自动平衡机制。

所以公共关系是一种内求团结、外求发展的复杂的经营管理艺术。只有通过有计划、持久地营造和全员的共同努力，才能使企业的各项工作成果符合广大公众的需求，在公众中树立良好的形象和信誉，并在此基础上使企业与公众相互了解、信任，争取相互合作，以获取共同利益。

3. 公共关系的基本特征

（1）公共关系是一定社会组织与其相关的社会公众之间的相互关系。

（2）公共关系的目标是为企业广结良缘，在社会公众中创造良好的企业形象和社会声誉。

（3）公共关系的活动以真诚合作、平等互利、共同发展为基本原则。

（4）公共关系是一种信息沟通，是创造"人和"的艺术。

（5）公共关系是一种长期活动。

4. 汽车公共关系活动的对象

公共关系活动的对象是公众，这些公众的利益受某一个机构的行为和政策影响，同样，这些公众的行动和意见也影响着这个机构。一般来说，公众可分为内部公众和外部公众，现在公众、潜在公众和将来公众，重要公众、次要公众和边缘公众等。汽车企业的公众对象有着自己的特点。

（1）作为汽车厂家，有众多品种的原材料、配件供应厂家和配套单位，产品用户也遍及各行各业。

（2）对中外合资企业而言，还涉及各投资方、政府涉外部门和许多国外的组织和个人。

（3）汽车企业一般影响到多方面，它的许多事务涉及各方面、各层次的政府部门和企事业单位。

（4）同其他企业一样，公司需要新闻、法律方面的工作，需要商业、服务等方面的配合支持，同时也有员工、家属及各种社会关系。

11.6.2 企业公共关系活动的主要方法和策略

公共关系的活动方式，是指以一定的公关目标和任务为核心，将若干种公关媒介与方法有机地结合起来，形成一套具有特定公关职能的工作方法系统。

1. 主要方法

(1) 宣传性公关：编写和制作各种宣传材料。

(2) 征询性公关：市场咨询。

(3) 交际性公关：创造和利用新闻。

(4) 服务性公关：开展各项有意义的活动。

(5) 社会性公关：参与各种社会活动。

2. 促销决策

(1) 确定公共关系促销目标。营销人员应为每一项公共关系活动制订特定目标，如建立知名度、建立信誉、激励推销人员和经销商、降低促销成本等。一般来说，公共关系费用要比广告费用低。公共关系越有成效，越能节省广告费用和人员推销费用。

(2) 选择公共关系信息和公共关系载体。目标确定后，公共关系人员就要鉴别或拟定有趣的题材来宣传。公共关系主题要服从企业的整体营销和宣传战略。公共关系宣传要与企业的广告、人员推销、直销和其他宣传工具相结合。公共关系的载体有新闻、演说、特别活动、书面材料、公益活动。

(3) 实施公共关系促销计划。公共关系是促销人员的主要"资本"之一，是他们与传播媒体人员的个人友谊。他们可以通过熟识的编辑、记者进行宣传报道，实现公共关系促销计划。他们了解媒体需要什么，如何让媒体满意，从而使他们的稿件不断被采纳。

(4) 评估公共关系活动的效果。展露度衡量法，该方法是检验公共关系报道在媒体上的展露次数和时间的工具，可以了解宣传报道的影响范围。衡量公众对产品的注意、理解、态度的变化也是一个较好方法，如举办重要的研讨会、邀请知名人士演讲、举办周年纪念、开展体育比赛、举行记者招待会等。计算公共关系的投资收益率，即将公共关系活动后销售额和利润的增加与公共关系投入相比较。这是最有说服力的一种评估方法。公共关系投资收益率越高，就说明公共关系活动越有效。

知识拓展

公共关系的基本策略

企业的公共关系策略分三个层次：其一是公共关系宣传，即通过各种传播手段向社会公众进行宣传，以扩大影响，提高企业的知名度；其二是公共关系活动，即通过举办各种类型的公关专题活动来赢得公众的好感，提高企业的美誉度；其三是公共关系意识，即企业员工在日常的生产经营活动中所具有的树立和维护企业整体形象的思想意识。在企业的经营活动中，公共关系策略经常与其他管理活动配合使用，以便充分发挥各项管理工作的整体效应，使企业经营管理工作的实施效果更好。

本章知识点

促销的含义，促销对企业成功营销的重要作用。企业的促销组合决策。人员推销的特点，推销人员的主体作用，人员推销的策略，推销队伍的组织管理。广告的含义，选择广告媒体，广告设计，广告效果的测定。公共关系的本质含义与特征，公共关系的实施进程。营业推广的特点，营业推广工作的实际运作。

课后训练

任 务	要 求
1. 六方位绕车介绍。 2. 学生互相评价他们的工作过程	学生选择一个车型进行六方位绕车介绍。 （1）学生按客户类型对客户需求进行分析。 （2）针对客户需求有选择地进行车型介绍，写解说词。 （3）处理客户异议。 （4）进行价格谈判（报价、还价）。 （5）完成交车业务。 填写工作计划表（附录四）和工作检查表（附录五）

拓展知识

案例分析

学习素材

模块五

汽车的销售和售后服务

第十二章 轿车选购的知识与原则

🔑 学习目标

理解整车销售和轿车购车流程。

掌握汽车消费信贷的政策及贷款程序。

了解机动车保险的种类和保险的基本概念。

熟练掌握购车费用估算的方法。

掌握轿车选购的基本原则。

🔑 情景导入

富康轿车 AXC 费用测算

一、买车费用预算

通常,在广告中所见的价格,只是经销商的汽车纯销售价格,并不包含其他任何费用,但必须了解的是,在估算所需要支付的购车总价时,还得加上包括保险、贷款、购置税、养路费、上牌费等多个项目在内的费用。

以下是有关费用种类的大致解释:

车价:通常经销商报出的车价是纯汽车价格,不包含任何其他费用(保险、购置税等)。

保险:指在自己的车或造成他人车辆事故损失时,由保险公司给予经济补偿的项目,是必须支出的费用。

贷款:指向银行借购车款,以分期付款形式偿还给银行,首付不低于购车款的 20%,贷款期限最长 5 年。

购置税:实行从价(计税价格)定率的办法计算应纳税额,通常税率为 10%。例如,富康轿车应纳税额=车价÷1.17(税率)×10%。

养路费:富康轿车为 100 元×12 月=1 200 元/年。

上牌费：包括办证费、信息费、拓钢印费、车辆拍照、拍照封边费。富康轿车为298元/台。

月度支出：油费。

年度支出（富康）：包括保险费、养路费、车船费、年检费、年票。

也许光看这些资料会比较枯燥，我们不妨以购买一台富康轿车（AXC-）为实例，计算需要交纳的费用，见表12-1。

表12-1 购车费用表

基本车价/元	AXC-：98 800	上牌费/元	500
保险/元	4 600左右	年票/（元·年$^{-1}$）	980
购置税/元	9 358	车船税/（元·年$^{-1}$）	320
养路费/（元·年$^{-1}$）	1 200	购车费用合计/元	115 556

二、用车费用预算

由于在汽车销售、使用过程中，地方政策对消费者买车和用车有着不可忽视的影响，在购车前有必要了解当地的购车、用车政策环境。目前，在武汉市，私家购车尚无需为车牌支付其他费用。而在上海，消费者购车需要支付竞拍牌照费用。同时，在购车后车主所需要支付的费用中，保养和维修费用及政策都是在购车前需要了解的。

以在武汉购买轿车为例进行用车费用计算。

（1）在武汉购买富康轿车的用车政策环境。

限制：在武汉，1.36 L的富康化油器轿车及电喷不带三元催化器轿车不允许上车牌。

排放要求：要求达到欧洲一号标准（富康车均为欧洲二号以上标准）。

（2）富康轿车一年养车开销。

保险：平均4 000元左右（如果只购买指定的车辆损失险和第三者责任险，一年平均为3 000元左右）。

养路费：一年1 200元。

车船税：一年320元。

汽油费：以每天50 km计算，一年需要3 800元费用（油价为5元/L，富康轿车油耗为6.5 L/100 km）。

车辆年检费：富康轿车为300元左右。

养护费：东风雪铁龙轿车有6万千米或两年的质量保修（出租车除外），私家车前两年基本不存在维修费；每年换机油，做保养（富康轿车首次保养免费且每次保养里程为10 000 km/次），需要300～500元。

合计：10 000～11 000元/年。

12.1 轿车的车型选择与购车流程

本节内容简介

销售流程如图 12-1 所示。

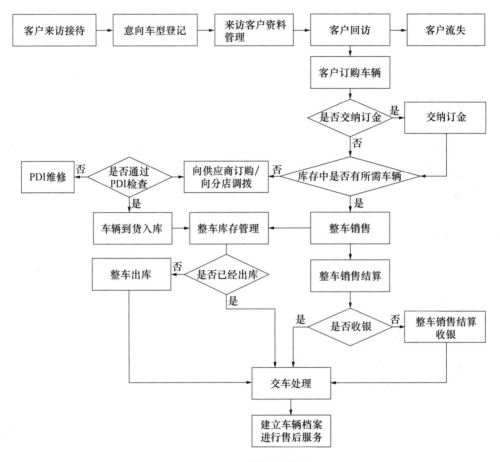

图 12-1 销售流程图

12.1.1 整车销售流程

一、客户来访管理

1. 来访跟踪业务

该业务记录来访客户的基本信息及意向车型，可进行客户跟踪回访、客户基本信息及意向车型记录修改、意向车型决策人信息登记及试乘试驾信息记录。对销售顾问的客户资料进行查询、归类。

2. 回访审批

由销售经理查询出销售顾问的客户回访记录后进行审批，此业务可成批提取顾问回访记录。

二、销售管理

该业务主要处理：意向客户有需求交纳订金订购车辆时，同时可打印订货合同；确认之后"审核"，就可以为该客户"配车"了；进入订单预收款；解决客户订购车辆相关信息的修改，如代办费用的录入更正、车饰品的录入，此业务经确认后，可进行销售合同打印；完成客户订购车辆从库存中减去的功能，同时可根据需要打印出库单；交车处理时，将要求录入详细的客户档案及车辆档案于服务共用的"客户档案"中，并根据预先设定的跟踪标准及售后回访标准，制订回访计划。这是4S店中实现"销售与服务一体化"的重要环节。

三、采购管理

该业务主要用于制作向汽车制造商提交的订单，可以根据实际的需要自由地选择车型来补充库存，也可根据客户的订单需求来下订单，制作完成后将该订单审核、打印。到货之后便进行入库操作。

在订单向汽车制造商提交之后，所订的汽车到货了，就要将已经到货的汽车加入库存当中。新开一张入库单，从已经审核提交的订单中选择要入库的订单，按实际到货的情况进行入库（一张订单可以分多次入库）。所有到货的新车都必须通过"接车检查"，确认没有问题才能进入库存，所以还要做"接车检查"，否则该入库单无法审核（到货的车辆要在审核之后才进入库存）。如果有多辆车要入库，就要多次重复这项操作。把入库单上的所有车辆都做了"接车检查"并"审核"后，入库单上的车辆进入库存当中，入库操作完成。

此业务完成车辆订货入库后，因各种原因，如车辆损坏或其他原因，需做退货的业务处理。

四、库存管理

在整车销售的库存中，提供了车辆库存主表及库存子表，库存主表存放车辆的总数量、车型等信息，库存子表存放车辆的明细信息，如识别号、颜色、成本单价、存放地点等。再对库存中的"正常供应车"进行"配车"。

将需要进行调价的车型提取出来输入新的价格，确认无误之后审核该调价单，新的价格马上生效。

若要调整仓位，根据要调整仓位车辆的识别号把车辆提取出来，填上目的仓位，确认之后审核。

PDI检查，此业务完成车辆入库后的车身系统检查（如有不正常项目，可转入维修业务处理），必须保证交到客户手中的车完全没问题。

五、整车调拨管理

调拨主要分集团内部调拨和集团外调拨，而集团内部的调拨又有一般调拨和直接调拨两种操作方式。以下所描述的是集团内部调拨的正常的操作程序，直接调拨和集团外的调拨操作也会在其中穿插说明。

1. 调拨申请

当某分店需要向另外一分店进行车辆调拨时，必须先制作一张调拨申请单，输入要调拨的车型、颜色等基本资料。

2. 申请批复

当其他店提出调拨申请时，需要对提交上来的申请单进行批复。如果同意，就把"将调拨日期"填上；如果不同意，就把拒绝原因填上。

3. 整车调拨结算

此业务完成在车辆调拨出库审核前的业务结算处理，结算后方能进行审核出库。

4. 调拨出库

此业务完成车辆调拨申请批复后的车辆出库的业务处理，可直接提取调拨申请单，但需经调拨结算后才能审核出库。

5. 整车调拨入库

当所在的店向别的店发出调拨申请后，对方店调拨批复、调拨出库之后，并且车辆已经调了过来的时候，就要将调过来的车辆加入库存中。"审核"后，调拨的车辆就加入库存了。

六、财务结算

在发生车辆调拨、车辆销售等业务后，分别对车辆调拨、车辆销售等进行收银结算，以记录财务的信息。

1. 整车销售结算

在整车销售结算中，根据实际情况输入结算收款的各项信息。当预收款大于应付款时，可以选择马上退款或将金额转到应收账；当预收款小于应付款时，可以选择挂账或者用现金、支票等支付方式把余款补上。

2. 收销售欠款

之前销售和调拨的挂账记录都会转到该业务。可根据多个条件把要收款的单提取出来，然后选中，在上面输入收到的欠款。

3. 应收账

此业务用于查询客户的欠账情况以及收取"预收款"。如果某个客户之前没有挂账的记录，而又要预交"预收款"，要完成初始建账的操作。如果要收取预收款，则输入实际收取的金额再"确定"，在应收明细中应看到相应的记录。

4. 整车调拨入库结算

具体操作和"整车调拨出库结算"的相同。

5. 付整车欠款

具体操作和"收销售欠款"的相同。

6. 应付账

这个业务主要用于查询调拨入库时产生的欠款情况。

七、售后服务

1. 回访提醒

此业务完成车辆销售的后续跟踪业务处理，通过记录车辆销售后的客户反馈情况，便于及时发现问题及解决问题。另外，还提供了一些温馨的功能，对客户群的建立起到十分重要的作用，如生日提醒、续保提醒。

（1）售后回访。此业务记录车辆销售后，客户对车辆在销售过程中和行驶过程中的反应情况。通过此业务可反映出销售顾问的服务态度、服务质量，以及客户对车辆性能的满意度,此外,还可记录客户的投诉记录。把需要做回访的客户提取出来,对客户增加售后回访计划或者做售后回访。此外,做好售后回访计划。

(2)销售顾问跟踪。此业务完成销售顾问对车辆销售后客户的简易记录。此业务有助于销售顾问开展下一步销售工作。

(3)生日提醒/续保提醒。此业务完成向客户提供生日问候和保险到期提醒,有助于公司稳定客户、提升客户满意度。

2. 报表

提供来访客户的统计、整车库存统计、整车收银统计、整车日报表、整车月报表、销售顾问业务业绩统计、销售满意度统计等。

12.1.2 轿车购车流程

购车流程如图 12-2 所示。

图 12-2 购车流程图

以上手续办完,一般需一周左右。现在交通运管部门、公安车辆管理部门都设立了车辆购置手续"一条龙"服务,大大缩短了办理各种手续的时间。

知识拓展

爱达模式与商品推荐技巧

爱达模式主要基于心理学研究中的"刺激—反应"模式，并将其具体化于客户的购买心理行为过程，总结出以响应客户购买产品时的"注意—兴趣—欲望—行动"四个心理过程为主线的推销工作步骤。

（一）爱达模式的含义

消费心理学认为，人们购买的心理过程可以分为四个阶段，即注意（Attention）、兴趣（Interest）、欲望（Desire）、行动（Action）。国际推销协会名誉会长、著名推销专家海因兹·姆·戈德曼于1980年在《推销技巧——怎样赢得顾客》一书中根据消费心理学的研究，提出推销活动的四个步骤："引起客户的注意—唤起客户的兴趣—激起客户的购买欲望—促成客户的购买行为"。

注意、兴趣、欲望和行动四个单词的英文缩写为AIDA，中文音译为爱达，戈德曼归结的推销步骤通称为爱达模式。其内容可概括为：有效的推销活动一开始就应引起客户的注意，把客户的注意力吸引到推销活动中及其所推销的产品上；进而引起客户对所推销产品的浓厚兴趣，于是，客户的购买欲望也就自然而然地产生了；最终激发了客户的购买行动。尽管推销工作的内容复杂多样，但无论是上门推销，还是店堂推销，推销人员都可以运用这四个基本步骤来开展推销工作，并以此引导推销互动活动的整个过程。

（二）爱达模式的具体运用

1. 引起客户的注意

（1）形象吸引法。推销员的个体形象由仪态形象、语言形象、能力形象和信用形象构成。推销员在服饰运用上要注意遵循"T. P. O原则"，即应该按照推销工作的具体要求选择好自己应穿戴的衣物与饰品，兼顾时间（Time）、地点（Place）和场合（Occasion）三个方面。

（2）口才吸引法。推销员应事先做好周密的准备工作，经过反复的揣摩、推敲和总结，设计调整好自己登门拜访客户的"第一句话"。

（3）动作吸引法。

（4）产品吸引法。一开始就亮出颇有引人注目特色的新产品、新包装，以吸引客户的注意力。

2. 唤起客户的兴趣

在这个阶段推销员要做的具体工作主要有两项：一是向客户示范所推销的产品；二是了解客户的基本情况。

3. 激起客户的购买欲望

推销员要向客户充分说理，通过摆事实讲道理，做示范、出证据，向客户提供购买产品的充分理由。

4. 促成客户的购买行为

爱达模式的最后一个步骤，也是全部推销过程与推销努力的目的所在，它要求推销员运用一定的成交技巧来敦促客户采取购买行动。

12.2 贷款买车

本 节 内 容 简 介

汽车消费信贷就是汽车消费信用贷款，也就是俗称的"办理汽车分期付款"项目。债权保障方式：①汽车抵押担保。②第三方保证人担保。③存款或有价证券质押担保。

12.2.1 汽车消费信贷

汽车消费信贷就是汽车消费信用贷款，也就是俗称的"办理汽车分期付款"项目。中国汽车消费信贷市场的发展经历了四个时期。

1. 起始阶段（1995—1998年9月）

1995年，美国福特汽车财务公司派人到中国进行汽车信贷市场研究时，中国才刚刚开展汽车消费信贷理论上的探讨和业务上的初步实践。这阶段，恰逢国内汽车消费处于一个相对低迷的时期，为了刺激汽车消费需求的有效增长，一些汽车生产厂商联合部分国有商业银行，在一定范围和规模之内，尝试性地开展了汽车消费信贷业务，但由于缺少相应经验和有效的风险控制手段，暴露和产生出一些问题，以至于中国人民银行于1996年9月下令停办汽车信贷业务。

起始阶段主要特点：

（1）汽车生产厂家是这一时期消费信贷市场发展的主要推动者。

（2）汽车消费信贷尚未为国人所广泛接受和认可。

（3）国有商业银行对汽车消费信贷业务的意义、作用和风险水平缺乏基本的认识和判断。

2. 发展阶段（1998年10月—2001年年底）

1998年9月，央行出台《汽车消费贷款管理办法》，1999年4月又出台了《关于开展个人消费信贷的指导意见》。至此，汽车消费信贷业务已成为国有商业银行改善信贷结构、优化信贷资产质量的重要途径。

与此同时，国内私人汽车消费逐步升温，面对日益增长的汽车消费信贷市场需求，保险公司出于扩大自身市场份额的考虑，适时推出了汽车消费信用（保证）保险。银行、保险公司、汽车经销商三方合作的模式成为推动汽车消费信贷高速发展的主流做法。

发展阶段主要特点为：

（1）汽车消费信贷占整个汽车消费总量的比例大幅提高，由1999年的1%左右，迅速上升至2001年的15%。

（2）汽车消费信贷主体由国有商业银行扩展到股份制商业银行。

（3）保险公司在整个汽车消费信贷市场的作用和影响达到巅峰，甚至一些地区汽车消费信贷能否开展取决于保险公司是否参与。

3. 竞争阶段（2002年以后）

最明显的表现为：汽车消费信贷市场已经由汽车经销商之间的竞争、保险公司之间的竞争，上升为银行之间的竞争。

竞争阶段主要特点为：

（1）银行"直客模式"与"间客模式"并存。

（2）银行不断降低贷款利率和首付比例，延长贷款年限，放宽贷款条件。使整个行业平均利润水平下降，潜在风险不断积聚。

（3）汽车消费信贷占整个汽车消费总量的比例继续攀升，由 2001 年的 15％提高至 2002 年的 25％。

（4）保险公司在整个汽车消费信贷市场的作用日趋淡化，专业汽车消费信贷服务企业开始出现，中国汽车消费信贷开始向专业化、规模化发展。

4. 成熟阶段

目前，中国汽车消费信贷市场，正由竞争阶段向成熟阶段发展，其标准包括：

（1）汽车消费信贷市场，实现分工分业，专业经营，专业汽车金融公司或专业汽车消费信贷服务企业已成为整个市场发展的主导者和各方资源的整合者。

（2）产业趋于成熟，平均年增长率稳定为 5％～8％。

（3）产品设计更具有市场适应性，风险率控制在一个较低水平。

中国银监会于 2003 年 10 月 3 日颁布了《汽车金融公司管理办法》，这是规范汽车消费信贷业务管理的重要举措。

 12.2.2 债权保障方式

1. 保证

保证是指保证人和债权人约定，当债务人不履行债务时，由保证人按照约定履行主合同的义务或者承担责任的行为。

保证人的权利：

（1）保证人承担保证责任后，享有向主债务人请求偿还的权利。其实际清偿额大于主债权的，保证人只能在主要债权范围内对债务人行使追偿权。保证人求偿权适用 2 年的诉讼时效，从保证人承担保证责任完毕之日起算。

（2）保证人对债权人不享有请求给付的权利。其权利主要为抗辩权和抵销权。

2. 抵押

抵押是指债务人或者第三人不转移抵押财产的占有，将抵押财产作为债权的担保。当债务人不履行债务时，债权人有权依照担保法的规定以抵押财产折价或者以拍卖、变卖该财产的价款优先受偿。

3. 质押

质押是指债务人或者第三人将其动产移交债权人占有，或者将其财产权利交由债权人控制，将该动产或者财产权利作为债权的担保。债务人不履行债务时，债权人有权依照担保法的规定以该动产或者财产权利折价，或者以拍卖、变卖该动产或者财产权利的价款优先受偿。

4. 留置

留置是指在保管合同、运输合同、加工承揽合同中，债权人依照合同约定占有债务人的动产，债务人不按照合同约定的期限履行债务的，债权人有权依照担保法规定留置该财产，以该财产折价或者以拍卖、变卖该财产的价款优先受偿。

5. 定金

定金是指合同当事人一方为了担保合同的履行，预先支付另一方一定数额的金钱的行为。债务人履行债务后，定金应当抵作价款或者收回。给付定金的一方不履行合同约定的债务的，无权要回定金；收受定金的一方不履行合同约定的债务的，应当双倍返还定金。

上述 5 种担保方式中，留置是法定担保方式，即债权人依照法律规定行使留置权，无须当事人之间约定。其他 4 种担保方式需由当事人之间约定，是协议的担保方式。

汽车贷款债权保障方式主要有：①汽车抵押担保。②第三方保证人担保。③存款或有价证券质押担保。

12.2.3 分期付款的办理

1. 办理机构

银行信贷机构和汽车金融服务机构。

2. 办理流程（图 12 - 3）

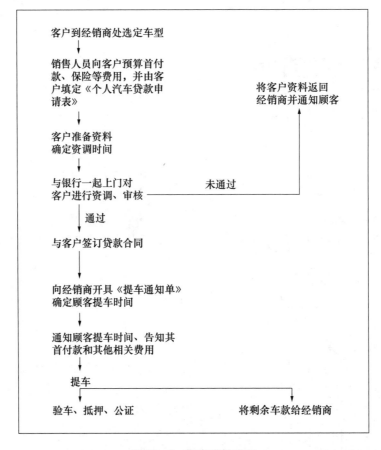

图 12 - 3　汽车贷款流程

办理贷款购车可分为 8 个阶段：

（1）选车、贷款咨询。

申请贷款购车应具备的条件：

个人：①年满 18 周岁具有完全民事行为能力，在中国境内有固定住所的中国公民；②具有稳定的职业和经济收入，能保证按期偿还贷款本息；③在贷款银行开立储蓄存款账户，并存入不少于规定数额的购车首期款；④能为购车贷款提供贷款银行认可的担保措施；⑤愿意接受贷款银行规定的其他条件。

法人：①具有偿还贷款的能力；②能为购车贷款提供贷款银行认可的担保措施；③在贷款银行开立结算账户；④愿意接受贷款银行规定的其他条件。

（2）准备并提供车贷所需的资料。

个人：贷款申请书；有效身份证件；职业和收入证明及家庭基本情况；购车协议或合同；担保所需的证明或文件；贷款人规定的其他条件。

法人：贷款申请书；企业法人营业执照；人民银行颁发的《贷款证》；上一年度的财务报告及上一个月的资产负债表、损益表和现金流量表；抵押物证明；贷款人规定的其他文件。

（3）客户审查。

银行、担保公司、经销商参与审查。

（4）银行批准贷款。

银行批准贷款后，申请者即可与经销商签订购车合同，并与银行正式签订《汽车消费借款合同》《汽车消费贷款抵押合同》《车辆抵押合同》。

（5）银行放款。

申请者要根据协议向经销商缴纳 0~30％的首付款及其他费用。担保公司收到银行同意贷款的批复后，会首先将首付款打到经销商的账上。

（6）验车、抵押、公证。

经销商收到银行购车款后，会通知申请者和信贷公司前来验车，开具正式购车发票，提供一套完整的购车资料，申请者就可以把新车开走了。

拿到新车合格证后，在担保公司人员的陪同下，申请者把贷款的主合同拿到抵押办公证处进行汽车抵押注册和合同公证。

（7）车管所上牌照。

申请者持发票、汽车合格证、抵押公证书等手续，到车辆购置税征收处缴纳约 10％的车辆购置税，到养路费征稽处缴纳养路费，最后到车管所验车挂牌照，并办理汽车保险。注意汽车保险的保单上第一受益人是银行。

（8）每月按时还贷。

3. 其他规定

（1）以所购轿车作抵押的，购车人首期付款不得少于购车款的 30％，贷款额不得超过购车款的 60％。

（2）贷款期限分 3 个档次：1 年以内（含一年），1~3 年（含 3 年），3~5 年（含 5 年）。

（3）贷款本息偿还方式有：第一，款期 1 年（含 1 年）以下的，实际一次还本付息，利随本清；第二，款期1年（不含1年）以上的，借款人提款后的第二个月相应日开始还款；第三，借款人要求提前还本息的，应提前一个月书面通知贷款行；第四，轿车消费贷款不能延期。累计3个月拖欠贷款本息的，贷款行则有权处置抵押物或向贷款人行使追索权。

4. 贷款利率

根据贷款期限长短按中国人民银行公布的相应档次贷款利率执行。见表12-2和表12-3。

还款公式为

月供款＝贷款额（万元）×万元月供款

贷款总利息＝贷款额（万元）×万元总利息

表 12-2　贷款利率与万元月供款参考表

年限/年	贷款期数/月	年利率/%	月利率/%	万元月供款/元	万元总利息/元
1	12	5.31	4.425	857.50	290.00
2	24	5.49	4.575	440.91	581.84
3	36	5.49	4.575	301.91	868.76
4	48	5.58	4.650	232.93	1 180.64
5	60	5.58	4.650	191.38	1 482.80

表 12-3　贷款保证保险费率参考表

年限/年	贷款期数/月	费率/%	万元保险费/元
1	12	0.7	72.24
2	24	1.0	106.3
3	36	1.2	131.3
4	48	1.4	157.9
5	60	1.7	197.3

知·识·拓·展

案例1：

车辆包牌价为30万元，首期交两成，贷款八成，共5年：

首期款：300 000×20%＝60 000(元)；贷款额：300 000－60 000＝240 000(元)

每月供款额：240 000×191.38(万元月供款) ＝4 593.12(元)

5年总利息为：

240 000×1 482.8(万元总利息) ＝35 587.2(元) 或 4 593.12×60－240 000＝35 587.2(元)

案例2：

车辆包牌价为30万元，首期交两成，贷款24万元，共5年：

贷款保证保险费＝（贷款额＋贷款总利息）×费率

例：车辆包牌价为30万元，首期交两成，贷款24万元，共5年：

贷款总利息：240 000×1 482.8(万元总利息)＝35 587.2(元)

贷款保证保险费：(240 000＋35 587.2)×1.7%＝4 684.982 4(元)

12.3 机动车辆保险

本节内容简介

机动车辆保险作为保险中的一种，它是以各类机动车辆及其责任为保险标的的保险。它属于财产保险，分为基本险和附加险，基本险包括车辆损失险和第三者责任险。二者可以合并承保，也可以单独承保。

12.3.1 保险的概念与特点

1. 概念

一般来说，保险有广义和狭义之分。广义的保险泛指保险人向投保人收取保险费，建立专门用途的保险基金，用于补偿因自然灾害和意外事故造成的经济损失，或为社会安定发展而建立物质准备的一种经济补偿制度。它一般包括国家政府部门经办的社会保险，专门的保险公司按商业原则经营的商业保险，被保险人集资合办的合作保险等多种保险形式。狭义的保险特指商业保险，即按商业经营原则，以合同形式确立双方经济关系，采用科学的计算方法，收取保险费，建立保险基金，对遭受约定灾害事故所造成的损失进行补偿而建立的一种经济补偿制度。

2. 特点

（1）保险是一种合同关系。
（2）承保的风险事故是否发生或何时发生是不确定的。
（3）承保的风险事故是无法预见或难以控制的。
（4）承保的风险事故发生后，保险人承担赔偿、给付责任。

12.3.2 机动车辆保险的含义与特点

1. 机动车辆保险的含义

机动车辆保险是指保险人通过收取保险费的形式建立保险基金，并将它用于补偿因自然灾害或意外事故所造成的车辆经济损失，或在人身保险事故发生时赔偿损失，负担责任赔偿的一种经济补偿制度。机动车辆保险作为保险中的一种，它是以各类机动车辆及其责任为保险标的的保险，属于财产保险。它分为基本险和附加险。基本险包括车辆损失险和第三者责任险。二者可以合并承保，也可以单独承保。附加险是针对车辆损失险和第三者责任险的部分责任免除而设置的，如全车盗抢险和车上责任险等。

机动车辆保险包括几层含义：

（1）它是一种商业保险行为。保险人按照等价交换关系建立的机动车辆是以盈利为目的的，因此机动车辆保险属于一种商业行为。

（2）它是一种法律合同行为。投保人与保险人要以各类机动车辆及其责任为保险标的签订书面的具有法律效力的保险合同，比如要填制保险单，否则机动车辆保险没有存在的法律依据。

（3）它是一种权利义务行为。在投保人与保险人所共同签订的保险合同中，明确规定了双方的权利和义务，并确定了违约责任，要求双方在履行合同时共同遵守。

（4）它是一种以合同约定的保险事故发生为条件的损失补偿或保险金给付的保险行为。

2. 特点

①保险标的出险率较高；②业务量大，投保率高；③扩大保险利益；④被保险人自负责任与无赔款优待。

12.3.3 我国汽车保险的种类

机动车辆的风险有两种：机动车本身所面临的风险、机动车本身所创造的风险。

一、基本险

1. 机动车辆损失险

机动车辆损失险与第三者责任险一样都是机动车辆的基本险，但车辆损失险不是法定的强制保险，因此，被保险人可以根据自己的意愿选择投保与否。但是，如果被保险人要投保全车盗抢险、玻璃单独破碎险等，就一定要先投保车辆损失险。

车辆损失险的保险责任，是指保险单承担的危险发生，造成保险车辆本身损坏或毁灭，保险人负赔偿责任。保险责任在保险单中明确列明，由意外事故、自然灾害和施救、保护费用构成。

（1）意外事故：包括碰撞、倾覆、火灾、爆炸、外界物体倒塌、空中运行物体坠落、保险车辆行驶中平行坠落等。

（2）自然灾害：包括雷击、暴风、龙卷风、暴雨、洪水、海啸、地震。

（3）施救保护费用：衡量施救保护费用是否合理，原则上以是否是"为了减少保险车辆损失而直接支出的必要费用"来确定。

2. 机动车辆第三者责任险

第三者责任险简称三者险，它分为强制第三者责任险和商业第三者责任险。强制第三者责任险是车辆最基本的保险，商业第三者责任险则为强制保险的补充。

第三者责任险是被保险人或其允许的合格驾驶员在使用保险车辆过程中发生意外事故，致使第三者遭受人身伤亡或财产的直接损毁，在法律上应当由被保险人承担的经济赔偿责任，转由保险人代为负责赔偿的一种保险。也就是，被保险人为了免除或减少自己对第三者的损害赔偿的经济负担，而与保险公司订立的保险合同，但事故的善后工作，由被保险人负责处理。

在第三者责任险的定义中，需说明以下几点：

①直接损毁：包括受害者的死亡补偿、伤残补偿、医疗补偿及财物毁损补偿。②被保险人允许的合格驾驶员。③使用保险车辆过程。④意外事故。⑤第三者：在这里，保险合同法律关系的主体是保险人和被保险人，保险人为第一者，被保险人或使用保险车辆的人为第二者，除保险人与被保险人之外即为第三者。⑥被保险人依法应当支付的赔偿金额，保险人依照保险合同的规定进行补偿。

二、附加险

（1）全车盗抢险：强调的只是对保险车辆整车的盗抢负责赔偿。对保险车辆非全车遭盗抢，仅车上零部件或附属设备被盗窃、被抢劫、被抢夺、被损坏，如仅仅是轮胎或车上音响设备被盗了，保险公司是不负责赔偿的。另外，对全车被盗窃、被抢劫、被抢夺期间，保险车辆肇事导致第三者人员伤亡或财产损失的，保险公司也不负责赔偿。

(2) 玻璃单独破损险：是一个传统的机动车辆附加险，必须在投保了车辆损失险的情况下才可投保。

玻璃单独破碎险的保险责任是指保险车辆在使用和停放期间，车辆的前后挡风玻璃、门窗及侧窗玻璃发生单独破碎，保险人按实际损失计算赔偿。但对车辆的灯具、车镜玻璃破碎和被保险人或其驾驶员的故意行为，以及安装、维修、清洗车辆过程中造成的破碎不予赔偿。

(3) 自燃损失险：自燃损失险的保险责任是保险车辆在使用过程中，因本车电器、线路、供油系统发生故障及运载货物自身原因起火燃烧，造成保险车辆的损失，以及被保险人在发生保险事故时，为减少保险车辆损失所支出的必要合理的施救费用，保险人在保险单载明的保险金额内，按保险车辆的实际损失计算赔偿；发生全部损失的按出险时保险车辆实际价值在保险单该项目所载明的保险金额内计算赔偿。

自燃损失险的保险金额由投保人和保险人在保险车辆的实际价值内协商确定，每次赔偿均实行 20% 的绝对免赔率。

(4) 车身划痕损失险：其保险责任就是在投保了本保险的机动车辆上，因他人恶意行为造成保险车辆车身人为划痕的，保险人按实际损失计算赔偿。车身划痕损失险的保险费是根据车辆的价值来计算的，一般都在 300~500 元之间。

(5) 车辆停驶损失险：其保险责任是车辆停驶期间保险车辆发生车辆损失险的保险事故，致使车身损毁，由此引起被保险人因不能正常使用车辆而造成的间接利益损失，如私家车车主因此而付出的租车费用等，保险公司给予每天一定数额的费用补偿。车辆停驶损失险一般不实行免赔。

(6) 新增加设备损失险：其保险责任是保险车辆发生车辆损失险的保险事故，造成车上新增加设备的直接损毁，保险人在保险单中该项目所载明的保险金额内，按实际损失计算赔偿。本保险所指的新增加设备是指保险车辆在原有附属设备外，被保险人另外加装或改装的设备与设施。如在保险车辆上加装制冷、加氧设备，CD 及电视录像等设备。

(7) 车上人员责任险：其保险责任是投保了本保险的机动车辆在使用的过程中发生意外事故，致使保险车辆在所载货物遭受直接损毁和车上人员的人身伤亡，依法应由被保险人承担的经济赔偿损失，以及被保险人为减少损失而支付的必要合理的施救、保护费用，保险人在保险单所载明该保险赔偿限额内计算赔偿。

(8) 车上货物掉落责任险：其保险责任是投保了本保险的机动车辆在使用的过程中，所载货物从车上掉下，致使第三者遭受人身伤亡或财产的直接损毁，依法应由被保险人承担的经济赔偿责任，保险人在保险单所载明的赔偿限额内计算赔偿。

(9) 无过失责任险：其保险责任是投保了本保险的机动车辆在使用的过程中，因与非机动车辆、行人发生交通事故，造成对方人员伤亡和财产直接损毁，保险车辆一方无过失，且被保险人拒绝赔偿未果，对被保险人已经支付给对方而无法追回的费用，保险人按我国《道路交通事故处理办法》和当地的道路交通事故处理规定标准，在保险单所载明的本保险赔偿限额内计算赔偿。本保险每次赔偿均实行 20% 的绝对免赔率。

(10) 不计免赔特约险：是车辆损失险和第三者责任险的共同附加险，只有在同时投保了车辆损失险和第三者责任险的基础上，方可投保本附加险。当车辆损失险和第三者责任险中任一险别的保险责任终止时，本附加险的保险责任同时终止。

不计免赔特约险其保险责任是办理了本特约保险的机动车辆发生保险事故造成赔偿，保险人对其在符合赔偿规定的金额内，按本保险条款规定计算的免赔金额进行赔偿。

12.3.4 业务流程

一、投保

机动车辆的投保，就是投保人购买机动车辆保险产品，办理保险手续，与保险人正式签订机动车辆保险合同的过程。

投保人要积极配合保险业务员办理有关手续，履行应尽的义务。

投保人办理机动车辆保险的基本流程如图12-4所示。

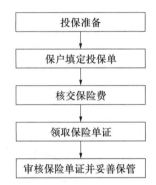

图12-4 车辆保险的基本流程图

（1）投保准备。基本内容包括：准备好证件，保养好车辆，协助业务员验证、验车，以及如实告知有关情况等。

（2）保户填写投保单。基本内容：投保人的姓名、厂牌型号、车辆种类、号牌号码、发动机号码及车架号、使用性质、吨位或座位、行驶证、初次登记年月、保险价值、车辆损失险保险金额的确定方式、第三责任险赔偿限额、附加险的保险金额或保险限额、车辆总数、保险期限、联系方式、特别约定、投保人签章。

（3）交纳保费。投保单所有项目填写完毕，并经保险人审核，计算出保险费后，即可缮制签发保险单证，同时开具保险费收据。投保人接到保险收据后，应仔细核对，确认无误后可据此办理交费手续。

（4）领取保险单证。投保人拿到保险单证后，应再核对一遍，检查各栏目填写是否正确，计算是否准确，签章是否齐全。若有错误或遗漏，要及时更正。

（5）审核保险单证并妥善保管。保险单带回后应妥善保管，因为保险单就是保险合同，是参加保险的凭证。投保过程中应注意的问题：合理选择保险公司；合理选择代理人；了解机动车辆保险的内容；根据实际需要购买。

（6）其他注意事项。

①如实填写保单上规定的各项内容，取得保单后应核对其内容是否与投保单上的有关内容完全一致。保管好所有凭证。②如实告知。③及时交纳保费。④合同纠纷解决方式：以约定仲裁或诉讼方式解决。

二、承保

承保实质上是保险双方当事人达成协议、订立保险合同的过程。

1）核保

①投保人资格：通过核对行驶证来完成。②投保人或被保险人的基本情况。③投保人或被保险人的信誉。④保险标的。⑤保险金额。⑥保险费。⑦附加条款。

2）接受业务

3）缮制单证

要求单证相符、保险合同要素明确、数字准确、复核签章、手续齐备。

 ### 12.3.5 事故理赔（图 12-5）

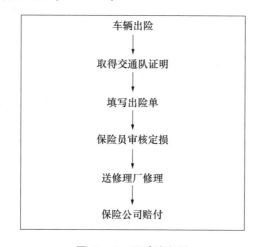

图 12-5 理赔流程图

（1）属单方责任事故，没有人员伤亡，应提供：①出险通知书；②出险证明；③修车发票原始件，修理、更换部件清单；④其他必要证明或费用收据原件。

（2）如果涉及车损和人员伤亡事故的，除以上证明外，还应提供：①伤者诊断证明（县级以上医院）、残疾者凭残法医鉴定证明、死亡者死亡证明；②抢救治疗费收据；③事故责任认定书；④事故调解书；⑤伤亡工资收入证明、家庭情况证明；⑥保险公司针对特殊情况要求的其他必要的证明。

（3）车辆丢失索赔（图 12-6）。

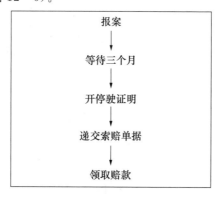

图 12-6 丢车索赔流程

车辆丢失后,应在48小时内向保险公司报案并办理索赔手续。具体程序如下:

第一步:报案。

带上保险单、行驶证和驾驶证;在保险公司理赔部填写《车辆出险登记表》。

做完这三件事,将得到二联《车辆出险登记表》、一张《出险通知书》、一式四份《权益转让书》和一张盗抢险索赔所需手续清单。《车辆出险登记表》一联交给保险公司定损人员,另一联供填写《出险通知书》时使用;填写好《出险通知书》,待其他手续办齐后一起交回保险公司;《权益转让书》签字或盖章后一份自己留下,一份交回保险公司,一份交给丢车地公安局,一份在办丢失证明时交给公安局二处。

第二步:耐心等待三个月。

在保险公司报完案,公安部门需要三个月后才能确认车已经丢失,才会给开《丢失证明》,有了《丢失证明》,保险公司才能赔偿。

第三步:开丢失证明和停驶证明。

从丢车日起满三个月后,就可以去办《丢失证明》了。具体方法是:写一份关于丢车情况的报告,并拿一份填好的权益转让书交给丢车地的公安分局,由公安分局开一份丢车情况证明;然后,带一份丢车情况报告、一份填好的权益转让书和公安分局开的丢车情况证明去市公安局出具一份正式的丢失证明供保险索赔时使用。

带上市公安局出具的《丢失证明》到公路局开一份车辆停驶证明供保险索赔时使用。

第四步:递交索赔单证。

把下列手续办齐后交给保险公司:

《出险通知书》、《保险单》、《行驶证》、购车发票、购置费缴费凭证和收据、《权益转让书》、《丢失证明》、《停驶证明》、汽车钥匙、车主证件、养路费收据、《赔款结算单》。

以上单证中,如果有随车丢失的,需要到原单位去补办。《丢失证明》和《停驶证明》是必须提供的,否则保险公司不予赔偿。《行驶证》《购置费凭证》《购车发票》及车钥匙每缺少一项,保险公司可能会增加5%的免赔率。

第五步:领赔款。

递交完索赔单证后,大约在一星期之后(一般不超过10天),会接到保险公司的领赔款通知,届时就可以带上身份证明和《车辆出险登记表》领回赔款了。

根据保险车辆驾驶员在事故中的责任,车辆损失险和第三者责任险在符合赔偿规定的金额内实行绝对免赔率。负全部责任的免赔20%;负主要责任的免赔15%;负同等责任的免赔10%;负次要责任的免赔5%;单方肇事事故的绝对免赔率为20%。

12.3.6 退保过程(图12-7)

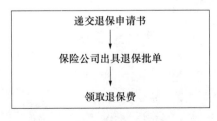

图12-7 退保流程图

1. 退保条件
(1) 车辆的保单必须在有效期内。
(2) 在有效期内，该车没有向保险公司报案或索赔过。
2. 退保所需提供的单证
(1) 退保申请书。
(2) 保险单。
(3) 保险费发票。
(4) 被保险人的身份证明。
(5) 证明退保原因的文件。

汽车保险费率的模式

一、保险费率的概念

保险费率：依照保险金额计算保险费的比例，通常以千分率（‰）来表示。

保险金额：简称保额，保险合同双方当事人约定的保险人于保险事故发生后应赔偿（给付）保险金的限额，它是保险人据以计算保险费的基础。

保险费：简称保费，是投保人参加保险时所交付给保险人的费用。

在市场经济条件下，价值价格规律的核心是使价格真实地反映价值，从而体现在交易过程中公平和对价的原则。但是，如何才能够实现这一目标，从被动的角度出发，可以通过市场适度和有序的竞争实现这一目标，但这往往需要付出一定的代价。从主动和积极角度出发，保险人希望能够在市场上生存和发展，就必须探索出确定价格的科学和合理的模式。

就汽车保险而言，保险人同样希望保费设计得更精确、更合理。在不断的统计和分析研究中，人们发现影响汽车保险索赔频率和索赔幅度的危险因子很多，而且影响的程度也各不相同。每一辆汽车的风险程度是由其自身风险因子综合影响的结果，所以，科学的方法是通过全面综合地考虑这些风险因子后确定费率。

通常保险人在经营汽车保险的过程中将风险因子分为两类：
(1) 与汽车相关的风险因子，主要包括汽车的种类、使用的情况和行驶的区域等。
(2) 与驾驶人相关的风险因子，主要包括驾驶人的性格、年龄、婚姻状况、职业等。

由此各国汽车保险的费率模式基本上可以划分为两大类，即从车费率模式和从人费率模式。

从车费率模式是以被保险车辆的风险因子为主作为确定保险费率主要因素的费率确定模式。

从人费率模式是以驾驶被保险车辆人员的风险因子为主作为确定保险费率主要因素的费率确定模式。

二、从车费率模式

从车费率模式是指在确定保险费率的过程中主要以被保险车辆的风险因子作为影响费率确定因素的模式。目前，我国采用的汽车保险的费率模式就属于从车费率模式，影响费率的主要因素是被保险车辆有关的风险因子。

现行的汽车保险费率体系中，影响费率的主要变量为车辆的使用性质、车辆生产地和车辆的种类：

（1）根据车辆的使用性质划分：营业性车辆与非营业性车辆。

（2）根据车辆的生产地划分：进口车辆与国产车辆。

（3）根据车辆的种类划分：车辆种类与吨位。

除了上述3个主要的从车因素外，现行的汽车保险费率还将车辆行驶的区域作为汽车保险的风险因子，即按照车辆使用的不同地区，适用不同的费率，如在深圳和大连采用专门的费率。

从车费率模式具有体系简单，易于操作的特点，同时，由于我国在一定的历史时期被保险的车辆绝大多数是"公车"，驾驶人与车辆不存在必然的联系，也就不具备采用从人费率模式的条件。随着经济的发展和人民生活水平的提高，汽车正逐渐进入家庭，2003年各保险公司制定并执行的汽车保险条款，就开始采用从人费率模式。

从车费率模式的缺陷是显而易见的，因为在汽车的使用过程中对于风险的影响起到决定因素的是与车辆驾驶人有关的风险因子。尤其是将汽车保险特有的无赔偿优待与车辆联系，而不是与驾驶人联系，显然不利于调动驾驶人的主观能动性，其本身也与设立无赔偿优待制度的初衷相违背。

三、从人费率模式

从人费率模式是指在确定保险费率的过程中主要以被保险车辆驾驶人的风险因子作为影响费率确定因素的模式。目前，大多数国家采用的汽车保险的费率模式均属于从人费率模式，影响费率的主要因素是与被保险车辆驾驶人有关的风险因子。

各国采用的从人费率模式考虑的风险因子也不尽相同，主要有驾驶人的年龄、性别、驾驶年限和安全行驶记录等。

（1）根据驾驶人的年龄划分：通常将驾驶人按年龄划分为三组：第一组是初学驾驶，性格不稳定，缺乏责任感的年轻人；第二组是具有一定驾驶经验，生理和心理条件均较为成熟，有家庭和社会责任感的中年人；第三组与第二组情况基本相同，但年龄较大，是反应较为迟钝的老年人。通常认为第一组驾驶人为高风险人群，第三组驾驶人为次高风险人群，第二组驾驶人为低风险人群。至于三组人群的年龄段划分，是根据各国的不同情况确定的。

（2）根据驾驶人的性格划分：男性与女性。研究表明女性群体的驾驶倾向较为谨慎，为此，相对于男性，她们为低风险人群。

（3）根据驾驶人的驾龄划分：驾龄的长短可以从一个侧面反映驾驶人员的驾驶经验，通常认为从初次领证后的1～3年为事故多发期。

（4）根据安全记录划分：安全记录可以反映驾驶人的驾驶心理素质和对待风险的态度，经常发生交通事故的驾驶人可能存在某一方面的缺陷。

从以上对比和分析可以看出，从人费率相对于从车费率具有更科学和合理的特征，所以，我国正在积极探索，逐步将从车费率的模式过渡到从人费率的模式。

12.4 轿车选购的主要原则

本节内容简介

购车费用计算；理性选择车型。

1. 正确估算费用

1) 买车需考虑三方面的费用

(1) 轿车的售价。

(2) 附加费。包括轿车购置税、牌证费、保险费、车船使用税。

(3) 养车费。养路费、使用税费、燃油费、年审费、泊车费、路桥费、保养费等。

2) 购置时需要支付的费用

(1) 轿车购置税：收费标准为不含增值税车价的 10%，目前增值税为 17%。

(2) 车船使用税：从购车之日起至当年年底，按月计算，10 座以下的轿车为每年 200 元。

(3) 检测费：一般为 150 元。

(4) 牌证费：为 154 元。

(5) 养路费：从购车之日起，以年为单位收费，5 座轿车为每月 110 元，6 座为 132 元。

(6) 轿车行驶证费：5～8 元。

(7) 停车泊位费：1 500～1 800 元。

(8) 保险费：包括轿车损失险费用为车价的 1.2%，再加上 240 元的基本保险。

(9) 强制第三者责任险：为必保险种，根据投保金额不同收取不同的费用。

2. 选择轿车的档次、品牌与车型

1) 选择轿车的档次

①微型车；②经济型车；③中级轿车；④中高级轿车；⑤高级轿车。

2) 选择轿车的品牌

注意国产车与进口车的区别。

3) 选择轿车的车型

选择适合自己的车型，注意有关通行规定。

4) 不要选择排放达不到国家新标准的轿车

2019 年前执行国家Ⅴ标准，2019 年后执行国Ⅵ标准。

5) 正确选择性价比

6) 根据个人爱好习性来选择

7) 对安全配置的考虑

8) 是否选装自动变速器

自动变速器的价格比手动变速器的高约 1 万元；加速慢；低速时百千米耗油高出约 8%。

9) 是否需要真皮座椅

真皮座椅适于南方，而北方地区适用绒面或布面座椅。

10) 是否选装 CD 音响

从安全角度出发，最好不装。

11）关于汽车保修期

注意家用轿车与营运车的区别。

12）新老车型的差别

新车型配件、修理滞后，老车型较可靠。

13）车身颜色的选择

在轿车的构成要素中，颜色是仅次于造型的又一重要方面。车身的颜色就像脸上的化妆，很大程度上影响着轿车的美观。

目前轿车的标准色主要分为两大类：一类为金属漆，如钻石银灰、米色、宝石蓝、钢青、薄荷青、闪光石墨黑、印第安红、黄晶绿、鸽灰、印加蓝；另一类为普通漆，如曙光紫、特里、阿尔卑斯山白、内华达米黄、火星红、冈比亚红、海军蓝、冰绿、珠灰、玛利安棕、茉莉黄、旋风红、龙绿、魔力黑、狂飙。

下面介绍关于颜色的一些说法：

（1）红色，代表充沛火热的生命力，在欢喜间又蕴藏着一种唤醒人们的潜意识，让人产生蓬勃向上的感觉。

（2）蓝色，显示出博大、尊贵的气派和风度。

（3）白色，是清新亮丽、卓尔不群的象征，正如出淤泥而不染的花中之莲，也似平凡而不俗的人中之君，总给人一种走在高处的感觉。

（4）黑色，具有典雅的魅力，有种安全、沉着的人格感召力。

（5）绿色，有种吹面不寒杨柳风的感觉，同时更具有田园诗画般的风情，是和谐、生机盎然的浓缩和升华。

颜色不仅是轿车的包装和品牌识别的标志，还反映车主的情感和身份。红色能激发欢乐的情绪；黄色是大自然本色；蓝色显示豪华气派；白色给人以纯洁、清新、平和的感觉；黑色可以说是一种矛盾的颜色，既代表保守和自尊，又带有新潮和浪漫；绿色使人感觉沉静、和谐。

颜色更重要的作用是在安全方面。视认性好的颜色能见度佳，把它们用于轿车外部可以提高行车安全性。视认性主要与下列因素有关：

（1）颜色的进退性，即所谓的前进色和后退色。比如使红、黄、蓝、绿的轿车与观察者保持等距离，在观察者看来，似乎红、黄色轿车要近些，而蓝、绿色轿车要远些。因此红黄称前进色，蓝绿称后退色。前进色的视认性较好。

（2）颜色的胀缩性。将相同车身涂上不同颜色，会产生体积大小不同的感觉。如黄色感觉大一些，有膨胀性，称膨胀色；蓝色、绿色感觉小一些，有收缩性，称收缩色。膨胀色视认性较好。

（3）颜色的明暗性。颜色在人们视觉中的亮度是不同的，可分为明色和暗色。红黄为明色，暗色的车型看起来觉得小一些、远一些和模糊一些。明色的视认性较好。

汽车品牌营销五要素

汽车产品竞争要经历产量竞争、质量竞争、价格竞争、服务竞争到品牌竞争，前四个方

面的竞争其实就是汽车品牌营销的前期过程,当然也是品牌竞争的基础。汽车品牌营销的五个要素:

1. 质量第一

任何产品,恒久、旺盛的生命力无不来自稳定、可靠的质量。

2. 诚信至上

人无信不立,同理,品牌失去诚信,终将行之不远。

3. 定位准确

著名的营销大师菲利普科特勒曾经说过：市场定位是整个市场营销的灵魂。的确,成功的品牌都有一个特征,就是以始终如一的形式将品牌的功能与消费者的心理需要连接起来,并能将品牌定位的信息准确传达给消费者。市场定位并不是对产品本身采取什么行动,而是针对现有产品的创造性思维活动,是对潜在消费者的心理采取行动。因此,提炼对目标人群最有吸引力的优势竞争点,并通过一定的手段传达给消费者,然后转化为消费者的心理认识,是品牌营销的一个关键环节。

4. 个性鲜明

单一可以赢得目标群体较为稳定的忠诚度和专一偏爱；准确能提升诚信指数,成为品牌营销的着力支点。

5. 巧妙传播

有整合营销传播先驱之称的舒尔茨说：在同质化的市场竞争中,唯有传播能够创造出差异化的品牌竞争优势。时至今日,品牌的创立就远没有那么简单了,除了需前述四个方面作为坚实基础外,独特的产品设计、优秀的广告创意、合理的表现形式、恰当的传播媒体、最佳的投入时机、完美的促销组合等诸多方面都是密不可分的。

本 章 知 识 点

整车销售和轿车购车流程。汽车消费信贷的政策及贷款程序。机动车保险的种类和保险的基本概念。购车费用估算的方法。轿车选购的基本原则。

课 后 训 练

任 务	要 求
1. 模拟办理整车销售手续。 2. 学生互相评价他们的工作过程	学生选择一款车辆,根据市场价格,办理商务结算手续。 (1) 费用测算。 (2) 车型选择。 (3) 保险办理。 (4) 贷款办理。 (5) 交车。 填写工作计划表(附录四)和工作检查表(附录五)

拓展知识

案例分析

学习素材

第十三章

汽车产品的售后服务

学习目标

了解汽车售后服务对销售的影响。
明确汽车售后服务工作的功能。
了解售后服务工作的内容和机构设置的类型。

情景导入

福特公司提出他们的代理商网络已不再是仅仅解决用户购买和维修的需求,而是要满足用户对汽车整个生命周期中从购车、保险、贷款、装潢、维修、汽车管理、旧车置换等一切随机需求,以此减少服务环节,降低交易成本,提供便捷周到的服务,如三包索赔、质量追踪、回访客户、车辆召回等。

本田公司提出"无论我们做什么,只要是服务顾客的事,都是合理的,回头客是公司最有力的广告"。公司对员工的要求是:把服务与质量融入产品,顾客的满意是每一位职工的最终目标,你的工作质量就是你职业的保障。丰田公司则是:做用户还没有想到的。

神古正太郎的销售理论是:消费者第一、销售者第二、制造者第三。宝马公司:顾客至上。东风汽车公司:质量第一、信誉第一、用户第一。桑塔纳上海经销商提出:要像蚂蚁搬东西那样勤奋地服务用户。别克公司提出6项标准化关心服务:①主动服务(主动提醒问候服务);②贴身服务(一对一顾问式服务);③效率服务(快速保修通道服务);④诚信服务(配件、工时价格透明管理);⑤专业服务(专业技术维修认证服务);⑥品质服务(2年或4万千米质量担保)。

13.1　汽车企业的售后服务工作

本节内容简介

售后服务是营销策略中不可分割的组成部分和销售工作的重要支撑条件。尽管售后服务的范畴是宽广的,内容是多方面的,但无疑它意味着为用户提供实实在在的好处,能够真正地为用户解决后顾之忧。也就是说,售后服务的功能应当覆盖到能够为顾客想到的一切技术服务内容,通过服务使用户用好汽车产品,把在实际生活中遇到的问题和信息及时反馈到汽车企业,使汽车企业及时改进其中的不足,增加产品的市场竞争力,为企业创造最好的效益。

13.1.1　现代汽车售后服务理念

加入世界贸易组织后,除了汽车价格的竞争外,更重要的是服务竞争。售后服务体系是否完善,备件供应是否及时,等等,都是消费者买车重点考虑的因素,没有售后服务的轿车是不能给消费者以信心的,因此,庞大而细致的经营服务网络是我国汽车业竞争的一张王牌。

售后服务是指商品出售以后进入消费领域,而经营者仍继续向购买商品的顾客提供维修、技术培训、退换等各项劳务性服务。汽车售后服务泛指客户提车前后,由销售部门为客户提供的所有技术性服务工作。比如在销售中进行的附件安装和检修、根据企业的需要为客户进行培训或发放技术资料等,但更多的是在车辆售出后,按期限所进行的质量保修、日常维护和修理、技术咨询及备件供应等一系列工作。

近代营销理论普遍认为,售后服务是营销策略中不可分割的组成部分和销售工作的重要支撑条件。尽管售后服务的范畴是广泛的,内容是多方面的,但无疑它意味着为用户提供实实在在的好处,能够真正地为用户解决后顾之忧。也就是说,售后服务的功能应当覆盖到能够为顾客想到的一切技术服务内容,通过服务使用户用好汽车产品,把在实际生活中遇到的问题和信息及时反馈到汽车企业,使汽车企业及时改正其中的不足,增加产品的市场竞争力,为企业创造最好的效益。

全球各大跨国公司越来越将竞争重点放在服务能力上,并不遗余力地开展服务竞争。

13.1.2　售后服务的功能

（1）保证用户购置的汽车产品使用时性能可正常发挥,技术可靠。企业为用户提供及时、周到、可靠的服务,可以保证汽车产品的正常使用、可靠运行,最大限度地发挥车辆的使用价值。

（2）安抚用户,降低用户抱怨程度,为用户提供优质、及时的服务,解除后顾之忧。在用户的汽车产品出现故障时,为用户恢复汽车性能。或接受用户的索赔,或执行汽车召回制度,从而起到安抚用户,为用户解除后顾之忧的作用,使用户满意。

（3）信息反馈的作用。售后服务的网络建设,不仅可以使企业掌握用户的信息资料,还可以广泛收集用户意见和市场需求信息,准确及时地反馈这些信息,为企业及时做出正确的决策提供依据。

（4）争取用户，提高企业市场竞争能力。用户在购买产品时，总希望能够给他们带来整体性的满足，不仅包括实体物质产品，而且包括满意的服务。优质的售后服务可以继产品性能、质量、价格之后，增加用户对产品的好感。让用户对产品产生方便感、安全感及偏爱心理。这种好感又会影响更多的人，提升产品的口碑，从而提高企业的声誉，迎来更多的用户，增强企业的竞争力。

（5）可以为企业树立良好的形象。售后服务是汽车企业伸向市场的触角，它直接面向消费者，因而必须做好售后服务工作。企业统一的形象设计可以通过售后服务渠道准确有力地展现给用户，从而在用户中建立良好的形象，为企业获得美誉。

（6）售后服务也是企业增加收入的一个途径。在整个汽车产业链中，汽车产业主要的获利并不是整车销售，而是来自售后服务。据专家分析，企业出售整车只赚了消费者20%的钱，还有80%的钱滞留在售后服务中。

知识拓展

在一汽大众特约服务站，着装整齐统一，车间现场干净，物品摆放整齐有序，用户三级回访等细节都是写进ISO9002质保程序中的，已经进入服务标准流程。

除此之外，各部分服务站依据自身特点所设计的诸多细节仍然叫人大开眼界。

A. 公开站长电话。在河南机电澳捷服务站和重庆蓝天服务站，在接待大厅除了有一汽大众要求公开上墙的价目表及各种条例外，且还有十分醒目的站长24小时开机电话，以方便消费者随时反映和解决问题。

B. 客户技术辅导活动。在北京亚之杰、成都蓝天、太原大昌、河南澳捷、沈阳中联都有自己主动或与当地新闻媒体联合开展的客户技能辅导活动。

C. 委屈奖。在哈尔滨博远服务站，有专门为员工忍受个别客户一时不理智所造成的伤害事迹设立的委屈奖。

D. 绿色通道与出租车特区。从用户的心理出发，把小项目、快项目、用户指定项目等建立起一个快速委托、自助填写维修单的绿色通道，避免了小修理项目的客户也得与大多数客户一起排队的麻烦。

E. 代客送车上门、送客返程。紧急救援是所有服务站都能想得到的，但救援之后能否将车主送回家？在厦门华新服务站，一直坚持了送客返程、代客送车上门这项业务，给众多车主送去了出乎意料的温馨。

F. 及时贴、路牌、灯箱、广告也成为现代企业招徕客户的主要手段。在西安空四服务站，一片专门往引擎盖内粘贴的及时贴常常给半路抛锚的司机带去意想不到的喜悦，被誉为"及时雨"。

13.2　售后服务内容

本节内容简介

汽车售后服务的内容很多，既包括汽车生产商、汽车经销商和汽车维修企业所提供的质量保修、汽车维修维护等服务,也包括社会其他机构为满足汽车用户的各种需求提供的汽车保险等服务。

 13.2.1　售后服务与汽车营销

汽车售后服务是一个大市场,在为消费者服务的同时,也为商家带来了商机,售后服务市场也称后市场。在商品流通的过程中,商品经营者的信誉总是依附在商品上一并出售给消费者。良好的售后服务可以使消费者所购买的商品充分发挥使用价值,博得顾客的信任;利于企业与顾客建立长期的关系,这对于汽车售后服务企业尤为重要;还有利于培养用户的品牌忠诚度。售后服务质量成为消费者购车的决定因素,其质量的提高将对销售产生积极的影响。汽车营销链中生产、销售、售后服务是一体的。

 13.2.2　售后服务工作的内容

汽车售后服务的内容很多,既包括汽车生产商、汽车经销商和汽车维修企业所提供的质量保修、汽车维修维护等服务,也包括社会其他机构为满足汽车用户的各种需求提供的汽车保险等服务,汽车售后服务可以归纳为以下主要内容:

(1) 由汽车生产商提供的汽车服务网络或网点的建设与管理、产品的质量包修、技术培训、技术咨询、配件供应、产品选装、信息反馈与加工等。

(2) 为汽车整车及零部件生产商提供物流配送服务。

(3) 汽车的养护、检测、维修、美容、改装等服务,这些服务是汽车售后服务的主要服务项目。这类服务的经营者有汽车生产商授权的汽车经销商(4S店)和特约汽车维修服务站,也有社会连锁经营或独立经营的各类汽车维修企业。其中,汽车的养护包括定期更换润滑油、轮胎定期换位、更换易损件、检查汽车紧固件等。检测包括对发动机、变速器、减震器等部件的故障检测。汽车维修包括汽车生产商质量保修外的所有故障修理,维修服务在售后服务中的需求量相对较大,是售后服务的最主要的服务内容之一。

(4) 汽车配件经营。在汽车生产商售后配件供应体系之外,还存在着相对独立的汽车配件经营体系,如各地的汽车配件城,其货源有原厂配件,也有副厂配件,可以满足不同用户的不同需求。

(5) 汽车美容装饰用品的销售和安装,如各种坐垫、转向盘套、地毯、车用香水、车上的小饰件等。

(6) 汽车故障救援服务。汽车故障救援服务的内容主要包括车辆因燃油耗尽而不能行驶的临时加油服务、因技术故障导致被迫停驶的现场故障诊断和抢修服务、拖车服务、交通事故报案和协助公安交通管理部门处理交通事故等服务。

(7) 汽车金融服务。银行和非银行向汽车购买者提供金融支持服务。

(8) 汽车租赁服务。向短期或临时性的汽车用户提供车辆,并以计时或计程方式收取相应租金的服务。汽车租赁服务能够较好地满足短期临时用户的需要和有证无车用户的需求,同时也是变相销售汽车的方式,为此,很多汽车经销商开展了汽车租赁业务。

(9) 汽车保险服务。是保险公司向汽车用户销售汽车保险产品,收取保险费用,为车主提供金融保险的一项特殊服务。

(10) 二手车交易。主要满足汽车车主及二手车需求者交易旧车的需求。

除了上述服务内容外，汽车售后服务还包括汽车召回、汽车驾驶培训服务、汽车市场和场地服务、汽车广告与展会服务、智能交通信息服务、汽车文化服务等服务内容。

知识拓展

4S店汽车售后接待服务流程

1. 接待准备
(1) 服务顾问按规范要求检查仪容、仪表。
(2) 准备好必要的表单、工具、材料。
(3) 环境维护及清洁。

2. 迎接顾客
(1) 主动迎接，并引导顾客停车。
(2) 使用标准问候语言。
(3) 恰当称呼顾客。
(4) 注意接待顺序。

3. 环车检查
(1) 安装三件套。
(2) 基本信息登录。
(3) 环车检查。
(4) 详细、准确填写接车登记表。

4. 现场问诊
了解顾客关心的问题，询问顾客的来意，仔细倾听顾客的要求及对车辆故障的描述。

5. 故障确认
(1) 可以立即确定故障的，根据质量担保规定，向顾客说明车辆的维修项目和顾客的需求是否属于质量担保范围内。如果当时很难确定是否属于质量担保范围，应向顾客说明原因，待进一步进行诊断后做出结论。如仍无法断定，将情况上报轿车服务部待批准后做出结论。
(2) 不能立即确定故障的，向顾客解释须经全面仔细检查后才能确定。

6. 获得、核实顾客、车辆信息
(1) 向顾客取得行驶证及车辆保养手册。
(2) 引导顾客到接待前台，请顾客坐下。

7. 确认备品供应情况
查询备品库存，确定是否有所需备品。

8. 估算备品/工时费用
(1) 查看DMS系统内顾客服务档案，以判断车辆是否还有其他可推荐的维修项目。
(2) 尽量准确地对维修费用进行估算，并将维修费用按工时费和备品费进行细化。
(3) 将所有项目及所需备品录入DMS系统。

9. 预估完工时间
根据对维修项目所需工时的估计及店内实际情况预估出完工时间。

10. 制作任务委托书

（1）询问并向顾客说明公司接受的付费方式。

（2）说明交车程序，询问顾客旧件处理方式。

（3）询问顾客是否接受免费洗车服务。

（4）将以上信息录入 DMS 系统。

（5）告诉顾客在维修过程中如果发现新的维修项目会及时与其联系，在顾客同意并授权后才会进行维修。

（6）印制任务委托书，就任务委托书向顾客解释，并请顾客签字确认。

（7）将接车登记表、任务委托书客户联交顾客。

11. 安排顾客休息

顾客在销售服务中心等待。

13.3 汽车生产商的售后服务

本节内容简介

汽车市场的竞争是一个综合性的竞争，除了要有优秀的汽车产品，还要有优质的售后服务。汽车消费者越理智，消费者对于汽车产品售后服务的要求也就越高。售后服务能在汽车使用过程中进一步保证汽车质量，为新产品开发提供信息。售后服务是汽车生产商和售后服务企业增加收入的重要途径。

13.3.1 汽车售后服务对汽车生产商的作用

（1）提高企业竞争力。汽车产品被售出只是实现了自身价值的第一次竞争，售后服务将是第二次竞争。产品质量再好，没有良好的售后服务，市场难以扩大；质量不过关的产品，如果售后服务还跟不上，将会断绝第二次交易。在汽车产品趋同的情况下，售后服务成了客户决定取舍的重要因素，也成为企业间竞争的关键环节。良好的售后服务可以通过口碑提高产品的知名度，不仅维护了企业声誉，提高了汽车产品的信誉，还会迎来更多的用户，增强企业在市场的竞争力。售后服务是培养品牌忠诚度的一个有效手段，也是扩大品牌影响、促进整车销售的有效措施。

（2）保证汽车产品质量。售后服务是汽车产品生产的完善和补充，是企业质量保证体系在企业外部的延伸，良好的售后服务能在汽车使用过程中进一步保证汽车质量。

（3）为新产品开发提供信息。售后服务蕴藏着开发新产品的源泉，在售后服务过程中，注意搜集产品的可靠性数据、使用中的常见问题、维修维护中的问题、用户反映的改进意见、用户对产品功能的要求和期望等信息，及时准确地反馈到产品开发等相关部门，是改进现有产品、开发新产品、提高企业技术与管理水平的重要途径。

（4）增加企业收入。售后服务是汽车生产商和售后服务企业增加收入的重要途径，除在一定保修期内为用户提供免费服务外，其他时间为用户提供的零配件供应，维修和维护等服务，都可以有效增加企业收入。

13.3.2 汽车生产商售后服务的工作内容

1. 建立售后服务网络

汽车产品具有使用普及面广和技术复杂程度高的特点，使汽车厂商不可能全面完成汽车售后服务工作，必须建立覆盖面广、服务功能完善的售后服务网络，将服务的触角延伸到全国各地拥有汽车用户的每一个角落。服务网络的完善，是实现销售的坚实基础和可靠保证。

服务网络由独立经营的汽车经销商特别是4S店、特约汽车维修站等共同组成，汽车厂商为网络成员提供技术培训、配件供应、技术指导等相关服务。

2. 满足用户的配件供应

配件供应是汽车生产商售后服务工作的重要一环。一辆汽车由上万个零部件组成，配件品种数量大、型号复杂，每一个零部件都有可能会有用户需求。配件供应是否及时准确，将直接关系到用户的利益，也会直接影响到客户对服务的满意水平，另外，配件供应本身也会为企业带来丰厚的利润。

3. 为汽车经销商和特约维修商提供技术培训和指导

汽车产品的技术含量越来越高，配置越来越复杂，功能越来越完善，汽车经销商在推销新产品之前，必须掌握产品的基本功能、使用方法、使用注意事项等基本问题，还要掌握汽车的维护、维修、调整、检测等技术方面的问题。这些问题不能由销售人员或维修人员在实践中自行解决，必须由生产商在产品上市之前对相关人员进行集中培训和指导。

 ### 13.3.3 汽车生产商售后服务机构的设置及职能

对于汽车生产商而言，售后服务部隶属于企业的销售部，其业务范围很广，一般售后服务机构包括以下部门。

（1）计算中心。计算中心一般分两个：一个负责用户档案管理和用户质量信息的分析处理；另一个用于对配件库的统一管理。计算中心管理部门同时负责售后服务的财务、人事等行政事务的计算机化管理。

（2）技术服务部。技术服务部负责企业质量包修政策的实施，为用户提供现场服务、技术咨询、用户赔偿的最后鉴定和最终技术仲裁。技术服务部还要负责质量信息的汇总、分析和处理，向企业的设计、生产制造、采购供应部门提供反馈信息。

（3）技术培训部。技术服务部负责建立培训基地，设立技术培训部，并配备相关的教学设备和教学模型。由技术培训部负责对企业内部人员、大用户的技术骨干、代理商和经销商的销售人员和技术人员进行各项培训，为新产品推向市场做准备。

（4）非技术服务部。非技术服务部负责代理商的经营指导直至经营介入，帮助他们提高业绩，还负责代理商的厂房建设、设备配套及外观形象设计，增强他们对企业的凝聚力和荣誉感，最终使他们紧密团结在企业的周围，永远忠诚地为企业服务。

（5）配件供应部和仓库。配件供应部和仓库是售后服务部的直接经营部门，进行市场预测、价格制定、物流管理、配件计划和采购、接受订单和指示发货、仓库管理和运输的组织、技术设备服务等。

知识拓展

4S店售后作业管理

1. 服务顾问与车间主管交接

(1) 服务顾问将车辆开至待修区,将车辆钥匙、《任务委托书》、《接车登记表》交给车间主管。

(2) 依《任务委托书》与《接车登记表》与车间主管车辆交接。

(3) 向车间主管交代作业内容。

(4) 向车间主管说明交车时间要求及其他须注意事项。

2. 车间主管向班组长派工

(1) 车间主管确定派工优先度。

(2) 车间主管根据各班组的技术能力及工作状况,向班组派工。

3. 实施维修作业

(1) 班组接到任务后,根据《接车登记表》对车辆进行验收。

(2) 确认故障现象,必要时试车。

(3) 根据《任务委托书》上的工作内容,进行维修或诊断。

(4) 维修技师凭《任务委托书》领料,并在出库单上签字。

(5) 非工作需要不得进入车内,不能开动顾客车上的电器设备。

(6) 对于顾客留在车内的物品,维修技师应小心地加以保护,非工作需要严禁触动,因工作需要触动时要通知服务顾问以征得顾客的同意。

4. 作业过程中存在问题

(1) 作业进度发生变化时,维修技师必须及时报告车间主管及服务顾问,以便服务顾问及时与顾客联系,取得顾客谅解或认可。

(2) 作业项目发生变化时,如增项处理,需征得顾客同意。

5. 自检及班组长检验

(1) 维修技师作业完成后,先进行自检。

(2) 自检完成后,交班组长检验。

(3) 检查合格后,班组长在《任务委托书》写下车辆维修建议、注意事项等,并签名。

(4) 交质检员或技术总监质量检验。

6. 总检

质检员或技术总监进行100%总检。

7. 车辆清洗

(1) 总检合格后,若顾客接受免费洗车服务,将车辆开至洗车工位,同时通知车间主管及服务顾问车已开始清洗。

(2) 清洗车辆外观,必须确保不出现漆面划伤、外力压陷等情况。

(3) 彻底清洗驾驶室、行李箱、发动机舱等部位。烟灰缸、地毯、仪表等部位的灰尘都要清理干净,注意保护车内物品。

(4) 清洁后将车辆停放到竣工停车区,车辆摆放整齐,车头朝向出口方向。

13.4 汽车经销商和维修公司的售后服务

本节内容简介

汽车一经使用就需要终身服务,售后服务对产品的附加值最大,对品牌价值的贡献度最大,在市场竞争中的权重也越来越大。在汽车业竞争日趋激烈、产品同质化越来越明显的今天,汽车生产商与经销商以及特约售后维修企业正在逐步加深相互依赖关系,他们共同生存、共同发展、相互渗透的关系将会长期存在。

13.4.1 我国汽车售后服务机构的构成和汽车维修企业的类别

1. 我国汽车售后服务机构

(1) 汽车经销商。汽车生产企业委托实力雄厚、技术服务能力较强的商家(即汽车经销商,简称 4S 店),在出售本企业产品的同时也为所售出的产品提供售后服务,包括质量保修和日后的维修维护等。现在已被广大消费者普遍认可的 4S 店(即整车销售、配件供应、售后服务、信息反馈)的主要工作内容中有三项都与售后服务有关。

(2) 特约汽车维修站。汽车生产企业委托技术力量较强的汽车维修企业为企业的产品提供维修、技术指导、配件供应等服务,如国外一些著名品牌的汽车厂商与国内汽车维修企业合作,建立特约维修站等。特约维修站的建立必须与汽车厂商签订特约协议或合同。厂商向特约维修站提供维修部车型的维修数据、检测维修设备及相应的技术资料。特约维修站必须符合行业管理部门的规划要求,符合汽车维修市场资源的管理和配置要求并具备一定的经营规模。

(3) 零散或连锁经营的汽车维修厂和汽车美容店。这些厂或店可以根据市场需求,满足不同车型的服务需求。其经营灵活,维修费用相对低廉,对于一些大众化车型的维护及简单的修理都能胜任。但每家店的规模相对较小,维修检测设备有限,维修质量有时不能保证。

2. 我国汽车维修企业的类别

(1) 汽车整车维修企业。它是指有能力对所维修车型的整车、各个总成及主要零部件进行各级维护、修理及更换,使汽车的技术状况和运行性能完全(或接近完全)恢复到原车的技术要求,并符合相应国家标准和行业标准规定的汽车维修企业。按规模大小分为一类汽车整车维修企业和二类汽车整车维修企业。汽车维修维护流程如图 13-1 所示。

(2) 汽车专项维修业户。它是从事汽车发动机、车身、电气系统、自动变速器、车身清洁维护、涂漆、轮胎动平衡及修补、四轮定位检测调整、供油系统维护及油品更换、喷油泵和喷油器维修、曲轴修磨、气缸镗磨、散热器(水箱)、空调维修、汽车装潢、门窗玻璃安装等专项维修作业的业户(即三类汽车维修企业)。

(3) 3S 或 4S 特约维修站。4S 指整车销售、零配件供应、售后服务、信息反馈等四个功能。3S 指整车销售、零配件供应、售后服务等三个功能。特约维修站(中心)是严格依据汽车生产厂家的标准,统一视觉形象规范、统一订购原厂备件、统一接受培训、统一使用专用工具,进行维修服务,并经过汽车生产厂家授权的维修服务商。

特约服务站应具备的条件:独立的组织机构;必须配备专职人员负责业务接待、配件管

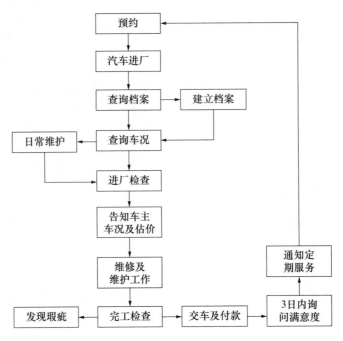

图 13-1 汽车维修维护流程图

理、索赔管理和信息传递协调；按厂家的要求，对店内员工进行各类业务培训；服务中心内外部形象设施的建设要符合厂家建站要求；统一着装挂牌上岗、接待用语统一规范且有礼貌；收费合理，公布价格明细；耐心解释，说服有力；交付准时；指导用户正确使用和保养产品；实行24小时值班制度，随时处理突发事件；建立客户档案，专人进行电话跟踪回访，提高故障一次性排除率；设专门的工具室，统一管理维修工具，并做到定人、定位、定工具，有齐全的领用和交还手续；场地保持清洁，不存在与修理无关的工具和零件，不允许客户进入修理车间；旧件要摆放整齐，维修结束后要清洁修理部位的油污和水渍；必须具有举升机的专有工位；维修场地整洁干净，能容纳一定的维修车辆；对于一些维修的检测工具，要有设备管理员定期到计量局进行校验，保证维修质量；升降机、四轮定位仪等维修设备，要按照使用说明书的要求进行保养和操作；信息反馈必须及时、准确；设有专人负责信息管理；临时出现的紧急质量信息，要随时进行反馈；具备客户休息室；具备专用停车泊位、维修车辆停放区、完工车辆停放区；出入口能同时允许两辆车进出，有明显的标识；服务经理、备件经理、索赔员、维修的机工和电工等必须培训并考试合格；具备相应的业务大厅，并有相应的标识；配备专用的备件运输设备；配备一定数量的货架、货筐；配备必要的通风、照明及防火设备器材；仓库各工作区应有明显的标牌；货架摆放要整齐划一，仓库每一过道要有明显的标识，货架应标有位置码，货位要有零件号、零件名；备件储备定额达到要求；穿着指定的标准维修服装；必须具有对外24小时热线服务和24小时紧急救助功能；拥有完整的客户档案；位于交通方便的主干道且临街，沿街长度30 m以上。

13.4.2 搞好售后服务与客户保持良好关系

汽车售后服务经常是"一对一""点对点"式的无形服务，谁善待消费者，谁就会赢得消费者；谁欺骗消费者，谁就会被消费者抛弃。企业都希望与客户保持长期的联系，即维系好客户关系，这很大程度上取决于企业。

为了与客户长期保持良好的关系，可以采取以下措施。

1. 建立并管理好客户档案

（1）针对客户建立档案。建立客户档案就是对车主有关信息及其车的使用维护信息加以收集、整理、登记，对变动情况进行记载。

如果客户是个人，客户档案应包括客户姓名、年龄、性别、住址、邮政编码、通信地址、电子邮件、联系电话、车辆保险日期等个人基本资料；如果是单位，客户档案除了包括联系人的姓名、公司地址、邮政编码、通信地址、联系电话等基本信息外，还应包括法人姓名、注册资金、生产经营范围、经营状况、信用状况、与企业建立关系的年月、往来银行、历来交易记录、联系记录等。

对每一辆车也应建立技术档案，档案包括购车时间、车架号（VIN 代码）、车身颜色、车牌号；首次维护的时间、里程及车况；主要维护维修的时间、内容、车辆运行状况等。

（2）档案管理。档案管理必须做到：档案内容必须完整准确；档案内容必须随时更新；档案的查阅、改动必须遵守有关规章制度；确保档案内容的保密性。

（3）建立客户档案的作用。便于与客户联系，了解客户需求，解决客户的问题；便于客户管理，当客户再次上门时，只要报出车主姓名或车牌号码，就能迅速调出客户档案，可以省去很多了解车况的时间。对消费者来说，一方面感到被重视，容易对企业产生亲切感，另一方面也感到放心；便于查询每辆车的维修维护信息，通过提醒服务，确保每辆车都得到及时有效的维护与维修；对于维修后的车辆一旦出现维修质量问题，也可迅速查明原因，并采取相应补救措施；如果维修以后出现的问题与企业维修无关，也便于通过档案的查询向客户解释；便于企业实现规范化管理；便于维修数据的积累和保存，可以为配件的供应提供信息，也可以更好地向生产厂商反馈维修信息。

2. 与客户沟通的原则

（1）注意先倾听客户的想法和要求，允许他们尽情发泄，不要随意打断顾客。

（2）迅速对客户的要求总结分析，并反馈给用户，征求用户意见，确认对用户的要求理解无误。

（3）对于能够马上解决或回复的问题及时解决，对于一些难点问题或用户不合理的要求以委婉的态度先予以答复，然后请示公司的有关负责人，尽快予以妥善解决。

为保持良好的客户关系，可以采用登门拜访、电话联系、书信联系、提供免费服务项目和赠送小礼品等方式主动与客户取得联系。

3. 处理好与用户的关系

汽车经销商及特约维修商每天都在与客户直接接触，与客户关系的好坏直接关系到汽车生产商的利益，更关系到经销商和维修商的切身利益。

4. 提高服务能力

服务能力可以体现在接待客户的能力、维修服务的技术能力、市场竞争的价格优势、配件的供应能力等多方面。维修服务一方面要解决处理好车的问题，另一方面还要通过一系列服务促进客户关系。

5. 组建汽车俱乐部

现在有不少品牌都建立了自己的汽车俱乐部，这是宣传品牌、集中进行售后服务的最佳场所。

6. 规范售后服务

售后服务的质量可以以服务的规范化程度来衡量，规范的服务可以使全过程的服务质量受到控制，服务越规范、每道程序的工作内容越明确到位，可操作性和可衡量性越好，服务质量就越高。目前，4S店和特约维修站的维修服务过程基本可分为7个环节：预约→准备工作→接车/制单→修理/进行工作→质检/内部交车→交车/结账→跟踪，每一个环节都有相应的标准工作内容及要求。其详细流程如图13-1所示。

7. 为用户提供最新的资料

汽车售出后，用户出于某些理由，常常希望了解所购产品的动态资料，经销商可以满足这一服务需求。经销商及时将车辆销售量、价格变动、配件供应、产品升级、维护维修新技术、用户使用情况信息通报、本品牌汽车在二手车市场的行情、停产信息等资料提供给客户，将会使客户感到踏实，也能对产品起到间接的宣传作用。

知 识 拓 展

4S店售后交车服务

1. 通知服务顾问准备交车

（1）将车钥匙、《任务委托书》、《接车登记表》等物品移交车间主管，并通知服务顾问车辆已修完。

（2）通知服务顾问停车位置。

2. 服务顾问内部交车

（1）检查《任务委托书》，以确保顾客委托的所有维修保养项目的书面记录都已完成，并有质检员签字。

（2）实车核对《任务委托书》，以确保顾客委托的所有维修保养项目在车辆上都已完成。

（3）确认故障已消除，必要时试车。

（4）确认从车辆上更换下来的旧件。

（5）确认车辆内外清洁度（包括无灰尘、油污、油脂）。

（6）其他检查：除车辆外观外，不遗留抹布、工具、螺母、螺栓等。

3. 通知顾客，约定交车

（1）检查完成后，立即与顾客取得联系，告知车已修好。

（2）与顾客约定交车时间。

（3）大修车、事故车等不要在高峰时间交车。

4. 陪同顾客验车

（1）服务顾问陪同顾客查看车辆的维修保养情况，依据任务委托书及接车登记表，实车向顾客说明。

（2）向顾客展示更换下来的旧件。

（3）说明车辆维修建议及车辆使用注意事项。

（4）提醒顾客下次保养的时间和里程。

（5）说明备胎、随车工具已检查及说明检查结果。

(6) 向顾客说明、展示车辆内外已清洁干净。

(7) 告知顾客 3 日内销售服务中心将对顾客进行服务质量跟踪电话回访,询问顾客方便接听电话的时间。

(8) 当顾客的面取下 3 件套,放于回收装置中。

5. 制作结算单

(1) 引导顾客到服务接待前台,请顾客坐下。

(2) 打印出车辆维修结算单及出门证。

6. 向顾客说明有关注意事项

(1) 根据任务委托书上的"建议维修项目"向顾客说明这些工作是被推荐的,并记录在车辆维修结算单上。特别是有关安全的建议维修项目,要向顾客说明必须维修的原因及不修复可能带来的严重后果,若顾客不同意修复,要请顾客注明并签字。

(2) 对保养手册上的记录进行说明(如果有)。

(3) 对于首保顾客,说明首次保养是免费的保养项目,并简要介绍质量担保规定和定期维护保养的重要性。

(4) 将下次保养的时间和里程记录在车辆维修结算单上,并提醒顾客留意。

(5) 告知顾客会在下次保养到期前提醒,预约顾客来店保养。

(6) 与顾客确认方便接听服务质量跟踪电话的时间并记录在车辆维修结算单上。

7. 解释费用

(1) 依车辆维修结算单,向顾客解释收费情况。

(2) 请顾客在结算单上签字确认。

8. 服务顾问陪同顾客结账

(1) 服务顾问陪同自费顾客到收银台结账。

(2) 结算员将结算单、发票等叠好,注意收费金额朝外。

(3) 将找回的零钱及出门证放在叠好的发票等上面,双手递给顾客。

(4) 收银员感谢顾客的光临,与顾客道别。

9. 服务顾问将资料交还顾客

(1) 服务顾问将车钥匙、行驶证、保养手册等相关物品交还给顾客。

(2) 将能够随时与服务顾问取得联系的方式(电话号码等)告诉顾客。

(3) 询问顾客是否还有其他服务。

10. 送顾客离开

送别顾客并对顾客的惠顾表示感谢。

13.5 汽车产品质量管理与召回

本节内容简介

汽车产品的质量管理应该贯穿汽车的生产过程,进入市场前的认证过程和进入市场后的售后管理过程。生产过程的质量管理主要由制造商在产品的设计、加工、装配、出厂前的检验等阶段组成。认证是市场的准入制度,由国家依据相关的行业法规,由专门的职能部门完成，属于前市场管理。产品一旦进入市场，其质量就应该由汽车经销商或特约汽车维修商和汽车制造商共同保证，这一阶段的质量管理属于后市场管理，主要通过售后服务来保证。汽车召回是汽车产品质量管理的一部分，也是汽车售后服务的重要内容。

汽车召回和三包是售后市场质量管理的必要手段，在经历了多年论证和反复后，召回政策终于在2004年露面。我国从2004年10月1日起正式开始实施汽车召回制度。汽车召回就是按照《缺陷汽车产品召回管理规定》（以下称《规定》）要求的程序，由制造商组织汽车经销商、特约维修企业等，通过修理、更换、收回等具体措施，对可能引起人身伤害、财产损失的缺陷汽车有效消除其缺陷的过程。

13.5.1 汽车召回与汽车"三包"

目前针对后市场质量管理的法规主要有：汽车召回和"三包"。召回是在汽车使用过程中发现一些可能造成人身、财产安全的缺陷，这些缺陷主要由设计制造不当所致，发现后以召回的方式来消除缺陷，确保用户的使用安全。召回解决的是某一批次中同一性质的不合理危险，一般由制造商出面公布，汽车经销商和维修商出面免费为用户解决。"三包"是针对个别的、偶然的、不具有普遍代表性的问题，一般只由汽车经销商和维修商出面解决。

汽车召回与"三包"的主要区别。

(1) 性质不同。汽车召回的目的是为了消除缺陷汽车安全隐患和给社会带来的不安全因素，维护公共安全。汽车"三包"的目的是为了保护消费者的合法权益，在产品责任担保期内，当车辆出现质量问题时，由厂家负责为消费者免费解决，减少消费者的损失。

(2) 对象不同。召回主要针对系统性、同一性等与安全有关的缺陷，这个缺陷必须是在一批车辆上都存在，而且是与安全相关的。"三包规定"是解决由于随机因素导致的偶然性产品质量问题的法律责任。对于由生产、销售过程中各种随机因素导致产品出现的偶然性产品质量问题，一般不会造成大面积人身伤害和财产损失。在三包期内，只要车辆出现质量问题，无论该问题是否与安全有关，只要不是因消费者使用不当造成的，经销商就应当承担修理、更换、退货的产品担保责任。

(3) 范围不同。"三包规定"主要针对家用车辆。汽车召回则包括家用和各种运营的道路车辆，只要存在缺陷，都一视同仁。国家根据经济发展需要和汽车产业管理要求，按照汽车产品种类分步逐步实施缺陷产品召回制度，首先从M1类车辆（驾驶员座位在内，座位数不超过9座的载客车辆）开始实施。

(4) 解决方式不同。汽车召回的主要方式是：汽车制造商发现缺陷后，首先向主管部门报告，并由制造商采取有效措施消除缺陷，实施召回。汽车"三包"的解决方式是：由汽车经营者按照国家有关规定对有问题的汽车承担修理、更换、退货的产品担保责任。

13.5.2 汽车召回的有关规定

汽车产品的制造商（进口商）对其生产（进口）的缺陷汽车产品依本规定履行召回义务，并承担消除缺陷的费用和必要的运输费；汽车产品的销售商、租赁商、修理商应当协助制造商履行召回义务。

缺陷，是指由于设计、制造等方面的原因而在某一批次、型号或类别的汽车产品中普遍存在的具有同一性的危及人身、财产安全的不合理危险，或者不符合有关汽车安全的国家标准的情形。

售出的汽车产品存在《规定》所称缺陷时，制造商应按照规定中主动召回或指令召回程序的要求，组织实施缺陷汽车产品的召回。国家根据经济发展需要和汽车产业管理要求，按照汽车产品种类分步骤实施缺陷汽车产品召回制度。

缺陷汽车产品召回的期限，整车为自交付第一个车主起，至汽车制造商明示的安全使用期止；汽车制造商未明示安全使用期的，或明示的安全使用期不满10年的，召回期限为自销售商将汽车产品交付第一个车主之日起10年止。

汽车产品安全性零部件中的易损件，明示的使用期限为其召回时限；汽车轮胎的召回期限为自交付第一个车主之日起3年止。

判断汽车产品的缺陷包括以下原则。

（1）经检验机构检验安全性能存在不符合有关汽车安全的技术法规和国家标准的。

（2）因设计、制造上的缺陷已给车主或他人造成人身、财产损害的。

（3）虽未造成车主或他人人身、财产损害，但经检测、实验和论证，在特定条件下缺陷仍可能引发人身或财产损害的。

缺陷汽车产品召回按照制造商主动召回和主管部门指令召回两种程序的规定进行。

制造商自行发现，或者通过企业内部的信息系统，或者通过销售商、修理商和车主等相关各方对其汽车产品缺陷的报告和投诉，或者通过主管部门的有关通知等方式获知缺陷存在，可以将召回计划在主管部门备案后，按照本规定中主动召回程序的规定，实施缺陷汽车产品召回。

制造商获知缺陷存在而未采取主动召回行动的，或者制造商故意隐瞒产品缺陷的，或者以不当方式处理产品缺陷的，主管部门应当要求制造商按照指令召回程序的规定进行缺陷汽车产品召回。

主管部门应当对制造商进行的召回过程加以监督，并根据工作需要部署地方管理机构进行有关召回的监督工作。制造商或者主管部门对已经确认的汽车产品存在缺陷的信息及实施召回的有关信息，应当在主管部门指定的媒体上向社会公布。缺陷汽车产品信息系统和指定的媒体发布缺陷汽车产品召回信息，应当客观、公正、完整。

从事缺陷汽车召回管理的主管部门及地方机构和专家委员会、检验机构及其工作人员，在调查、认定、检验等过程中应当遵守公正、客观、公平、合法的原则，保守相关企业的技术秘密及相关缺陷调查、检验的秘密，未经主管部门同意，不得擅自泄露相关信息。

主管部门认为必要时，可委托国家认可的汽车质量检验机构对相关汽车产品进行检验。

知识拓展

我国首批缺陷汽车产品检测机构

作为汽车召回制度的重要支撑条件，首批缺陷汽车产品检测机构名单在召回制度实施的前两天，即2004年9月28日正式确定，共有11家检测机构被指定为承担缺陷汽车产品的检测与试验（表13-1）。

表 13-1　第一批获准承担缺陷汽车产品委托检测与试验的机构及其主要检测范围

序号	机构名称	授权委托证书编号	主要委托检测范围	地址
1	长春汽车检测中心/国家汽车质量监督检验中心（长春）	国质检召（2004）001号	汽车、发动机、轮胎及零部件	吉林长春市创业大街35号（130011）
2	襄樊达安汽车检测中心/国家汽车质量监督检验中心（襄樊）	国质检召（2004）002号	汽车、发动机、车用计量校准器具	湖北襄樊市汽车创业开发区汽车试验场（441004）
3	天津汽车检测中心/国家轿车质量监督检验中心	国质检召（2004）003号	汽车及零部件	天津市程林庄天山路口（300162）
4	重庆中交机动车检测中心/国家客车质量监督检验中心	国质检召（2004）004号	客车、汽车、专用汽车、发动机及零部件	重庆市南岸区五公里（400067）
5	重庆汽车检测中心/国家重型汽车质量监督检验中心	国质检召（2004）005号	汽车、发动机及零部件	重庆市九龙坡区陈家坪朝田村101号（400039）
6	机械工业工程机械军用改装车试验场/国家工程机械质量监督检验中心	国质检召（2004）006号	汽车性能检测	北京市延庆县东外大街70号（102100）
7	青岛市产品质量监督检验所	国质检召（2004）007号	轮胎产品	山东青岛市镇江南路8号（266071）
8	中国建筑材料科学研究院安全及特种玻璃材料实验室/国家安全玻璃及石英玻璃质量监督检验中心	国质检召（2004）008号	安全玻璃	北京市朝阳区管庄东里1号（100024）
9	上海机动车检测中心/国家汽车质量监督检验中心（上海）	国质检召（2004）009号	汽车、发动机及零部件	上海市嘉定区安亭镇于田南路68号（201805）
10	济南汽车检测中心	国质检召（2004）0010号	汽车及零部件	山东济南市英雄路165号（250002）
11	公安部交通管理科学院研究所交通安全质量监督检测中心	国质检召（2004）0011号	汽车制动、灯光性能等	江苏无锡市钱荣路88号（214151）

本章知识点

汽车售后服务对销售的影响；汽车售后服务工作的功能；售后服务工作的内容和机构设置的类型；汽车"三包"与召回。

课后训练

任务	要求
1. 分析当今汽车售后服务的现状及改进对策。 2. 学生互相评价他们的工作过程	学生选择一个汽车生产企业售后服务模式。 （1）学生分析该模式。 （2）写出分析报告。 填写工作计划表（附录四）和工作检查表（附录五）

拓展知识

案例分析

学习素材

附 录

附录一　缺陷汽车产品召回管理规定

附录二　机动车维修管理规定

附录三　汽车贸易政策

附录四 工作计划表

小组成员：	
工作计划内容	保障条件
资料、材料	
设备、工具	
资金预算	

附录五　工作检查表

小组成员：				
工作步骤		检查项目	自检	小组互检
	专业能力			
	方法能力			
	动手能力			
	团队合作能力			
	独立工作能力			
教师评价				

参 考 文 献

[1] 王怡民.汽车营销技术［M］.北京：人民交通出版社，2002.
[2] 陈文化，叶志斌.汽车营销案例教程［M］.北京：人民交通出版社，2004.
[3] 周伟.售后服务实用手册［M］.深圳：海天出版社，2004.
[4] 苏卫国.市场调查与预测［M］.武汉：华中科技大学出版社，2004.
[5] 刘同福.汽车销售员实战手册［M］.广州：南方日报出版社，2004.
[6] 孙路弘.汽车销售的第一本书［M］.北京：中国财经出版社，2004.
[7] 孙凤英.汽车营销学［M］.北京：机械工业出版社，2004.
[8] 菲利普·科特勒.市场营销学［M］.第三版.北京：华夏出版社，2004.
[9] 甘碧群.市场营销学［M］.武汉：武汉大学出版社，2005.
[10] 张毅.汽车配件市场营销［M］.北京：机械工业出版社，2004.
[11] 陈永，陈友新.定价艺术［M］.武汉：武汉大学出版社，1999.
[12] 韩亮，吴龙泗，杜建.现代汽车工业贸易实务［M］.北京：人民交通出版社，1997.
[13] 王重鸣.心理学研究方向［M］.北京：人民教育出版社，2000.
[14] 腾立新.汽车配件管理与技术［M］.天津：天津科技出版社，1986.
[15] 韩广，王缅.从0到100打造汽车销售高手［M］.北京：机械工业出版社，2003.
[16] 栾志强，张红.汽车营销实务［M］.北京：清华大学出版社，2005.
[17] 苏耀能，谭克诚.汽车及配件营销实务［M］.北京：北京理工大学出版社，2008.
[18] 陈永革.汽车市场营销［M］.北京：高等教育出版社，2008.
[19] 刘同福.汽车营销策划实战手册［M］.广州：南方日报出版社，2004.